Suri Nagamma

W0307261

Briefe aus dem Ramanashram:

Aus Leben und Lehre Ramana Maharshis

Books on Demand GmbH

Suri Nagamma

Briefe aus dem Ramanashram:

Aus Leben und Lehre Ramana Maharshis

aus dem Englischen übersetzt

von Gabriele Ebert

Bibliografische Informationen der Deutschen Bibliothek
Die Deutsche Bibliothek verzeichnet diese Publikation in der Deutschen Nationalbibliografie; detaillierte bibliografische Daten sind im Internet über http://dnb.ddb.de abrufbar.

Ramana Maharshi † 14.04.1950

Suri Nagamma
Briefe aus dem Ramanashram: Aus Leben und Lehre Ramana Maharshis
Norderstedt: BoD 2011
2., leicht verbesserte Auflage 2011
ISBN-13: 978-3-8391-0637-2

Titel der Originalausgabe:
Letters from Sri Ramanasramam, Vol. I & II
© Sri Ramanasramam, Tiruvannalalai, 5th ed., 2006

Umschlaggestaltung: BoD, Foto: Sri Ramanasramam
Fotos mit freundlicher Genehmigung des Sri Ramanasramam
Herstellung und Verlag: Books on Demand GmbH, Norderstedt
Printed in Germany

Sri Ramana Maharshi

Inhaltsverzeichnis

Einleitung

Suri Nagamma war eine einfache telugische Frau, die bereits in ihrer Kindheit ihre Eltern und später auch ihren Ehemann verloren hatte. Lange suchte sie nach einem spirituellen Meister und kam 1941 zu Ramana Maharshi in den Ashram. Sie verließ ihn nicht wieder. Wenn ihr älterer Bruder D.S. Sastri zu Besuch kam, erzählte sie ihm von den täglichen Ereignissen dort. Er ermutigte sie alles aufzuschreiben, was sie in der Folge in Form von Briefen an ihn tat.

Die ›Briefe aus dem Ramanashram‹ umfassen den Zeitraum von Ende 1945 bis Anfang 1950 und geben ein lebendiges Zeugnis der letzten fünf Lebensjahre des Maharshi, beinhalten aber auch viele Geschichten aus früheren Tagen. Sie gehören zur klassischen Literatur über Ramana Maharshi und überschneiden sich teils mit Devaraja Mudaliars ›Tagebuch der Gespräche mit Ramana Maharshi‹.

Suri Nagamma schrieb die Briefe in ihrer Muttersprache Telugu und ihr Bruder übersetzte sie ins Englische. Die kompletten ›Letters from Sri Ramanasramama‹ umfassen insgesamt 273 Briefe. Hinzu kommen noch 31 Briefe, die in ›Letters from and Recollections of Sri Ramanasramam‹ enthalten sind und die ich in Auswahl chronologisch eingefügt habe.

Der 1. Teil der Briefe, bestehend aus 75 Briefen, wurde bereits zu Ramanas Lebzeiten 1947 veröffentlicht und Nagamma las daraus in seiner Gegenwart in der Halle vor. In ihrer Autobiografie ›Mein Leben im Ramanashram‹ erzählt sie u.a. auch die Geschichte der Entstehung dieser Briefe und die Schwierigkeiten, auf die sie dabei stieß.

Ich habe einige Briefe, die zu speziell und ohne den entsprechenden philosophisch-religiösen Hintergrund schwer verständlich sind, weggelassen oder gekürzt, um dem Leser unseres Kulturkreises eine flüssige Lektüre zu ermöglichen. Zudem habe ich einige erklärende Fußnoten und ein Glossar beigefügt. Der Abriss des Lebenslaufs des Maharshi ermöglicht die inhaltliche und zeitliche Einordnung der geschilderten Ereignisse.

Sri Ramana liebte es, Geschichten aus der bunten Hindu-Mythologie zu erzählen. Sie gaben Inspiration für einige eigene Illustrationen nach indischen Vorbildern. Ein Bild stammt auch von Nanyar.

Mein besonderer Dank geht an den Ramanashram für die freundliche Erlaubnis, dieses Buch übersetzen und das Fotomaterial verwenden zu dürfen.

Gabriele Ebert

Das Leben Sri Ramana Maharshis

eine Einführung von Gabriele Ebert

Ramana Maharshi (*Maharshi* bedeutet Großer Weiser, von maha - groß + rishi - Weiser), wurde am 30. Dezember 1879 in Tiruchuli, einem Dorf ca. 48 km südlich von Madurai (Tamil Nadu, Südindien) geboren. Er war der zweite von drei Söhnen und einer Tochter. Sein Vater Sundaram Iyer war Brahmane und arbeitete als unstudierter Anwalt in Tiruchuli. Seine Mutter Alagammal war schon als Kind mit Sundaram verheiratet worden. Beide führten ein frommes Leben und pflegten ausgesprochen großzügige Gastfreundschaft.

Ramanas Jugend war durch keine Besonderheiten gekennzeichnet, außer dass er ungewöhnlich tief schlief. Des Nachts kamen seine Freunde zu ihm, um ihm allerlei Possen zu spielen. Sie schleppten ihn außer Haus und schubsten ihn herum, ohne dass er sich dessen bewusst war. Ansonsten war er ein normaler Junge, der lieber spielte, Sport trieb und Streiche ausheckte, als sich der Schule zu widmen. Er war gesund und stark und wurde von seinen Mitschülern und Freunden geachtet.

Als er 12 Jahre alt war, starb sein Vater. Er und sein älterer Bruder Nagaswami wurden bei Subba Iyer, einem Onkel väterlicherseits, in Madurai untergebracht, während seine Mutter mit den beiden anderen Kindern bei dem anderen Onkel Nelliappa Iyer in Manamadurai unterkam. Fortan lebte die Familie getrennt. Ramana besuchte die Scotts Middle School und später die American Mission High School in Madurai.

Ein Vorbote seines Erleuchtungserlebnisses war eine Begegnung mit einem Verwandten kurz vor seinem 16. Geburtstag. Von ihm hörte er zum ersten Mal vom heiligen Berg Aruanchala (Berg der Morgenröte), bei der Stadt Tiruvannamalai in der weiten Ebene Südindiens gelegen. Geologisch gehört er zum ältesten Bestand der Erde. Er gilt als einer der großen Wallfahrtsorte Indiens und wird als Manifestation *Shivas* verehrt. Der Verwandte erzählte dem jungen Ramana, er käme gerade von dort. Ramana, der die Geschichten kannte, die sich um den heiligen Berg ranken, aber bis dahin keinen realen Ort damit verbinden konnte, war die Tatsache, dass es diesen Berg tatsächlich gibt, wie eine Offenbarung. Der heilige Name ›Arunachala‹ war von Kindheit an in seinem Herzen gegenwärtig gewesen. Auch las er in dieser Zeit das erste spirituelle Buch seines Lebens, die Legenden der 63 *Shiva*-Heiligen, die in Sekkilars *Periyapuranam* gesammelt sind. Diese Heiligen hatten ihr Zuhause verlassen und allem entsagt, um die Gnade *Shivas* zu erlangen.

Mitte Juli 1896 ereignete sich die große Wende in seinem Leben. Eines Tages, als er allein Zuhause war, wurde er von einer plötzlichen, aber unmissverständlichen Todesangst ergriffen, obwohl er keine gesundheitlichen Beschwerden hatte. Er dachte: »Ich sterbe jetzt!« Die Panik bewirkte, dass er seine ganze Aufmerksamkeit nach innen wandte und sich fragte, was denn der Tod eigentlich bedeute, wer oder was es sei, das stirbt? Er sagte sich, es sei der Körper und spielte die Todesszene nach, indem er den Atem anhielt, seine Glieder streckte und sich steif hielt, als hätte die Totenstarre eingesetzt. Er stellte sich vor, wie seine Leiche zum Verbrennungsplatz getragen und zu Asche werden würde. Er fragte dabei tief im Innern, ob dieser Körper ›ich‹ sei, ob er selbst nun tatsächlich gestorben sei. In diesem intensiven Prozess erkannte er schlagartig und völlig klar, dass es etwas in ihm gab, das unsterblich war, und dass dies das wahre ›Ich‹ (Selbst, *Atman*) ist, das unabhängig vom Körper existiert.

Er beschreibt seine Erfahrung folgendermaßen: »Der materielle Körper stirbt, aber der ihn transzendierende Geist kann vom Tod nicht berührt werden. Deshalb bin ich unsterblicher Geist. ... ›Ich‹ war etwas Wirkliches, in dem Zustand das einzig Wirkliche überhaupt, und die gesamte bewusste Aktivität, die mit meinem Körper verbunden war, war jetzt hierauf konzentriert. Von diesem Zeitpunkt an hielt eine machtvolle Faszination meine gesamte Aufmerksamkeit am ›Ich‹ oder meinem Selbst fest. Die Todesangst war ein für allemal verschwunden. Das Verschmolzensein im Selbst hat von diesem Moment an bis heute fortbestanden. Andere Gedanken mögen kommen und gehen wie die verschiedenen Noten bei einem Musiker, aber das ›Ich‹ besteht fort wie die Grundnote, die alle anderen Noten begleitet und sich mit ihnen vermischt. Mochte der Körper mit Sprechen, Lesen oder etwas anderem beschäftigt sein, ich war immer auf das ›Ich‹ konzentriert.«[1]

---

[1] Ebert: Ramana Maharshi: Sein Leben, S. 20

Nach diesem Todeserlebnis verlor der junge Ramana alles Interesse an Sport und Spiel, an seinen Freunden, ja selbst am Essen. Das letzte Interesse an der Schule war auch noch verschwunden. Er saß oft zuhause und meditierte mit geschlossenen Augen, doch er sprach mit niemandem über sein Erlebnis. Er verhielt sich allem gegenüber völlig indifferent. Er wurde sanftmütig und verteidigte sich nicht mehr wie früher. Er berichtet: »Als ich mit ausgestreckten Gliedern dalag, im Geist die Todesszene spielte und mir bewusst wurde, dass ich lebte, obwohl der Körper weggetragen und verbrannt werden würde, stieg eine Kraft in mir hoch - nenne sie die Kraft des Selbst (*Atman*) oder anders - und nahm von mir Besitz. Damit wurde ich wiedergeboren und ein neuer Mensch. Ich wurde allem gegenüber gleichmütig und hatte weder Vorlieben noch Abneigungen.«[2] Auch spürte er eine tiefe Neigung zu *Bhakti* (Hingabe an Gott) und begann, regelmäßig den berühmten Meenakshi-Tempel zu besuchen, in dessen Nähe er wohnte. Dort stand er vor den Götterstatuen und Heiligenbildern und vergoss Tränen. Er beschreibt es als ein »Überfließen der Seele«. Sein älterer Bruder machte sich über sein Verhalten lustig, nannte ihn einen ›Erleuchteten‹ und meinte höhnisch, er möge sich doch, wie die alten Seher der Vorzeit, in einen dichten urzeitlichen Wald zurückziehen.

Am 29. August, etwa sechs Wochen nach seinem großen Erlebnis, kam es zu einer Krise. Er hatte als Strafarbeit eine Englischlektion aufbekommen, die er dreimal abschreiben musste. Nach der zweiten Abschrift hielt er inne, da ihm diese Tätigkeit völlig sinnlos vorkam. Er räumte die Arbeit beiseite und setzte sich kerzengerade in Yogi-Haltung hin. Als das sein älterer Bruder Nagaswami sah, meinte er, einer, der sich so aufführe, habe kein Recht mehr auf die Annehmlichkeiten des häuslichen Lebens. Diesmal traf der Schuss ins Schwarze. Ramana entschloss sich spontan, sein Zuhause zu verlassen und zum Arunachala zu gehen. Ohne zuhause Bescheid zu sagen (er hinterließ nur eine kurze Notiz, dass er fortgegangen sei und sich niemand um ihn zu sorgen brauche), brach er zu der ersten und letzten Reise seines Lebens auf, die drei Tage dauern sollte. Ein Zufall hatte ihm 5 Rupien in die Hände gespielt, womit er den ersten Abschnitt seiner Reise mit dem Zug bezahlen konnte.

---

[2] dto., S. 21

Auf abenteuerliche Weise und mit großen Entbehrungen erreichte er am 1. September 1896 sein Ziel: Arunachala. Dort angekommen eilte er in den innersten Schrein des großen Arunachaleswara-Tempels in Tiruvannamalai, dessen Türen wie zum Willkommen offen standen, und verbrachte dort eine Zeit lang in Ekstase. Danach entledigte er sich allem, was er noch besaß (etwas Geld, einige Süßigkeiten, die ihm eine Frau auf den Weg mitgegeben hatte, und seine Brahmanenschnur - Zeichen seines Standes). Seinen *Dhoti* riss er in Stücke und trug fortan nur noch ein Lendentuch. Den Kopf ließ er sich kahl scheren. Obwohl dies alles Zeichen für die Lebensform eines Wandermönchs (*Sannyasin*) sind, ließ er sich nie formell einweihen.

Zunächst lebte er im berühmten Arunachaleswara-Tempel in Tiruvannamalai. Er war so sehr in sein inneres Sein versunken (*Samadhi*), dass er weder die Folge von Tag und Nacht noch Hunger und Durst spürte und auch nicht das Ungeziefer, das ihn biss und stach. Hätten nicht andere ihm zu essen gebracht, ja ihn gefüttert, da er nichts von dem anrührte, was man vor ihn hinstellte, hätte er nicht überlebt. Die ersten Wochen verbrachte er in der Tausendsäulenhalle des Tempels. Als er dort von Straßenjungen belästigt wurde, die mit Steinen und Scherben nach ihm warfen, suchte er im Patala Lingam (einem unterirdischen, fensterlosen Schrein unterhalb der Tausendsäulenhalle) Zuflucht. Der Schrein war völlig verwahrlost und wurde nie gereinigt. Es wimmelte dort nur so von Ungeziefer wie Asseln, Ameisen, Wespen und Moskitos. Doch der junge Swami saß bewegungslos mit gekreuzten Beinen im Yoga-Sitz und spürte nichts von alledem. Die Unterseiten seiner Schenkel waren bald mit Geschwüren bedeckt, aus denen Blut und Eiter flossen. Die Narben blieben bis zu seinem Lebensende sichtbar. Als ein Besucher auf seinen Besorgnis erregenden körperlichen Zustand hinwies, brachte man ihn aus diesem Verließ und setzte ihn beim Subrahmanian-Schrein ab. Ramana wohnte danach in verschiedenen Bereichen des Tempels: im Tempelgarten, im Lagerraum der Tempelwagen und unter einem großen Illupai-Baum im äußeren Bereich des weitläufigen Tempelgeländes. Keiner wusste, woher er kam und wie er hieß. Man nannte ihn ›Brahmana Swami‹ (der Swami vom Brahmanengeschlecht). Diesen Namen hatte ihm Seshadri Swami gegeben, der als *Sadhu* (Wandermönch) ebenfalls im Tempel lebte, den jungen Asketen sehr verehrte und versuchte, ihn gegen die Jungen zu schützen.

Bald stellten sich die ersten Verehrer ein, die sich sporadisch um Ramana kümmerten und ihn schließlich nach Gurumurtam (einem kleinen Schrein am Stadtrand) brachten, wo es stiller war und er ungestörter leben konnte. Doch auch dort stellten sich zunehmend Besucher ein. Ramana war wegen seines tiefen *Samadhi* (Versenkung) und der völligen Gleichgültigkeit seinem Körper gegenüber berühmt geworden. Seine Haare waren lang und verfilzt, seine Fingernägel wurden nie geschnitten, und auch sonst kümmerte er sich nicht um sein Äußeres. An der Stelle, wo er saß, wimmelte es nur so von Ameisen, die ihn bissen, doch er spürte es nicht. Schließlich setzten ihn seine Anhänger auf einen Stuhl und stellten die Stuhlbeine in Wasserkrüge, doch die Ameisen liefen die Wand hinauf und bissen ihn in den Rücken, den er an die Wand gelehnt hatte. Eines Tages wurde dort seine Anonymität gelüftet. Ein Besucher bedrängte ihn so lange, seine Herkunft preiszugeben, bis er nachgab und Name sowie Geburtsort niederschrieb, da er zu dieser Zeit nicht sprach.

Als erster ständiger Begleiter gesellte sich schließlich Palaniswami zu Ramana und kümmerte sich beständig um ihn. Er schütze ihn vor den Besuchermassen, brachte ihm das Essen und sorgte auch dafür, dass er regelmäßig badete. Später verbrachten die beiden ein halbes Jahr lang alleine und ungestört in einem angrenzenden Mangohain und lebten dort in zwei winzigen Unterständen. Palaniswami, der Zugang zur Bibliothek der Stadt hatte, brachte Bücher in tamilischer Sprache über *Vedanta* mit. Als Ramana sie las, wurde ihm spontan klar, dass seine eigene Erfahrung sich mit dem Inhalt dieser Bücher deckte. Auf diese Weise begann er, die reichhaltige *Vedanta*-Literatur kennenzulernen.

Die Nachricht von Ramanas Aufenthalt war inzwischen bei seinen Verwandten angelangt. Es war in diesem Mangohain im Mai 1898, als sein Onkel Nelliappa Iyer ihn aufspürte und ihn bedrängte, nach Hause zu kommen. Doch Ramana blieb standhaft und reagierte nicht. Der Onkel musste unverrichteter Dinge von Dannen ziehen. Bald darauf begann Ramana, sich selbst um seine Nahrung zu kümmern und ging in Tiruvannamalai betteln. Zu Weihnachten 1898 kam ihn seine Mutter in Begleitung seines Bruders Nagaswami besuchen. Auch sie versuchte alles, ihren Sohn nach Hause zurückzuholen, sie flehte und weinte, doch es war wiederum vergeblich. Ramana schrieb für sie folgende Worte auf ein Stück Papier: »Der

Schöpfer waltet über das Schicksal der Seelen nach ihren früheren Taten, wie es ihrem *Prarabdhakarma* entspricht. Was bestimmt ist nicht zu geschehen, wird nicht geschehen, wie sehr du es auch herbeiführen möchtest. Was bestimmt ist zu geschehen, wird geschehen, was immer du auch unternimmst, es aufzuhalten. Das ist gewiss. Deshalb ist es das Beste zu schweigen.«[3]

Bald darauf ließ sich Ramana in verschiedenen Höhlen auf dem Berg nieder. Von 1899-1916 bewohnte er die Virupaksha-Höhle, die etwa 100 Meter oberhalb des Arunachaleswara-Tempels am Südosthang liegt und im innersten Bereich die Überreste des Heiligen Virupakshadeva enthält (eines Heiligen aus dem 13. Jh., der sich dort strengen Bußübungen unterzogen hatte). Ramana lebte dort mit einigen Gefährten, die sich ihm inzwischen angeschlossen hatten, ein äußerst einfaches Leben in völliger Besitzlosigkeit. Manchmal war nicht genügend zum Essen da, doch er lehrte sie, mit allem zufrieden zu sein und um nichts zu bitten und teilte stets alles mit allen. Einfaches Volk kam zu ihm und suchte seine Nähe und Führung. Kinder kamen aus eigenem Antrieb den Berg herauf. Auch Tiere fühlten sich von Ramana angezogen. Vögel und Streifenhörnchen bauten ihre Nester in seiner Nähe.

Unter den Besuchern waren zunehmend spirituell Suchende wie Gambiram Seshayya und Sivaprakasam Pillai, die ihm ihre Fragen stellten oder spirituelle Bücher brachten, aus denen sie einige Punkte erläutert haben wollten. Da Ramana immer noch schwieg, schrieb er die Antworten entweder mit Kreide auf Schiefertafeln oder auf kleine Zettel. 1900-1902 entstanden auf diese Weise zwei Sammlungen aus Fragen und Antworten, die später als die frühesten Werke Ramanas veröffentlicht wurden: Vichara Sangraham (Selbstergründung) und Nan Yar (Wer bin ich?). Vor allem Nan Yar enthält die volle Quintessenz dessen, was Ramana sein Leben lang lehrte und beschreibt den Weg der Selbstergründung, die Suche nach der Quelle des Ich.

Eine Besonderheit Ramanas ist sein inniger Bezug zum Berg Arunachala. Er kannte ihn wie seine Westentasche und liebte es, ihn zu erkunden und ihn im Uhrzeigersinn zu umrunden, was im Hinduismus eine alte und viel

---

[3] dto., S. 56

geübte Form der Verehrung und Meditation ist. Er empfahl diese Praxis auch seinen Anhängern und Besuchern, die ihn oft auf seinen Wanderungen begleiteten. Arunachala spielte für Ramana in gewissem Sinn die Rolle eines Gurus. Dies kommt in den fünf Hymnen zum Ausdruck, die er 1913-1914 zum Lobpreis an Arunachala schrieb. Davon am bekanntesten ist sein Lied ›Die Hochzeitsgirlande aus Buchstaben‹, das aus 108 Versen besteht und in dem die Braut (der Verehrer/*Bhakta*, die Seele) dem Bräutigam (dem Geliebten, dem Selbst in Form des Berges) huldigt und seine höchste Liebe zum Ausdruck bringt. Es gehört in den Bereich religiöser Liebeslyrik. Eine Gruppe der Gefährten Ramanas ging regelmäßig in die Stadt hinunter, um sich die Nahrung für die Gemeinschaft zu erbetteln und sang dabei diese Hymne. Die Stadtbewohner wussten dann, dass es sich um Anhänger Ramanas handelte.

Am 18. November 1907 fand die schicksalhafte Begegnung Ganapati Munis mit Ramana statt. Ganapati Muni war ein in Indien bekannter Sanskritgelehrter und -dichter, der sich intensiven spirituellen Übungen (v. a. *Mantra-Japa*) unterzog und einen eigenen Schülerkreis hatte. Mit seinen Übungen verfolgte er auch ein sozial-politisches Ziel, denn er träumte von einem erneuerten Indien. Als er an jenem Tag von inneren Zweifeln über seine spirituelle Praxis geplagt, Ramana auf dem Berg aufsuchte, brach Ramana zum ersten Mal sein langjähriges Schweigen und lehrte mündlich: »Wenn man beobachtet, wo die Vorstellung des ›Ich‹ ihren Ursprung nimmt, wird der Geist von diesem Ursprung aufgesogen. Das ist *Tapas* (spirituelle Übung). Wenn man ein *Mantra* wiederholt und seine Aufmerksamkeit auf den Ursprung lenkt, wo der Laut des *Mantra* erzeugt wird, wird der Geist von diesem Ursprung aufgesogen. Das ist *Tapas*.«[4] Als Ganapati Muni die Antworten auf seine Fragen vernahm, erkannte er in Ramana seinen spirituellen Meister und machte ihn in Indien als ›Bhagavan Sri Ramana Maharshi‹ (erhabener großer Seher Ramana) bekannt. Seitdem wird von ›Ramana Maharshi‹ gesprochen. Im Gegenzug brachte er dem Maharshi vieles aus der Sanskrit-Literatur nahe. Auf seine Veranlassung hin schrieb Ramana seinen ersten Vers in Sanskrit, der die Quintessenz seiner Lehre enthält, und der in der ›Ramana Gita‹ Ganapati Munis (eine Sammlung der Lehre Ramanas) Einlass fand: »Mitten in der Höhle des Herzens scheint allein *Brahman*. Es strahlt dort als *Atman*, das Selbst, und

[4] dto., S. 76

wird unmittelbar als ›Ich-Ich‹ erfahren. Dringe ein in dieses Herz, indem du Selbstergründung übst oder in ihm tief untertauchst oder den Atem unter Kontrolle hältst, und bleibe beständig im Selbst.«[5]

1912 ereignete sich in Ramanas Leben eine Art zweite Todeserfahrung, die diesmal auf eine reale körperliche Situation zurückzuführen war. Er hatte mit seinen Gefährten Palaniswami, Vasudeva Sastri und anderen ein Bad im Wasserspeicher des Pachaiamman-Tempels genommen und war in der stechenden Sonne auf dem Rückweg zur Virupaksha-Höhle. Als er den Tortoise Felsen (Schildkröten-Felsen) erreichte, setzte plötzlich sein Herzschlag aus und sein Körper verfärbte sich dunkel. Seine Gefährten dachten, er sei gestorben. Wiederum war er sich währenddessen des Flusses des Selbst bewusst. Dann kehrte wieder Leben in ihn zurück. Zuweilen ist in den Biographien zu lesen, dass dieses Ereignis den endgültigen Übergang Ramanas zu einem äußerlich normalen Leben auslöste. Seit einiger Zeit hatte er wieder zu sprechen und regelmäßig zu essen begonnen. Er pflegte seinen Körper und verrichtete allerlei häusliche Arbeiten. Er schnitzte gerne Spazierstöcke sowie Löffel und Tassen, die er dann verschenkte. In der Folge entwickelte er viel Talent fürs Kochen, aber auch für die Planung der Gebäude, die im Laufe der Zeit im Ramanashram entstanden. Er war äußerst reinlich, sparsam im Umgang mit allen Dingen und umsichtig in allem Tun.

1916 stieß seine Mutter Alagammal zu der kleinen Gemeinschaft. Sie hatte Angehörige verloren und wollte ihren Lebensabend bei ihrem mittleren Sohn verbringen. Die Virupaksha-Höhle war für die wachsende Gemeinschaft zu klein geworden. Deshalb errichtete ein Anhänger namens Kandaswami etwas weiter oben am Berg den nach ihm benannten Skandashram. Von 1916 bis 1922 wohnte die Gemeinschaft dort. Die Mutter begann einen geregelten Haushalt zu führen und für die Gemeinschaft zu kochen. 1918 stieß auch der jüngere Bruder Nagasundaram, der inzwischen Witwer geworden war, zu Ramana und führte ein Leben als *Sannyasin.* Man nannte ihn fortan Chinnaswami (kleiner Swami), da er der Bruder des großen Swami war.

---

[5] dto., S. 80

1922 wurde Alagammal ernsthaft krank. Ramana kümmerte sich um sie und verbrachte viele Stunden an ihrem Bett. Am 19. Mai, ihrem Sterbetag, saß er an ihrer Seite, legte seine rechte Hand auf ihre Brust (dem Ort des spirituellen Herzens) und seine linke auf ihre Stirn, bis sie ruhig wurde. Er ließ seine Hände in dieser Position liegen, bis sie gestorben war und auch noch einige Zeit danach. Dann war er sicher, dass sie die letzte Befreiung erlangt hatte. Diese Praxis hat Ramana auch bei Palaniswami und einigen Tieren vollzogen. Die Handauflegung soll dem Geist (engl. ›mind‹) helfen, in seiner Quelle, dem spirituellen Herzen, unterzugehen. Wenn das geschieht, wird damit die endgültige Befreiung erreicht. Das spirituelle Herz lokalisiert Ramana auf der rechten Seite der Brust (nicht zu verwechseln mit dem Herz-*Chakra* im Yoga, das sich in der Mitte befindet). Er macht aber auch wiederholt deutlich, dass das Herz letztlich kein körperliches Zentrum ist, sondern die Mitte und der Grund von allem, was existiert.

Alagammal wurde mit allen Ehren am Fuße des Berges begraben. Über ihrem Grab wurde ein einfacher Schrein errichtet. Fortan wurde dort regelmäßig die *Puja* (Gottesdienst) gefeiert und Ramana und seine Gefährten besuchten täglich den Schrein. Im Dezember 1922 siedelten er und seine Gefährten endgültig zum Grab der Mutter um. Das war die Geburtsstunde des Ramanashram, der anfangs nur aus wenigen Hütten bestand und über die Jahre wuchs. 1929 übernahm Chinnaswami die Ashram-Verwaltung. 1928 wurde die berühmte Alte Halle fertig gestellt. Dort war Ramana Tag und Nacht anzutreffen. Der Besucherstrom nahm zu. Es hatte sich ein Schülerkreis gebildet, der aus Anhängern bestand, die ständig bei Ramana wohnten und solchen, die regelmäßig zu Besuch kamen. Unterkünfte für die Besucher, Küche und Speisesaal, Büro, Buchladen und eine Apotheke, der Kuhstall und die Veda-Schule wurden gebaut. 1925 war neben dem Ashram die *Sadhu*-Kolonie Palakothu entstanden, in der Schüler des Maharshi wohnten, die sich ganz der Meditation widmeten. Für Familien entstand ein kleines Wohngebiet in der Nähe namens Ramana Nagar. Der Maharshi legte ein natürliches Talent für die Planung der Bauprojekte an den Tag. Die meisten Bauten entstanden nach seinen einfachen Plänen. Das größte Bauvorhaben, der Tempel der Mutter, der den einfachen Schrein über ihrem Grab ablöste, wurde allerdings von einem örtlichen Tempelbaumeister ausgeführt. Nach 10jähriger Arbeit wurde er 1949 zusammen mit der Neuen Halle fertig gestellt und eingeweiht.

In den früheren Jahren betätigte sich Ramana als umsichtiger Koch und führte die Küche. Später war das wegen des zunehmenden Besucherstroms und der zahlreichen Bauprojekte nicht mehr möglich. Besucher saßen meist in Stille bei ihm in der Alten Halle. Manche stellten ihre Fragen und er beantwortete sie. Viele dieser Gespräche sind überliefert worden und geben ein reiches Zeugnis von den täglichen Ereignissen in der Halle. Ramana war auch ein hervorragender Geschichtenerzähler und bediente sich dazu gerne der Erzählungen aus dem *Periyapuranam* und anderer spiritueller Werke.

Ramana war stets für Menschen und Tiere zugänglich. Einladungen nahm er nie an, denn dann wäre er für die Besucher nicht mehr verfügbar gewesen. Der Stundenplan im Ashram unterlag zunehmend strenger Regelungen. In späteren Jahren war er ständig von Menschen umlagert. Er musste so eingeschränkt wie ein Gefangener leben und konnte keinen Schritt mehr ohne Begleitung tun.

Zu Ramanas Verehren und Schülern zählten Menschen aus allen Ständen und von jeder Bildung. Unter ihnen war auch der bekannte Tamil-Poet Muruganar, der in einigen tausend Versen die Lehre Ramanas poetisch niederlegte. Kunju Swami, Echammal, Narasimha Swami, Yogi Ramiah, Munagala S. Venkataramiah, S.S. Cohen, Suri Nagamma, T.K. Sundaresa Iyer und Devaraja Mudaliar waren weitere Devotees, um nur einige Namen zu nennen. 1911 kam Frank Humphreys als erster westlicher Besucher zu ihm. Es folgten Paul Brunton (der durch sein Buch: ›A Search in Secret India‹ den Maharshi im Westen bekannt machte), Major Chadwick und Arthur Osborne. Mercedes De Acosta, Somerset Maugham und Henri Le Saux besuchten ihn und einmal hätte beinahe ein Treffen mit Mahatma Gandhi stattgefunden. Nicht erwähnt sind all die Vielen, die keinen bekannten Namen tragen.

Tiere fühlten sich in Ramanas Nähe besonders wohl. Er behandelte sie mit Verständnis und Respekt und sprach mit ihnen. Affen, Streifenhörnchen, Kühe, Spatzen, Hunde, sie alle kamen zu ihm. Es gibt unzählige Tiergeschichten. Das berühmteste der Ashramtiere war aber die Kuh Lakshmi. Auch ihr verhalf Ramana zur letzten Befreiung, wie er es bei seiner Mutter getan hatte. Lakshmis Grab befindet sich neben anderen Tiergräbern auf dem Ashramgelände.

Ramanas Gesundheit war nie besonders stabil. In späteren Jahren litt er zunehmend an Rheumatismus. 1949 wurde ein Krebsgeschwür an seinem linken Arm entdeckt. Es wurde viermal operiert. Über ein Jahr lang wurden alle möglichen Heilmethoden ausprobiert. Als ein Arzt Ramana vorschlug, den Arm zu amputieren, weigerte er sich mit den Worten: »Es gibt keinen Grund zur Beunruhigung. Der Körper selbst ist eine Krankheit. Lass ihn sein natürliches Ende nehmen.« Der Besucherstrom nahm in dieser Zeit erhebliche Ausmaße an, doch Ramana bestand darauf, dass alle ihn sehen konnten, so weit das möglich war. Er blieb gelassen und war der ruhende Pol in all dem geschäftigen Treiben.

Am 14. April 1950 starb Ramana Maharshi ohne Todeskampf, mit einem gütigen Lächeln auf den Lippen und Tränen in den Augen, während Devotees das ›Akshara Mana Malai‹ (Die Hochzeitsgirlande aus Buchstaben) sangen. In der Todesminute um 20:47 Uhr wurde von vielen Menschen ein meteorähnliches Gebilde am Horizont wahrgenommen, das langsam in Richtung Arunachala zog und hinter dem Gipfel des Berges verschwand. Am 16. April wurde Ramana feierlich bestattet.

Die Anhänger Ramanas reagierten zunächst schockiert. Nach seinem Tod verließen die meisten den Ashram, der dadurch in finanzielle Nöte geriet und nahezu verwaiste und verkam. Allmählich erkannten seine Anhänger jedoch, dass der Meister nicht wirklich fortgegangen war, sondern in ihren Herzen weiterlebte. Es setzte eine große Rückkehrwelle ein. Heute ist Ramanashram ein international viel besuchtes spirituelles Zentrum.

Sri Ramanas Lehre ist von großer Schlichtheit. Zeitlebens hat er nur wenige Schriften selber verfasst und auch nur dann, wenn er dazu aufgefordert wurde. Neben den bereits erwähnten Sammlungen von Fragen und Antworten (Nan Yar und Vichara Sangraham) schrieb er 1914 vier seiner fünf berühmten Hymnen Arunachala zu Ehren. 1912-1929 waren Upadesa Undiyar (Dreißig Merksprüche), Upadesa Manjari (Die spirituelle Unterweisung) und Ulladu Narpardu (Vierzig Verse) mit Ergänzungsversen entstanden. Ramana war im Laufe der Jahre durch den Umgang mit gebildeten

Devotees vieles aus der *Advaita*-Literatur bekannt geworden. Teile daraus, die ihm besonders wichtig waren, übersetzte er in den 30er und 40er Jahren ins Tamil. So stellte er z. B. dreißig Verse aus der *Bhagavad Gita* zusammen, übersetzte Teile aus *Shankaras* Werken und aus den Agamas (heilige Hinduschriften), die allesamt in den ›Collected Works‹ (Gesammelte Werke) enthalten sind. Des Weiteren dichtete er ›Fünf Verse für Arunachala‹ (Arunachala Pancharatna) in Sanskrit und übersetzte 1927 sein eigenes tamilisches Werk der ›Dreißig Merksprüche‹ (Upadesa Undiyar) ins Sanskrit (Upadesa Saram), ins Malayalam und ins Telugu.

Sri Ramanas Lehre stellt nichts wesentlich Neues dar. Er lehrte vorwiegend *Atma Vichara* (Selbstergründung), wobei er auf die Bedürfnisse jedes Einzelnen einging und auch alle anderen spirituellen Wege unterstützte. Allerdings war er der Auffassung, dass jeder spirituelle Pfad letztendlich in *Atma Vichara* münden würde und dass *Atma Vichara* der direkteste Weg von allen sei.

Bei der Selbstergründung wird bei dem bereits Bekannten angesetzt, nämlich beim eigenen individuellen Ich-Empfinden. Es wird erforscht, wo seine Quelle ist. Der Ich-Gedanke ist die Wurzel aller anderen Gedanken. Er erhebt sich nach dem Erwachen am Morgen und geht im Tiefschlaf wieder unter. Er ist also nicht beständig, denn während des Tiefschlafs existiert er nicht. Doch woher kommt dieses unbeständige, individuelle Ich-Bewusstsein (Ego)? Nach Ramanas Lehre geht man den Weg des auswärts strebenden Geistes zurück und wendet ihn sich selbst zu, indem man erkundet, wo (im Körper) er entsteht. Man verfolgt, woher dieses ›Ich‹ eigentlich kommt. Ramana empfiehlt, sich dazu die Frage ›Wer bin ich?‹ zu stellen. In seinem Büchlein ›Wer bin ich?‹ (Nan Yar) beschreibt er die Methode folgendermaßen: »Wenn andere Gedanken auftauchen, dann denke den aufsteigenden Gedanken nicht zu Ende, sondern erforsche auf der Stelle: ›Wer ist es, dem dieser Gedanke kommt?› Was macht es schon aus, wie viele Gedanken dir kommen? Sobald sich ein Gedanke bildet, erforsche aufmerksam: ›Wem kommt dieser Gedanke?‹ Die Antwort lautet: ›mir‹. Wenn du weiterforschst: ›Wer bin ich?‹, kehrt der Geist zu seiner Quelle zurück und der auftauchende Gedanke verblasst. Wenn du das ausdauernd praktizierst, wächst die Kraft des Geistes, in seiner Quelle zu bleiben.« Die Antwort auf diese Frage kann der Intellekt nicht geben, aber wenn die Zeit gekommen ist und die Übung (*Sadhana*) intensiv betrieben wird, wird sie sich von selbst einstellen und als das ewige und unzerstörbare pulsierende ›Ich‹ (Ramana nennt es ›Ich-Ich‹ oder *Aham Sphurana*) des Selbst (*Atman*, *Brahman*) im spirituellen Herzen beständig erstrahlen. Damit ist dann das Ego endgültig in seiner Quelle untergegangen und das wahre Selbst tritt an seine Stelle, was am Ende zu einer unverrückbaren und unumkehrbaren Erfahrung wird. Dieser Zustand wird im *Advaita* auch als ›Sein-Bewusstsein-Seligkeit‹ (*Sat-Chit-Ananada*) umschrieben. Dies entspricht der Lehre der *Upanishaden* und des *Vedanta*. Zugleich betont Ramana, dass dieses *Sadhana* (spirituelle Übung) des *Atma Vichara* die höchste Form von Hingabe (*Bhakti*) ist.

Ramanas Besonderheit war, dass er weniger durch Worte als vielmehr durch Schweigen lehrte. Der intensive Blick seiner Augen und die Ausstrahlung seiner ganzen Persönlichkeit waren so machtvoll, dass Menschen auf ihre ursprüngliche Bewusstseinsebene zurückgezogen wurden. Er sagte nie von sich selbst, er sei ein Guru. Dennoch erlebten und erleben seine Schüler ihn als *Sat-Guru*.

Briefe aus dem Ramanashram:

Suri Nagamma

Der Sohn ist dem Vater verpflichtet

21.11.1945

Bruder, du hast mich darum gebeten, dir von Zeit zu Zeit von den Geschehnissen bei Bhagavan zu berichten und davon, was er sagt. Aber bin ich dazu in der Lage? Trotzdem will ich es versuchen und am heutigen Tag damit beginnen. Es wird nur mit Bhagavans Gnade gelingen.

Vorgestern war Vollmond und das jährliche *Deepam*[6] wurde sehr feierlich begangen. In der Frühe sind die Verehrer mit der Statue des Herrn *Arunachaleswara* unter Musikbegleitung zu einer Prozession um den Berg auf-

[6] das Licht-Fest (*Deepam*) im November/Dezember. Auf dem Arunachala wird eine große Flamme entzündet, die *Shivas* Manifestation als Flammensäule symbolisiert. Zu diesem Fest gehört auch eine große Prozession mit festlich geschmückten Tempelwagen und den Statuen von *Arunachaleswara* und seiner Gefährtin *Uma*.

gebrochen. Als sie das Ashramtor erreichten, kam Sri Niranjanananda[7] mit Bhagavans Anhängern heraus, opferte *Arunachaleswara* Kokosnüsse und Kampfer und erwies ihm die Ehre, während die Priester die Lichter (*Arati*) schwenkten.

***Deepam*-Prozession (Foto: R. Clarke)**

Bhagavan war gerade auf dem Weg zum Kuhstall und setzte sich beim Buchladen hin, um sich das herrliche Schauspiel anzusehen. Devotees brachten ihm die *Arati*-Schale. Er nahm ein wenig von der heiligen Asche (*Vibhuti*) und zeichnete sie sich auf die Stirn, während er leise und voller Emotionen sagte: »Der Sohn ist dem Vater verpflichtet.« Sein Gesichtsausdruck bestätigte das alte Sprichwort: »Der Höhepunkt der verehrenden Hingabe (*Bhakti*) ist Erkenntnis (*Jnana*).«

Es machte uns betroffen, dass Bhagavan uns lehrte, dass sogar der Selbstverwirklichte (*Jnani*) Gott (*Ishwara*) verpflichtet ist, da alle Kreaturen Kinder Gottes sind.

[7] der Ashram-Verwalter und Sri Ramanas jüngerer Bruder (auch Chinnaswami genannt)

Wir können nie die Bedeutsamkeit der Worte der *Mahatmas* übermitteln. Du hast mich darum gebeten, sie aufzuschreiben, aber wie kann ich die erlesene Schönheit seiner Worte wiedergeben? Wie kann ich sie adäquat übermitteln? Ich habe kürzlich in einem Gedicht geschrieben, dass jedes Wort, das er spricht, heilige Schrift ist. Doch warum sollte man nur von seinen Worten berichten? Wenn man ihn versteht, ist selbst sein Blick, seine Art zu gehen, sein Tun und Nicht-Tun, sein Ein- und Ausatmen – dann ist alles an ihm bedeutungsvoll. Kann ich das alles verstehen und interpretieren? Mit vollem Vertrauen auf Sri Bhagavans Gnade werde ich dir schreiben, was immer mir in den Sinn kommt, und ihm mit voller Hingabe dienen.

Selbst-Gewahrsein (*Aham Sphurana*)

22.11.1945

Gestern kam ein bengalischer Swami im ockerfarbenen Mönchsgewand zum Ashram. Den ganzen Vormittag führte Bhagavan mit ihm ein Gespräch über spirituelle Themen. Ich würde dir gerne Genaueres berichten, aber der Platz in der Halle, der für die Frauen reserviert ist, ist weit von Bhagavan entfernt. Zudem saß ich ganz hinten und konnte nicht alles hören.

Eines aber habe ich ganz deutlich vernommen. Bhagavan sagte über sein Todeserlebnis in Madurai: »Im Anblick des Todes war das Selbst-Gewahrsein (*Aham Sphurana*) völlig offensichtlich, obwohl alle Sinne betäubt waren. Dadurch erkannte ich, dass es dieses Bewusstsein ist, das wir ›Ich‹ nennen, und nicht der Körper. Dieses Selbst-Bewusstsein ist unzerstörbar. Es bezieht sich auf nichts. Es erstrahlt aus sich selbst. Selbst wenn dieser Körper verbrannt wird, wird es davon nicht berührt. Ich begriff an diesem Tag mit völliger Klarheit, dass›Ich‹ dies bin.«[8]

[8] Sri Ramana bezieht sich hier auf sein einschneidendes Todeserlebnis, das er im Alter von 16 Jahren in Madurai hatte und durch das er zum Selbst erwachte.

Der Streit zwischen *Uma* und *Maheswara*

23.11.1945

Heute Nachmittag erinnerte sich Bhagavan an die jüngere Schwester von Muthukrishna Bhagavatar, die ihn auf seiner Reise zum Arunachala freundlich aufgenommen und ihm zu essen gegeben hatte.[9]

»Diese gute Frau gab mir mit liebevollem Herzen eine deftige Mahlzeit und zudem noch ein Päckchen Süßigkeiten mit auf den Weg, das eine Opfergabe für ihre persönliche Gottheit war. Sie sagte zu mir: ›Mein lieber Junge, gib darauf Acht. Das ist für unterwegs.‹ Sie kam mich zweimal in der Virupaksha-Höhle besuchen und ermahnte mich: ›Mein lieber Junge, wie siehst du bloß aus! Du bekleidest dich nicht einmal mit einem Tuch!‹«

Bhagavan erzählte voller Liebe von ihrer mütterlichen Zuneigung. Ich wurde an das Sprichwort erinnert, dass das Herz eines *Jnani* butterweich ist, und erneut kam mir der alte Spruch in den Sinn: »Der Höhepunkt der verehrenden Hingabe ist Erkenntnis.«

Vor einiger Zeit las Bhagavan eine bewegende Geschichte aus dem *Arunachala Puranam* vor. Seine Augen füllten sich mit Tränen, seine Stimme brach, er legte das Buch beiseite und versank in Schweigen. Immer wenn etwas Liebevolles geschieht oder eine *Bhakti*-Geschichte vorgelesen wird, wird Bhagavan von Emotionen überwältigt. Wenn man dies wiederholt beobachtet, wird man davon überzeugt, dass Liebe und hingebungsvolle Verehrung (*Bhakti*) lediglich verschiedene Aspekte von Erkenntnis (*Jnana*) sind.

Vergangene Woche erschien in der Zeitschrift ›Hindu Sundari‹ eine Geschichte mit dem Titel ›Das Würfelspiel‹. Sie stammt vermutlich aus dem *Skanda Puranam*.

Narada stachelte *Parvati* und *Shiva* zu einem Streit an, indem er stichelte: »*Lakshmi* und *Vishnu* ergehen sich im Würfelspiel. Warum tut ihr das nicht auch?«

[9] Auf seinem Weg von Madurai zum Arunachala wurde Ramana in Bhagavatars Haus verköstigt.

Parvati war von der Idee begeistert und überredete *Shiva*, mit ihr zu spielen. Aber als *Shiva* das Spiel verlor, brüstete sie sich und sprach abfällig von ihm. Soweit die Legende.

Bhagavan fragte mich: »Hast du die Geschichte gelesen?« Als ich bejahte, sagte er: »Das jährliche Sankranti-Fest[10] handelt hauptsächlich von diesem Streit zwischen *Uma* und *Maheswara* [i.e. *Parvati* und *Shiva*].«[11]

Wie du weißt, wird jährlich um diese Zeit hier in Tiruvannamalai die göttliche Hochzeit (zwischen *Arunachaleswara* und *Uma*) gefeiert. Wenn jemand über das Fest spricht, sagt Bhagavan gefühlvoll: »Es ist die Hochzeit von Vater und Mutter.«

Das Leben der *Mahatmas* ist voller eigentümlicher Vorkommnisse. Ihre Gesichter drücken immer die der Situation angemessene Empfindung aus.

Hochzeiten

24.11.1945

Gestern habe ich dir davon berichtet, dass Bhagavan zuweilen über die Hochzeit von Vater und Mutter spricht. Wenn frisch verheiratete Paare kommen, um ihm ihre Ehrerbietung zu erweisen, segnet er sie mit seinem gewohnten gütigen Lächeln. Interessiert hörte er sich alle Ereignisse der Hochzeitsfeier an. Sein Gesicht zeigt dieselbe Erheiterung wie das der Erwachsenen, wenn sie die Kinder beim Spiel der Puppenhochzeit beobachten.

Prabhavati ist noch nicht lange verheiratet. Ihre Hochzeit muss nun etwa ein Jahr zurückliegen. Vor ihrer Heirat lebte sie etwa zwei Jahre lang hier. Sie stammt aus Maharashtra, sieht gut aus und ist gebildet. Sie wollte eine große *Bhakta* werden wie die Heilige Mirabai[12], sang und tanzte und beteu-

---

[10] Pongal in Tamil Nadu, ein Erntefest im Januar

[11] *Uma* ist die Muttergottheit, aber auch mit *Parvati* identisch; *Maheswara*: wörtl.: ›der große Gott‹ (maha=groß + *Ishwara*=Gott), i. e. *Shiva*

[12] bekannte Hindu-Heilige aus dem 15./16. Jh., die viele fromme Lieder schrieb und der *Bhakti*-Tradition angehörte

erte, sie werde niemals heiraten. Sie trug ockerfarbene Gewänder[13] und benahm sich vor Bhagavan wie ein ungezogenes Kind. Bhagavan wusste, dass sich ihre Ungezogenheit erst dann legen würde, wenn sie verheiratet war. Schließlich wurde sie irgendwie verheiratet. Nach der Zeremonie kamen Braut und Bräutigam in ihren Hochzeitsgewändern in Begleitung ihrer Verwandten zu Bhagavan, brachten ihm Obst und Blumen als Opfergabe mit und verneigten sich vor ihm.

Nach einem Aufenthalt von wenigen Tagen kam Prabhavati mit ihrem Mann in die Halle, um sich zu verabschieden und Bhagavan um seinen Segen zu bitten, bevor sie zu ihrem Mann zog. Eichhörnchen spielten um Bhagavans Sofa herum und Pfauen stolzierten vor der Halle auf und ab. Es waren nicht viele Leute da und in der Halle war es still. Der junge Mann verneigte sich ehrfürchtig vor Bhagavan, verabschiedete sich und wartete draußen an der Einfahrt auf seine Frau. Niedergeschlagen, scheu und mit Tränen in den Augen wartete das geliebte Ashram-Kind auf Bhagavans Zustimmung, um sich vom Ashram endgültig loszureißen. Bhagavan nickte und sie verneigte sich vor ihm.

Kaum hatte sie die Halle verlassen, sah mich Bhagavan an und meinte: »Gestern hat Sundaresa Iyer das Kapitel von *Krishna* aus dem *Bhagavata* für sie abgeschrieben.«

Ich sagte: »Wenn sie wiederkommt, wird sie ein Kind in den Armen halten.«

Prabhavati sang mit ihrer süßen und vollen Stimme ein frommes Lied, während sie die Halle umrundete. Bhagavan war davon sehr berührt und sagte: »Erkennst du das Mukundamala[14]?«

Ich ging zu ihr hinaus und segnete sie. Sie verneigte sich wiederholt vor Bhagavan. Dann sah ich ihr nach, wie sie den Ashram verließ, und kehrte in die Halle zurück. Ich weiß nicht, ob du es für eine Übertreibung hältst, wenn ich dir sage, dass die Geschichten, die wir aus den *Purana*s kennen, sich hier und jetzt vor unseren Augen wiederholen.

---

[13] Das ockerfarbene Gewand ist ein Zeichen der Entsagung.

[14] ein bekanntes *Bhakti*-Lied in Sanskrit. Der *Bhakta* bittet darin Mukundamala (*Krishna*), ihn aus dem Kreislauf des *Samsara* zu befreien.

Vorbereitungen für ein Fest im Skandashram

Skandashram von Nanyar

25.11.1945

Morgen ist der besondere Tag, an dem Bhagavan mit den Devotees ein Fest im *Skandashram* feiern wird. Alle Devotees, die im Ashram und in der Nähe wohnen, Männer und Frauen, sind schon den ganzen Tag über mit Vorbereitungen beschäftigt und machen viel Aufhebens darum. Bhagavan dagegen sitzt wie immer würdevoll, unbekümmert und ruhig auf seinem Platz. Gibt es für ihn irgendetwas, das er zusammenpacken oder um das er sich kümmern müsste? Ein Wassergefäß, einen Spazierstock, das Lendentuch, das er trägt, und ein Handtuch ist alles, was er besitzt. Er ist sofort zum Aufbruch bereit. »Derjenige, der nur ein Lendentuch trägt, ist in Wahrheit der Reichste von allen.« So hat *Shankara* diese Weisen beschrieben. Der Ashram, die Devotees und alles Drumherum sind für ihn lediglich wie ein Schauspiel, das zum Nutzen anderer aufgeführt wird. Aber braucht Bhagavan das alles? Könnte er nicht fortgehen und in aller Freiheit die sieben Weltmeere überqueren, wenn er wollte? Halte dir in Erinnerung, dass es unser Glück ist, dass er bei uns ist.

Ich werde dir morgen von allem berichten.[15]

Im Skandashram

26.11.1945

Als ich heute früh zum *Veda-Parayana* in den Ashram kam, waren alle sehr geschäftig. Die einen kochten, die anderen putzten, wieder andere gaben Anweisungen. Pulihodara (Tamarindenreis) Dadhyodhanam (Joghurt mit Reis), Pongal (süßer Reis), Vadai (eine Art Snacks), Chips, Puries (flache, gebackene Weizenbrote), Kootu (Nebenspeise aus Gemüse) und viele andere Gerichte wurden in Körbe verpackt und den Berg hinaufgebracht. Der Ashram-Verwalter hatte sich um alles gekümmert und die ganze Nacht kein Auge zugetan.

[15] s.a. Nagamma: Mein Leben, S. 42f

Nach dem *Veda-Parayana* nahm Bhagavan sein Bad, frühstückte und machte sich in Begleitung von Rangaswami auf den Weg zum Skandashram. Die Devotees folgten grüppchenweise, so auch Alamelu (Bhagavans Schwester) und ich.

Von Devotees umringt setzte sich Bhagavan in den Schatten der Bäume vor dem Skandashram. *Sadhakas* und *Sannyasins*, Rechtsanwälte, Ärzte, Ingenieure Künstler, Zeitungsreporter, Dichter, Sänger und viele andere waren aus Madras, Pondicherry und Villupuram gekommen. Alte und Junge, Männer und Frauen, alle hatten sich ohne Unterschied auf dem Boden vor Bhagavan niedergelassen und hielten ihre Blicke auf ihn gerichtet.

Bruder, wie kann ich dir dieses Bild vermitteln? Der Maharshi ist still, und sein heiterer Blick, der aus dem Ursprung kommt, durchdringt alles. Sein freundliches Lächeln erstrahlt wie der kühlende Mondschein.

Es war wolkiger geworden und es blies ein heftiger Wind. Die Devotees gaben Bhagavan einen breiten Schal, in den er sich völlig einhüllte, sodass nur noch sein Gesicht zu sehen war. Er sah nun wie seine Mutter Alagammal aus. Alamelu und ich dachten dasselbe. Es gibt sogar ein Foto davon.

Dann übermittelte er seine Lehre durch Schweigen. Bestimmt waren auch einige reine Seelen anwesend, die von all ihren Zweifeln befreit wurden. Ich war jedoch in Gedanken mit der Zubereitung von Pulihodara, Dadhyodhanam und anderen Gerichten beschäftigt, da es Mittagszeit war. Die Devotees wollten, dass Bhagavan separat bedient werden sollte, aber er ließ einen Tisch vor seinem Sofa aufstellen und hielt sein Festmahl inmitten von uns allen.

Nach dem Essen wurde sein Sofa auf die Veranda getragen. Alamelu, ich und einige andere Frauen saßen in einem angrenzenden Raum und konnten Bhagavan durch ein Fenster sehen. Er erzählte Geschichten von seinem früheren Leben auf dem Berg, wie seine Mutter zu ihm kam, vom Bau des Skandashram, von der Wasser- und Nahrungsversorgung, den Gesetzen der Affenstämme, dem Tanz der Pfauen und von Schlangen und Leoparden. Dann hielt er plötzlich seinen Blick auf eine Stelle gerichtet und erinnerte sich: »Hier ist Mutter gestorben. Wir haben sie draußen hingesetzt. Ihr Gesicht war noch nicht vom Tod gezeichnet. Sie sah aus wie jemand, der in tiefem *Samadhi* ist. Göttliches Licht tanzte auf ihrem Angesicht. Es war genau dort, wo du jetzt sitzt.«

Bevor Mutter hier wohnte, wurde im Ashram nicht gekocht. Sie sorgte dafür, dass die Ashram-Bewohner ordentlich zu essen hatten. Das Herdfeuer, das sie entfacht hat, besteht bis heute und füllt die Mägen von tausenden Devotees.

Dann wurden verschiedene Leckerbissen serviert und wir machten uns auf den Rückweg. Wir erreichten den Ashram, als die Sonne im Westen hinter dem Berg versank.

Der Dienst am Selbst ist der Dienst am Guru

28.11.1945

In den letzten Monaten hatten Bhagavans Gehilfen seine Beine mit medizinischem Öl eingerieben, um seinen Rheumatismus zu lindern. Einige dienstbeflissene Devotees begannen, ihn im Halbstundenrhythmus einzumassieren, was den üblichen Tagesablauf im Ashram durcheinanderbrachte.[16] Da sagte er: »Hört damit auf. Ich möchte diese Beine auch ein bisschen massieren. Soll ich mir damit nicht auch Verdienst erwerben?« Er nahm ihre Hände weg und begann seine Beine zu massieren. Ich amüsierte mich sehr darüber.

Ein betagter Richter im Ruhestand sagte zu Bhagavan: »Swami, ich sollte dir als meinem Guru auch meinen Dienst erweisen.«

Bhagavan: »Ach, tatsächlich? Der Dienst am Selbst ist der Dienst am Guru. Du bist jetzt 70 Jahre alt und willst mir dienen? Genug damit! Wenigstens von jetzt an solltest du dir selbst dienen. Es genügt vollkommen, wenn du still bist.«

[16] Solche Dienste für den Guru werden als verdienstvoll angesehen und sind deshalb sehr begehrt.

Gleichheit mit allen

29.11.1945

Du kennst doch den Ayurveda-Arzt Ramachandra Rao? Er wollte für Bhagavan ein stärkendes Tonikum zubereiten, stellte dafür eine lange Liste mit Kräutern und Zutaten zusammen und zeigte sie ihm. Wie ein folgsamer Junge ging Bhagavan die Liste durch, lobte die gute Wirksamkeit der verschiedenen Mittel und fragte schließlich: »Guter Mann, für wen ist diese Arznei gedacht?«

Der Arzt antwortete leise: »Für Bhagavan.«

Bhagavan: »Du hast mir eine lange Liste gegeben, aber wo soll ich das Geld dafür hernehmen? Das alles wird 10 Rupien kosten. Wen soll ich darum bitten?»

Da bemerkte jemand: »Wem gehört denn der ganze Ashram-Besitz?«

Bhagavan erwiderte: »Ja, aber was besitze ich selbst? Wenn ich nur eine Viertel *Annas* möchte, muss ich den Ashram-Verwalter darum bitten. Wie kann ich ihn darum angehen? Wenn die Glocke läutet, bekomme ich mein Essen. Man könnte mir das Essen verweigern, wenn ich mich verspäte. Selbst wenn das Essen verteilt wird, komme ich als letzter dran.«

Der arme Arzt sagte mit gefalteten Händen: »Swami, ich habe dir nur die Liste gezeigt. Ich selbst werde die nötigen Dinge besorgen.«

Bhagavan: »Tatsächlich? Aber wenn dieses Medikament gut für mich ist, dann muss es auch für alle anderen hier gut sein. Kannst du es auch für sie besorgen?«

Da meinten einige Anwesende: »Swami, wozu sollten wir es brauchen?«

Bhagavan erwiderte: »Wenn die Leute, die körperliche Arbeit verrichten, kein aufbauendes Tonikum brauchen, wozu sollte ich es dann nötig haben? Ich sitze die ganze Zeit nur da und esse. Nein, das kann nicht sein!«

Schon früher hatte Dr. Srinivasa Rao gemeint, es wäre gut, wenn Bhagavan eine stärkende Arznei nehmen würde.

Bhagavan erwiderte: »Ja, das mag schon sein. Du bist reich und kannst dir alles leisten, aber was ist mit mir? Ich bin ein Bettler. Wie könnte ich mir so eine kostspielige Arznei leisten?«

Der Arzt meinte: »Bhagavan lehnt immer alles ab, was man ihm anbietet, aber wenn er einwilligen würde etwas zu nehmen, würde es dann nicht auch kommen? Und wenn er schon keine Arznei nimmt, warum sollte er nicht wenigstens nahrhafte Kost wie Milch, Obst und Mandeln essen?«

Bhagavan: »Schon möglich, aber ich bin ein Bettler. Wie kann ich es mir leisten? Zudem muss ich nicht nur für mich sorgen. Ich habe eine große Familie. Wie können sie alle Obst, Milch, Mandeln und solche Dinge bekommen?«

Bhagavan will nichts Besonderes für sich. Er hat uns oft gesagt, es würde ihm nichts ausmachen übergangen zu werden, wenn jemand etwas zu essen bringt und es unter allen verteilt. Aber er fühlt sich verletzt, wenn nur ihm etwas gebracht wird, wovon nicht auch die anderen etwas erhalten.

Wenn ihm unterwegs Leute entgegenkommen, will er nicht, dass sie seinetwegen zur Seite treten, sondern macht selbst Platz und lässt sie vorbei. Erst dann geht er weiter.

Wenn begriffsstutzige Leute ihn bevorzugt behandelt, verzeiht er es meistens, da er von Natur aus nachsichtig ist, doch wenn es zu weit geht, äußert er seinen Unwillen: »Was kann ich machen! Sie haben die Oberhand. Sie sind diejenigen, die bedienen, und ich bin derjenige, der isst. Ich muss ihnen gehorchen und essen. So ist das Leben eines Swami, versteht ihr?«

Weltliche Probleme

30.11.1945

Vor etwa zwei Jahren kam ein altes Ehepaar aus Guntur und blieb für zwei Monate. Sie hatten den Ashram schon einmal besucht. Der Mann konnte es sich nicht leisten, mehr als zwei Monate von Zuhause wegzubleiben. Vielleicht wollte er seiner Frau daran die Schuld geben, als er zu Bhagavan sagte: »Ich halte diese Familienprobleme nicht mehr aus! Ich habe meiner Frau gesagt, sie soll nicht mitkommen, aber sie hat mich begleitet. Und jetzt, nach nicht einmal zwei Monaten, drängt sie: ›Komm, wir müssen heim! Wir müssen uns Zuhause um so vieles kümmern.‹ Ich habe sie gebeten, alleine heimzufahren, aber sie will nicht. Bhagavan, bitte überzeuge du sie. Dann kann ich immer mit dir zusammen essen und hier bleiben.«

Bhagavan erwiderte scherzhaft: »Lieber Mann, wohin willst du denn gehen, wenn du deine Familie verlassen hast? Willst du in den Himmel fliegen? Am Ende musst du doch auf dieser Erde bleiben. Wo immer wir auch sind, die Familie ist da. Auch ich bin fortgegangen und wollte nichts mehr davon wissen, aber sieh her, was für eine große Familie ich jetzt habe! Meine Familie ist hundert Mal größer als die deine. Ich soll deiner Frau sagen, dass sie gehen soll. Wenn sie aber sagt: ›Wohin soll ich denn gehen, Swami? Ich würde viel lieber hier bleiben‹, was soll ich ihr dann antworten? Du sagst, dass du deine Familie nicht willst. Was soll ich dann bloß mit meiner Familie machen? Wohin soll ich gehen, wenn ich das alles verlasse?«

Die Leute in der Halle lachten. Der alte Mann kauerte sich auf den Boden und sagte: »Ja, aber was macht es Bhagavan schon aus? Er ist von allen Bindungen frei und kann die Last jeder Familie tragen, wie groß sie auch sein mag.«

Du solltest sehen, wie humorvoll Bhagavan über die Dinge spricht. Was er auch sagt, birgt eine Lehre für uns.

Devotees wie ich haben die Angewohnheit, Bhagavan von ihren Schmerzen in den Beinen, im Magen oder im Rücken zu erzählen. Einmal sagte jemand zu ihm: »Meine Augen sind schlecht. Ich kann nicht mehr richtig sehen. Ich bitte Bhagavan um Hilfe.«

Bhagavan nickte wie üblich, doch sobald der Mann die Halle verlassen hatte, meinte er: »Er erzählt von Schmerzen in den Augen. Ich habe Schmerzen in den Beinen. Wen soll ich um Hilfe bitten?«

Wir schwiegen betroffen.

Was ist mit Samsara gemeint?

1.12.1945

Es war am Anfang meines Aufenthalts im Ashram. Eines Nachmittags fragte ein Mann aus Andhra Pradesh Bhagavan: »Swami, ich wiederhole den Namen *Ramas* morgens und abends jeweils eine Stunde lang, doch andere Gedanken lenken mich ab. Manchmal sind sie so stark, dass ich mein *Japa* vergesse. Was soll ich tun?«

Bhagavan erwiderte: »Dann nimm das *Japa* wieder auf.«

Wir lachten. Armer Mann! Betrübt sagte er: »Der Grund für die Störung ist *Samsara* (die Familie). Deshalb denke ich darüber nach, ob ich dieses *Samsara* nicht verlassen soll.«

Bhagavan meinte: »Ach, ist das wirklich so? Was bedeutet *Samsara* eigentlich? Ist *Samsara* im eigenen Innern oder außerhalb? Frau, Kinder und andere, ist das *Samsara*? Was haben sie getan? Finde zuerst heraus, was *Samsara* wirklich bedeutet. Danach können wir über die Frage nachdenken, es zu verlassen.«

Darauf wusste der Mann nichts zu antworten und schwieg niedergeschlagen.

Bhagavan war voller Mitgefühl. Mit einem liebevollen Blick meinte er: »Nehmen wir einmal an, du verlässt deine Frau und deine Kinder. Wenn du hier bleibst, wird dies zu einer anderen Art von *Samsara*. Nehmen wir an, du entsagst der Welt und wirst ein *Sannyasin*. Damit entsteht eine andere Art von *Samsara* in Form von einem Karra und einem *Kamandala* (Wanderstab und Wasserkrug des *Sannyasin*) und ähnlichem. Wozu sollte das gut sein? *Samsara* bedeutet *Samsara* des Geistes. Wenn du dieses *Samsara* verlässt, spielt es keine Rolle, wo du bist. Nichts beunruhigt dich.«

Der arme Mann! Er nahm seinen Mut zusammen und fragte: »Wie kann man das *Samsara* des Geistes aufgeben?«

Bhagavan antwortete: »Genau darauf kommt es an. Du hast mir erzählt, dass du *Japa* von *Ramas* Namen praktizierst. Du sagst, dass du manchmal dein *Japa* vergisst, wenn dich Gedanken überkommen. Versuche dich daran so oft wie möglich zu erinnert und nimm den Namen *Ramas* immer wieder auf. Die anderen Gedanken werden dann allmählich verebben.

Für die Praxis der Wiederholung des Namens Gottes gibt es mehrere Stufen. Es ist besser, den Namen nur durch stilles Bewegen der Lippen zu wiederholen, als es laut zu tun. Noch besser ist die geistige Wiederholung und das allerbeste *Japa* ist die Meditation (*Dhyanam*). In Upadesa Saram, Vers 6, heißt es: ›Geistige Meditation durch *Japa* ist besser als die schönsten Hymnen, ob sie nun laut oder leise gesungen werden.‹«

»Nimm den Weg, den du gekommen bist«

2.12.1945

Ein junger Mann aus Andhra Pradesh fragte Bhagavan: »Swami, da ich ein großes Verlangen nach der Befreiung (*Moksha*) habe und den Weg dorthin unbedingt kennen möchte, habe ich alle möglichen Bücher über *Vedanta* gelesen. Jedes von ihnen beschreibt den Weg, aber immer anders. Ich habe auch viele Gelehrte besucht, doch jeder hat mir einen anderen Weg empfohlen. Das hat mich verwirrt. Deshalb bin ich zu dir gekommen. Bitte sage mir, welchen Weg ich nehmen soll.«

Sri Ramana antwortete ihm mit einem Lächeln: »In Ordnung, dann nimm den Weg, den du gekommen bist!«

Wir amüsierten uns darüber. Der junge Mann wusste nicht, was er darauf sagen sollte. Er wartete, bis Bhagavan die Halle verlassen hatte, und wandte sich dann entmutigt an die anderen: »Ich bin voller Hoffnung einen weiten Weg hierher gekommen und habe weder Kosten noch Unannehmlichkeiten gescheut, weil mein Wunsch, den Weg zu *Moksha* zu erfahren, so stark ist. Ist es da fair, mir zu sagen, ich soll den Weg zurückgehen, den ich gekommen bin? Ist das etwa nur ein gewaltiger Scherz?«

Darauf erwiderte einer der Anwesenden: »Nein, es ist kein Scherz. Es ist die beste Antwort auf deine Frage. Bhagavan lehrt, dass die Suche ›Wer bin ich?‹ der leichteste Weg zu *Moksha* ist. Du hast ihn gefragt: ›Welchen weg soll ›ich‹ gehen?‹, und seine Antwort: ›Geh den Weg, den du gekommen bist‹ bedeutet: Wenn du den Pfad, den dieses ›Ich‹ genommen hat, untersuchst und zurückverfolgst, dann wirst du die Befreiung erlangen.«

Der junge Mann wunderte sich über diese Interpretation. Man gab ihm das Buch ›Wer bin ich?‹. Er nahm die Worte Bhagavans als Belehrung (*Upadesa*) an, verneigte sich vor ihm und ging.

Bhagavan lehrt uns auf humorvolle, beiläufige oder tröstliche Weise. Während der ersten Jahre, die ich im Ashram verbrachte, hatte ich manchmal Heimweh. Dann ging ich immer zu Bhagavan, wenn gerade niemand da war, und sagte: »Bhagavan, ich möchte heim, aber ich fürchte mich, wieder in das Familiendurcheinander zurückzufallen.«

Er pflegte dann zu sagen: »Wie können wir in etwas fallen, wenn doch alles kommt und in uns fällt?«

Bei einem anderen Anlass sagte ich: »Swami, ich bin von diesen Bindungen noch nicht frei«, worauf er erwiderte: »Lass kommen, was kommt, und gehen, was geht. Warum sorgst du dich?«

Absichtsloses Bhakti

2.12.1945

Im August 1944 kam ein junger Bengalese namens Chinmayananda in den Ashram. Er trug das ockerfarbene Gewand eines *Sannyasin*, war ein Prediger des Birla-Tempels in Delhi und war viel gereist. Er hatte den Aurobindo Ashram besucht und brachte einen Brief von Dilip Kumar Roy[17] mit. Er mag devotionale Musik, hat eine gute Stimme und sang in der Halle *Bhajans* (devotionale Lieder) in Sanskrit und Hindi vor. Im Gespräch wurde deutlich, dass er ein Anhänger des *Bhakti*-Kults des Chaitanya[18] ist.

Jemand hatte ihm gesagt, er könne sein Lebensziel [i. e. die Befreiung] nicht erreichen, wenn er nicht frei von allen Ablenkungen am selben Ort bliebe. Er ging zu Bhagavan, um seine Meinung darüber in Erfahrung zu bringen, und stellte eine allgemeine Frage: »Swami, können *Sadhakas* (spirituell Übende), die umherwandern und Gott zu Ehren Lieder singen, ihr Lebensziel erreichen oder sollten sie am selben Ort bleiben?«

Bhagavan erwiderte: »Es ist gut, wenn man den Geist nur auf eine Sache gerichtet hat, wohin man auch immer wandert. Was nützt es, den Körper an einem Ort festzuhalten, wenn man dem Geist erlaubt umherzuwandern?«

»Ist absichtsloses *Bhakti* möglich?«

»Ja, es ist möglich«, antwortete Bhagavan.

---

[17] bengalischer Musiker und Sänger von religiösen Liedern, Anhänger Aurobindos

[18] bengalischer Mystiker aus dem 15./16. Jh.

Die Hingabe, die Bhagavan für Arunachala hegt, ist ein Beispiel für diese Art von *Bhakti*. Im 7. Vers von Arunachala Navamani Mala (Halsband aus neun Edelsteinen für Arunachala), das Bhagavan in Tamil geschrieben hat, heißt es:

»O Arunachala, kaum hast Du Deinen Anspruch auf mich erhoben, waren mein Leib und meine Seele auch schon Dein. Was kann ich noch begehren? Du bist sowohl Verdienst als auch Verlust, o Du mein Leben! Beides kann nicht ohne Dich sein. Tu denn was Du willst, mein Geliebter, aber gewähre mir eines: eine ständig wachsende Liebe zu Dir!«[19]

Was also ist der Zweck dieses *Bhakti*? Nichts. Bhagavan sagt uns, dass absichtsloses und vollkommenes *Bhakti*, das nicht zwischen dem Verehrer und dem Verehrten unterscheidet, dasselbe wie *Jnana* (Erkenntnis) ist.

Mutter Alagammal

12.12.1945

Eines Morgens kam Bhagavan auf seine Mutter zu sprechen. Er erzählte, wie sie zu ihm zog und wie sie lebte.

»Mutter besuchte mich oft und blieb dann längere Zeit bei mir. Wie ihr wisst, rede ich selbst wilde Tiere und Vögel auf förmliche Weise an. Ich tat das auch bei Mutter. Dann kam es mir jedoch in den Sinn, dass ich sie damit verletzte. Also gab ich es auf und redete sie auf familiäre Weise [mit ›Amma‹, Mutter] an. Wenn eine Gepflogenheit natürlich und zur Gewohnheit geworden ist, fühlt man sich unwohl, wenn man sie ändert. Aber was machen diese weltlichen Dinge schon aus?

Als Mutter starb, dachte ich, ich wäre den Familienbanden entronnen, könnte mich frei bewegen und einsam in irgendeiner Höhle leben, aber ich bin jetzt noch viel mehr gebunden als damals. Ich kann nicht einmal nach Belieben den Ashram verlassen.«

Bhagavan hatte erfahren, dass der Skandashram renoviert wurde. Am nächsten Tag zur Mittagszeit wollte er heimlich mit seinem Gehilfen Ran-

---

[19] The Necklet of Nine Gems in: Collected Works, S. 96

gaswami hingehen, um es sich anzusehen. Was geschah? Wir alle folgten ihm und umringten ihn, sodass er sich nicht mehr von der Stelle bewegen konnte. Nur mit großer Mühe gelang es ihm, um 8 Uhr abends mit der ganzen Menge zurückzukehren.

Ramana mit seiner Mutter im Skandashram

Vierzehn Tage später berichteten die Arbeiter Bhagavan, dass der Weg zum Skandashram fertig sei und baten ihn, es sich anzusehen. Bhagavan erwiderte: »Wir werden sehen.« Um 17 Uhr ging er wie üblich auf dem Berg spazieren und entwischte heimlich zum Skandashram. Es wurde bemerkt und trotz der einbrechenden Dunkelheit folgten ihm Männer und Frauen mit Fackeln und Laternen.

Echammals Tod

Echammal

29.12.1945

Am 27. Dezember um 2.45 Uhr nachts starb Echammal[20], die für Bhagavan wie eine Mutter gewesen war, und erlangte die Einheit mit dem Allmächtigen. Ich bin darüber eher dankbar denn betrübt. Als ich bei ihr auszog, um in Ashram-Nähe zu wohnen, sagte sie wiederholt zu mir: »Ich liebe dich wie mein eigenes Kind. Ich habe gehofft, du wirst dabei sein, wenn ich diese Welt verlasse, aber jetzt wohnst du weiter weg. Du wirst erst zu mir kommen, wenn ich schon tot bin. Du wirst meinen Leichnam zur Verbrennung begleiten, nicht wahr?« Dabei kamen ihr jedes Mal die Tränen, genau so kam es. Ich erfuhr von ihrem Tod, ohne etwas von ihrer Krankheit gewusst zu haben.

Du wirst Dich noch an den 25. Dezember erinnern, als Du und Deine Frau Echammal Kleider schenkten und sie eifrig zuhause für die Gäste kochte. Am selben Abend konnte sie plötzlich nicht mehr aufstehen und bat um

[20] näheres zu Echammal s. Ebert: Ramana Maharshi und seine Schüler, Band 1, S. 111-116. Echammal hatte das Gelübde abgelegt, Sri Ramana täglich das Essen zu bringen. Suri Nagamma lebte in der ersten Zeit, die sie im Ashram verbrachte, bei ihr.

Wasser. Dann legte sie sich schweigend hin und alle Gäste gingen. Sie konnte nicht mehr essen und reden und blieb bettlägerig. Am nächsten Tag wurde Bhagavan darüber informiert.

Am 27. wurde ihr Zustand ernst. Ihre Verwandten wurden telegraphisch benachrichtigt. Obwohl sie die meiste Zeit bewusstlos war, öffnete sie leicht die Augen, wenn jemand sie ansprach. Nachmittags wollte eine Frau prüfen, ob sie bei Bewusstsein war und sagte: »Heute ist wohl kein Essen zu Bhagavan gesandt worden.« Als sie das Wort »Essen« hörte, riss sie mit einem Ausruf ihre Augen weit auf und blickte fragend um sich. Beruhigend sagte ihre Nichte: »Wir haben es hingeschickt«, und Echammal nickte.

Um 8 Uhr abends sprach sie unzusammenhängend, ihre Augen wurden glasig, der Todeskampf hatte eingesetzt. Ihr Neffe benachrichtigte Bhagavan. Der Ashram-Arzt untersuchte sie und sagte, es sei hoffnungslos. Nachdem Bhagavan davon unterrichtet worden war, musste sie nicht mehr viel leiden. Ihr Atem wurde schwächer und um 2.45 Uhr nachts starb sie.

Als ich am folgenden Morgen zum Ashram kam, erfuhr ich die traurige Nachricht. Bhagavan sagte zu mir: »Oh, ist sie tot? Ich habe auf den Zeitpunkt gewartet, an dem sie von allen weltlichen Sorgen loskommt. Jetzt ist sie alle Sorgen los. Geh hin und komme dann wieder zurück.«

Ich ging mit einigen Devotees hin. Als ich ihren Körper mit dem noch unverstellten Gesicht sah, überwältigte mich der Kummer. Sie war zweifelsohne eine starke Persönlichkeit gewesen. In der ersten Zeit, als ich alleine hier war, war sie meine einzige Hilfe. Obwohl ich gegen ihren Willen meine Unterkunft gewechselt hatte, brachte sie mir etwas zu essen, wenn ich krank war. Ich badete sie in Gangeswasser, zeichnete sie mit heiliger Asche und legte ihr eine Gebetskette um, wie sie es mir aufgetragen hatte. Dann begleitete ich sie auf ihrer letzten Reise. Ihre Verwandten beschlossen, dass sie verbrannt und nicht beerdigt werden sollte.

Als ich mich heute Nachmittag vor Bhagavan verneigte, fragte er: »Wie ist sie gestorben? Was wurde mit ihr getan?«

Ich antwortete: »Man hat sie verbrannt. Ihre Verwandten sagten, sie habe gewollt, dass ihre Asche in ihrem Dorf begraben wird.«

Bhagavan erwiderte: »Ja, das ist gut. So wurden auch Ganapati Muni und andere beigesetzt.«

Dann sagte er tröstend: »Ich habe ihr wiederholt gesagt, sich nicht ums Essen zu sorgen. Aber nein! Sie war unnachgiebig und weigerte sich, selbst zu essen, solange sie den Swami nicht bedient hatte. Sogar heute wurde in ihrem Namen Essen für mich gebracht.«

Ich: »Jetzt nicht mehr.«

Bhagavan: »Die alte Frau Mudaliar ist noch da.«

Ich: »Immer, wenn Echammal mir etwas zu essen brachte, wurde sie ärgerlich, wenn ich es nicht auf der Stelle aß.«

Meine Augen hatten sich mit Tränen gefüllt. Bhagavan erwiderte: »Ja, ja« und wechselte das Thema.

Das irdische Leben einer Devotee, die 38 Jahre lang an ihrem Gelübde festgehalten und Gott verehrt hat, ist jetzt zu Ende.

Noch eine interessante Begebenheit: Als ich am 27. Dezember abends in die Halle kam und mich vor Bhagavan verneigte, saß er bewegungslos und in tiefer Versenkung in *Padmasana*-Haltung da. Seine Augen strahlten wie zwei Sterne und ich spürte, dass der geistige Glanz des Universums sich in seiner Gestalt verdichtet hatte. Ich wollte ihn näher und länger betrachten, konnte dem machtvoll blendenden Licht aber nicht standhalten, verneigte mich vor ihm und ging nach Hause. Die ganze Zeit dachte ich, dass dieser tief meditative Zustand Bhagavans eine besondere Bedeutung haben müsse.

Nach dem Abendessen kam Krishna Bhikshu mit einem Freund zu mir. Als ich nach den Neuigkeiten im Ashram fragte, erzählte er, dass Bhagavan den ganzen Abend auf diese Weise in völliger Selbstversunkenheit mit einem strahlenden und in die Ferne gerichteten Blick dagesessen habe und es damit eine besondere Bewandtnis haben müsse. Wir fragten uns, was es sein könnte. Als wir später ausführlich von Echammals Sterben hörten, stellten wir fest, dass sie an diesem Abend ab 5 Uhr im Todeskampf lag und dass um 9 Uhr, als Bhagavan davon berichtet wurde, ihr Todeskampf aufhörte und sie ein friedvolles Ende hatte. Da glaubten wir, dass Bhagavan diese grandiose, strahlende Form angenommen hatte, um diese große Devotee von ihrem sterblichen Zustand zu befreien.

Das erste Almosen (Bhiksha)

30.12.1945

Bhagavan erinnerte sich an seine erste Zeit in Tiruvannamalai, als er im Bereich des Arunachala-Tempels wohnte:

»Im Subrahmania-Schrein lebte ein Swami, der ein Schweigegelübde abgelegt hatte. Als ich eines Morgens in der Tausendsäulenhalle war, kam er mit einem Freund herein. Da wir beide nicht redeten, sagten wir nichts zueinander und grüßten uns auch nicht. Es war kurz vor Mittag. Er gab seinem Freund durch Zeichen zu verstehen: ›Ich kenne diesen Jungen nicht, aber er sieht müde aus. Besorge für ihn etwas zu essen.‹ Sie brachten mir gekochten großkörnigen Reis auf gesäuertem Wasser mit ein wenig eingelegtem Gemüse. Das war mein erstes Almosen (*Bhiksha*) vom Herrn *Arunachaleswara*. Das Essen und die Süßigkeiten, die ich jetzt bekomme, sind nichts im Vergleich zu diesem ersten *Bhiksha*.«

Jemand fragte: »War das am ersten Tag, als Bhagavan hier ankam?«

»Nein, am folgenden Tag. Ich nahm es als das erste *Bhiksha* entgegen, das mir Gott gab. Ich kann dieses Glücksgefühl nicht vergessen.«

Ein Devotee meinte: »So viel ich weiß, gibt es auch noch die Geschichte, wie Sri Bhagavan zum ersten Mal zum Betteln in die Stadt ging.«

Bhagavan erzählte: »Ja, eine fromme Frau brachte mir oft etwas zu essen. Eines Tages richtete sie für alle *Sadhus* ein Fest aus und wollte mich zwingen, daran teilzunehmen. Ich gab ihr durch Zeichen zu verstehen, dass ich das nicht wollte und betteln gehen würde. Entweder musste ich mich jetzt hinsetzen und mit ihnen essen oder betteln gehen. Ich glaubte, dass letzteres Gottes Wille sei, und machte mich auf den Weg. Die Frau war sich nicht darüber im Klaren, was ich vorhatte, und schickte mir einen Mann hinterher. Da ich keinen anderen Ausweg mehr sah, ging ich zu einem Haus auf der linken Seite des Tempels und klatschte in die Hände.[21] Die Hausfrau hatte schon von mir gehört, erkannte mich und lud mich ein: ›Komm herein, mein Junge! ›Ich habe einen Sohn verloren. Du erinnerst mich an ihn. Komm doch jeden Tag.‹ Sie gab mir reichlich zu essen. Später erfuhr ich, dass sie Muthamma hieß.«

---

[21] Das Händeklatschen signalisiert, dass ein *Sadhu* vor dem Haus steht und um Nahrung bittet. Ihm zu essen zu geben bedeutet Segen.

Woher weißt du, dass du nichts weißt?

31.12.1945

Anfang vergangenen Monats kam ein Reisender zum Arunachala. Er blieb einige Tage hier, um bei Bhagavan zu sein und seinen *Darshan* zu empfangen. Bevor er ging, fragte er zögerlich: »Swami, die Leute hier fragen dich immer irgendetwas und du antwortest ihnen. Ich möchte dich auch etwas fragen, aber ich weiß nicht was. Wie kann ich da die Befreiung (*Mukti*) erlangen?«

Bhagavan sah ihn liebevoll an, lächelte und sagte: »Woher weißt du, dass du nichts weißt?«

Er antwortete: »Wenn ich all die Fragen der Leute höre und Bhagavans Antworten darauf, wird mir klar, dass ich nichts weiß.«

»Das ist in Ordnung. Du hast herausgefunden, dass du nichts weißt. Das genügt schon. Was braucht es mehr?«

»Aber wie kann ich allein dadurch die Befreiung erlangen, Swami?«

Bhagavan erwiderte: »Warum nicht? Da ist einer, der weiß, dass er nichts weiß. Es genügt, wenn du nachforschst und herausfindest, wer dieser Jemand ist. Das Ego entfaltet sich nur, wenn man glaubt, dass man alles weiß. Ist es da nicht viel besser, sich der Tatsache bewusst zu sein, dass man nichts weiß, und sich dann zu fragen, wie man die Befreiung erlangen kann?«

Der Mann war glücklich über die Antwort und ging seiner Wege. Er mag die Kernaussage dieser Worte verstanden haben oder auch nicht – für uns hier waren sie wie die Worte des Evangeliums.

Leoparden und Schlangen

1.1.1946

Am nächsten Tag erfuhr ich von einem weiteren Ereignis aus Bhagavans Leben auf dem Berg. Als Bhagavan in der Virupaksha-Höhle lebte, brüllte ein Leopard an der Wasserstelle in der Nähe. Die verschreckten Devotees rafften Blechteller und Trommeln zusammen und wollten damit Lärm machen und den Leoparden verscheuchen. Als er seinen Durst gestillt hatte, brüllte er erneut und ging. Bhagavan sah die verängstigten Devotees an und tadelte sie: »Warum seid ihr so beunruhigt? Die Leopardin[22] gab mir mit ihrem ersten Brüllen zu verstehen, dass sie jetzt hierher kommt. Nachdem sie ihren Durst gestillt hatte, gab sie mir durch ein weiteres Brüllen zu verstehen, dass sie jetzt geht. Sie ging ihrer Wege. Sie mischt sich nicht in eure Angelegenheiten. Warum also seid ihr so erschreckt? Der Berg ist die Heimat dieser wilden Tiere und wir sind die Gäste. Da dies so ist, ist es da recht, sie zu verscheuchen?«

Vielleicht wollte er ihnen die Angst nehmen, als er noch hinzufügte: »Es leben etliche heilige Lebewesen (*Siddha Purushas*) auf diesem Berg. Vielleicht nehmen sie verschiedene Gestalten an und kommen, weil sie mich sehen wollen. Es ist nicht recht von euch, sie zu behelligen.«

Von da an kam der Leopard regelmäßig zur Tränke. Wenn das Brüllen zu hören war, pflegte Bhagavan zu sagen: »Da bist du ja! Die Leopardin kündigt ihr Kommen an« und dann wiederum: »sie kündigt ihr Gehen an.« Auf diese Weise ging er ganz ungezwungen mit allen wilden Tieren um.

Ein Devotee fragte Bhagavan, ob es wahr sei, dass er mit Schlangen freundschaftlichen Umgang gepflegt habe, als er auf dem Berg lebte, und eine Schlage ihm über den Körper gekrochen sei und eine andere sein Bein hinauf.

Er antwortete: »Ja, das stimmt. Eine Schlange kam in aller Freundschaft zu mir. Sie wollte an meinem Bein hinaufkriechen. Weil mich ihre Berührung kitzelte, zog ich es zurück. Die Schlange kam aus eigenem Antrieb und ging dann wieder.«

[22] Sri Ramana sprach von den Tieren immer geschlechtsbezogen, was im Tamil unüblich ist.

So hör doch meine stumme Bitte!

2.1.1946

Du musst Jagadaswara Sastri schon einmal gesehen haben. Als er hier war, folgte ihm immer sein Hund in die Halle. Es war ein besonders intelligenter Hund. Jedes Mal, wenn Sastri oder seine Frau in die Halle kamen, kam er mit ihnen herein, setzte sich wie ein artiges Kind hin und ging mit ihnen wieder hinaus. Die Leute unternahmen alles Mögliche, um den Hund daran zu hindern, in die Halle zu kommen, doch es war vergebens.

Als das alte Ehepaar für zwei Wochen nach Madras reiste, überließen sie den Hund jemand anderem. Während der ersten Tage suchte der Hund in der Halle nach seinen Leuten, ging immer wieder um die Halle herum und suchte alle Orte ab, wo sie sonst immer hingingen. Müde und vielleicht auch empört von seinem fruchtlosen Suchen kam er eines Morgens zu Bhagavans Sofa und starrte ihn an. Ich saß in der ersten Reihe. Bhagavan las die Zeitung. Krishnaswami und andere versuchten, den Hund zu vertreiben, aber es war vergebens. Ich bat ihn auch zu gehen, doch er bewegte sich nicht vom Fleck. Bhagavan wurde durch den Tumult aufmerksam und schaute auf. Er beobachtete das alles eine Weile lang. Dann legte er die Zeitung beiseite, winkte mit der Hand in Richtung des Hundes und sagte, als habe er seine stumme Sprache verstanden: »Was ist los? Du fragst mich, wo deine Leute sind, nicht wahr? Sie sind in Madras und werden in einer Woche zurück sein. Habe keine Angst und beruhige dich! Ist jetzt alles gut? Dann geh!«

Da verließ der Hund schnurstracks die Halle.

Bhagavan sagte zu mir: »Hast du das gesehen? Der Hund hat mich gefragt, wo seine Leute hingegangen sind und wann sie zurückkehren werden. So sehr die Leute auch versucht haben, ihn zu vertreiben, er hat sich nicht von der Stelle gerührt, bis ich seine Fragen beantwortet habe.«

Einmal hatte die Hausfrau den Hund verprügelt und ihn einen halben Tag lang in ein Zimmer eingesperrt, weil er etwas angestellt hatte. Als sie ihn wieder herausließ, ging er schnurstracks zu Bhagavan, als wolle er sich beschweren, und blieb vier oder fünf Tage im Ashram. Bhagavan sorgte dafür, dass er gefüttert wurde und stellte die Frau zur Rede: »Was hast du dem Hund angetan? Warum ist er so wütend auf dich? Er ist zu mir gekommen und hat sich beschwert. Was hast du mit ihm gemacht?«

Da gab sie ihre Schuld zu und brachte ihren Hund mit viel Zureden dazu, wieder mit ihr heimzukommen.

Das Streifenhörnchen

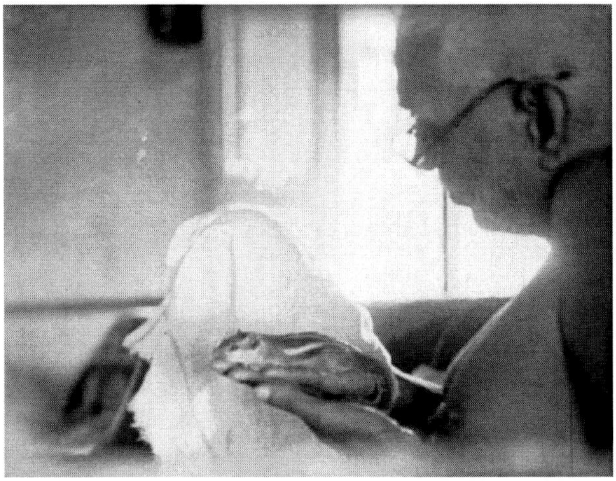

3.1.1946

Weißt du, wie viel Freiheit sich unser Bruder, das Streifenhörnchen, mit Bhagavan herausnahm? Vor einigenJahren gab es einen besonders mutwilligen Burschen unter ihnen. Eines Tages kam er zu Bhagavan, um von ihm gefüttert zu werden. Bhagavan las gerade und war beschäftigt, womit sich das Füttern etwas verzögerte. Der Kerl fraß grundsätzlich nichts, wenn nicht Bhagavan selbst es ihm hinhielt. Da biss er ihn unerwartet in den Finger, weil es ihn ärgerte, dass er warten musste. Aber Bhagavan gab ihm immer noch nichts zu fressen, sonder sagte amüsiert: »Du bist ein freches Geschöpf! Du hast mich in den Finger gebissen! Geh, ich werde dich nicht mehr füttern.«

Einige Tage lang fütterte er das Streifenhörnchen nicht mehr. Aber gab der Bursche Ruhe? Er bettelte Bhagavan um Vergebung an, indem er hin und her sprang. Bhagavan legte die Nüsse auf den Fenstersims und auf das Sofa und forderte ihn auf, sich selbst zu bedienen. Aber er rührte sie nicht an. Bhagavan tat so, als würde er ihn nicht mehr beachten. Da kletterte der Kerl sein Bein hinauf, hüpfte auf ihn, kletterte auf seine Schultern und tat alles, um seine Aufmerksamkeit zu erregen. Da sagte Bhagavan zu uns: »Seht euch diesen Burschen an. Er bettelt darum, dass ich ihm vergebe, weil er mich so boshaft in den Finger gebissen hat, und dass ich ihn wieder mit eigener Hand füttere.«

Nach einigen Tagen musste Bhagavan sich schließlich geschlagen geben.

Doch das war noch nicht alles. Das Streifenhörnchen begann mit den anderen auf dem Dach der Halle, genau über Bhagavans Sofa, ein Nest zu bauen. Sie quetschten Fäden, Kokosnussfasern und ähnliches zwischen die Dachbalken. Wenn es windig war, fielen diese Dinge immer herunter. Die Leute ärgerten sich darüber und vertrieben die Streifenhörnchen. Bhagavan war darüber sehr bekümmert. Wir mussten ihn nur ansehen, um seine tiefe Zuneigung für diese Lebewesen zu erkennen.

Als ich Bhagavan erzählte, dass ich dir von den Streifenhörnchen geschrieben habe, meinte er: »Es gibt noch eine Geschichte über sie. Vor einiger Zeit hatten sie ein Nest neben dem Dachbalken über mir gebaut. Sie hatten Junge und diese hatten wieder Junge. So wurde die Familie sehr groß. Sie spielten auf meinem Sofa, wie es ihnen gefiel. Wenn ich spazieren war, versteckten sich kleine Streifenhörnchen unterm Kissen, und wenn ich mich nach meiner Rückkehr auf das Kissen zurücklehnte, wurden sie zerdrückt. Wir konnten es nicht länger ertragen. Deshalb vertrieb Madhava die Streifenhörnchen aus ihrem Nest und vernagelte es mit Holzbrettern.

Es gäbe noch viele Geschichten über sie, wenn man sich die Mühe machen würde, sie aufzuschreiben.«

Die Bedeutung der Dinge

4.1.1946

Zuweilen bringen die Leute Bhagavan *Prasad* (Opfergaben) wie *Vibhuti* (heilige Asche) und *Kumkum* (getrocknetes Kurkuma) aus Orten wie Tiruchendur, Madurai und Rameswaram.[23] Bhagavan nimmt diese Gaben stets mit größter Ehrfurcht entgegen und pflegt zu sagen: »Ah, Gott *Subrahmanya* von Tiruchendur ist gekommen. Die Göttin *Meenakshi* aus Madurai ist gekommen. Hier ist Ramalingeswara aus Rameswaram.[24] Hier ist dieser Gott, da ist jener Gott.«

Andere bringen ihm heiliges Wasser und sagen: »Das ist Gangeswasser, dieses Wasser stammt vom Gouthami-Fluss, dieses vom Kaveri und jenes vom Krishna«, worauf er dann antwortet:: »Hier ist Mutter Ganges, hier ist Gouthami, dies ist Kaveri und das ist Krishnaveni.«

Anfangs verwirrte mich das, da doch Ramana selbst die Verkörperung des ewigen Seins ist. Wie dumm von den Leuten, ihm *Prasad* von heiligem Wasser zu bringen, als hätten sie damit etwas Großartiges getan!

Vor einiger Zeit brachte jemand Meerwasser mit. Bhagavan nahm es mit den Worten entgegen: »Bis jetzt sind alle Flüsse zu mir gekommen, aber jetzt kommt zum ersten Mal das Meer zu mir. Das ist sehr gut. Gib es her.«

Da erinnerte ich mich an die alten Überlieferungen, dass alle Flüsse, Meere und Gottheiten zu solchen Weisen wie Ramana kommen, um ihnen zu huldigen. Ich dachte immer, dass das eine Übertreibung sei, denn Steine und Wasser können nicht zu den Orten gehen, wo die Großen leben. Aber jetzt erkenne ich, dass die heiligen Wasser, die heilige Asche und ähnliches von den Verehrern zu Bhagavan gebracht werden und er sie mit den Worten entgegennimmt: »Sie sind gekommen.« Ich kann jetzt aufgrund der Ereignisse, die in der Anwesenheit einer großen Seele geschehen, begreifen, dass man die innere Bedeutung der Dinge sorgfältig herauslesen sollte.

---

[23] Pilger-Städte in Tamil Nadu

[24] die jeweiligen Gottheiten der Orte

Moksha (Befreiung)

8.1.1946

Vor einigen Tagen kam eine Frau in die Halle und setze sich. Die ganze Zeit wollte sie Bhagavan etwas fragen. Da er sie nicht beachtete und in einem Buch las, wartete sie eine Weile. Aber sobald er das Buch beiseite gelegt hatte, stand sie auf, ging zu ihm hin und fragte freiheraus: »Swami, ich habe nur einen Wunsch. Darf ich ihn sagen?«

»Ja,« erwiderte Bhagavan. »Was möchtest du?«

»Ich möchte *Moksha* (die Befreiung).«

»Ach, tatsächlich?«

»Ja, Swami, ich möchte nichts anderes. Es genügt, wenn du mir die Befreiung gibst.«

Bhagavan unterdrückte ein Lächeln und sagte: »Ja, ja, das ist schon recht, das ist gut.«

»Es genügt nicht, wenn du sie mir irgendwann gibst. Du musst sie mir hier und jetzt geben«, drängte sie.

»In Ordnung«, entgegnete Bhagavan.

»Wirst du sie mir also jetzt geben? Ich muss nämlich gehen.«

Bhagavan nickte.

Kaum hatte sie die Halle verlassen, brach Bhagavan in Lachen aus und sagte zu uns: »Sie sagt, *Moksha* genüge ihr. Sie möchte nichts anderes.«

Die Köchin Subbalakshmamma, die neben mir saß, erwiderte: »Wir sind aus demselben Grund hier. Wir wollen nichts anderes. Es genügt, wenn du uns *Moksha* gibst.«

Da antwortete Sri Ramana: »Wenn du auf alles verzichtest, ist das, was übrig bleibt, nichts anderes als *Moksha*. Was könnte jemand anderer dir geben? *Moksha* ist immer da. Es ist das, was ist.«

Sie erwiderte: »Wir sind unwissend. Bhagavan selbst muss uns die Befreiung geben« und verließ die Halle.

Bhagavan sah seine Helfer an und meinte: »Ich soll ihnen *Moksha* geben. Ist das nicht schon wieder ein Wunsch? Wenn ihr alle eure Wünsche aufgebt, ist das, was übrig bleibt, *Moksha* und nichts weiter. Was ihr braucht ist spirituelle Übung (*Sadhana)*, um von solchen Wünschen frei zu werden.«

Derselbe Gedanke ist auch im Maharatnamala zu finden, wo es heißt: »Die völlige Vernichtung der *Vasanas* (Wünsche, Neigungen) ist *Brahman* und *Moksha*.«

Die Verehrung der Kuh

16.1.1946

Gestern wurde das Fest der Kühe (Mattu Pongal)[25] gefeiert. An diesem Tag wird im ganzen Land das Vieh geschmückt und mit Pongal[26] gefüttert. Am Vormittag wurden im Ashram Süßigkeiten zubereitet und Girlanden daraus gefertigt. Der Kuhstall wurde festlich geschmückt. Die Kühe wurden gebadet und erhielten einen roter Punkt auf die Stirn. Sie bekamen Girlanden um die Hälse gehängt und wurden mit Pongal gefüttert. Schließ-

---

[25] Der 3. Tag des Pongal-Festes (eine Art indisches Erntedankfest Mitte Januar) ist den Hoftieren gewidmet, v. a. den Kühen und Bullen.

[26] Das Pongal-Gericht besteht aus Reis mit frischer Milch und Sirup aus dem Palmzucker der neuen Ernte.

lich folgte die *Puja* mit Singen von *Mantren* und Zerbrechen von Kokosnüssen.

Lakshmi ist die Königin der Kühe. Ihre Stirn war mit *Kumkum* verziert. Um ihren Hals und ihre Hörner hingen Girlanden aus Rosen und anderen Blumen, Esswaren und Süßigkeiten, Bananen, Zuckerrohrstückchen und Kokosnusskernen. Der Kuhhüter war selbst damit nicht zufrieden und brachte von Zuhause noch eine zusätzliche Girlande aus Leckerbissen mit, die er Lakshmi umlegte. Als Niranjanandaswami (der Ashram-Verwalter) ihn fragte, warum er das täte, antwortete er mit berechtigtem Stolz, dass dies für ihn ein jährlicher Brauch sei.

Bhagavan ging um 10 Uhr zum Kuhstall hinüber. Als er auf einem Stuhl neben Lakshmi saß und sich an ihrem schönen Schmuck freute, brachten Devotees brennenden Kampfer und sangen vedische Hymnen. Dann wurde Lakshmi in die Mitte des Kuhstalls geführt, um sie zu fotografieren. Anmutig warf sie ihren Kopf zurück. Bhagavan stellte sich neben sie, tätschelte sie mit der linken Hand und sagte: »Halte bitte still.« Da schloss Lakshmi die Augen und verharrte völlig bewegungslos, als wäre sie in *Samadhi*. Sri Ramana legte seine linke Hand auf ihren Rücken und hielt in seiner Rechten den Gehstock. So stand er neben Lakshmi, als der Fotograf einige Fotos machte.

Die beiden Tauben

17.1.1946

1945 brachte ein Devotee aus Bangalore dem Ashram zwei Tauben als Geschenk mit. Bhagavan meinte: »Wir müssen sie vor den Katzen und anderen Tieren beschützen. Wer wird sich um sie kümmern? Wir brauchen einen Käfig und Futter. Wer wird das alles besorgen? Es wäre besser, er würde sie wieder mitnehmen.«

Der Devotee versprach, sich um alles zu kümmern, und bat, dass der Ashram sie behalten möge. Dann setzte er das Taubenpaar auf Swamis Schoß. Bhagavan nahm sie voller Zuneigung zu sich und koste sie:

»Kommt, ihr Lieben, kommt! Ihr wollt nicht zurück? Ihr wollt hier bleiben? Also gut, dann sollt ihr bleiben. Ein Käfig wird sich finden.«

Als er sie liebevoll streichelte, wurden sie völlig ruhig, schlossen die Augen, als wären sie in *Samadhi*, und blieben unbeweglich sitzen. Bhagavan behielt sie auf seinem Schoß und hörte auf, sie zu streicheln. Er hatte seine Augen auf sie geheftet und war in tiefem *Samadhi* versunken.

Ein Devotee fragte : »Wozu soll das gut sein?«

Bhagavan antwortete: »Wer weiß? Sie wollen nicht mehr zurück. Sie sagen, dass sie hier bleiben wollen. Eine weitere Familie ist aufgetaucht, als ob die, die ich bereits habe, nicht schon groß genug wäre.«

Die Devotees benötigten fast eine Stunde, um einen Käfig aufzutreiben. Als der Käfig gebracht wurde, streichelte Bhagavan die beiden Tauben, setzte sie hinein und redete ihnen gut zu: »Geht hinein. Ihr werdet in dem Käfig sicher sein.«

Lieber Bruder, es ist sehr interessant, diese seltsamen Begebenheiten zu beobachten. Vom Herrscher Bharata[27] wird berichtet, er habe der Welt entsagt und sich strenger Askese unterworfen. Aber gegen Ende seines Lebens dachte er nur noch an sein Reh und wurde deshalb in seinem nächsten Leben als Reh wiedergeboren. In den Schriften des *Vedanta* gibt es viele solche Geschichten. Bhagavan hat einmal gesagt: »Jedes Lebewesen, das zu mir kommt, muss die Differenz seines *Karmas* ausgleichen. Hindert deshalb niemanden daran, zu mir zu kommen.«

---

[27] Nach der Hindu-Mythologie ist Bharata der erste Herrscher, der Indien einte. Als Bharata alt wurde, übergab er seinem Sohn die Herrschaft und zog sich zu einem asketischen Leben an einen Fluss zurück. Dort rettete er ein Rehkitz und zog es auf. Das Reh wurde ihm so teuer, dass er darüber seine spirituellen Übungen vergaß und nur noch an das Reh dachte. Deshalb wurde er im nächsten Leben als Reh wiedergeboren.

Die Gepardenjungen

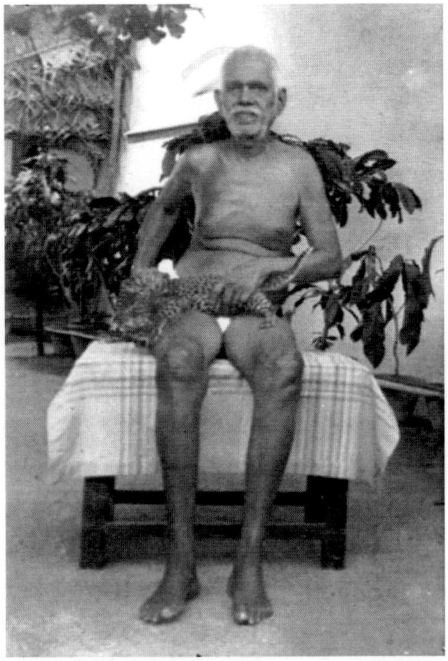

18.1.1946

Etwa vor einem Jahr brachte jemand zwei Gepardenbabies mit, die er aufzog. Man hätschelte sie und gab ihnen Milch. Sie liefen frei unter den Leuten in der Halle herum, stiegen auf Bhagavans Sofa und schliefen dort fest ein. Ein Devotee machte ein Foto. Als sie aufgewacht waren, liefen sie wieder frei in der Halle umher. Bevor Bhagavan zu seinem Spaziergang auf den Berg aufbrach, machte man von ihnen nochmals Fotos. Sie wurden in der ›Sunday Times‹ veröffentlicht.

Es war wunderbar, wie die Gepardenjungen sich auf dem Sofa wohl fühlten und durch die Berührung von Bhagavans Händen einschliefen. Währenddessen kamen die Streifenhörnchen und holten sich wie immer ihre Nüsse und die Spatzen ihren Bruchreis. Früher dachten die Leute, dass im Ashram eines *Rishis* Tiere aller Art friedvoll zusammenleben. So erzählen es die Geschichten der *Puranas*.

Ein Devotee fragte: »Stimmt es, dass im Pachiamman-Tempel[28] jemand vor einem Tiger geflohen ist?«

Bhagavan bestätigte das. »Rangaswami Iyengar besuchte mich gelegentlich. Einmal bemerkte er ein Tigerweibchen im Gebüsch, als er sich erleichtern wollte. Er wollte sie mit Schreien vertreiben. Da brüllte sie schwach. Er zitterte vor Angst, sprang auf, kam außer Atem zu mir gerannt und schrie: ›Bhagavan! Ramana! Ramana!‹ Als ich ihn fragte, warum er solche Angst habe, rief er händeringend: ›Hilfe, ein Tiger! Komm, Swami, wir müssen in den Tempel und alle Türen verschließen, sonst kommt er herein! Warum kommst du nicht?‹ Ich erwiderte lachend: ›Lass uns abwarten. Wo ist der Tiger? Ich sehe ihn nirgends.‹ Er zeigte auf das Gebüsch. ›Da, in diesem Busch.‹ Ich sagte: ›Du wartest hier, während ich nachsehe.‹ Ich konnte keinen Tiger entdecken, doch er konnte seine Angst immer noch nicht ablegen. Ich versicherte ihm, dass es ein harmloses Tier sei und er keine Angst haben müsse, aber er glaubte mir nicht.

Einmal saß ich auf dem Rand des Wasserbeckens dem Tempel gegenüber. Da kam das Tigerweibchen zur Tränke und strich eine Weile furchtlos umher, sah mich an und ging wieder. Iyengar hatte sich im Tempel versteckt und alles beobachtet. Er hatte Angst, dass mir etwas zustoßen könnte. Als der Tiger fort war, ging ich in den Tempel und beruhigte ihn: ›Sieh doch, was für ein sanftes Tier es ist! Es greift uns nur an, wenn wir es bedrohen.‹ Damit konnte ich ihm seine Angst nehmen.«

Medikamente, die nicht helfen

20.1.1946

Die Ärzte hatten die persönlichen Gehilfen Bhagavans angewiesen, ihm vitaminreiche Kost zu geben, um den Schmerz in seinen Beinen zu lindern. Auch massierten sie seine Beine mit einem besonderen Balsam. Sie taten ihr Bestes. Bhagavan meinte scherzhaft: »Ein Gast kommt zu Besuch. Wenn du ihm gegenüber gleichgültig bist, wird er schon bald wieder gehen. Wenn du ihn aber mit viel Respekt behandelst und ihm große Auf-

---

[28] Ramana lebte 1905 während einer Pest-Epidemie sechs Monate lang im Pachiamman-Tempel.

merksamkeit schenkst, wird er nie mehr gehen. So ist es auch mit der Krankheit. Wenn du dich um sie sorgst, wie ihr es jetzt tut, warum sollte sie dann wieder gehen? Wenn du sie nicht beachtest, wird sie von selbst verschwinden.«

Vor einiger Zeit hatte ein junger Mann in Ashramnähe ein Geschäft eröffnet. Er behauptete, jede Krankheit mit *Vibhuti* (heiliger Asche) heilen zu können. Die Leute sind nach diesen Dingen total verrückt. Die körperlich und geistig Kranken strömten zum *Vibhuti*-Swami und kamen auf dem Weg zu ihm auch bei unserem Ashram vorbei. Doch was gibt es hier schon? Kein *Vibhuti,* keine Zauberamulette! Sie erhielten den *Darshan* von Bhagavan und gingen wieder. Wenn Bhagavans Gehilfen gerade seine Beine mit dem medizinischen Öl massierten, sagte er leichthin: »Hervorragend! Das hat doch auch sein Gutes! Wenn die Leute mich so sehen, werden sie sagen: ›Dieser Swami hat selber Schmerzen in den Beinen und muss von anderen massiert werden. Wie könnte er uns da helfen?‹. Sie werden wieder gehen und mir nicht zu nahe kommen.«

Vor vier Tagen rief Bhagavan alle Ärzte zu sich und zeigte ihnen eine Nachricht in der Zeitung. Jemand war an zu vitaminreicher Kost und Vitaminspritzen gestorben. Am folgenden Tag erschien die Neuigkeit in einer weiteren Zeitung. Er zeigte sie ihnen nochmals und sagte auf kindliche Weise: »Die letzten zwei Jahre habe ich viele Vitamine bekommen, da man meinte, sie seien gut für mich. Damit nicht genug, man wollte mir auch noch Vitamine spritzen. Seht her, was mit diesem Menschen geschehen ist.«

Als Bhagavan vor einigen Jahren die Gelbsucht hatte, widerstand ihm das Essen. Etwa zehn Tage lang aß er nur Puffmais. Da Echammal und Mudaliar Pati sich das Gelübde auferlegt hatten, erst dann selbst zu essen, wenn Bhagavan wenigstens einen Bissen von ihrem Essen genommen hatte, nahm er ein paar Körner vom Reis der beiden Frauen, mischte sie unter den Puffmais und würgte es hinunter, damit sie an ihrem Gelübde festhalten konnten. Sein Wohlwollen und die Beachtung der Gefühle seiner Devotees ist grenzenlos, wie immer die Situation auch sein mag. Er lässt nicht zu, dass jemand verletzt oder gekränkt wird.

Viele Ärzte gaben ihm Medikamente gegen seine Gelbsucht. Bhagavan nahm sie ein, damit sie zufrieden waren. Es vergingen Monate. Die Gelbsucht hielt an. Da schickte man nach einem bekannten Arzt aus Madras. Doch es änderte sich immer noch nichts an seinem Befinden. Nachdem alle Ärzte gescheitert waren und man alle Arzneien erfolglos ausprobiert hatte, heilte er sich selbst mit getrocknetem Ingwer, Brechwurzel und anderen ayurvedischen Kräutern.

Der Geschmack der Hingabe (Bhakti)

21.1.1946

Echammals Küche war nie besonders gut. Es fehlte an Gemüse und Gewürzen. Für Bhagavan war ihre Hingabe schmackhafter als ihr Essen und deshalb beklagte er sich nie. Einige Devotees, denen ihr Essen nicht schmeckte, machten gelegentlich darüber Bemerkungen, wenn Bhagavan am frühen Morgen in der Küche Gemüse schnitt. Bhagavan erwiderte auf ihre wiederholten Beschwerden: »Ich kann dazu nichts sagen. Wenn ihr es nicht mögt, braucht ihr es ja nicht zu essen. Ich mag es ganz gern und werde weiterhin davon nehmen.«

Vor einiger Zeit ließ Echammal für etwa eine Woche das Essen durch jemand anderen bringen. Vielleicht war sie gerade nicht da oder es ging ihr nicht gut. Einmal vergaßen die Köchinnen, es zu servieren. Bhagavan gibt immer durch ein Zeichen zu verstehen, dass mit dem Essen begonnen werden kann und fängt dann selbst zu essen an, aber an diesem Tag rührte er sich nicht. Er hatte seine linke Hand unter das Kinn gestützt, während seine Rechte auf dem Blattteller lag. Die Leute sahen einander an. Das Küchenpersonal tuschelte untereinander und fragte sich, was los sei. Plötzlich kam es ihnen in den Sinn, dass sie das Essen von Echammal nicht verteilt hatten. Sie holten es nach und entschuldigten sich. Da gab Bhagavan das Zeichen, mit dem Essen zu beginnen.

Ihm schmeckt die einfache Erdnuss, die ihm ein Devotee anbietet, besser als die schmackhaften Süßigkeiten und Nachspeisen, die ihm reiche Leute bringen.

Die göttliche Waffe

ॐ

***Omkar*, das Sanskrit-Zeichen für OM**

22.1.1946

Gestern kam ein Junge von etwa 18 Jahren mit dem Fahrrad. Nachdem er eine Viertelstunde in der Halle gesessen hatte, ging er zu Bhagavan und fragte ihn: »In was geht man ein, wenn man *Omkar*[29] überquert hat?«

Bhagavan antwortete lächelnd: »Woher kommst du jetzt? Wohin gehst du? Was möchtest du wissen? Wer bist du in Wirklichkeit? Wenn du mir zuerst sagst, wer du bist, darfst du mich über *Omkar* fragen.«

Junge: »Ich weiß nicht einmal das.«

Bhagavan: »Aber du weißt mit Sicherheit, dass du existierst. Wie kommt das? Wo warst du zuvor? Was genau ist dein Körper? Finde das zuerst heraus. Wenn du das alles weißt, kannst du mir Fragen stellen, falls du immer noch Zweifel hast. Warum sollen wir uns darum kümmern, was mit *Omkar* geschieht? In was gehst du letztlich ein? Wie kommst du zurück? Wenn du zuerst die Wahrheit über deinen eigenen Zustand und darüber, was mit dir geschieht, herausfindest, können wir über den Rest nachdenken.«

Der Junge wusste nichts zu antworten, verneigte sich vor Bhagavan und ging. Welch andere göttliche Waffe gibt es gegen einen solchen Frager? Wenn diese Waffe zur Anwendung kommt, verstummt der Frager.

Als einmal ein *Sannyasin* damit prahlte, alle religiösen Bücher gelesen zu haben und Bhagavan alle möglichen Fragen stellte, gab er ihm wiederholt dieselbe Antwort: »Finde heraus, wer du bist.«

Als der *Sannyasin* immer noch nicht von seinen bedeutungslosen Fragen und Argumenten abließ, erwiderte Bhagavan entschieden: »Du hast mir so

---

[29] *Omkar*: das Sanskrit-Zeichen für OM, symbolisiert den schöpferischen Klang, sowie die vier Zustände von Wachen, Träumen, Tiefschlaf und absolutem Bewusstsein. Der Junge stellt hier eine rein philosophische Frage.

viele Fragen gestellt und so viele Argumente vorgebracht. Warum antwortest du nicht zuerst auf meine Frage und argumentierst dann? Wer bist du? Beantworte zuerst meine Frage, dann werde ich dir eine passende Antwort geben. Sage mir, wer es ist, der argumentiert.«

Er wusste darauf nichts zu antworten und ging.

Einige Zeit später schrieb ich fünf Strophen über die göttliche Waffe (Divya Asthram) und zeige sie Bhagavan. Da erinnerte er sich: »Vor langer Zeit waren Nayana (Ganapati Muni) und Kapali hier. Wenn einer von ihnen mich etwas fragen wollte, faltete er zuerst die Hände und sagte: ›Swami, ich werde dir eine Frage stellen, wenn du versprichst, nicht deine göttliche Waffe (Brahmasthram) anzuwenden.‹ Wenn mir während des Gesprächs die Worte ›Wer bist du?‹ entschlüpften, erwiderte er: ›Jetzt hast du doch wieder deine göttliche Waffe (Brahmasthram) abgefeuert. Was kann ich jetzt noch sagen?‹ Sie nannten es Brahmasthram und du nennst es Divya Asthram.«

Theta-Gita

23.1.1946

తే॥ ఒడలు నశ్వర మది స్థితం బుద్ధితంబొ
కర్మవశమున విడువడ గలయుగలదొ ।
తన్నెఱింగిన సిద్ధుడు తనువు గనడు
గుడ్డను మదిరామదమున గ్రుడ్డివలెనె ॥

Theta Gita

»Genauso wenig wie ein Betrunkener sich dessen bewusst ist, ob er Kleider anhat oder nicht, beachtet der Siddha diesen vergänglichen Körper, ob er sitzt oder steht, ob er dem Schicksal unterworfen oder frei von ihm ist, da er seine wahre Gestalt erlangt hat.«

Vor einiger Zeit kam Bhagavan während eines Gesprächs mit einigen Devotees ein Vers aus der Hamsa Gita[30] über die Eigenschaften eines *Siddha* (einer hoch entwickelten Seele) in den Sinn. Enthusiastisch schrieb er ihn in Tamil nieder. Als Balarama Reddy fragte: »Was ist mit einer Übersetzung ins Telugu?«, übersetzte Bhagavan ihn im Aataveladi-Versmaß ins Telugu und fragte, ob er die Bedeutung richtig getroffen habe. Zurückhaltend schlug ich ihm vor, besser das Theta-Gita-Versmaß zu verwenden. Bhagavan meinte: »Gut, ich kann es ändern.«

Als ich am Nachmittag wiederkam, hatte Bhagavan den Vers bereits in die Theta-Gita-Versform übertragen und gab ihn mir mit den Worten: »Sieh, ob es so richtig ist.« Obwohl es sich nicht so gut anhörte, war ich glücklich, dass Bhagavan den Vers geschrieben hatte, und sagte: »Welches Versmaß Bhagavan auch verwendet, es scheint mir recht gut zu sein.« Da meinte er: »Es genügt schon, wenn ein Mensch damit zufrieden ist, wenn eine unqualifizierte Person wie ich etwas schreibt«. Die Leute lachten.

Damit war das Thema aber noch nicht beendet. Den ganzen Tag über diskutierte Bhagavan mit Balarama Reddy über den Vers, dass an dieser Stelle die Bedeutung unvollständig sei und an jener Stelle die Grammatik nicht stimme.

Als ich gestern früh zum *Parayana* kam, gab er mir ein Blatt Papier, auf dem der Vers ins Reine geschrieben war. Als ich ihn zuhause studierte, kamen mir Zweifel, ob ein bestimmter Buchstabe richtig geschrieben war. Zudem überkam mich der Wunsch, den Vers ins Notizbuch des Ashrams zu schreiben und das Original für mich zu behalten. Deshalb schnitt ich das Blatt schön mit der Schere zurecht, legte es in meine Tasche und ging zum Ashram.

Bhagavan meinte über den zweifelhaften Buchstaben: »Er muss verbessert werden. Gib mir mein Blatt zurück. Ich möchte es vorzeigen können, wenn jemand danach fragt.« Ich war verblüfft, dass er erraten konnte, was ich im Sinn hatte.

Als Bhagavan wie ein Schuljunge darauf bestand, dass ich seinen Zettel zurückgab, schämte ich mich über meinen Wunsch, fürchtete mich vor seiner Schelte und war zugleich über seine neckischen Worte amüsiert. »Ich

[30] die tröstenden Worte *Krishnas* an seinen Freund Uddhava, bevor er starb

habe ihn dabei«, erwiderte ich und gab den Zettel her. Er legte ihn sorgsam beiseite, als handelte es sich um einen großen Schatz.

Zorn

26.1.1946

Gestern erwähnte ein Jugendlicher aus Andhra Pradesh Bhagavan gegenüber, wie launenhaft seine Sinne seien.

Bhagavan meinte: »Das alles ist auf den Geist zurückzuführen. Bringe ihn in Ordnung.«

»Das ist schon richtig, Swami, aber so sehr ich auch versuche, meinen Zorn niederzuhalten, überwältigt er mich doch immer wieder. Was soll ich tun?«

Bhagavan: »Ist das so? Dann werde über den Zorn zornig und alles wird in Ordnung kommen.«

Die Leute in der Halle lachten.

Vor einigen Jahren kam ein Devotee zu Bhagavan und erzählte ihm, dass ihn jemand beleidigt habe. Bhagavan hörte ihm zu, sagte aber nichts. Da er trotz seiner wiederholten Klagen keine Antwort erhielt, konnte er sich nicht länger zurückhalten und sagte: »Wenn ich ständig grundlos beleidigt werde, dann werde ich zornig. So sehr ich auch versuche, meinen Zorn zu beherrschen, ich bringe es doch nicht zustande. Was soll ich tun?«

Bhagavan antwortete lachend: »Was du tun sollst? Leiste dem, der dich beleidigt, Gesellschaft und beleidige dich selbst. Dann kommt alles in Ordnung.«

Alle lachten. Der Devotee konnte das nicht verstehen und fragte: »Ich soll mich also selbst beleidigen?«

Bhagavan: »Ja, natürlich! Was die Leute beleidigen ist dein Körper, nicht wahr? Welchen größeren Feind gibt es als diesen Körper, der die Wohnstatt von Zorn und ähnlichen Gefühlen ist. Wir müssen ihn deshalb hassen. Wenn wir unbedacht sind und jemand uns beleidigt, sollten wir wissen, dass er uns wachrüttelt. Wenigstens dann sollten wir es begreifen und ihn darin unterstützen und den Körper niederschreien. Was nützt es, die Beleidigung zurückzugeben? Wir sollten jene, die uns beleidigen, als unsere Freunde betrachten. Es ist gut, unter solchen Leuten zu sein. Wenn du unter Leuten bist, die dich preisen, wirst du nur betrogen.«

Im Juni 1924 waren Diebe in den Ashram eingebrochen und hatten nicht nur die Devotees verprügelt, sondern auch Bhagavan auf den Schenkel geschlagen. Als die Devotees berichteten, welche Schläge sie einstecken mussten und sich entrüsteten: »Diese üblen Burschen haben sogar Bhagavan geschlagen!«, soll Bhagavan erwidert haben: »Ihr alle verehrt mich mit Blumen. Sie haben mich mit einem Stock verehrt. Das ist auch eine Form der Verehrung. Wenn ich eure Verehrung annehme, soll ich die ihre dann nicht auch annehmen?«[31]

Das Lied von Avvaiyar

30.1.1946

In den vergangenen Tagen hat Bhagavan das ›Sri Ramana Leela‹ (Ramana-Biografie in Telugu), das kürzlich aus der Druckerei gekommen ist, Korrektur gelesen. Als er die Übersetzung eines der Lieder *Avvayars* sah, meinte er, sie sei fehlerhaft. Sie lautete: »Oh Magen, du kannst weder für einen Tag Nahrung entbehren noch auf einmal genug Nahrung aufnehmen, dass es für zwei Tage anhält. Du hast ja keine Ahnung, welche Scherereien ich deinetwegen habe. Oh du erbärmlicher Magen! Es ist unmöglich, mit dir weiterzuleben!«

Er meinte, es sei so nicht richtig, sondern müsse heißen: »[Der Magen sagt zum Ego:] ›Du hörst nicht für einen Tag mit dem Essen auf. Warum isst du nicht für zwei Tage auf einmal? Du verstehst meine Probleme überhaupt nicht. Es ist schwer, mit dir weiterzuleben!‹«

Ein Devotee meinte: »*Avvaiyars* Lied ist bekannt, aber Bhagavans Interpretation ist neu. Niemand hat je an den Magen gedacht. Wann hat Bhagavan das geschrieben?«

---

[31] näheres zum Einbruch im Ashram s. Ebert: Ramana Maharshi: Sein Leben, S. 101f

Bhagavan: »Wir saßen an einem Vollmondtag nach einer deftigen Mahlzeit beisammen. Da wir an diesem Tag später als üblich gegessen hatten, waren wir ziemlich schlapp. Somasundaraswami sang das Lied von Avvaiyar, legte sich in der Halle auf den Boden, wälzte sich hin und her und tätschelte seinen Bauch. Ich schrieb aus Spaß dieses Lied und sang es vor. Wir haben jetzt beide Versionen gehört.«[32]

Astrale Pfade – höhere Welten

31.1.1946

Bhagavan hat heute früh einen Zeitungsartikel über jenseitige Welten gelesen und meinte: »Sie schreiben eine Menge über Pfade jenseits der Sonne und Planeten und über jenseitige selige Welten. Aber all diese Welten sind wie diese Welt. Es ist nichts Besonderes an ihnen.

Ein Lied wird übers Radio übertragen. Beim letzten Mal kam es aus Madras, heute kommt es aus Tiruchirapalli, und wenn du das Radio erneut anschaltest, kommt es aus Mysore. Alle diese Orte sind in so kurzer Zeit in Tiruvannamalai. Mit den anderen Welten ist es nicht anders. Ihr braucht nur euren Geist auf sie zu richten und könnt sie alle in einem Augenblick sehen. Aber wozu soll das gut sein? Ihr wandert nur von Ort zu Ort und werdet müde und dessen überdrüssig. Wo ist Friede (*Shanti*)? Wenn ihr Friede wollt, müsst ihr die ewige Wahrheit erkennen. Wenn ihr sie nicht erkennen könnt, kann der Geist keinen Frieden finden.«

Einmal hat jemand Bhagavan eine ähnliche Frage gestellt. »Die Leute reden von *Vaikunta* (Wohnstatt Vishnus), Kailash (hier: für die Menschen unzugänglicher Bereich, wo die Götter wohnen), Indraloka (Wohnstatt des Gottes Indra), Chandraloka (Wohnstatt des Gottes Chandra) usw. Existieren diese Orte wirklich?«

Bhagavan antwortete: »Natürlich. Du kannst versichert sein, dass es sie alle gibt. Dort ist auch ein Swami wie ich zu finden, der auf einem Sofa sitzt, und Schüler, die um ihn herumsitzen. Sie stellen ihm ihre Fragen und

[32] s.a. Mudaliar: Tagebuch, 23.5.1946. Sri Ramana hat das ursprüngliche Lied von *Avvaiyar* (s. 1. Version) aus diesem Anlass umgeschrieben.

er antwortet darauf. Alles ist mehr oder weniger wie hier. Was soll's? Wenn man Chandraloka sieht, wird man sich nach Indraloka wünschen, dann nach *Vaikunta* und dann zum Kailash usw. Der Geist hört nicht auf zu wandern. Wo ist Friede (*Shanti*)? Wenn man Friede sucht, ist die Selbstergründung die einzig richtige Methode, um ihn sich zu sichern.

Durch Selbstergründung ist die Selbstverwirklichung realisierbar. Wenn man das Selbst erkennt, kann man all diese Welten in sich selbst sehen. Die Quelle von allem ist unser eigenes Selbst. Wenn man dieses Selbst verwirklicht, wird man nichts mehr vorfinden, was vom Selbst verschieden wäre. Dann werden sich diese Fragen nicht mehr stellen. *Vaikunta* oder Kailash mag es geben oder auch nicht. Tatsache ist, dass du hier bist, nicht wahr? Wie kommt es, dass du hier bist? Wo bist du? Erkenne das zuerst, dann kannst du immer noch an all jene Welten denken.«

Bücher

1.2.1946

Eines Morgens kam ein Schüler zu Bhagavan und fragte in flehendem Ton: »Bhagavan, ich würde gerne Bücher lesen, um den Weg zu finden, auf dem ich die Befreiung (*Mukti*) erlangen kann, aber ich kann nicht lesen. Was soll ich tun? Wie kann ich *Mukti* erlangen?«

Bhagavan antwortete: »Was spielt es für eine Rolle, dass du ungebildet bist? Es genügt, wenn du dein eigenes Selbst kennst.«

»Alle Leute hier lesen Bücher, aber ich kann es nicht. Was soll ich bloß machen?«

Da zeigte Bhagavan mit der Hand auf ihn und sagte: »Was glaubst du kann ein Buch dich lehren? Sieh dich an und dann sieh mich an. Es ist, als ob man dich auffordern würde, dich in einem Spiegel zu betrachten. Der Spiegel zeigt nur, wie dein Gesicht aussieht. Wenn du in den Spiegel siehst, nachdem du dich gewaschen hast, siehst du ein sauberes Gesicht. Andernfalls wird der Spiegel dir sagen: ›Es ist schmutzig! Komm wieder, wenn du es gewaschen hast.‹ Ein Buch macht dasselbe. Wenn du ein Buch liest, nachdem du das Selbst verwirklicht hast, wirst du alles leicht verstehen. Wenn du es davor liest, wirst du viel Mangelhaftes entdecken. Es wird dir sagen: ›Bring dich zuerst selbst in Ordnung, dann sieh in mich hinein.‹ Das ist alles. Erkenne zuerst dein Selbst. Warum sorgst du dich um diese ganze Büchergelehrsamkeit?«

Der Schüler war zufrieden und ging ermutigt fort. Ein anderer Schüler nahm den Gesprächsfaden auf: »Bhagavan, du hast ihm eine merkwürdige Antwort gegeben.«

»Was ist daran merkwürdig?«, fragte Bhagavan. »Es stimmt. Welche Bücher habe ich schon gelesen, als ich jung war? Was habe ich von anderen gelernt? Ich war immer in Meditation versunken. Später brachte Palaniswami Bücher der *Vedanta*-Literatur, die er sich von verschiedenen Leuten ausgeliehen hatte, und las sie vor. Er machte viele Fehler. Er war schon älter und nicht belesen, doch sehr aufs Lesen erpicht. Er war beharrlich und las mit religiösem Eifer. Deshalb war ich darüber froh. Als ich selber diese Bücher las, um ihm ihren Inhalt zu erzählen, wurde mir klar, dass ich alles bereits erfahren hatte, was in ihnen geschrieben steht. Ich war überrascht. Ich fragte mich: ›Wie kommt das? In diesen Büchern steht bereits alles über mich selbst.‹ Es ging mir mit allen Büchern gleich. Ich hatte alles bereits erlebt. Ich verstand die Texte unmittelbar. Wozu Palaniswami zwanzig Tage brauchte, las ich in zwei Tagen. Er gab die Bücher zurück und brachte neue. Auf diese Weise erfuhr ich, was in den Büchern steht.«

Einer der Schüler meinte: »Vielleicht hat Sivaprakasam Pillai deshalb in Bhagavans Biografie geschrieben: ›Er ist ein Brahma *Jnani* (einer, der *Brahman* erkennt), ohne den Namen *Brahmans* zu kennen.‹«

Bhagavan: »Ja, ja! Das ist richtig. Darum sollte man zuerst sich selbst kennen, bevor man ein Buch liest. Wenn man das tut, wird man erkennen, dass das Buch lediglich das beinhaltet, was man selbst erfahren hat. Wenn man sein Selbst nicht im Blick hat und ein Buch liest, findet man viel Mangelhaftes.«

Schüler: »Ist es für alle möglich, wie Bhagavan zu werden? Ein Buch kann uns zumindest helfen, unsere Fehler zu korrigieren.«

Bhagavan: »So ist es. Ich habe nicht gesagt, dass Lesen nicht hilft. Ich habe lediglich gesagt, dass ungebildete Menschen nicht denken müssen, sie könnten deshalb nie die Befreiung erlangen und den Mut verlieren. Sieh nur, wie niedergeschlagen er war, als er mich danach fragte. Wenn man ihm die Tatsachen nicht richtig erklärt, wird er weiterhin niedergeschlagen sein.«

Krankheit

2.2.1946

Vor zwei Jahren kam Mr. Manne Venkataramayya, ein Richter im Ruhestand, in den Ashram. Er war krank gewesen und immer noch nicht völlig wiederhergestellt. Nachdem Bhagavan sich alle Einzelheiten seiner Krankheit angehört hatte, meinte er: »Der Körper ist selbst eine Krankheit. Wenn der Körper krank wird, bedeutet es, dass die ursprüngliche Krankheit eine weitere Krankheit hinzubekommen hat. Wenn du nicht willst, dass die neue Krankheit dich plagt, musst du zuerst die nötige Arznei gegen die Originalkrankheit einnehmen, damit die spätere Krankheit – die Krankheit der Krankheit – dich nicht beeinträchtigt. Was nützt es, wenn du dich um die zweite Krankheit sorgst, anstatt zuerst einen Weg zu finden, die erste Krankheit loszuwerden? Lass die neue Krankheit ihren Verlauf nehmen und denk über eine Arznei gegen die ursprüngliche Krankheit nach.«

Kürzlich ereignete sich etwas, das dies illustriert. Viswanatha Brahmachari arbeitete an einer Übersetzung des Trisulapuram Mahatmyam[33] aus dem Sanskrit ins Tamil. Als er damit fertig war, war Bhagavan gerade gesundheitlich angeschlagen. Da er nicht wollte, dass Bhagavan sich mit Korrekturlesen überanstrengte, sagte er ihm nicht, dass das Buch druckfertig war.

Bhagavan war noch nicht völlig genesen, als er Viswanath eines Tages fragte: »Wie weit bist du mit deiner Übersetzung des Mahatmyam?« Da er nicht lügen wollte, erwiderte er, er sei damit fertig. »Warum hast du sie dann nicht gebracht?« Viswanath erklärte, er habe es nicht getan, weil Bhagavan unpässlich gewesen sei. »Ich verstehe! Doch was macht es mir schon aus, wenn es meinem Körper nicht gut geht? Soll er seine Probleme haben. Ich mache mir darüber keine Sorgen. Ich bin frei. Bring mir die Übersetzung und ich werde sie durchsehen. Wenn dieser Körper etwas braucht, werden sich alle Leute hier darum kümmern.«

Viswanath blieb nichts anderes übrig, als Bhagavan das Buch zu bringen. Bhagavan begann sofort damit, es durchzusehen und arbeitete sogar nachts mit einer Tischlampe daran. Seine Krankheit behinderte seine Arbeit nicht.

[33] die Legende über Tiruchuli, den Geburtsort Ramanas

Glücklich sind jene, die nur ein Lendentuch tragen

5.2.1946

Bhagavan erzählte die Geschichte von seinem Handtuch.

»Es war vor etwa 40 Jahren, vielleicht 1906, als ich im Pachiamman-Tempel lebte. Ich besaß nur ein einziges Handtuch, das mir irgendjemand gegeben hatte. Da das Material fadenscheinig war, war es bereits nach zwei Monaten abgenutzt und an mehreren Stellen zerrissen. Palaniswami war nicht in der Stadt. Ich musste mich deshalb ums Kochen und alle anderen Hausarbeiten kümmern. Da ich meine Hände und Füße immer wieder mit dem Handtuch abtrocknete, bekam es alle möglichen Flecken. Man sah seinen schlechten Zustand, wenn ich damit meinen Körper bedeckte. Ich rollte es zusammen und hatte es immer in meiner Nähe. Mir was es gleichgültig. Es genügte, wenn ich damit die nötige Arbeit tun konnte. Wenn ich gebadet hatte, trocknete ich mich damit ab und legte es dann zum Trocknen aus. Ich gab sehr darauf Acht, dass niemand anderer es zu Gesicht bekam.

Eines Tages beobachtete ein kleiner spitzbübischer Junge, wie ich es zum Trocknen auslegte und sagte: ›Swami, der Gouverneur will dieses Handtuch haben. Er hat gesagt, ich soll es mir von dir geben lassen. Bitte gib es mir.‹ Schelmisch streckte er seine Hand danach aus. Ich erwiderte: ›Oh, nein, dieses Handtuch kann ich dir nicht geben. Jetzt geh wieder!‹

Da das Handtuch immer mehr zerriss und inzwischen tausend Löcher hatte, behielt ich es nicht mehr bei mir, damit Sesha Iyer und die anderen es nicht zu sehen bekamen. Ich benutzte es nach dem Baden, ließ es trocknen und versteckte es im Loch eines Baumstamms im Tempelbereich. Als ich eines Tages nicht da war, fanden Sesha Iyer und die anderen zufällig das Handtuch, als sie nach etwas anderem suchten und das Loch im Baumstamm erkundeten. Als sie sahen, in welchem Zustand es war, machten sie sich Vorwürfe über ihre Nachlässigkeit und entschuldigten sich wortreich, als ich zurückkehrte. Ich fragte, was los sei. ›Trocknest du dich täglich nach dem Baden mit diesem Handtuch ab, das tausend Löcher hat? Wir schämen uns, dass wir dir so nachlässig gedient haben. Wir wussten es nicht einmal.‹ Daraufhin brachten sie mir einige Bündel Handtücher.

Zuvor war noch etwas anderes geschehen. Mein Lendentuch (*Koupina*) war zerrissen. Ich bitte normalerweise niemanden um etwas. Die Schicklichkeit musste aber gewahrt bleiben. Woher konnte ich Nadel und Faden bekommen, um das *Koupina* zu flicken? Schließlich fand ich einen Dorn, machte ein Loch hinein, zog aus dem *Koupina* einen Faden, steckte ihn in das Loch und flickte so den Stoff. Um die geflickte Stelle zu verbergen, legte ich immer eine entsprechende Falte, bevor ich es anzog. So verging die Zeit. Was brauchten wir schon? Was für Tage waren das!«

Befreiung (Moksha) im Körper

20.2.1946

Vor etwa einer Woche fragte ein Neuankömmling Bhagavan: »Ist es möglich, die Befreiung (*Moksha*) zu erlangen, während man noch in diesem Körper weilt?«

Bhagavan antwortete: »Was ist *Moksha*? Wer erlangt sie? Wenn es keine Bindung gibt, wie kann es dann Befreiung geben? Wer ist gebunden?«

»Ich«, antwortete der Frager.

Bhagavan: »Wer bist du? Wie kommt es, dass du gebunden bist? Und warum? Wenn du das weißt, dann können wir darüber nachdenken, ob man *Moksha* in diesem Körper erlangen kann.«

Der Besucher wusste nicht, was er noch fragen sollte und schwieg. Nach einer Weile ging er.

Als er fort war, sah Bhagavan uns mit einem gütigen Blick an und meinte: »Viele Leute stellen dieselbe Frage. Sie wollen die Befreiung in diesem Körper erlangen. Nicht erst heute, auch schon früher haben viele Lehrer ihren Schülern beigebracht, wie man seinen Körper verjüngen und hart wie Stahl machen kann, damit er unsterblich wird. Dann starben sie, wenn ihre Zeit gekommen war. Wenn der Guru, der körperliche Verjüngung lehrt, stirbt, was geschieht dann mit seinen Schülern?

Wir wissen nicht, was im nächsten Augenblick mit etwas geschieht, das wir jetzt sehen. Man kann keinen Frieden finden, solange man nicht durch Selbstergründung begreift, dass man nicht der Körper ist und durch *Vairagya* (die Abkehr von weltlichen Wünschen und Leidenschaften) aufhört, sich um ihn zu kümmern. *Moksha* ist, wenn man vollkommenen Frieden (*Shanti*) erlangt hat. Da man diesen Frieden nicht finden kann, solange man den Körper mit dem Selbst identifiziert, vermehrt jeder Versuch, den Körper für immer zu erhalten, die Bindung anstatt sie aufzulösen. Es ist eine Illusion.«

Unsterbliche Lebewesen

21.2.1946

Am nächsten Tag fragte Yadavalli Rama Sastri Bhagavan: »Swami, die Leute sagen, dass das Selbst so strahlend wie zehn Million Sonnen ist. Stimmt das?«

Bhagavan: »Gewiss! Angenommen, es strahlt so hell wie zehn Millionen Sonnen, wie kann man es dann beschreiben? Wir ertragen mit unseren Augen nicht einmal die Helligkeit der einen sichtbaren Sonne. Wie können wir dann zehn Millionen Sonnen sehen? Es ist ein anderes Auge, das eine andere Art von Sehvermögen hat. Wenn du mit diesem Auge sehen kannst, kannst du ihm jeden Namen geben: zehn Millionen Sonnen oder Monde oder was immer du magst.«

Vor einiger Zeit stellte jemand anderer eine ähnliche Frage. »Es heißt, dass Aswathama, Vibheeshana[34] und andere unsterblich sind und irgendwo leben. Stimmt das?«

»Ja, es stimmt«, antwortete Bhagavan. »Was stellst du dir unter ›unsterblich‹ vor? Wo ist Tod und Geburt für jene, die den unzerstörbaren Zustand kennen? Sie leben immer und überall als Unsterbliche. Wir sprechen jetzt über sie, und somit sind sie hier anwesend. Wenn es heißt, dass eine Person ewig lebt, ist nicht der Körper, der aus den fünf Elementen besteht, damit gemeint. Wenn schon die Zeitalter *Brahmas* kommen und gehen, wie könnte man dann den Körpern, die in diesem Zeitalter leben, Dauerhaftigkeit zuschreiben?«

[34] mythologische Gestalten

Uma

26.2.1946

Ein Devotee fragte Bhagavan: »Wie hat *Parvati* den Namen *Uma* erhalten?«

Bhagavan fragte mich: »Steht nicht das *Arunachala Purana* in Telugu in der Bibliothek?«

»Ja, soll ich es bringen?«

Er bejahte. Ich holte das Buch und gab es ihm.

Bhagavan öffnete es: »Hier ist die Geschichte. Sati Devi, die Frau *Shivas* und Tochter Dakshas gab ihr Leben auf, da sie während des Yajna-Rituals von ihrem Vater gekränkt worden war. Daraufhin wurde sie als Kind von Himavantha und Menaka wiedergeboren. Sie wollte nur *Shiva* als ihren Gemahl. Um das zu erreichen ging sie fort, um Buße (*Tapas*) zu tun. Menaka versuchte, sie mit den Worten ›U (nein) Ma (gib es auf)‹ davon abzuhalten. So erhielt sie den Namen *Uma*.«

Bhagavan gab mir das Buch zurück. Als ich die Seiten umblätterte, lachte er still vor sich hin. Ich konnte den Grund dafür nicht verstehen. Nach einer Weile erzählte er uns folgendes:

»Es gibt noch eine andere Geschichte. *Parvati* begann mit ihren Bußübungen (*Tapas*), obwohl Menaka alles versuchte, es ihr auszureden. Da sie sich nicht davon abbringen ließ, brachte Himavantha sie zu der Einsiedelei, in der *Shiva* in Gestalt von *Dakshinamurti* lebte, und sagte zu ihm: ›Mein Kind möchte *Tapas* tun. Bitte nimm es in deine Obhut.‹

Als *Shiva Parvati* sah, meinte er: ›Warum will sie in diesem zarten Alter Buße tun? Warum geht sie nicht mit ihrem Vater heim?‹ *Parvati* erwiderte: ›Ich will nicht.‹ Da versuchte *Parameswara* (*Shiva*) es ihr mit Geschick auszureden, indem er zu ihr sagte: ›Ich habe die Natur (Prakriti) überwunden und kann mich deshalb auf dieses *Tapas* konzentrieren. Wenn du hier bleibst, wirst du den Heimsuchungen der Natur ausgesetzt sein. Bitte geh zurück.‹ *Parvati* erwiderte ebenso gewandt: ›Oh Herr, du sagst, dass du die Natur überwunden hast. Doch wie kannst du ohne eine Beziehung zur Natur *Tapas* tun? Du hast soeben gesprochen. Wie kannst du das ohne die Natur tun? Wie kannst du gehen? Ohne dass du dir dessen bewusst bist, wohnt die Natur in deinem Herzen. Wenn du nicht nur argumentieren willst, sondern wirklich über den Einflüssen der Natur stehst, warum fürchtest du dich dann davor, dass ich hier bleiben will?‹

Shiva war mit der Antwort zufrieden und sagte: ›Du kannst Gedanken lesen und gewandt sprechen. Also bleib!‹ Und er schickte Himavantha heim.«

***Parvati* verschließt *Shiva* die Augen von GE**

Ich sagte: »Die Geschichte ist auch im *Bhagavatham* zu finden, aber nicht dieses Gespräch. Es ist sehr interessant.«

Bhagavan meinte lachend: »Ja, ja. Ich habe anderswo noch eine andere Geschichte gelesen. Nachdem Kama (der Liebesgott) [von *Shiva*] zu Asche verbrannt worden war, kam *Parameswara* (*Shiva*) im Gewand eines Brahmanen zu *Parvati*, liebte und heiratete sie. Himavantha machte sich über die Kastenzugehörigkeit seines Schwiegersohns Gedanken. Wen er auch fragte, jeder sagte, dass er darüber nicht Bescheid wisse.

Da schloss *Parvati* aus Spaß die Augen *Parameswaras*, worauf die ganze Welt ins Chaos stürzte. *Parameswara* rettete die Welt, indem er das dritte Auge öffnete. Da erkannte *Parvati* ihre Schuld und unterwarf sich Bußübungen. Sie verweilte an verschiedenen Orten. Als sie schließlich hierher [zum Arunachala] kam, billigte *Arunachaleswara* ihr *Tapas* und sie erhielt den halben Leib *Shivas*. Als Himavantha davon erfuhr, sagte er: ›Mein Schwiegersohn stammt nicht aus einer anderen Kaste, sondern gehört der unseren an.‹ Und er war zufrieden und glücklich.

Arunachala ist ein Berg. Himavantha ist auch ein Berg [im Himalaja].«

Sein - Bewusstsein - Seligkeit

11.4.1946

Gestern überbrachte ein parsischer Arzt Bhagavan einen Brief. Bhagavan ließ ihn sich von einem Devotee vorlesen und meinte: »Er hat bereits seine eigene Frage beantwortet. Was kann ich dazu noch sagen?«

Da der Brief in Englisch war, konnte ich ihn nicht verstehen. Der Devotee, der ihn vorgelesen hatte, fragte: »Es ist von *Asti*, *Bhati* und *Priyam* die Rede. Was bedeuten diese Wörter?«

Bhagavan erklärte: »*Asti* bedeutet Wahrheit, das was IST. *Bhati* bedeutet Glanz und *Priyam* bedeutet Seligkeit – Sein-Bewusstsein-Seligkeit (*Sat-Chit-Ananda*). *Sat-Chit-Ananda* wird auch als *Asti*, *Bhati* und *Priyam* bezeichnet. Beides meint dasselbe.«

Derselbe Devotee fragte: »Da *Atman* ohne Name und Form ist, sollte man darüber nicht mit Hingabe (*Bhakti*) meditieren, da *Bhakti* dem *Jnana* überlegen ist (Jnana Atheetha Bhakti)?«

Bhagavan erwiderte: »Wenn du von Meditation sprichst, bedeutet das Zweiheit (*Dvaita*). Es setzt einen Meditierenden und ein Meditationsobjekt voraus. Doch *Atman* ist namen- und gestaltlos. Wie könnte man über das Namen- und Gestaltlose meditieren? Jnana Atheeta Bhakti bedeutet unser eigenes Selbst. Es ist namen- und gestaltlos, es ist lediglich ein Zeuge. Unser eigenes Selbst ist das Auge. Dieses Auge ist überall. Es gibt nur ein

Auge. Über was könnte man dann meditieren? Wer ist es, der meditiert? Das Auge, das überall ist, nennt man *Asti*, *Bhati* und *Priyam* oder *Sat-Chit-Ananda*. Es gibt viele Bezeichnungen, aber die Sache ist immer dieselbe.«

Was Pradakshina wirklich bedeutet

15.4.1946

Seit ich hier bin, ist es meine tägliche Praxis, morgens und abends dreimal die Halle im *Pradakshina* zu umrunden und mich dann vor Bhagavan zu verbeugen.

Als ich heute früh wie üblich *Pradakshina* machte, hörte ich Bhagavans Stimme. Ich sah durchs Fenster zu seinem Sofa. Die Strahlen der Morgensonne fielen auf ihn und tauchten ihn in einen eigentümlichen Glanz. Dr. Srinivasa Rao massierte seine Beine mit Balsam. Auf Bhagavans Gesicht lag ein leichtes Lächeln. »Ach, du bist es, Nagamma! Ich dachte, es sei jemand anderer.«

Ich hatte den Eindruck, dass er mir etwas sagen wollte und ging in die Halle. Bhagavan meinte: »Du hast also auch mit diesem *Pradakshina* angefangen, nachdem du es bei anderen gesehen hast. Wie oft umrundest du die Halle?«

Ich war ziemlich überrascht und antwortete: »Dreimal«.

»Ach, tatsächlich? Andere folgen deinem Beispiel und machen es ebenso. Das ist das Problem. Ich habe sie gebeten, es bleiben zu lassen. Ich sage es jetzt auch dir. Was meinst du dazu?«

»Was kann ich sagen? Ich werde damit aufhören, wenn du willst.«

Ich setzte mich hin. Bhagavan sah mich an und erklärte: »Sieh, die Leute machen ohne Ende *Pradakshina* um die Halle. Erst gestern habe ich sie gebeten, doch damit aufzuhören. Sie sagten: ›Nagamma macht es auch. Sollte man es ihr nicht auch sagen?‹ Wenn die Leute dich um die Halle gehen sehen, denken die Neuankömmlinge, sie sollten dasselbe tun und umrunden die Halle wie einen Tempel. Deshalb sage ich es dir.«

Dann erläuterte Bhagavan uns allen: »Was bedeutet *Pradakshina*? *Shankara* hat es so formuliert: ›Das wahre *Pradakshina* ist die Meditation, dass tausende von Welten sich um den Höchsten Herrn drehen, der die unbewegte Mitte aller Gestalten ist.‹ Derselbe Gedanke kommt in der *Ribhu Gita* vor.«

Bhagavan nahm das Buch zur Hand und las uns die Stelle vor: »Oh Herr, ich habe die ganze Welt umrundet, um Dir zu Ehren *Pradaskhina* zu tun, aber Du bist in Deiner Fülle überall. Wie könnte ich da eine Runde vollenden? Ich werde Dich als die unbewegliche, vollständige Gestalt der Welt verehren. Das ist das einzig mögliche *Pradakshina* für Dich.«

Namaskar bedeutet dasselbe. Das Eingehen des Geistes ins Selbst ist *Namaskar* und nicht nur der Akt des Sich-Verbeugens.«

Dr. Srinivasa Rao meinte: »Was du über *Pradakshina, Namaskar* und ähnliches sagst, mag für jene gelten, die schon höher entwickelt sind, aber ist es für uns nicht nötig, dass wir uns vor dem Guru verneigen? Es heißt, dass die Haltung des *Advaita* nicht auf den Guru angewandt werden soll, selbst dann nicht, wenn sie auf die drei Welten[35] angewandt wird.«

Bhagavan: »Ja, so ist es. Die Haltung des *Advaita* bedeutet nicht, dass du dich nicht verneigen sollst und ähnliches. Man sollte es nur nicht damit übertreiben. *Advaita* sollte die Grundhaltung des Geistes sein. Es taugt aber nichts für die weltlichen Angelegenheiten. Du sollst alles als gleichwertig betrachten, aber können wir deshalb dasselbe essen wie ein Hund? Einem Vogel genügt eine Handvoll Körner, aber genügt sie auch uns? Wir nehmen eine bestimmte Menge an Nahrung zu uns, aber würde sie auch für einen Elefanten ausreichen? Du sollst die Haltung des *Advaita* nur im Geist hegen, aber in den anderen Dingen der Welt folgen. Obwohl der *Jnani* weder Schmerz noch Freude kennt, tut er alles den anderen zuliebe. Er ist wie einer von jenen, die sich auf Bestellung und gegen Bezahlung an die Brust schlagen und laut weinen. Er wird davon nicht berührt.«

Jemand fragte: »Was meinst du mit jenen, die sich für Geld an die Brust schlagen und weinen?«

Bhagavan: »Früher gab es diese Praxis. Was sollte man tun, wenn ein älterer Mensch gestorben war und keiner um ihn weinte? Jemand musste um die tote Person weinen. So war es Brauch. Deshalb gab es Professionelle, die gegen Bezahlung weinten. Wenn man sie bestellte, weinten sie bitterlicher als die Angehörigen eines Toten. Sie weinten methodisch und in allen

[35] physikalische Welt, geistige Welt und Welt der Götter

Spielarten, indem sie sich an die Brust schlugen und Tränen vergossen, die sie entweder durch ständige Übung zum fließen brachten oder indem sie sich Zwiebelsaft in die Augen träufelten. Sie spulten dieses Programm ordnungsgemäß ab. Auf dieselbe Weise verhält sich der *Jnani* gegenüber den Wünschen anderer. Er hält den Takt zu jeder Melodie. Da er über große Erfahrung verfügt, ist ihm nichts neu. Er geht zu jedem, der ihn ruft. Er legt jedes Gewand an, das man ihn zu tragen bittet. Es ist alles für das Wohl der anderen, da er sich nichts für sich selbst wünscht. Er handelt nach dem Wunsch desjenigen, der ihn bittet.«

Ich habe eine Lehre erhalten. Sri Bhagavan schien zu sagen: »Wenn ich in meiner Fülle überall bin, wie kannst du dann *Pradakshina* für mich tun? Glaubst du denn, dass ich ein Steinbildnis in einem Tempel bin, das du immer wieder umrunden musst?«

Mitgefühl mit allen

20.4.1946

Arbeiter waren damit beauftragt worden, Mangos von einem Baum zu pflücken. Anstatt den Baum hochzuklettern und die Mangos einzeln zu pflücken begannen sie, die Früchte mit Stöcken herunterzuschlagen. Dabei schlugen sie auch eine Menge Blätter herunter. Bhagavan hörte das Schlagen von seinem Sofa aus und ließ den Arbeitern mitteilen, sie mögen damit aufhören.

Als er zu seinem üblichen Spaziergang aufbrach, sah er haufenweise Mangoblätter liegen. Da er den Anblick nicht ertragen konnte, rügte er sie barsch: »Es reicht! Geht jetzt! Wenn ihr Früchte pflücken sollt, müsst ihr dann den Baum schlagen, dass auch die Blätter herunterfallen? Muss man den Baum dafür, dass er uns seine Früchte gibt, mit Stöcken schlagen? Wer hat euch das geheißen? Ihr könnt den Baum auch gleich umhauen. Ihr braucht die Mangos nicht aufzusammeln. Verschwindet!«

Bhagavans donnernde Stimme dröhnte uns allen in den Ohren und ließ uns vor Angst zittern. Man holte die Stangen herunter und legte sie auf den Boden. Die Arbeiter standen wie angewurzelt mit gefalteten Händen da und wussten nicht, was sie sagen sollten.

Als Bhagavan vom Kuhstall zurückkam, hatten die Devotees die Blätter zu einem Haufen gesammelt und baten ihn um Vergebung. Bhagavan ging in die Halle und sagte: »Wie grausam! Seht bloß, wie viele Schläge der Baum erhalten hat! Wie groß ist der Haufen Blätter!«

Als Bhagavan in der Virupaksha-Höhle lebte, wollte Echammal zuhause vor den Bildern von Bhagavan und Seshadri Swami eine *Puja* mit hunderttausend zarten Blättern begehen. Sie informierte zuerst Bhagavan über ihr Vorhaben. Nachdem sie die *Puja* mit fünfzigtausend Blätter beendet hatte, war der Sommer gekommen und sie konnte keine Blätter mehr finden, obwohl sie den ganzen Berg danach absuchte. Sie wurde dessen müde und ging zu Bhagavan, um ihm von ihrer Not zu berichten.

Bhagavan meinte: »Wenn du keine Blätter mehr finden kannst, warum zwickst du dich stattdessen nicht selbst und macht so deine *Puja*?«

»Aber das tut weh!«

Bhagavan erwiderte: »Wenn es dir weh tut, wenn du dich kneifst, tut es dann nicht auch dem Baum weh, wenn du ihm seine Blätter abzwackst?«

Sie wurde blass und fragte: »Swami, warum hast du mir das nicht früher gesagt?«

Er antwortete: »Wenn du weißt, dass es weh tut, wenn man dich kneift, warum weißt du dann nicht, dass es dem Baum genauso weh tut, wenn du ihn seiner Blätter beraubst? Muss ich dir das wirklich sagen?«

Das, was ist, ist nur das Eine

23.4.1946

Heute Nachmittag kam ein moslemischer Jugendlicher mit einigen Freunden. Nach einer Weile fragte er in Tamil: »Wie kann man Allah erkennen? Wie kann man ihn sehen?«

Bhagavan antwortete wie üblich: »Wenn du zuerst herausfindest, wer diese Fragen stellt, kannst du auch Allah erkennen.«

Der junge Mann fragte weiter: »Wenn ich über diesen Stock meditiere und ihn als Allah betrachte, kann ich dann Allah sehen? Wie kann ich Allah sehen?«

Bhagavan: »Das, was nie zerstört werden kann, nennt man Allah. Wenn du zuerst die Wahrheit über dich selbst herausfindest, wird sich dir die Wahrheit über Allah von selbst offenbaren.«

Das genügte, um ihn loszuwerden. Nachdem sie fort waren sagte Bhagavan: »Er möchte Allah sehen. Ist es denn möglich, ihn mit diesen Augen zu sehen? Wie könnten diese Augen ihn wahrnehmen?«

Gestern fragte ein Hindu Bhagavan: »Ist *Omkar* ein Name für *Ishwara*?«

Bhagavan: »*Omkar* ist *Ishwara*, *Ishwara* ist *Omkar*. *Omkar* ist das wahre Selbst. Manche sagen, das Selbst sei *Omkar*, andere sagen, es sei *Shakti, Ishwara*, Jesus oder Allah. Wie immer man es bezeichnet, es gibt nur dieses Eine.«

Vor einigen Tagen fragte ein Devotee, der im Ashram lebt: »Du hast einmal gesagt, dass sich auch die Seligkeit (*Ananda*) auflöst. Was bedeutet dann *Dhyanam* (Meditation), *Samadhi* (Versenkung) und *Samadhanam* (vollkommene Versunkenheit)?«

Bhagavan: »Was ist mit Auflösung gemeint? Es sollte nicht mit der Seligkeit (*Ananda*) enden. Es muss jemanden geben, der die Seligkeit erfährt. Solltest du ihn nicht kennen? Wenn du diesen Jemand nicht kennst, wie kann es sich dann um *Dhyanam* (Meditation) handeln? Wenn derjenige bekannt ist, der das alles erlebt, weiß man, dass dieser Eine das Selbst ist. Wenn man zum eigenen Selbst wird, wird das zu *Dhyanam*. *Dhyanam* bedeutet das eigene Selbst. Das ist *Samadhi*. Das ist auch *Samadhanam*.«

Die schwarze Kuh

27.4.1946

Die schwarze Kuh war krank und wurde an einen Baum in der Nähe des Kälberstalls gebunden. Obwohl sie schon drei Tage lang krank war, ging Bhagavan nicht zu ihr. Gestern Vormittag hatte ihr Todeskampf eingesetzt. Sie starb aber erst um 5 Uhr nachmittags.

Bhagavan ging wie üblich um 4.45 Uhr zum Kuhstall hinüber. Auf dem Rückweg blieb er beim Kälberstall stehen und beobachtete für eine Weile ihren Todeskampf. Er schenkte der Kuh seinen gütigen Blick, kam in die Halle zurück und setzte sich auf sein Sofa. Fünf Minuten später starb sie. Es heißt, dass eine Person, die in der Todesstunde an Gott denken kann, die Befreiung erlangt.

Bhagavan erzählte uns, dass es ihm bei vielen Tieren nicht in den Sinn gekommen sei, sie anzublicken, obwohl sie tagelang gelitten hätten. Aber manchmal käme es ihm spontan in den Sinn. In solchen Fällen würden die Tiere kurz danach friedvoll sterben. Ich war soeben Zeugin eines solchen Vorfalls.

Die Gestalt des Höchsten Seins

2.5.1946

Heute Nachmittag kamen einige Männer aus Andra Pradesh mit ihren Frauen. Einer von ihnen fragte Bhagavan mit gefalteten Händen: »Swami, wir waren in Rameswaram und an anderen Orten auf Pilgerreise und haben die Gottheiten dort verehrt. Wir möchten gerne von dir wissen, welches die höchste Gestalt Gottes (Paratpara Rupam) ist.«

Bhagavan erwiderte mit einem Lächeln: »Sie ist immer dieselbe. Du hast mir erzählt, dass ihr alle Gottheiten verehrt habt. Obwohl Er derselbe in ihnen allen ist, steht Paratpara Rupam über ihnen allen. Paratpara Rupam bedeutet die Gestalt des Höchsten Seins. Da ihr all die Tempel besucht habt, fragt ihr euch nun, was dieses Höchste Sein ist, das die Quelle all dieser Gottheiten ist. Würdet ihr diese Frage auch stellen, wenn ihr nicht dort gewesen wäret?«

Das Höchste Sein schien auf Bhagavans Gesicht zu tanzen. Dieses vor Glück strahlende Gesicht muss man gesehen haben. Obwohl der junge Mann seine Worte nicht verstand, war er mit seinem wohlwollenden Blick zufrieden, verneigte sich vor ihm und ging mit seinen Leuten wieder.

Als sie fort waren, sagte Bhagavan zu einem Devotee, der in seiner Nähe saß: »Die wahre Bedeutung ist schon in seinen eigenen Worten enthalten. Paratpara Rupam bedeutet die Form oder Gestalt des Höchsten Seins, des Allerhöchsten. Er hat die Bedeutung seiner Frage nicht verstanden. Die Antwort ist bereits in der Frage enthalten.«

Die Ethik des sozialen Lebens

11.5.1946

Als Bhagavan gestern vormittag von seinem Spaziergang zurückkam, bellte ein Ashramhund einen anderen Hund an und wollte ihn vertreiben. Während die Leute versuchten, den Ashramhund zu beruhigen, meinte Bhagavan leichthin: »Überall ist es dasselbe. Diejenigen, die zuerst da sind, üben ihre Macht über jene aus, die später kommen. Auch der Hund will seine Macht beweisen.«

Dann blickte er den Ashramhund an und sagte: »Warum bellst du? Verschwinde!«

Der Hund trollte sich, als habe er seine Worte verstanden.

Heute früh brachten Dr. Anantanarayana Rao und seine Frau Mangos aus ihrem Garten. Als sie Bhagavan die Früchte überreichten, erzählten sie ihm: »Die Affen stehlen alle Mangos. Deshalb haben wir diese hier schnell gepflückt und hergebracht.«

Bhagavan meinte lächelnd: »Ach, tatsächlich? Die Affen kommen also auch?«

Dann sah er alle Anwesenden an und meinte: »Die Affen nehmen sich eine Frucht nach der anderen, während die Menschen alle auf einmal nehmen. Wenn man sie nach dem Grund fragt, antworten sie, es sei ihr gutes Recht. Was die Affen tun ist geringfügiger Diebstahl, aber was die Menschen tun ist regelrechte Plünderung. Sie verscheuchen die Affen, ohne zu wissen, was sie selber tun.«

Was ist der Wagen?

Ochsenkarren im Ramanashram heute (Foto: G. Ebert)

28.5.1946

Swarna und Vidya, die Kinder unseres Bruders, wollten den Adi Annamalai Tempel, den Durgamba Tempel und andere Tempel sehen, und so machten wir uns gestern früh auf den Weg, nachdem wir Bhagavans Zustimmung erhalten hatten.

Da es bereits Sommer ist, befürchtete ich, dass die Kinder in der Hitze nicht zu Fuß gehen könnten und mietete einen Ochsenkarren. Als andere Kinder den Karren sahen, kamen sie auch mit uns. Wir fuhren auf dem *Pradakshina*-Weg um den Berg herum und sahen uns alle interessanten Orte an.

Als wir nachmittags in die Halle kamen, fragte mich Bhagavan: »Wann seid ihr zurückgekommen?«

Ich erwiderte: »Um 11.30 Uhr.«

Da fragte er: »Konnten die Kinder zu Fuß gehen?«

Ich erzählte ihm, dass wir auf einem Ochsenkarren den Berg umrundet hatten. Da meinte er scherzhaft: »Ich verstehe. Ihr seid also gefahren. Wer erhält jetzt den religiösen Verdienst: der Wagen, der Ochse oder die Kinder?«

Ich wusste nichts darauf zu antworten.

Bhagavan erklärte: »Auch der Körper ist ein Wagen. Also ein weiterer Wagen für diesen Wagen und einen Ochsen, der ihn zieht! Wenn die Leute um den Berg herumfahren, sagen sie: ›Wir haben den Berg umrundet.‹ Immer ist es dasselbe. Die Leute kommen mit dem Zug aus Madras und sagen: ›Wir sind gekommen‹. Mit dem Körper ist es dasselbe. Der Körper ist ein Wagen für das Ich. Die Beine übernehmen die Arbeit des Gehens und die Leute sagen: ›Ich bin gegangen, ich bin gekommen.‹ Doch wohin geht denn das Ich? Das Ich tut nichts, eignet sich aber all diese Handlungen an.«

Dann fragte er: »Sind sie wenigstens ein Stück weit zu Fuß gegangen?«

Ich erwiderte, sie seien zum Gautama Ashram hinaufgegangen und hätten religiöse Lieder gesungen.

Bhagavan: »Das ist immerhin etwas.«

Wie du weißt, ist Vidya ein mutwilliges Kind. Seit ihrer Ankunft hat sie über Bhagavan eine Menge Fragen gestellt, wie etwa: »Warum geht Großvater Bhagavan nirgends hin?« Da sie mit meinen Antworten nicht zufrieden war, fragte sie ihn selbst.

Bhagavan mag sehr, was Kinder sagen. Er sah sie liebevoll an und sagte: »Du möchtest mich zu dir mit nach Hause nehmen? Das ist doch was du denkst, nicht wahr? Das ist sehr schön, aber wenn ich fortgehe, werden auch alle Leute hier mitkommen wollen und unterwegs werden mich recht viele Leute zu sich einladen. Werden sie es akzeptieren, wenn ich sie dann nicht besuche? Nein, sie werden mich einfach mit sich nehmen. Dort werden sich noch mehr Leute anschließen. Kannst du sie alle mit zu dir nach Hause nehmen? Und nicht nur die Leute. Wenn ich hier weggehe, wird sich der ganze Arunachala auf den Weg machen. Wie kannst du ihn fortbringen? Ich werde in diesem Gefängnis festgehalten. Selbst wenn du mich fortbringst, wird mich jemand auf dem Weg einfangen und mich in ein anderes Gefängnis stecken. Was kann ich machen? Wie kann ich dich besuchen, sag? Würden mich all die Leute gehen lassen? Was meinst du?«

Vidya konnte nichts antworten. Von da an sagte er zu den Leuten: »Dieses Kind hat mich zu sich nach Hause eingeladen.«

Gestern kehrten die beiden Kinder nach Hause zurück. Als Bhagavan zu seinem morgendlichen Spaziergang aufbrach und Vidya beim Ashramtor stehen sah, ergriff er ihre Hand und sagte: »Kind! Kannst du mich mitnehmen? Schnüre mich fest zusammen, setze mich in einen Wagen und bring mich fort.«

Bevor Vidya ging, brachte sie seine Fotos zu ihm und zeigte sie ihm.

Bhagavan: »Du bringst mich also fort! Schnüre mich fest zusammen und wirf mich auf den Wagen.«

Alle Anwesenden waren glücklich und Vidya rief übermütig: »Ja, ich nehme Großvater Bhagavan mit!«

Japa und Tapas

3.6.1946

Gestern kam ein gläubiger Brahmane. An seinen Worten und der *Japa*-Kette um seinen Hals war ersichtlich, dass er *Mantra Japa* praktiziert. Er fragte: »Swami, kann ein beständiges *Japa* von Panchakshari oder Tarakam[36] einen Menschen von Sünden, wie etwa dem Trinken von Alkohol und ähnlichem, befreien?«

Bhagavan: »Was genau meinst du?«

Der Brahmane formulierte seine Frage klarer: »Wenn die Leute Ehebruch begehen, stehlen, Alkohol trinken usw., können ihre Sünden durch das *Japa* dieser *Mantren* getilgt werden oder werden sie an ihnen haften bleiben?«

Bhagavan: »Wenn das Gefühl ›ich tue *Japa*‹ nicht vorhanden ist, werden die Sünden, die ein Mensch begangen hat, nicht an ihm haften. Wenn das Gefühl ›ich tue *Japa*‹ da ist, warum sollten dann die Sünden, die aus schlechten Gewohnheiten kommen, nicht an ihm haften bleiben?«

Brahmane: »Löscht nicht der Verdienst, den man sich durch gute Taten (wie *Japa*) erwirbt, die Folgen der Sünden aus?«

Bhagavan: »So lange das Gefühl, der Täter zu sein, da ist, muss man auch die Folgen seiner Taten erleben, seien sie nun gut oder schlecht. Wie

[36] *Shiva*- und *Rama-Mantra*

könnte man eine Tat mit einer anderen Tat auslöschen? Wenn das Gefühl, der Täter zu sein, verschwunden ist, beeinträchtigt den Menschen nichts mehr. Solange man das Selbst nicht verwirklicht hat, wird das Gefühl ›ich tue‹ nicht verschwinden. Doch wozu sollte der Selbstverwirklichte noch *Japa* üben? Wozu sollte er *Tapas* üben? Das Leben geht seinem *Prarabdhakarma* gemäß weiter, aber er wünscht sich nichts mehr.

Prarabdhakarma besteht aus drei Kategorien: Ichha (persönliche Wünsche), Anichha (Wunschlosigkeit) und Parechha (den Wünschen anderer zu entsprechen). Für denjenigen, der sein Selbst verwirklicht hat, gibt es kein Ichha-*Prarabdha* mehr. Die beiden anderen, Anichha und Parechha, bleiben bestehen. Was immer er tut, er tut es lediglich für die anderen. Wenn es etwas für andere zu tun gibt, tut er es, aber die Folgen seines Handelns beeinträchtigen ihn nicht. Was immer diese Menschen tun, es geschieht ohne den Gedanken an Verdienst oder Sündenfolgen. Sie tun aber nur, was den allgemeinen Konventionen der Welt entspricht, nichts anderes.«

Obwohl Bhagavan dem Frager erklärte, dass es für den Selbstverwirklichten kein Ichha-*Prarabdha*, sondern nur Anichha- und Parechha-*Prarabdha* gibt, findet man seine übliche Ansicht über *Prarabdha* in seinen Ergänzungen zu den ›Vierzig Versen‹. Dort heißt es in Vers 33:

»Der *Jnani* hat kein vergangenes, zukünftiges und gegenwärtiges *Karma*. Wenn man sagt, dass *Prarabdha* (das gegenwärtige *Karma*) bleibt, ist das nur die Antwort auf die entsprechende Frage. Genauso wenig wie eine der Frauen, deren gemeinsamer Mann gestorben ist, der Witwenschaft entkommen kann, können die drei Arten von *Karma* bestehen bleiben, wenn der Täter verschwunden ist.«

Was bedeutet Samadhi?

9.6.1946

Bhagavan verbrachte den heutigen Nachmittag vorwiegend damit, sich mit Devotees über verschiedene Dinge zu unterhalten und sie *Advaita* zu lehren. Ein Neuankömmling, der sah, dass das Gespräch kein Ende nehmen wollte, fragte: »Bhagavan, wann gehst du in *Samadhi*?«

Alle Anwesenden lachten, Bhagavan ebenso.

Nach einer Weile antwortete er: »Ist das dein Zweifel? Ich werde ihn beseitigen, aber zuerst sage mir, was genau *Samadhi* bedeutet? Wohin sollen wir gehen? Zu einem Berg oder in eine Höhle oder in den Himmel? Sag, wie sollte *Samadhi* sein?«

Der arme Mann wusste nichts zu erwidern und setzte sich schweigend wieder hin. Nach einer Weile sagte er: »Es heißt, dass *Samadhi* erst dann eintreten kann, wenn die körperlichen Aktivitäten und Bewegungen aufhören. Wann also gehst du in *Samadhi*?«

Bhagavan erwiderte: »Ich verstehe, was du wissen willst. Du denkst: ›Dieser Swami spricht immer. Was für ein *Jnani* ist das bloß? Du glaubst, dass es kein *Samadhi* ist, solange man nicht mit gekreuzten Beinen und gefalteten Händen in *Padmasana*-Stellung dasitzt und mit dem Atmen aufhört. Es muss auch eine Höhle in der Nähe sein. Man muss hinein- und hinausgehen. Dann werden die Leute sagen: ›Das ist ein großer Swami.‹ Jetzt fangen die Leute an, an mir zu zweifeln und sagen: ›Was für ein Swami ist das, der immer mit seinen Devotees spricht und seinen geregelten Tagesablauf hat?‹ Was kann ich machen? Die Leute, die mich einst in Gurumurtam besucht haben und später im Skandashram sahen, wie ich mit allen Leuten sprach und mich an den normalen Arbeiten beteiligte, sagten besorgt zu mir: ›Swami, Swami, bitte gib uns den *Darshan* in dem Zustand, in dem du früher warst.‹ Sie glaubten, dass ich nicht mehr derselbe sei. Was kann ich machen? In der Zeit, als ich in Gurumurtam lebte, musste ich auf jene Weise leben. Jetzt muss ich auf diese Weise leben. Die Dinge geschehen, wie sie geschehen müssen. Aber ihrer Ansicht nach genügt es, wenn man nicht isst und redet. Dann wird man automatisch zu einem heiligen Swami. Das ist der Irrglaube der Leute.«

Wie kann man alles als sein Selbst betrachten?

5.7.1946

In den vergangenen Tagen hatte ein junger Mann Bhagavan mit vielen sinnlosen Fragen zugesetzt. Bhagavan hatte geduldig alles im Detail beantwortet. Heute früh fing er wieder damit an: »Du sagst, dass alles das eigene Selbst ist? Wie kann man dafür ein Gespür bekommen?«

Mit einer Stimme, die Unmut erkennen ließ, antwortete Bhagavan: »Was bedeutet ›alles‹? Wer bist du? Wenn du mir sagst, wer du bist, dann können wir über ›alles‹ nachdenken. Du hast mir in den vergangenen Tagen viele Fragen gestellt, aber noch nicht auf meine Frage geantwortet, wer du bist. Sage mir zuerst, wer du bist, dann kannst du mich fragen, was ›alles‹ ist und ich werde dir antworten. Wenn du herausfinden würdest, wer du bist, würden sich dir diese Fragen nicht stellen. Wenn du es nicht versuchst, sondern weiter darüber nachdenkst, was du als nächstes fragen könntest, wird es ewig so weitergehen. Es wird kein Ende nehmen. Der Friede (*Shanti*) des Geistes wird sich nur einstellen, wenn man Selbstergründung übt und die Wahrheit herausfindet. Was nützt es, wenn man stattdessen über dies und jenes Fragen stellt? Es ist vertane Mühe.«

Der junge Mann ließ nicht locker: »Ist nicht ein Guru und spirituelle Übung (*Sadhana*) nötig, um sein eigenes Selbst zu erkennen?«

Bhagavan: »Wozu willst du einen Guru und *Sadhana*? Du sagst, du weißt alles. Wozu brauchst du dann einen Guru? Du kümmerst dich nicht darum, was man dir sagt. Was kann ein Guru da ausrichten? Ein Guru kann dir nur helfen, wenn du dem Weg folgst, den er dir zeigt. Du sprichst von *Sadhana*. Zu welchem Zweck? Welche Art von *Sadhana*? Wie viele Fragen? Man muss auf einem Weg bleiben. Was nützt es, mit endlosen Zweifeln herumzulaufen? Wird dein Hunger gestillt, wenn du isst oder wenn andere essen? Was nützt es, deine Zeit damit zu vergeuden, dich über diese und jene Leute und über dies und das zu erkundigen? Du vergisst dich selbst, umrundest Himmel und Erde und fragst: ›Was ist Glück?‹ Du musst zuerst fragen: ›Wer bin ich, der ich überall Fragen stelle?‹ Wenn man auf diese Weise sein eigenes Selbst ergründet, wird keine andere Frage mehr auftauchen.«

Inzwischen hatte ein anderer das Fragen übernommen: »Wie ist die individuelle Seele (*Jiva*) zum *Karma* gekommen?«

Bhagavan erwiderte: »Finde zuerst heraus, wer der *Jiva* ist, dann werden wir auch herausfinden, wie das *Karma* zustande gekommen ist. Wie ist der *Jiva* zum *Karma* gekommen? Gehört das *Karma* zum *Jiva* oder existiert es getrennt von ihm? Das sind die wahren Überlegungen. Es wird sich kein derartiger Zweifel einstellen, wenn der Geist, der nach außen hin so aktiv ist, dazu gebracht wird, nach innen zu schauen.«

Der Tod Madhavaswamis

Sri Ramana und Madhavaswami

12.7.1946

Madhavaswami stammte aus Palghat in Kerala. Er war ein *Brahmachari*. Vor etwa 15 Jahren ist er in den Ashram gekommen und hat Bhagavan persönliche Dienste geleistet. Er war damals erst 20 Jahre alt. Seit einiger Zeit hatte er den Wunsch, heilige Stätten zu besuchen und ging häufig weg.

Vor einigen Tagen sagte Bhagavan: »Madhava ist gegangen.«

»Wohin?«, fragte ich, da er die Angewohnheit hatte, immer wieder auf Pilgerreise zu gehen.

Bhagavan antwortete lächelnd: »Er ist fortgegangen und hat seinen Körper hier gelassen.«

Erschrocken fragte ich: »Wann?«

Bhagavan: »Vorgestern um 6 Uhr abends. Acharyaswami[37] ist hier gestorben und Madhava in Kumbakonam. Alles geschieht dem Schicksal gemäß. Madhava hat lange den Wunsch gehegt, unabhängig und sein eigener Herr zu sein. Dieser Wunsch hat sich zuletzt erfüllt. Er war ein guter Mann. Nach dem Tod von Acharyaswami fragte ich Madhava aus Spaß, ob er nicht nach Kumbakonam gehen wolle, da sich jetzt keiner mehr um den dortigen *Math* kümmerte. Er griff die Idee auf und erfüllte sich damit seinen Wunsch. Sieh, wie die Dinge geschehen!«

Kunju Swami kümmerte sich um die Begräbnisriten. Er kam heute früh aus Kumbakonam zurück und berichtete: »Madhavaswami hat nach innerem Frieden gesucht, konnte ihn aber nicht finden. Er erzählte den Leuten, dass er nicht länger leben wolle. Er hatte einen Tag lang heftigen Durchfall und klagte über Atemprobleme. Die Leute im *Math* erzählten, dass er danach nicht mehr zu Bewusstsein gekommen sei. Sie bewahrten den Leichnam auf, bis ich kam. Obwohl drei Tage vergangen waren, war er noch in gutem Zustand. Ich habe ihn beerdigt.«

Bhagavan meinte: »Madhava war ein guter Mann. Deshalb tut es uns allen leid, dass er tot ist. Aber anstatt seinen Tod zu beklagen, sollten wir uns alle über unser Sterben Gedanken machen. Ein *Jnani* freut sich auf die Zeit, wenn er von der Gebundenheit an den Körper frei ist und ihn wegwerfen kann. Jemand, der für Lohn eine Last trägt, sehnt sich nach dem Zeitpunkt, an dem er das Ziel erreicht hat. Wenn es so weit ist und der Eigentümer ihm sagt, dass er die Last ablegen kann, ist er erleichtert. Ebenso ist dieser Körper eine Last für den Menschen, der Unterscheidung übt. Wenn ein anderer gestorben ist, sehnt er sich dem Ende seines eigenen Körpers entgegen. Wenn das kleine Ding, das man Leben nennt, fort ist, braucht es vier Männer, um die Last des Körpers zu tragen. Solange Leben in ihm ist, ist er nicht schwer, aber wenn es fort ist, ist nichts so schwer wie der Körper. Für einen solchen Körper unternehmen manche Menschen Verjüngungsprozesse, um im Körper die Befreiung (*Moksha*) zu erlangen. Doch früher oder später sterben auch sie. Es gibt keinen, der für immer in diesem Körper bleiben kann. Wenn ein Mensch das einmal begriffen hat,

[37] Acharyaswami, ein anderer Devotee, war in Kumbakonam (in Tamil Nadu) für einen *Math* verantwortlich gewesen.

will er dann diesen vergänglichen Körper noch? Man sollte sich nach dem Zeitpunkt sehnen, an dem man diese Last abwerfen und frei sein kann.«

Kleiner als das Kleinste und größer als das Größte

22.7.1946

Ramamurthi und sein Bruder erzählten Bhagavan von Atombomben und anderen naturwissenschaftlichen Errungenschaften. Sie sprachen in Englisch, weshalb ich nicht folgen konnte. Aber Bhagavan antwortete in Telugu: »Gewiss. Aber keines dieser Dinge ist von unserem eigenen Selbst getrennt. Alles kommt erst nach unserem Selbst. Keiner behauptet, nicht zu existieren. Selbst ein Atheist gibt zu, dass er existiert. Deshalb muss alles aus unserem eigenen Selbst kommen und sich letztendlich wieder darin auflösen. Es gibt nichts, was von unserem Selbst getrennt wäre, wie es in den heiligen Texten heißt: ›Das Selbst ist kleiner als das Kleinste und größer als das Größte.‹«

Ramamurthi: »Woher kommt der Unterschied zwischen dem Atom und dem Unendlichen?«

Bhagavan: »Er kommt vom Körper.«

Ramamurthi: »Wie kommt es, dass wir so viele verschiedene Kräfte in der Welt wahrnehmen?«

Bhagavan: »Es ist der Geist, der dich so viele Kräfte wahrnehmen lässt. Mit der Geburt des Geistes wird auch alles andere geboren. Wenn der Geist geboren ist, nehmen die fünf Elemente und die Kräfte Gestalt an. Wenn sich der Geist auflöst, löst sich auch alles andere auf. Der Geist ist die Ursache von allem.«

Träume sind Täuschungen

28.7.1946

Vor einiger Zeit kam ein Nordinder in den Ashram und blieb für einige Tage. Eines Nachmittags kam er zu Bhagavan und erzählte folgendes Erlebnis: »Swami, ich habe vergangene Nacht im Gästehaus geschlafen. Du hast mit mir im Schlaf gesprochen. Als ich aufwachte, hast du immer noch mit mir gesprochen. Was bedeutet das?«

Bhagavan meinte: »Du hast geschlafen, nicht wahr? Mit wem hast du dann sprechen können?«

»Nur mit mir selbst«, erwiderte er.

Alle lachten.

Bhagavan fuhr fort: »Du hast geschlafen. Wie kann es eine Unterhaltung mit jemandem geben, der schläft? Du sagst, du hast ein Gespräch geführt. Das würde bedeuten, dass du wach warst, obwohl der Körper geschlafen hat. Finde heraus, wer dieses ›Ich‹ ist. Danach können wir über das Gespräch während des Schlafes nachdenken.«

Der Besucher schwieg. Bhagavan sah alle mit einem gütigen Blick an und erklärte: »Es gibt nur zweierlei: die Schöpfung aller Dinge und der Schlaf. Wenn du einschläfst, ist nichts da. Wenn du aufwachst, ist alles da. Wenn du lernst zu schlafen, während du wach bist, kannst du ein reiner Zeuge sein. Das ist die Wahrheit.«

Vor einiger Zeit stellte Subbaramayya Bhagavan eine ähnliche Frage. »Was ist mit Asparsa Rupam gemeint?«

»Es bedeutet, dass ein Ding sichtbar, aber nicht greifbar ist.«

»Und was bedeutet Chhaya Rupam?«

Bhagavan: »Dasselbe: etwas, das als Schatten auftaucht. Wenn du es untersuchst, findest du nichts. Nenne es Gott, Teufel, Traum, Vision, Inspiration oder wie immer du willst. Das alles existiert nur, wenn auch jemand da ist, der es wahrnimmt. Wenn du herausfindest, wer dieser Jemand ist, werden all diese Dinge nicht mehr da sein. Das, was kein Ding, doch die Quelle aller Dinge ist, ist das Selbst. Wenn ein Mensch sein eigenes Selbst nicht wahrnimmt, was nützt es ihm dann, wenn er alle anderen Dinge wahrnimmt?«

Kürzlich hat jemand Bhagavan erzählt, er habe einen Freund, der sehen könne, wie weit sich die Aura eines Menschen ausdehnt. Aurobindos Aura würde sich fast eine Meile ausdehnen, die von Bhagavan könne er drei Meilen weit sehen, aber er könne nicht erkennen, wie weit sie sich noch ausdehnen würde. Die Ausstrahlung von Buddha und anderen sei nicht so groß.

Bhagavan ließ ihn geduldig ausreden und meinte dann lächelnd: »Bitte sag ihm, dass er zuerst auf seine eigene Ausstrahlung achten soll, bevor er die Ausmaße der Ausstrahlungen so vieler anderer betrachtet. Was soll diese ganze Untersuchung der Auras? Wenn man in sein eigenes Selbst blickt, kommen einem keine solchen dummen Gedanken. Für den, der sein Selbst erkennt, ist das alles bloß Kleinkram.«

Hingabe ist der wahre Dienst

Myrobalams

6.8.1946

Heute fragte ein Devotee Bhagavan: »Swami, wie war das mit den Myrobalams[38], als du auf dem Berg lebtest?«

Bhagavan erzählte uns folgendes: »Als ich in der Virupaksha-Höhle lebte, aß ich jeden Abend eine Myrobalam für die Verdauung. Eines Tages ging uns der Vorrat aus. Da Palaniswami zum Markt wollte, bat ich ihn, er möge welche besorgen. Inzwischen kam ein Devotee und ging nach einer Weile wieder. Wenig später machte sich Palaniswami auf den Weg zum Markt. Unterdessen kam der Devotee zurück und sagte: ›Swami, möchtest du Myrobalams?‹ Ich sagte: ›Gib mir eine oder zwei, wenn du welche hast.‹ Er stellte eine große Tüte vor mich hin. Als ich ihn fragte, woher er sie habe, antwortete er: ›Swami, nach deinem *Darshan* fuhr ich in ein Dorf

[38] Frucht mit einer heilsamen Wirkung für den Magen-Darm-Trakt

in der Nähe, wo ich zu tun hatte. Ein Wagen fuhr vor mir her, der mit Säcken von Myrobalams beladen war. Einer von ihnen hatte ein Loch und diese hier fielen heraus. Ich habe sie aufgelesen und hergebracht, da ich dachte, man könne sie hier gebrauchen. Bitte nimm sie an.‹ Ich nahm mir davon und gab ihm den Rest zurück. Solche Dinge haben sich oft ereignet.

Als Mutter kam und mit dem Kochen begann, sagte sie, es wäre gut, wenn wir einen Schöpflöffel hätten. Ich sagte: ›Wir wollen sehen.‹ Am nächsten oder übernächsten Tag brachte jemand fünf oder sechs Schöpflöffel. So war es auch mit den Kochutensilien. Mutter sagte, es wäre gut, dies und das zu haben und ich erwiderte: ›Tatsächlich?‹ Am selben oder am nächsten Tag erhielten wir zehn Stück davon anstatt eines. Es gab viele derartigen Vorfälle.«

Devotee: »Wie war das mit den Weinbeeren?«

Bhagavan: »Sie dienten demselben Zweck wie die Myrobalams. Eines Tages waren keine mehr da. Palaniswami fragte, ob er jemanden damit beauftragen solle, welche im Laden zu besorgen. Ich sagte, es eile damit nicht. Kurz darauf kam Gambhiram Seshayyas Bruder mit einem großen Paket. Als ich ihn fragte, was er da bringe, antwortete er: ›Weinbeeren.‹ ›Gerade vorher haben wir davon gesprochen, dass unser Vorrat zu Ende ist. Woher weißt du davon?‹, fragte ich ihn. Er erwiderte: ›Swami, wie konnte ich das wissen? Ich wollte nicht mit leeren Händen kommen und ging zum Markt. Da es Sonntag ist, waren alle Läden geschlossen, außer einem. Ich sagte zum Verkäufer: »Ich gehe zu Bhagavan. Was hast du vorrätig?« Er erwiderte, er habe nur Weinbeeren und das auch nur, weil sie soeben eingetroffen seien.‹ Als wir die Zeitpunkte verglichen, stellte sich heraus, dass sie sich deckten.

Das war auch für Ayyaswami[39] eine alltägliche Erfahrung. Wenn wir dachten, es wäre gut, einen bestimmter Artikel zu haben, hatte Ayyaswami noch in derselben Stunde das Gefühl, dass er diesen Artikel bringen sollte. Wenn wir ihn fragten: ›Woher weißt du davon?‹, erwiderte er: ›Swami, woher kann ich es wissen? Es kam mir lediglich in den Sinn, dass ich es Bhagavan bringen sollte. Das habe ich getan. Das ist alles. Du sagst, du hast zur selben Zeit daran gedacht. Swami allein weiß über diese seltsamen Dinge Bescheid.‹ Er hat seinen Geist rein gehalten, und was immer wir dachten, hat sich in seinem Geist widergespiegelt.«

---

[39] Ayyaswami stammte aus Karala und diente im Ashram.

Konzentration

8.8.1946

Gestern früh fragte Yogi Ramiah Bhagavan: »Swami, einige Schüler von Sai Baba verehren sein Bild und sagen, es sei ihr Guru. Wie kann das sein? Sie können es zwar als Gott verehren, aber welchen Nutzen haben sie davon?«

Bhagavan: »Sie erlangen dadurch Konzentration.«

Yogi Ramiah: »Das ist ja alles schön und gut. Es mag bis zu einem gewissen Grad als eine Konzentrationsübung dienen. Aber braucht man dazu nicht einen Guru?«

Bhagavan: »Gewiss, aber letztendlich bedeutet Guru lediglich Guri (Konzentration).«

Yogi Ramiah: »Wie kann ein lebloses Bild uns zu tiefer Konzentration verhelfen? Wir benötigen einen lebenden Guru, der uns die Praxis lehren kann. Für Bhagavan ist es vielleicht möglich, die Vollkommenheit ohne einen lebenden Guru zu erlangen, aber ist es auch für Menschen wie mich möglich?«

Bhagavan: »Das ist wahr. Trotzdem konzentriert sich der Geist zu einem gewissen Grad, wenn er ein lebloses Bild verehrt. Diese Konzentration wird jedoch nicht von Dauer sein, solange man sein eigenes Selbst nicht durch Ergründung erkennt. Für diese Ergründung ist die Hilfe eines Gurus nötig. Deshalb sagen die Alten, dass die Ergründung nicht mit der Einweihung in die Lehre aufhören darf. Wenn es aber so ist, ist die Einweihung trotzdem nicht vergebens. Sie wird früher oder später Früchte tragen. Aber man sollte damit nicht prahlen. Wenn der Geist rein ist, wird sie Früchte hervorbringen. Andernfalls geht sie verloren, wie der Same, der auf unfruchtbaren Boden gesät wurde.«

Yogi Ramaiah: »Ich weiß nicht, Swami. Du magst das hundert- oder tausendmal wiederholen. Wenn man sicher sein will, Fortschritte zu machen, braucht man einen lebenden Guru wie dich. Wie können wir einem leblosen Bild den Status eines Gurus verleihen?«

Bhagavan sagte lächelnd: »Ja, ja«, nickte und schwieg.

Siddhas

10.8.1946

Heute wurde über *Siddhas*[40] gesprochen. Einige Anwesende erzählten von einer Person, die *Siddhis* (übernatürliche Fähigkeiten) erlangt hatte. Nachdem Bhagavan ihnen geduldig zugehört hatte, erwiderte er verärgert: »Ihr sprecht von *Siddhas*. Ihr sagt, dass sie etwas von irgendwoher erlangen und zu diesem Zweck spirituelle und asketische Übungen machen. Ist es denn nicht ein wirkliches *Siddhi* und eine Errungenschaft, wenn wir, die wir in Wirklichkeit formlos sind, einen Körper mit Augen, Nase, Ohren, Mund, Beinen und Händen erhalten haben und alles mögliche mit diesem Körper tun können? Wir sind *Siddhas*. Wir können essen und trinken. Sind das nicht alles *Siddhis*? Wenn wir ständig so viele *Siddhis* erleben, warum wollt ihr dann noch weitere? Was brauchen wir noch zusätzlich?«

Bhagavan sagte wiederholt: »Sich selbst zu erkennen und fähig zu sein, sich treu zu bleiben, ist ein *Siddhi*, und nichts anderes. Wenn der Geist in die Selbstergründung vertieft ist, wird man früher oder später die Wahrheit erkennen. Das ist das beste *Siddhi*.«

Vers 35 der ›Vierzig Verse‹ (Ulladu Narpadu) bringt das gut zum Ausdruck: »*Siddhi* bedeutet, das zu kennen und zu verwirklichen, was immer wirklich ist. Andere *Siddhis* sind reine Traum-*Siddhis*. Sind sie noch wirklich, wenn man vom Schlaf erwacht? Können jene, die mit der Wahrheit vermählt und von *Maya* befreit sind, sich noch von ihnen irreführen lassen?«

---

[40] Menschen von großer Reinheit und Heiligkeit, die über übernatürliche Fähigkeiten (*Siddhis*) verfügen

Der Schöpfer bestimmt die Früchte der Taten

11.8.1946

Vor etwa zehn Monaten schrieb mir Krishna Bhikshu[41], dass er daran denke, seinen Besitz an seine Brüder zu übergeben, das *Sannyasa*-Gelübde abzulegen und im Land umherzuwandern, in der Hoffnung, dadurch Geistesfrieden zu finden, und dass er sich frage, was wohl Bhagavan dazu sagen würde. Ich erzählte Bhagavan von seinem Brief. Er meinte: »Ach, tatsächlich! Hat er sich endgültig dafür entschieden?«. Und nach einer Weile: »Alles geschieht nach dem individuellen *Karma* eines jedes einzelnen.«

Ich schrieb Krishna Bhikshu, was Bhagavan gesagt hatte. Er antwortete: »[In Upadesa Saram][42] heißt es, dass die Früchte der Taten vom Schöpfer bestimmt werden. Aber wer ist der Schöpfer?«

Da stellte ein Devotee Bhagavan genau dieselbe Frage: »Wer ist der Schöpfer in diesem Vers?«

Bhagavan antwortete: »Mit dem Schöpfer ist *Ishwara* (Gott) gemeint. Er ist derjenige, der an jeden die Früchte seiner Taten verteilt wie es seinem *Karma* entspricht. Er ist *Saguna Brahman* (*Brahman* mit Attributen). Das wirkliche *Brahman* ist aber *Nirguna* (ohne Attribut) und bewegungslos. Nur *Saguna Brahman* nennt man *Ishwara*. Er gibt jedem die Früchte, die seinen Taten entsprechen. Das bedeutet, dass *Ishwara* lediglich ein Vermittler ist. Er gibt den Lohn der getanen Arbeit. Das ist alles. Ohne diese Macht *Ishwaras* würde es kein Handeln (*Karma*) geben. Deshalb heißt es, dass *Karma* ohne eigene Kraft ist.«

Das war die passende Antwort auf Krishna Bhikshus Frage und ich schrieb sie ihm.

---

[41] der Verfasser der Ramana-Biografie ›Sri Ramana Leela‹

[42] Das folgende Gespräch bezieht sich auf Upadesa Saram, Vers 1: »Die Frucht (des Handelns) erhält man nach dem Beschluss des Herrn des Handelns (des Schöpfers). Ist Handeln das Höchste? Nein! Handeln ist ohne eigene Kraft.«

Gleichheit

12.8.1946

Im vergangenen Sommer wurde ein Pandal (eine Überdachung) errichtet, damit Bhagavan abends bequem draußen sitzen konnte. Auf der Westseite des Pandals stand Khus-Khus-Gras[43]. Bhagavans Sofa wurde ganz in seiner Nähe aufgestellt. Die Devotees saßen mit dem Blick nach Westen und Bhagavan saß wie *Dakshinamurti* mit dem Blick nach Süden. Wir hatten seine Füße vor uns. Auf der einen Seite konnten wir den Blumengarten sehen und auf der gegenüberliegenden Seite den Gipfel des Arunachala.

Eines Nachmittags, als Bhagavan auf dem Berg spazieren war, banden seine Helfer das Khus-Khus-Gras zusammen, da der Himmel sich bewölkt hatte. Doch zehn Minuten nach seiner Rückkehr schien wieder die pralle Sonne. Obwohl es Abendsonne war, litten alle unter der Hitze. Der Helfer Vaikuntavas konnte es nicht länger mitansehen, wie Bhagavans bloßer Körper der Sonne ausgesetzt war, und band das Büschel hinter ihm wieder auf. Er meinte, Bhagavan hätte es nicht bemerkt. Bhagavan sagte verär-

[43] Die hohen Ständer des Khus-Khus-Grases werden gern zur Umzäunung von Veranden benutzt, um Schmutz abzuhalten und Schatten zu spenden.

gert: »Seht bloß, was die Leute machen! Sie haben das Gras nur auf meiner Seite aufgebunden. Vielleicht denken sie, dass die anderen keine Menschen sind! Nur der Swami soll vor der Hitze geschützt sein. Es spielt keine Rolle, wenn andere darunter leiden! Immer etwas Besonderes für den Swami! Damit halten sie die besondere Stellung des Swami aufrecht. Arme Burschen! Vielleicht glauben sie, dass er kein Swami ist, wenn er nicht auf diese Weise umsorgt wird! Der Swami soll nicht der Sonne, dem Wind und dem Licht ausgesetzt sein. Er soll sich nicht bewegen und nicht sprechen. Er soll mit verschränkten Beinen auf einem Sofa sitzen. Das ist die Position des Swami. Sie wird dadurch aufrechterhalten, indem man mir eine besondere Behandlung zukommen lässt.«

Bhagavan toleriert keine Unterschiede. Er besteht auf Gleichheit. Erschrocken band der arme Helfer das Gras wieder zusammen. Das Abendlicht fiel auf Bhagavan und verband sich mit dem Glanz seiner Augen. Der Duft der Räucherstäbchen verteilte sich, freundete sich mit der kühlen Brise an und strich, wie von einem Fächer getrieben, an Bhagavans Füßen vorbei, um sich dann gleichmäßig unter allen Devotees zu verteilen.

Jeder wie er will

13.8.1946

In meiner ersten Zeit im Ashram lebte auch ein junger *Vishnu*-Anhänger dort. Sein Haar war verfilzt, da er es nicht pflegte. Er erbettelte sich sein Essen und schlief im Arunachaleswara-Tempel. Seine Mutter kam in den Ashram und bedrängte ihn, wieder nach Hause zu kommen. Da flüchtete er nach Pandharpur. Er war ihr einziger Sohn und sie besaßen ein großes Vermögen. Der Junge war eine Art wandernder Bettler. Die Mutter erzählte Bhagavan ihre traurige Geschichte und bat ihn um Hilfe. Bhagavan versuchte, den Jungen dazu zu überreden, auf seine Mutter zu hören, aber er wollte nichts wissen und lief davon.

Im vergangenen Monat kam der Junge wieder. Er hielt sich von den anderen abseits und saß in einer Ecke der Halle. Außer dass seine Haare nicht mehr verfilzt waren, hatte er sich nicht verändert. Bhagavan beobachtete ihn beständig. Der Junge sprach nicht. Als Rajagopal Iyer in die Halle kam und den Jungen bemerkte, sagte er zu Bhagavan: »Der Junge ist von Pandharpur zurück. Hat nicht seine Mutter ihre Adresse dagelassen und uns gebeten, ihr zu schreiben, falls er wieder zurückkommt?«

Bhagavan erwiderte: »Er ist seit etwa zwei Wochen hier. Ich habe ihn beobachtet. Er spricht nicht. Wie kann ich ihn da fragen: ›Wie war's in Pandharpur?‹ Wir müssen uns so verhalten, wie es der Geisteshaltung der anderen entspricht. Wir müssen uns anpassen.«

Das Programm zum Goldenen Jubiläum

15.8.1946

T.K. Doraiswamy Iyer war aus Madras gekommen und überreichte Bhagavan das Programm für das Goldene Jubiläum am 1. September.[44] Der Programmvorschlag sah vor, dass die Feier von 7 bis 19 Uhr dauern sollte. Man hatte viele berühmte Persönlichkeiten als Redner gewonnen. Das Programm beinhaltete Musikdarbietungen und zahlreiche andere Programmpunkte. Nachdem Bhagavan es sorgfältig gelesen hatte, sagte er lächelnd: »Was für ein volles Programm! Aber soll ich klagen? Mögen sie tun was sie wollen. Es genügt, wenn ich etwas Zeit für meinen Spaziergang habe. Es ist also geplant, dass all diese großen Leute Vorträge halten sollen. Worüber? Was gibt es, worüber man sprechen könnte? Das, was ist, ist *Mauna*, die Stille. Wie könnte *Mauna* mit Worten erklärt werden: in Englisch, Sanskrit, Tamil und Telugu? In wie vielen Sprachen! Nun gut, warum soll mich das kümmern, solange ich nicht sprechen muss!«

Der Devotee brachte mit gefalteten Händen vor, dass Bhagavan jeden beliebigen Programmpunkt streichen könne. Bhagavan erwiderte: »Habe ich denn um einen der Programmpunkte gebeten, sodass ich jetzt dagegen Einwände erheben könnte? Macht es wie ihr wollt. Es ist lediglich eine Reihe von Vorträgen. Ich werde wie immer auf meinem Sofa sitzen und ihr könnt machen, was ihr wollt.«

---

[44] das Goldene Jubiläum zu Sri Ramanas Ankunft in Turuvannamalai am 1.9.1896

Ein unbekannter Devotee

16.8.1946

Unter der eingehenden Post war heute ein Brief in Englisch von einem unbekannten Devotee aus der Tschechoslowakei. Bhagavan ließ ihn vorlesen. Er schrieb: »Obwohl ich körperlich weit weg von Arunachala bin, bin ich doch in spiritueller Hinsicht zu Bhagavans Füßen. Ich glaube, es werden am 1. September 50 Jahre, dass der junge Ramana nach Tiruvannamalai gekommen ist. Ich bitte um Erlaubnis, diesen Tag als den wahren Geburtstag von Bhagavan feiern zu dürfen. Ich möchte ihn in dem Bemühen begehen, meinen Geist mit grenzenloser Hingabe, Glaube und Respekt Bhagavan zu Füßen zu legen und mein Herz bei seiner Stimme verweilen zu lassen.«

Bhagavan sagte mit strahlendem Gesicht: »Wir kennen ihn nicht. Weder wissen wir seinen Namen noch wo er herstammt. Er war nie hier. Wie hat er in Erfahrung gebracht, dass ich vor 50 Jahren hierhergekommen bin? Er hat einen hingebungsvollen Brief geschrieben. Anscheindend hat er über mein Leben gelesen und es verstanden. Wo ist die Tschechoslowakei und wo ist Tiruvannamalai? Was können wir dazu sagen, wenn jemand, der mich noch nie gesehen hat, so etwas schreibt?«

Der eine Buchstabe und das Unvergängliche (Ekam Aksharam)

18.8.1946

Vor einigen Tagen hatten Besucher aus dem Gujarat Ashram-Bücher und Fotos von Bhagavan gekauft und baten ihn, seinen Namen in die Bücher zu schreiben.

»Welchen Namen soll ich hineinschreiben?«, fragte er.

»Deinen Namen«, erwiderten sie.

Bhagavan: »Welches ist denn mein Name?«

Als sie antworteten: »Dein Name ist Ramana Maharshi, oder etwa nicht?«, meinte er lächelnd: »Jemand hat mich so genannt. Aber was bedeutet ein Name oder ein Geburtsort für mich? Ich kann meinen Namen nur hineinschreiben, wenn ich einen habe.«

Die Leute gingen weg, ohne noch etwas zu sagen.

Du erinnerst dich, dass du im Januar 1945 Bhagavan gebeten hast, ›OM‹ oder ›Sri‹ in das Buch mit deinen Bankgeschäften[45] hineinzuschreiben, doch er hatte abgelehnt. Stattdessen schrieb er die telugische Übersetzung eines Verses auf ein Stück Papier, den er vor langem in Tamil verfasst hatte, als Somasundaraswami mit einer ähnlichen Bitte zu ihm gekommen war. Ich habe dir den Vers geschickt, und du hast ihn als seine *Upadesa* (Belehrung) aufgenommen und dich sehr darüber gefreut. Später hat Bhagavan den Vers auf die Bitte Muruganars hin ins Sanskrit übersetzt. Er lautet:

»Das eine Unvergängliche (Ekam *Aksharam*[46]), das beständig im Herzen wohnt, erstrahlt aus sich selbst. Wie könnte man es niederschreiben?«

[Aus den Gesammelten Werken:

»*Akshara* ist ein einzigartiger Buchstabe. Du willst ernsthaft, dass ich ihn in dieses Buch schreibe. Da dieser einzigartige Buchstabe beständig als das Selbst im Herzen erstrahlt, wer könnte ihn da niederschreiben?«][47]

Vor etwa zehn Monaten besuchte ein telugischer Gelehrter den Ashram. Als er Bhagavan mit einem Gedicht, das er aus dem Stegreif verfasst hatte, gepriesen hatte, bat er ihn: »Bitte gib mir etwas, das mich an das heutige Ereignis erinnert und segne mich.«

»Was soll ich dir geben?«, fragte Bhagavan.

»Was immer du magst. Nur ein Buchstabe (*Akshara*) der Belehrung.«

Bhagavan antwortete: »Wie kann ich dir das geben, was unvergänglich (*Akshara*) ist?« und sah mich an.

Ich meinte: »Vielleicht ist der Vers ›Ekam *Aksharam*‹ hilfreich.«

Ich las ihm den Sanskritvers vor.

»Wo ist der telugische Vers?«, fragte Bhagavan.

---

[45] Der Bruder Suri Nagammas arbeitete in einer Bank.

[46] *Akshara(m)* hat zwei Bedeutungen: etwas, das unvergänglich ist, aber auch Buchstabe; Ekam *Aksharam* = ein Buchstabe

[47] Einschub der Übers., aus Collected Works, S. 149

Ich las auch diesen vor. Der Sastri freute sich so sehr, als habe er einen großen Schatz erhalten, und schrieb sich beide Versionen ab. Als ich ihm erzählte, wie die Verse entstanden sind, war er sehr glücklich, verneigte sich vor Bhagavan und ging.

Zufriedenheit

19.8.1946

Bhagavan gab Rajagopala Iyer den Auftrag, die vier Probedrucke eines Tamilwerks, die kürzlich aus der Druckerei gekommen waren, aufzubinden. Als ich heute Nachmittag kam, waren die Bücher gerade fertig und mussten nur noch einen Einband erhalten. Bhagavan zeigte den Anwesenden die Bücher und sagte lachend zu Vaikuntavas, der neben ihm stand: »Lass uns sehen, ob wir mit diesen Probedrucken nicht etwas erwirtschaften können. Wir haben jetzt vier zusätzliche Exemplare von diesem Buch. Wie könnten wir sonst dazu kommen? Wer würde sie uns geben? Wir müssten sie im Buchladen kaufen. Woher würden wir das Geld dafür nehmen?«

Wir waren belustigt und Vaikuntavas lachte. Bhagavan erwiderte: »Warum lachst du? Habe ich Arbeit und verdiene monatlich mehrere hundert Rupien? Oder bin ich ein Geschäftsmann und verdiene Tausende? Woher soll ich das Geld nehmen? Welche Unabhängigkeit habe ich? Wenn ich Durst habe, muss ich um Wasser bitten. Wenn ich stattdessen in die Küche gehen würde, würde das Küchenpersonal sagen: ›Dieser Swami fängt an, uns zu kontrollieren.‹ Deshalb muss ich den Mund halten. Welche Unabhängigkeit habe ich schon.«

Welche andere Absicht könnte er haben, als alle mild zu tadeln, wenn er auf diese Weise redet, obwohl er von allem in dieser Welt unabhängig ist? Wir handeln unseren Wünschen entsprechend. Wir bitten um dies und das und werden Sklaven unserer Wünsche. Wir setzen unsere Wünsche durch, indem wir bitten oder befehlen. Bhagavan lehnt nicht nur die Ausübung von Autorität ab, sondern auch, etwas zu erbitten.

Einmal erzählte Bhagavan folgendes:

»Als ich in der Virupaksha-Höhle lebte, ging Sundaresa Iyer in die Stadt zum Betteln und brachte uns etwas zu essen mit. Manchmal hatten wir keinen Curry oder Chutney. Es waren viele Münder zu stopfen, aber wir bekamen nur wenig. Was sollten wir tun? Ich mischte alles zusammen, goss heißes Wasser darüber und machte einen Brei daraus. Dann gab ich jedem eine Portion davon und nahm auch eine für mich.

Manchmal glaubten wir, es wäre gut, wenn wir wenigstens etwas Salz hätten. Aber wo war das Geld, um Salz zu kaufen? Wir hätten jemand darum bitten müssen. Wenn wir einmal damit anfingen, um Salz zu bitten, hätten wir auch um *Dhal* bitten wollen. Wenn wir um *Dhal* bitten würden, würden wir auch um *Payasam* bitten und so weiter. Deshalb meinten wir, wir sollten um gar nichts bitten und den Brei, so wie er war, hinunterschlucken. Wir waren mit dieser Ernährung äußerst glücklich. Da die Nahrung *sattvisch* und ohne jegliche Gewürze, ja nicht einmal gesalzen war, war sie nicht nur gesund für den Körper, sondern gab auch dem Geist großen Frieden.«

Ich fragte: »Ist Salz nicht eines der Dinge, die *Rajas* (die Leidenschaft) stimuliert?«

Bhagavan: »Ja, zweifelsohne. Es steht irgendwo in den Schriften. Warte, ich schau nach.«

Ich: »Es genügt, wenn Bhagavan es sagt. Wozu brauchen wir noch eine Schrift.«

Wir nehmen nicht nur Salz, sondern glauben, dass auch Chili für den Geschmack nötig ist. So haben wir unsere Ernährungsgewohnheiten. Große Seelen essen, um zu leben und der Welt zu dienen, während wir leben, um zu essen. Das ist der Unterschied. Wenn wir essen, um zu leben, brauchen wir nicht an Geschmack zu denken. Wenn wir leben, um zu essen, sind die Geschmäcker vielfältig. Und dafür nehmen wir so viel Mühsal auf uns.

Die Umrundung des Selbst (Atma Pradakshina)

***Ganapati* umrundet *Parameswara* und *Parvati* von GE**

19.8.1946

Im vergangenen Mai kam Sundaresa Iyer in die Halle und verneigte sich vor Bhagavan. Bhagavan fragte ihn: »Hast du den Berg umrundet (*Pradakshina*)?« Er verneinte. Bhagavan erzählte: »Vergangene Nacht, als die Leute um den Berg herumgingen, da es Vollmond war, wollte er auch mitgehen. Aber dann spürte er, dass er es nicht schaffen würde. Als die anderen aufbrachen, ging er schnell um mich herum. Ich fragte ihn, warum er das tue. Er antwortete: ›Leider kann ich nicht um den Berg herumgehen.

Deshalb bin ich um Bhagavan herumgegangen.‹ Ich erwiderte: ›Geh um dich selbst herum. Das ist dann *Atma Pradakshina*.‹«

Ein Devotee meinte: »Er hat dasselbe getan wie einst Vinayaka (der Elefantengott *Ganesha*).«

Da fragte jemand: »Was ist das für eine Geschichte?«

Bhagavan erzählte: »Einmal wollte *Parameswara* (der Höchste Herr *Shiva*) seinem Sohn *Subrahmania* eine Lehre erteilen, da er sich für einen großen Weisen hielt. *Parameswara* setzte sich mit seiner Gemahlin *Parvati* auf den Gipfel des Kailash. In den Händen hielt er eine Frucht. Als *Ganapati* und *Subrahmania* die Frucht sahen, baten beide ihren Vater darum. Da sagte er, er würde sie demjenigen geben, der als Erster zurückkäme, nachdem er die ganze Welt umrundet hätte.

Voller Stolz und Selbstvertrauen, dass er das Wettrennen gewinnen würde, machte sich *Subrahmania* sofort auf den Weg. Er ritt auf dem Pfauen, seinem Lieblingsreittier, in schnellem Tempo um die Welt und sah sich immer wieder um, um sich zu vergewissern, dass ihm sein älterer Bruder *Ganapati* nicht auf den Versen war.

Was konnte der arme *Ganapati* mit seinem dicken Bauch schon ausrichten? Zudem war sein Reittier lediglich eine Maus. Deshalb dachte er, es bringe sowieso nichts, mit *Subrahmania* in ein Rennen um die Welt einzutreten, und ging stattdessen um *Parvati* und den Höchsten Herrn herum, verneigte sich vor ihnen und beanspruchte seine Belohnung.

Als sie ihn fragten, ob er die Welt umrundet habe, antwortete er: ›Alle Welten sind in euch enthalten. Wenn ich euch umrunde, ist es so gut als wenn ich die ganze Welt umrunden würde.‹ Der Höchste Herr war mit seiner Antwort zufrieden und gab ihm die Frucht. Da setzte sich *Ganapati* hin und aß.

Subrahmania war sich sicher, dass er das Rennen gewonnen hatte, vollendete seine Runde um die Welt und kam wieder an seinem Ausgangspunkt an. Da fand er *Ganapati* vor, der vor *Parvati* und *Parameswara* saß und die Frucht aß. Als er *Parameswara* bat, ihm die Frucht zu geben, da er das Rennen gewonnen habe, antwortete er: ›Dein älterer Bruder isst sie gerade.‹ *Subrahmania* fragte ihn, ob das gerecht sei. *Parameswara* erklärte ihm, was geschehen war. Da erkannte *Subramania* seine Eitelkeit, verneigte sich vor seinen Eltern und bat sie um Vergebung.

Das ist die Geschichte. Ihre Bedeutung ist, dass das Ego, das wie ein Wirbelwind umherstreift, vernichtet werden und im *Atman* (Selbst) aufgehen muss. Das ist *Atma Pradakshina*, die Umrundung des Selbst.«

Der Dämonengott und das Lichterfest

20.8.1946

Ramachandra Iyer saß in der Halle und machte Korrekturen in einem alten Notizbuch. Bhagavan fragte, was das für ein Buch sei. Ramanchandra Iyer erwiderte: »Es ist ein altes Notizbuch von Bhagavan. Ich gehe die Nummerierungen und Datierungen durch und trage sie in das gedruckte Buch ein.«

»Gib es mir«, erwiderte Bhagavan und blätterte es durch. Dann sagte er zu mir: »Es stehen einige Verse zu *Dipavali* (Lichterfest) drin. Kennst du sie?«

Als ich verneinte, las er sie vor und erklärte ihre Bedeutung. »Jener ist Narakasura[48], der dem Gedanken anhängt, er sei der Körper. Die Anhänglichkeit an den Körper ist in sich schon eine Hölle (Naraka). Das Leben eines Menschen, der dem Körper anhaftet, ist höllisch, selbst wenn er ein Maharadscha ist. Wenn man die Anhaftung an den Körper vernichtet und das Selbst aus sich selbst erstrahlt, dann ist das *Dipavali*.«

Als ›Nool Thirattu‹ (Die Gesammelten Werke) in erster Auflage erschienen war, wurden diese Verse vorgelesen. Bhagavan fragte mich: »Weißt du, warum ich sie geschrieben habe?«

Als ich verneinte, erzählte er: »An einem *Dipavali* wollte Muruganar, dass ich etwas über *Dipavali* schreiben sollte. Ich fragte ihn: ›Warum schreibst du nichts? Warum soll ich es tun.‹ Er meinte, er würde etwas schreiben, wenn ich es auch tun würde. Ich erklärte mich damit einverstanden und schrieb diese Verse. Ich habe nie etwas ohne Anlass geschrieben. Hinter jedem Vers, den ich geschrieben habe, steckt eine Geschichte.«

[48] dämonische Gottheit der Hindu-Mythologie. Am ersten Tag von *Dipavali* (dem Lichterfest) wird der Sieg *Krishnas* über Narakasura gefeiert.

Das Leben auf dem Berg

21.8.1946

Auf die Bitte von Devotees hin erzählte Bhagavan von einigen Vorkommnissen aus der Zeit, als er auf dem Berg lebte. Er erzählte, wie sie in der Virupaksha-Höhle zuerst nur einen irdenen Topf für das erbettelte Essen besaßen, dann war es ein Topf aus Aluminium, dann einer aus Messing und so weiter. Die Gefäße wurden immer zahlreicher. Allmählich begannen die Devotees zu kochen, ohne seinen Einwand zu beachten.

Bhagavan erzählte uns noch eine weitere Geschichte:

»Als ich in der Virupaksha-Höhle lebte, waren einmal Rangaswami Iyengar, Gambiram Seshayya, ein Vishnu-Verehrer und ein *Reddi* da. Eines Tages hatten alle Lust zu kochen und machten sich begeistert an die Arbeit. Jeder von ihnen trug die heilige Brahmanenschnur, außer dem *Reddi*. Da dachten sie: ›Warum soll er nicht auch eine haben?‹ und legten ihm eine Brahmanenschnur um. Sie hatten großen Spaß und genossen das Festessen.«

Da fragte Rajagopala Iyer: »Kam in dieser Zeit nicht auch die Großmutter?«

Bhagavan: »Ja. Sie wollte etwas für sich kochen. Wir boten ihr an, das in der kleinen Höhle in der Nähe zu tun. Sie sagte zu mir: ›Venkataraman, ich koche heute. Iss deshalb nichts anderes.‹ Ich bejahte, und als sie weg war, aß ich wie immer mit den anderen zusammen. Die kleine Höhle lag etwas entfernt, weshalb sie es nicht mitbekam. Als sie mit dem Kochen fertig war, aß ich auch ihr Essen. Sie glaubte wirklich, ich hätte nichts anderes gegessen als das, was sie gekocht hatte.

Wir hatten auch einen Großvater unter unseren Verwandten. Er hatte die Angewohnheit, jeden zu beschimpfen. Doch jeder lud ihn gerne ein, weil seine Beschimpfungen amüsant waren. Er war gutmütig und meinte es nicht übel. Er kam mich in der Virupaksha-Höhle besuchen und sagte scherzhaft zu mir: ›Sieh mal einer an, Venkataraman! Es sieht so aus, als seist du ein großer Swami geworden! Sind dir Hörner auf dem Kopf gewachsen?‹«

Es war interessant, wie Bhagavan diese Geschichten mit der entsprechenden Modulation seiner Stimme und den passenden Gesten erzählte.

Opfer

22.8.1946

Ein Devotee, der seit langem ein regelmäßiger Besucher ist, führte mit Bhagavan ein Gespräch über die *Vishnu*-Traditionen. Er war kürzlich eingeweiht worden. Als er das erwähnte, begann Bhagavan von seinen früheren Erlebnissen zu erzählen.

»Als ich auf dem Berg lebte, kamen mich *Vishnu*-Anhänger besuchen. Wie du weißt, gibt es zwei Richtungen: Vadakalai und Thenkalai. Ich redete mit ihnen, wie es ihrer jeweiligen Tradition entsprach, da ich dadurch nichts verlor. Als sie jedoch glaubten, ich gehöre zu ihnen und mich einweihen wollten, lehnte ich ab. Sie glauben, dass keiner in den Himmel kommen kann, wenn er nicht eingeweiht worden ist. Im *Mantra*, das bei der Einweihung rezitiert wird, heißt es, dass sie alles dem Guru opfern. Doch nach ihrem Verständnis genügt es, wenn man das *Mantra* rezitiert und dem Guru eine Opfergabe bringt. Damit ist die Hingabe erledigt und es spielt keine Rolle, was man danach tut. Man hat sich damit einen Sitz im Himmel reserviert. Was braucht man mehr? So sehen es einige von ihnen.

Es ist ein Irrglaube, so leichthin von der Opfergabe zu denken. Opfer bedeutet, dass der Geist im Selbst untergeht und eins mit ihm wird. Es bedeutet, dass der Geist von allen *Vasanas* leer werden soll. Aber das wird nicht geschehen, wenn man sich selbst nicht anstrengt und Gott seine Gnade schenkt. Gottes Macht kann sich deiner nicht bemächtigen und dich in sich hineinziehen, solange du dich nicht völlig hingibst. Was aber ist Hingabe? Wir müssen uns selbst hingeben. Man sollte unaufhörlich kämpfen, bis man es zuwege bringt. Nur wenn man es immer wieder versucht, wird man schließlich mit seinem Bemühen Erfolg haben. Wenn es dir einmal gelungen ist, gibt es kein Zurück mehr. Das ist der richtige Lauf der Dinge.

Wie könnte es ein Opfer ohne dieses Etwas geben, das wir ›Ich‹ nennen? Die völlige Hingabe kann sich nicht einstellen, solange man nicht erkennt, wer man ist. Wenn du es erkennst, wirst du verstehen, dass das, was übrig bleibt, nur ein Einziges ist. Der Geist, der das Ich ist, unterwirft sich dann von selbst. Und das ist das wirkliche Opfer.«

Spirituelle Übung (Sadhana)

23.8.1946

Vorgestern kam ein gelehrter Herr aus Madras und fragte: »Hat Bhagavan irgendwann spirituelle Übungen (*Sadhana*) gemacht?«

Bhagavan erwiderte: »Wozu sollte man *Sadhana* tun? Wenn man so dasitzt, ist das bereits *Sadhana*. Ich bin immer so dagesessen. Damals hatte ich meine Augen geschlossen, jetzt habe ich sie offen. Das ist der einzige Unterschied. Was jetzt ist, war auch damals und andersherum. *Sadhana* ist nur nötig, wenn es etwas vom Selbst Verschiedenes gibt. Es ist nur nötig, wenn man nicht auf das Selbst schaut, das immerwährend ist, sondern sich täuschen lässt und auf den Körper usw. schaut, der unbeständig und trügerisch ist. *Sadhana* ist unnötig, wenn man das Selbst und nichts von ihm Verschiedenes wahrnimmt. Wozu sollte es sonst dienen?«

Da fragte jemand: »Warum steht dann in vielen Büchern, dass niemand ohne einen Guru *Jnana* erlangen kann?«

Bhagavan: »Ja, das ist richtig. Für jene, die sich durch die Aktivität ihres Geistes täuschen lassen und glauben, dass sie der Körper sind, ist ein Guru und *Sadhana* vonnöten, damit sie von ihrer falschen Vorstellung frei werden.«

Jemand fragte: »Es heißt, dass jemand, der meditiert, durch sein *Sadhana* die physische Manifestation seiner Lieblingsgottheit sehen und andere segensreiche Dinge erlangen kann. Was bedeutet das?«

Bhagavan: »Das, was immer da ist, ist offenkundig. Die Person ›Ich‹ ist immer offenkundig. Die Leute glauben, dass Gott von irgendwo herabkommt und sich manifestiert, indem das Selbst, das immer existiert, nach seinem Wunsch eine Gestalt erschafft, worüber man dann meditiert. Du gibst das Selbst auf, das immer und überall existiert, und machst spirituelle Übungen in der Hoffnung, dass irgendein Gott erscheint, um dann wieder zu verschwinden. Du gibst das ewige Selbst auf und strebst nach so einer vergänglichen Erscheinung, strebst nach seinen Wohltaten und vermehrst dadurch deine geistigen Kämpfe und Anstrengungen. Es würde überhaupt keine Schwierigkeiten geben, wenn man lediglich so bleiben würde, wie man ist.«

Jemand fragte: »Dieser erhabene Zustand, der über der normalen mentalen Ebene liegt, ist nur für Leute wie Bhagavan möglich und natürlich. Ist er auch für uns gewöhnliche Leute erreichbar, wenn wir keine spirituellen Übungen machen?«

Bhagavan: »Gewiss! *Sadhana* ist nötig, aber wozu? Das Selbst ist immer und überall da. Deshalb muss man es nicht von irgendwoher erlangen. *Sadhana* ist nur nötig, um von der körperlichen Illusion und von anderen Illusionen frei zu werden, die verhindern, dass das Selbst sich als Selbst erhebt. Diese falschen Vorstellungen tauchen nur deshalb auf, weil wir denken, dass diese körperliche Welt wirklich ist, anstatt dass wir auf das Selbst schauen, das wirklich ist. *Sadhana* hat den einzigen Zweck, von dieser Illusion frei zu werden. Das Selbst braucht kein *Sadhana*, um sein eigenes Selbst zu erlangen. Wer sein eigenes Selbst erkannt hat, sieht nichts anderes mehr.«

Brahman ist wirklich – die Welt ist eine Illusion

24.8.1946

Vor einiger Zeit fragte ein Neuankömmling Bhagavan etwas in Englisch, das ich nicht verstehen konnte, da ich die Sprache nicht kann. Aber Bhagavan antwortete in Tamil. Ich gebe seine Antwort wieder, wie es mir möglich ist.

Bhagavan: »Es ist folgende Frage aufgetaucht: Es heißt, dass *Brahman* wirklich und die Welt eine Illusion ist. Andererseits heißt es auch, dass das ganze Universum ein Abbild *Brahmans* ist. Wie gehen diese beiden Behauptungen zusammen?

Dem *Sadhaka* (spirituell Übenden) muss man sagen, dass die Welt eine Illusion ist. Es gibt keine andere Möglichkeit, denn wenn ein Mensch vergisst, dass er das wirkliche, immerwährende und allgegenwärtige *Brahman* ist und sich selbst täuscht, indem er denkt, er sei ein Körper im Universum, das voller vergänglicher Körper ist, und sich mit dieser Täuschung plagt, dann muss man ihn daran erinnern, dass die Welt unwirklich und eine Täuschung ist. Warum? Weil er sein eigenes Selbst vergessen hat und in der äußeren, materiellen Welt weilt. Er wird sich erst dann in einer Selbstprüfung nach innen wenden, wenn du ihm einschärfst, dass diese ganze äußere, materielle Welt unwirklich ist. Wenn er einmal sein eigenes Selbst erkennt und versteht, dass es nichts anderes als sein eigenes Selbst gibt, wird er die ganze Welt als *Brahman* betrachten.

Ohne das eigene Selbst gibt es keine Welt. Solange ein Mensch sein eigenes Selbst nicht sieht, das der Ursprung von allem ist, sondern lediglich die äußere Welt als wahr und dauerhaft betrachtet, muss man ihm sagen, dass diese ganze äußere Welt eine Illusion ist. Es geht nicht anders. Nimm als Beispiel ein Stück Papier. Wir sehen nur die Schrift darauf und keiner bemerkt das Papier, worauf die Schrift geschrieben steht. Das Stück Papier ist da, ob etwas darauf steht oder nicht. Jenen, die die Schrift als wirklich betrachten, muss man sagen, dass sie unwirklich und eine Illusion ist, da sie auf dem Papier basiert. Der Weise sieht beides als eines, das Papier und die Schrift. Ebenso ist es für ihn mit *Brahman* und der Welt.

Mit dem Kino ist es dasselbe. Die Leinwand ist immer da. Die Bilder kommen und gehen. Sie beeinträchtigen die Leinwand nicht. Was macht es der Leinwand aus, ob Bilder auf ihr erscheinen oder verschwinden? Die Bilder haben die Leinwand als Grundlage. Aber wozu sind sie ihr nütze? Der Mensch, der nur auf die Bilder schaut und nicht auf die Leinwand selbst, wird von der Freude und dem Leid der Geschichte berührt. Jener aber, der die Leinwand betrachtet, versteht, dass die Bilder lediglich Schatten sind und nicht von der Leinwand getrennt existieren noch von ihr verschieden sind. So ist es auch mit der Welt. Es ist alles ein Schattenspiel.«

Der Swami ist überall

25.8.1946

Die Europäer, denen du ein Empfehlungsschreiben mitgegeben hast, kamen vorgestern mit dem Auto an. Sie hatten eine Amerikanerin bei sich. Gestern Vormittag besuchten sie die Stadt und Skandashram und waren zur Mittagszeit wieder zurück. Nachdem sie alles für ihre Rückreise vorbereitet hatten, kamen sie in die Halle und setzten sich.

Die Amerikanerin war nicht gewohnt, auf dem Boden zu sitzen. Sie ließ sich neben mir nieder und streckte ihre Beine in Richtung von Bhagavans Sofa aus. Ich hielt es für unangemessen, sagte aber nichts, da sie sowieso bald gehen würde. Doch Rajagopala Iyer, einer der Helfer, konnte es nicht ertragen und bat sie, mit gekreuzten Beinen zu sitzen.

Bhagavan beobachtete das und rügte ihn: »Wenn es für sie [die ausländischen Besucher] schon schwierig ist, auf dem Boden zu sitzen, musst du sie dann auch noch zwingen, mit verschränkten Beinen zu sitzen?«

»Nein, natürlich nicht!«, verteidigte sich der Helfer. »Ich habe sie lediglich darauf aufmerksam gemacht, dass es respektlos ist, Bhagavan die Beine entgegenzustrecken.«

»Ach so, es ist also respektlos«, erwiderte Bhagavan leichthin. »Dann ist es auch respektlos, wenn ich ihnen meine Beine entgegenstrecke. Was du da sagst, gilt dann natürlich auch für mich.«

Da kreuzte er ebenfalls die Beine. Wir lachten, aber wir fühlten uns doch nicht so recht wohl dabei. Die Fremden blieben etwa eine halbe Stunde lang und gingen dann.

Bhagavan hat den restlichen Tag damit zugebracht, seine Beine immer wieder auszustrecken, um sie dann erneut zu kreuzen. Er meinte, dass es sonst als respektlos angesehen werden könnte. Seine Beine werden in zehn Minuten steif, wenn er sie kreuzt, und die Steifheit verschwindet erst, nachdem er sie mindestens eine halbe Stunde lang ausgestreckt hat, ganz zu schweigen von den Schmerzen, die das verursacht.

Als ich heute Nachmittag in die Halle kam, waren nur wenige Leute da. Bhagavan streckte gerade seine Beine aus und sagte: »Ich weiß nicht, ob ich sie ausstrecken darf. Man sagt, es gehöre sich nicht.«

Der arme Rajagopala Iyer war ganz niedergeschlagen und reumütig. Da hatte Bhagavan Mitleid mit ihm und streckte seine Beine wieder aus wie immer. Wir waren alle froh.

Als er mich in der Halle sitzen sah, erzählte er uns eine Geschichte über *Avvaiyar.*

»Als der Rajah von Chera bemerkte, dass *Sundaramurthi* auf einem weißen Elefanten zum Kailash[49] ritt, flüsterte er seinem Pferd das *Mantra* ›Om Namah Shivaja‹ ins Ohr und machte sich ebenfalls zum Kailash auf. *Avvaiyar*, die gerade dem Herrn *Ganesha* zu Ehren eine *Puja* feierte, sah die beiden zum Kailash reiten. Sie beeilte sich, mit ihrer *Puja* fertig zu werden, da sie auch dorthin wollte. Als *Ganesha* das bemerkte, sagte er zu ihr: ›Alte Frau, du brauchst dich nicht zu beeilen. Feiere deine *Puja* wie immer. Ich werde dich zum Kailash bringen und du wirst noch vor ihnen dort sein.‹ Sie feierte also ihre *Puja* wie immer. Dann winkte *Ganesha* mit der Hand und sagte: ›Alte Frau, schließ die Augen.‹ Als sie ihre Augen wieder öffnete, fand sie sich auf dem Kailash vor *Parvati* und *Parameswara* wieder. Als *Sundaramurthi* und der Rajah von Chera eintrafen, waren sie überrascht, sie dort vorzufinden, und fragten sie, wie sie hergekommen sei. Sie erzählte ihnen, wie der Herr *Ganesha* ihr geholfen hatte. Da freuten sie sich sehr, dass ihre Hingabe belohnt worden war.

Avvaiyar war sehr alt, und deshalb setzte sie sich dem höchsten Herrn gegenüber, indem sie ihre Beine ausstreckte wie ich. *Parvati* konnte den Anblick nicht ertragen. Sie ärgerte sich, da sie es als eine große Beleidigung ansah, dass jemand Swami mit ausgestreckten Beinen gegenübersaß. Deshalb bat sie *Parameswara*, das der alten Frau sagen zu dürfen. Er aber meinte: ›Sag lieber nichts. Wir sollten schweigen.‹ Doch *Parvati* konnte diese Beleidigung nicht ertragen. Sie flüsterte ihrer Magd ins Ohr, sie möge die alte Frau darauf ansprechen. Die Magd sagte zur alten Frau: ›Großmutter, du solltest deine Beine nicht gegen *Ishwara* ausstrecken.‹ Da erwiderte *Avvaiyar*: ›Tatsächlich? Dann sag mir, auf welcher Seite *Ishwara* nicht ist. Soll ich mich dahin wenden?‹ Sie streckte ihre Beine in die andere Richtung aus und *Ishwara* erschien nun dort. Sie änderte ihre Position nochmals, da drehte er sich ebenfalls dorthin. Der Herr musste sich jeweils auf die Seite wenden, wohin sie ihre Beine legte. *Ishwara* sagte zu *Parvati*: ›Verstehst du es jetzt? Du wolltest ja nicht auf mich hören! Sieh bloß, wie sie mich ständig herumdreht. Deshalb habe ich dir gesagt, du sollst deinen Mund halten.‹ Da bat *Parvati* die alte Frau um Verzeihung.

Es ist dasselbe, wenn man den Leuten sagt, sie sollen ihre Beine nicht Swami entgegenstrecken, denn wo ist er nicht?«

[49] die Wohnstatt von *Shiva* und *Parvati*

Derselbe Devotee meinte: »Gibt es nicht eine ähnliche Geschichte über *Namdev*?«

»Ja«, erwiderte Bhagavan. »*Namdev* war auf sich stolz, da Vittal [Erscheinungsform von *Krishna*] ihn mehr liebte als die anderen. Deshalb nahmen ihn Jnanadeva und die anderen zu einem Fest bei Gorakumbhar mit. Nach der Mahlzeit saßen sie alle beisammen. Da sagte einer von ihnen zu Gorakumbhar: ›Du bist doch ein guter Töpfer. Jetzt sage uns, welche von diesen Töpfen hier [gemeint sind die Anwesenden] gut und welche schlecht sind?‹ Gorakumbhar nahm seine Töpferprüfstange und schlug damit jedem von ihnen auf den Kopf. Aus Respekt vor ihm hielten alle still und senkten die Köpfe. Als *Namdev* an der Reihe war, protestierte er gegen diese Methode und weigerte sich, den Test an sich vornehmen zu lassen. Gorakumbhar gab sofort bekannt, dass dies ein unreifer Topf sei. Da brachen alle in Gelächter aus. Der arme *Namdev* konnte seinen Ärger nicht beherrschen und beschuldigte sie, dass sie das gemeinsam gegen ihn ausgeheckt hätten, um ihn zu erniedrigen. Dann ging er mit Tränen in den Augen zu Vittal, um sich bei ihm zu beschweren.

Vittal fragte ihn: ›Was ist los?‹ und *Namdev* erzählte ihm die ganze Geschichte. ›Was haben denn die anderen gesagt, als sie geprüft wurden?‹, wollte der Herr wissen. *Namdev*: ›Sie haben alle den Mund gehalten und die Köpfe geneigt, als sie geschlagen wurden.‹ Vittal: ›Und du?‹ *Namdev*: ›Bin ich denn wie sie? Ich bin mit dir vertraut. Muss ich mich da zur Prüfung schlagen lassen?‹ Vittal: ›Das ist das Ego. Alle kennen mein wahres Selbst und sind zufrieden. Du bist es nicht.‹ *Namdev*: ›Du bist freundlich zu mir. Was brauche ich mehr?‹ Vittal: ›Darum geht es nicht. Du musst den Älteren dienen, wenn du die Wahrheit erkennen willst. Was bin ich? Wenn du tanzt, tanze ich. Wenn du lachst, lache ich, und wenn du hüpfst, hüpfe ich. Wenn du die Wahrheit herausfindest, wirst du nicht mehr so unstet sein.‹ *Namdev*: ›Du sprichst von den Älteren. Aber wer ist älter als du?‹ Vittal: ›Im Wald gibt es einen Tempel. Dort lebt ein *Sadhu*. Gehe zu ihm und du wirst die Wahrheit erkennen.‹

Als *Namdev* zum Tempel im Wald kam, lag dort ein ungepflegter Mann. ›Wie kann dieser Mann ein *Sadhu* sein?‹, dachte er. Als er näher kam, sah er, dass der Mann seine Beine auf ein *Lingam* gelegt hatte. *Namdev* erschauderte und sagte ängstlich: ›Herr, was machst du da? Du legst deine Beine auf den Kopf Gottes!‹ Der Mann erwiderte: ›Ah, *Namdev*, du bist es! Vittal hat dich hergeschickt, nicht wahr?‹ Erstaunt fragte sich *Namdev*, wie der *Sadhu* ihn kennen konnte und fragte nochmals: ›Herr, du bist ein *Sadhu.* Wie kannst du da deine Beine auf ein *Lingam* legen?‹ ›Tu ich das, mein lieber Sohn? Ich habe keine Ahnung. Ich kann meine Beine nicht heben. Hebst du sie bitte für mich an und legst sie vom *Lingam* weg?‹ *Namdev* willigte ein, hob seine Beine an und versuchte, sie anderswo hinzulegen, aber wohin er auch die Beine des *Sadhus* legen wollte, es war ein *Lingam* an der Stelle. Deshalb legte er sie schließlich auf sich selbst. Da wurde auch er zu einem *Lingam.* Durch die Berührung der heiligen Füße erwachte er zur Erkenntnis des Selbst. Benommen stand er auf. Da fragte ihn der *Sadhu*: ›Kennst du jetzt die Wahrheit?‹ *Namdev* verneigte sich vor dem *Sadhu*, der Visobakesar, ein Schüler von Jnaneswar war, und bestätigte: ›Ja, ich habe sie verstanden.‹ Dann ging er nach Hause, setzte sich in sein Zimmer und tauchte in tiefe Meditation ein. Er ging nicht mehr zu Vittal.

Nach einigen Tagen kam Vittal zu ihm und fragte ihn: ›*Namdev*, warum kommst du nicht mehr zu mir?‹ *Namdev* entgegnete: ›Oh Herr, wo gibt es einen Ort, an dem du nicht gegenwärtig bist? Ich sehe dich ständig hier. Ich bin du und du bist ich. Deshalb komme ich nicht mehr zu dir.‹ ›Ich verstehe. Das ist gut so‹, erwiderte Vittal und verschwand.

Bhagavans Handschrift

26.8.1946

Rajagopala Iyer kam gegen Ende Juli in den Ashram zurück. Er half dabei, Schriften und Bücher zu ordnen und kümmerte sich um die Bibliothek. Als er in den Papieren stöberte, die dort seit langem herumlagen, fand er einen Zettel mit einem Tamilvers in Bhagavans Handschrift und der Übersetzung ins Telugu und gab ihn Bhagavan. Bhagavan konnte sich nicht erinnern, wer den Vers geschrieben hatte. Er rief mich herbei, zeigte ihn mir und fragte mich. Der Vers stammte von Narasimha Shetti und hatte die Einweihungszeremonie des Sundara Mandiram [Sri Ramanas Geburtshaus] in Tiruchuli zum Thema. Die Übersetzung ins Telugu stammte von mir selbst. Ich fragte ihn, ob ich davon eine Abschrift machen dürfe. Er war damit einverstanden.

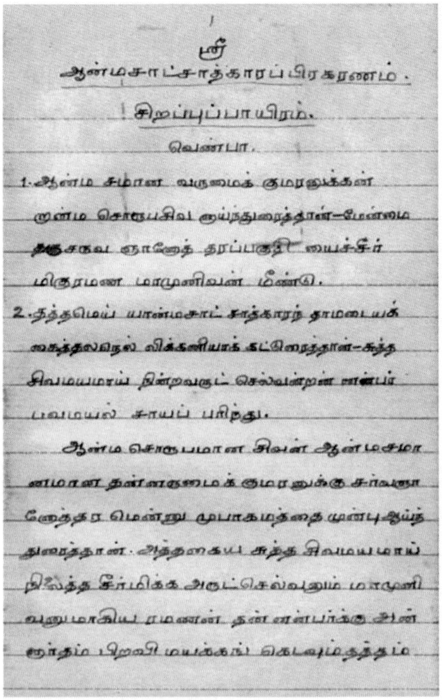
ஸ்ரீ
ஆன்மசாட்சாத்காரப் பிரகரணம்.
சிறப்புப்பாயிரம்.
வெண்பா.

Sri Ramanas Handschrift in Tamil

Nach dem abendlichen *Veda-Parayana* wollte ich mich auf den Heimweg machen, als er fragte: »Wo ist mein Zettel?« Er hatte Zweifel, ob ich ihn auch wirklich zurückgeben würde. Immer wenn ich seine schöne Handschrift mit den runden, perlenartigen Buchstaben sehe, möchte ich das Schriftstück behalten. Bhagavan spürte das.

Am selben Abend machte ich die Abschrift. Ich wollte sie Bhagavan zeigen, um sie dann ins Ashrambuch [das Buch mit der Sammlung von Gedichten] zu übertragen. Als ich am nächsten Morgen kam, fragte er mich erneut: »Wo ist der Zettel?«

»Ich habe ihn dabei, Swami. Ich habe den Vers abgeschrieben und möchte ihn ins Ashrambuch eintragen. Würdest du bitte überprüfen, ob es so richtig ist?«

Er sah ihn sich an und gab ihn mir zurück. Während er auf dem Berg spazieren war, nahm ich das Ashrambuch aus dem Regal. Er hatte das nicht gesehen, und als ich mit dem Zettel und meiner Tasche in der Hand gehen wollte, sagte er: »Gib mir den Zettel zurück, wenn du den Vers abgeschrieben hast. Es kann sein, dass ich ihn noch brauche.«

Ich fühlte mich erniedrigt, weil er es so oft wiederholte, konnte mich nicht mehr beherrschen und erwiderte: »Durch meine Schreibarbeiten sind so viele Schriftstücke durch meine Hände gegangen und ich habe kein einziges behalten. Ich habe sie alle zurückgegeben. Er (dabei deutete ich auf Rajagopala Iyer) ist mein Zeuge.«

Rajagopala Iyer bestätigte das. Doch ich konnte meine Gefühle immer noch nicht bändigen und fuhr fort: »Ich möchte ihn überhaupt nicht. Ich gebe ihn sofort zurück.«

Meine Stimme brach und mir kamen die Tränen. Ich machte die Abschrift in das Ashrambuch und gab es Bhagavan. Das Original gab ich Rajagopala Iyer. Bhagavan sagte mitleidsvoll und mit sanfter Stimme: »Behalte ihn, wenn du magst.«

Doch ich habe auch meinen Stolz. »Wozu?«, erwiderte ich bebend. »Die Schrift wird mit der Zeit unleserlich und das Papier zerreißt.«

In sanftem Ton fragte er: »Hast du deine tamilische Version?«

Ich bejahte.

Vor einigen Jahren wetteiferten die Leute jedes Mal um das Original, wenn Bhagavan einen Vers gedichtet hatte. Einige nutzten die Chance, etwas von ihm Geschriebenes zu ergattern, versteckten es und weigerten sich, es zurückzugeben.

Da ich das beobachtete hatte und meinen eigenen Wunsch niederhalten wollte, schrieb ich einen Vers in Telugu. Er lautet: »Du bist immer in Gestalt des unzerstörbaren Seins im Innersten meines Herzen gegenwärtig. Ist es da recht, dich um etwas Handschriftliches zu bitten, unfähig, die Wirklichkeit zu erkennen, weil sie vom Schleier der Wünsche verhüllt ist?«

›Die Quintessenz der spirituellen Unterweisung‹ und ›Die Vierzig Verse‹

Anm. der Übers.: ›Die Quintessenz der spirituellen Unterweisung‹ (Upadesa Saram) sowie ›Die Vierzig Verse‹ (Ulladu Narpadu) mit dem späteren Anhang von weiteren vierzig Versen sind zwei der bedeutendsten Werke Sri Ramana Maharshis. Übersetzung in deutscher Sprache s. Literaturverzeichnis.

27.8.1946

Ein Devotee sagte zu Bhagavan: »Bhagavan hat Upadesa Saram nur geschrieben, weil Muruganar die Geschichte von *Shiva* und den Asketen im Pinienwald verfasst hat, nicht wahr?«

Bhagavan bejahte. »Er griff dafür das Volkslied ›Undeepara‹ auf und schrieb 70 Strophen, die auch die Geschichte der Asketen vom Pinienwald beinhalten. Er bat mich, die restlichen 30 Strophen zu schreiben, die der Lehre *Shivas* gewidmet sein sollten. Ich sagte: ›Du hast schon alles gemacht. Was kann ich dem noch hinzufügen? Du solltest sie selber schreiben.‹ Aber er machte sich nicht daran und bestand darauf, dass ich sie schrieb. Da blieb mir nichts anderes übrig.

Als ich die 30 Strophen geschrieben hatte, nannten wir sie ›Upadesa Undiyar‹ (Die Quintessenz der spirituellen Unterweisung). Da sagte Yogi Ramiah, er verstünde kein Tamil, und nötigte mich, sie ins Telugu zu übertragen. Dann meinte Nayana [Ganapati Muni]: ›Was ist mit Sanskrit?‹ Also übersetzte ich sie auch ins Sanskrit [Upadesa Saram]. Schließlich kamen Kunjuswami, Ramakrishna und andere und baten mich, sie ins Malayalam zu übertragen. So tat ich das auch noch.«

Ich fragte: »Demnach ist das Original in Tamil, dann folgt Telugu, dann Sanskrit und schließlich Malayalam?«

Bhagavan bejahte.

Ich fragte weiter: »Nayana schrieb einen Kommentar zu Upadesa Saram, nicht wahr?«

»Ja«, antwortete Bhagavan. »Er lebte damals in der Mangobaum-Höhle. Ich ließ ihm die Sanskritverse zukommen. Er sagte zu den Anwesenden: ›Könnte einer von uns nur einen einzigen solchen Vers schreiben?‹ Er verfasste den Kommentar an einem Tag. Upadesa Saram wurde 1928 veröffentlicht.

Ich: »Wie ist Ulladu Narpadu [Die ›Vierzig Verse‹] entstanden?«

Bhagavan: »Auch sie habe ich auf die drängende Bitte Muruganars hin in Tamil geschrieben. Yogi Ramiah war gerade auch da. Er bat mich, wenigstens den Sinn der Verse ins Telugu zu übertragen, und so ist es in Prosa entstanden. Dann meinte Madhava: ›Was ist mit Malayalam?‹ Ich willigte ein und übertrug sie in Versform ins Malayalam und dann noch ins Telugu. Du kannst davon eine Abschrift machen, wenn du magst.«

Ich: »Warum hat Bhagavan sie nicht auch ins Sanskrit übertragen?«

Bhagavan: »Nayana [Ganapati Muni], Lakshmana Sarma und andere waren zu der Zeit hier. Ich überließ es ihnen. Warum sollte ich mich darum kümmern?«

Ich: »Hat Nayana Ulladu Narpadu in Sanskrit übertragen?«

Bhagavan: »Nein. Als die Verse entstanden sind, haben Muruganar und ich sie in eine sinnvolle Reihenfolge gebracht. Nayana hat uns beraten, aber nicht die Sanskritverse geschrieben. Anschließend ging er nach Sirsi. Viswanathan und Kapali blieben eine Zeit lang bei ihm. Lakshmana Sarma schrieb die Sanskritverse zu Ulladu Narpadu. Sie wurden zur Korrektur an Nayana geschickt. Nayana sagte, er könne sie auch selbst schreiben, anstatt sie zu korrigieren, und schickte sie unbearbeitet zurück. Daraufhin übersetzte er Ulladu Narpadu mit Viswanathans und Kapalis Hilfe ins Sanskrit und sandte sie her. Die Version von Lakshmana Sarma blieb wie sie war, während die von Nayana unter dem Titel ›Sad Darshanam‹ veröffentlicht wurde.[50] Die Dinge geschehen wie sie geschehen sollen. Was können wir daran ändern? Zu dieser Sanskritübersetzung schrieb Kapali dann seinen Kommentar in Englisch und in Sanskrit und Viswanathan übersetzte ihn ins Tamil.«

Ich: »Wie ist der Anhang zu den ›Vierzig Versen‹ entstanden?«

Bhagavan: »Ich habe ihn aus keinem besonderen Grund geschrieben. Wann immer jemand einen Vers wollte, habe ich einen geschrieben. Die Verse wurden zu diesem Anhang zusammengefügt. Bei der ersten Veröffentlichung bestand er nur aus dreißig Versen. Später wurden vierzig daraus. Auch sie entstanden zunächst nur in Tamil. Später übertrug ich sie ins Telugu und Malayalam. Einige der Verse stammen von berühmten Män-

[50] 1940 wurde auch die Version von Lakshama Sarma in englischer Übersetzung unter dem Titel ›Revelation‹ veröffentlicht.

nern früherer Zeiten und einige von Lakshmana Sarma, der sie nach meiner Prosa verfasst hat.«

Ich: »Stammen nicht auch einige Verse von Bhagavan selbst?«

Bhagavan: »Lediglich zwei oder drei«

Ich: »Bhagavan hat auch einige der Teluguverse geschrieben.«

Bhagavan: »Ja, einige. Wenn es dich interessiert, kannst du dir das Manuskript ansehen. Dann kannst du es genau verfolgen.«

Das Ich ist der Geist

28.8.1946

Heute früh fragte ein Herr aus Andhra Pradesh Bhagavan: »Du sagst, dass es wichtig ist zu erkunden und herauszufinden, wer man ist, aber wie soll man das herausfinden? Sollen wir *Japa* üben und immerfort wiederholen: ›Wer bin ich? Wer bin ich?‹ oder sollen wir ständig ›Nicht dies, nicht das‹ (Neti, Neti)[51] wiederholen? Swami, ich möchte die genaue Methode wissen.«

Nach einer Weile erwiderte Bhagavan: »Was gibt es da herauszufinden? Wer soll etwas herausfinden? Es muss einen Jemand geben, damit er etwas herausfinden kann. Wer ist dieser Jemand? Woher kommt dieser Jemand? Das ist es, was man zuerst herausfinden muss.«

Der Besucher fragte weiter: »Braucht man nicht irgendeine spirituelle Übung (*Sadhana*), um herauszufinden, wer man selbst ist? Welches *Sadhana* eignet sich dafür?«

Bhagavan antwortete: »Ja, das ist es, was man herausfinden sollte. Wenn du fragst, wohin du dich wenden sollst, lautet die Antwort: ›Wende dich nach innen.‹ Welche Gestalt hat dieses Ich, wie ist es entstanden und wo? Das ist es, was du verstehen und erkunden sollst.«

Frager: »Die Alten sagen, dass das Ich im Herzen geboren wurde. Wie können wir das verstehen?«

---

[51] Die ständige Wiederholung: »Ich bin nicht dies, ich bin nicht das« (i.e. ich bin nicht der Körper, der Geist etc.) ist eine gängige spirituelle Praxis der Negation.

Bhagavan: »Wir müssen das Herz selbst erkennen. Wenn du das tun willst, muss der Geist völlig untertauchen. Es bringt nichts, *Japa* mit den Worten: ›Wer bin ich? Wer bin ich?‹ zu üben oder ›Neti, Neti‹ zu wiederholen.«

Als der Besucher sagte, dass er das nicht fertigbrächte, meinte Bhagavan: »Ja, so ist das. Das ist die Schwierigkeit. Wir existieren immer und überall. Wir selbst sind es, die diesen Körper und alle anderen Dinge um uns versammeln. Das ist nicht schwierig. Die wirkliche Schwierigkeit besteht darin, sie zurückzuweisen. Wir finden es schwierig zu unterscheiden, was uns innewohnt und was uns fremd ist. Was für eine Tragik!«

Vor einiger Zeit hatte ein junger Bengale ähnliche Fragen gestellt und Bhagavan hatte ihm alles ganz ausführlich erklärt. Der junge Mann war immer noch nicht überzeugt und fragte: »Du sagst, dass das Selbst immer und überall da ist. Wo genau ist dieses Ich?«

Bhagavan erwiderte mit einem Lächeln: »Wenn ich dir sage, dass du immer und überall da bist und du fragst: ›Wo ist dieses Ich?‹, ist es etwa so, als würdest du fragen: ›Wo ist Tiruvannamalai?‹, während du in Tiruvannamalai bist. Wo könntest du suchen, wenn du überall bist? Der Irrtum besteht darin, dass du glaubst, du seist der Körper. Wenn du dich davon befreist, ist das, was übrig bleibt, dein Selbst. Etwas, das du nicht bei dir hast, müsstest du suchen, aber worin besteht die Notwendigkeit, nach etwas zu suchen, das immer bei dir ist? Alle spirituellen Übungen (*Sadhanas*) sind nur dazu da, den Irrtum, dass man der Körper sei, loszuwerden. Das Wissen, dass ›ich bin‹, ist immer da, nenne es *Atman* oder *Paramatman* oder wie immer du willst. Man sollte die Vorstellung loswerden, der Körper zu sein. Es ist nicht nötig, nach diesem Ich zu suchen, das man selbst ist. Das Selbst durchdringt alles.«

Um das zu verdeutlichen, zitiere ich Vers 16 von Bhagavans Ulladu Narpadu: »Wo ist Raum und Zeit ohne das Selbst? Wenn wir der Körper sind, sind wir durch Raum und Zeit gebunden. Doch sind wir der Körper? Wir sind ein- und dasselbe, jetzt, damals und immer, hier, dort und überall. Wir existieren ohne Raum und Zeit.«

Das Goldene Jubiläum am 1. September 1946

8./9.9.1946

Der Ashram-Verwalter war etwa zwanzig Tage vor dem Fest aus Madras zurückgekehrt, wo Devotees zusammengekommen waren, um die Feierlichkeiten zu planen. Sobald er zurück war, fingen die Vorbereitungen so richtig an. Es wurde eine große, überdachte Plattform (Pandal)[52] auf der dem Berg zugewandten Seite der Halle angebaut. Im vergangenen Monat hatte sich Krishnaswami schwach gefühlt. Doch sobald die Arbeit an dem Pandal aufgenommen wurde, war er voller Elan. Er stieg die Leiter hinauf und steckte die Palmzweige des Dachs zusammen. Danach musste der Boden zementiert werden. Krishnaswami entwickelte die Kraft eines Hünen, wässerte den Boden und stampfte ihn fest.

Alle, die am Festtag sprechen sollten, kamen bereits am Vorabend mit dem Bus an. Als wir um 5 Uhr in der Frühe zum Ashram kamen, wurde bereits das ›Na Karmana‹ rezitiert. Man hatte den Tagesablauf um eine Stunde vorverlegt. Wir machten uns Vorwürfe, da wir uns um nichts gekümmert hatten, doch als wir ins Pandal kamen, waren wir überrascht, dass es schon wundervoll dekoriert war.

[52] die Jubiläumshalle

Bhagavan war um 6.30 Uhr mit dem Bad und dem Frühstück fertig und machte seinen Spaziergang. Als er zurückkehrte, hatte Krishnaswami das steinerne Sofa mit einem handgewebten Tuch bedeckt, auf dem das Spinnrad und die Nationalflagge abgebildet waren. Es sah in seiner Einfachheit sehr gut aus und war auch deshalb ansprechend, weil die Flagge ein Symbol unserer nationalen Ehre ist.

Um 7 Uhr saß Bhagavan mit einem strahlenden Lächeln in seinem üblichen Lendentuch auf dem Sofa, um seine Devotees zu segnen. Sein gnadenvoller Blick machte alle glücklich. Es war ein großes Privileg, ihn an diesem Tag zu sehen.

Um 7.15 Uhr begann das morgendliche Programm. Uma und andere verheiratete Frauen sangen *Bhajans* und brachten ein Gefäß mit Milch, das sie vor Bhagavan hinstellten. Danach trugen Devotees Essays, Lieder und Gedichte vor, die sie in Sanskrit, Tamil, Telugu, Kannada, Englisch und Urdu geschrieben hatten. Von 8.30 bis 9.30 Uhr gab Budalur Krishnamurti Sastri ein Konzert. Nach einer Pause folgten *Puja* und *Arati* im Tempel der Mutter. Um 11 Uhr brachten die Ashrambewohner *Prasadam* vom Arunachala-Tempel und anschließend war Mittagspause.

Sobald Bhagavan gegessen hatte, saß er wieder auf seinem Sofa. Da viele Menschen von weither zum *Darshan* gekommen waren und er sie nicht enttäuscht wegschicken wollte, gab er *Darshan*, ohne seine übliche Mittagspause einzuhalten, da ansonsten die Zeit zu knapp gewesen wäre.

Ab 2 Uhr versammelten sich die Menschen erneut. Die freiwilligen Helfer schafften Platz für alle. Die Festschrift wurde überreicht. Anschließend rezitierten Brahmanen die *Veden*. Dann folgten die Eröffnungsreden und Vorträge.

Sri C.S. Kuppuswami Iyer, ein Richter des Madraser Obersten Gerichtshofs, hielt die Eröffnungsrede in Englisch. Danach wurde von T.K. Doraiswami Iyer ein Text von S. Radhakrishnan vorgelesen, der gerade noch rechtzeitig mit der Post gekommen war. Anschließend hielten Swami Rajeswarananda und T.M.P. Mahadevan eine englische Ansprache, der Richter Chandrasekhara Iyer hielt eine Rede in Telugu, M.S. Chellam und Omandur Ramanswami Reddiar sprachen in Tamil, K.K. Iravatham Iyer sprach in Malayalam und R.S. Venkatarama Sastri hielt einen Vortrag in Sanskrit. Danach trug Kunjuswami einige Lieder vor. Um 4.45 Uhr hielt der Vorsitzende die Schlussrede. Vertreter des indischen Fremdenverkehrsamtes fotografierten.

Dann wurde eine viertelstündige Pause eingelegt. Um 5 Uhr hielt Annamalai Pillar als Vertreter der Bevölkerung Tiruvannamalais eine Dankesrede, dann folgte eine Musikdarbietung von Musiri Subrahmania Iyer, dann *Veda Parayana*. Um etwa 6 Uhr war der Elefantenführer mit dem reich geschmückten Tempelelefanten gekommen und brachte ihn dazu, vor Bhagavan in die Knie zu gehen.

Du magst fragen, welche Botschaft Bhagavan all diesen Leuten übermittelt hat. Er war in sein eigenes Selbst versunken und hörte und sah doch alles. Die Gnade und die Freundlichkeit seiner Augen dringen in die Herzen aller Lebewesen und geben ihnen die Seligkeit des Friedens.

Das Kartikai-Fest

13.12.1946

Am Abend des 10. Tages des *Kartikai*-Festes wird die heilige Flamme auf dem Gipfel des Arunachala entzündet (*Deepam*). In diesem Jahr fiel *Deepam* auf den 7. Dezember. Während des Festes ist die Stadt voller Pilger. Sie kommen auch zu Bhagavan, weshalb er sein *Darshan* in der offenen Halle vor dem Tempel der Mutter gibt. In diesem Jahr meinten die Devotees, es wäre besser, wenn er in der Jubiläumshalle sitzen würde, und errichteten einen Regenschutz um sie herum.

Am dritten Tag des Festes nahm Bhagavan seinen Platz dort ein, einen oder zwei Tage früher als sonst. Es regnete stark. Die meisten Besucher waren arme Leute, Alte, Schwache und Frauen mit ihren Babys auf den Armen.

An *Deepam* brachen die Leute bereits um 2 Uhr nachts zum *Giripradakshina* (Umrundung des Arunachala) auf und kamen mit durchnässten Kleidern in den Ashram, da es die ganze Nacht stark regnete. Als ich draußen die Stimmen der nahenden Menge hörte, stand ich auf und machte mich rasch fertig, um nicht zu spät zu kommen. Das Wasser strömte in gurgelnden Bächen den Berg hinunter und schwamm auf der Straße. Es war 4.30 Uhr, als ich in den Ashram kam. Bhagavan saß auf seinem Sofa in dem Unterstand und hatte nicht einmal eine Decke umgelegt. Sein lächelndes Gesicht strahlte alle Anwesenden voller Güte und Glückseligkeit an. Der süße Duft der Räucherstäbchen erfüllte alles.

Als ich mich vor ihm verneigt hatte, sagte er: »Die Rezitation der *Veden* ist schon vorüber.«

Ich schämte mich, weil ich zu spät dran war und fragte: »Warst du die ganze Nacht hier?«

Er erwiderte: »Die Leute kommen normalerweise ab 2 Uhr. Seitdem bin ich hier. Aber heute sind sie noch nicht gekommen, weil es regnet.«

Ein Devotee sagte zu mir: »Du musst Buße tun, weil du zu spät dran bist« und alle lachten.

Die Gestalt des Selbst

19.12.1946

Vorgestern kam ein Herr aus Andhra Pradesh und überreichte Bhagavan einen Brief mit folgender Frage: »Manche sagen, dass der *Jnani* in der Gestalt des *Atman* ist, wenn er schläft. Was ist deine Ansicht?«

Bhagavan erwiderte: »Wir wollen zuerst lernen, im Zustand des Selbst zu sein, wenn wir wachen. Es ist dann noch Zeit genug darüber nachzudenken, was im Schlafzustand geschieht. Ist man nicht im Wach- und Schlafzustand derselbe? Sag, bist du jetzt in der Gestalt von *Atman* bzw. *Brahman*?«

Besucher: »Swami, die Frage bezieht sich nicht auf mich, sondern auf den *Jnani*.«

Bhagavan: »Ach, tatsächlich! Aber solltest du nicht zuerst über dich Bescheid wissen? Die *Jnanis* können sich um sich selbst kümmern. Wir wissen nichts von uns selbst, aber wir wollen über die *Jnanis* Bescheid wissen. Welchen Unterschied macht es für uns, ob sie in der Gestalt von *Atman* bzw. *Brahman* sind? Wenn wir über uns Bescheid wissen, stellt sich die Frage nach den *Jnanis* nicht.«

Besucher: »Swami, es ist nicht meine eigene Frage, sondern die eines Freundes.«

Bhagavan: »Ach, ein Freund hat die Frage gestellt. Was sollen wir ihm antworten? Wenn wir von einer Gestalt sprechen, ist damit Dualität beinhaltet. Aber das, was IST, ist nur eines. Es stellt sich dann die Frage: ›Wie kann es ohne die Bewusstheit des Höchsten Seins irgendeine Bewegung von der Vergangenheit zur Gegenwart und Zukunft geben?‹ Deshalb müssen wir es irgendwie benennen, wie etwa Gestalt der Unbegrenztheit, Gestalt *Atmans* oder *Brahmans*, so wie wir sagen, dass der Fluss letztendlich die Gestalt des Meeres hat. Alle Flüsse münden ins Meer, lösen sich in ihm auf, verlieren ihre Gestalt und werden eins mit ihm. Doch was bedeutet es, wenn man sagt, dass der Fluss die Gestalt des Meeres hat? Hat das Meer irgendeine Gestalt wie etwa Tiefe und Breite? Auf dieselbe Weise sagt man, dass der *Jnani* die Gestalt der Unendlichkeit oder des *Atman* hat, aber in Wirklichkeit bedeutet alles dasselbe. Das sind nur Antworten, die man auf entsprechende Fragen gibt, aber für den *Jnani* ist das alles dasselbe.«

Jemand anderer fragte: »Haben alle, die *Brahman* erkennen, einen reinen Geist?«

Bhagavan: »Ja, im allgemeinen Sprachgebrauch kann man das so sagen. Aber in Wirklichkeit gibt es für sie kein solches Ding wie den Geist. Die *Vasanas* machen den Geist aus. Wenn keine *Vasanas* da sind, ist auch kein Geist da. Das, was ist, ist Sein. Sein ist *Brahman*. Es erstrahlt aus sich selbst, es ist *Atman*, es ist das Selbst. Die Menschen, die durch die Selbstergründung die Wahrheit verstanden haben und fest im Wissen des Selbst verankert bleiben, sind weise. Man sagt, dass sie ihre täglichen Handlungen in der Gestalt des Unbegrenzten oder des Selbst tun.«

Andavane

20.12.1946

Heute brachte ein Telegramm die Nachricht, dass Ramanatha Brahmachari alias Andavane vergangene Nacht in Madras gestorben ist. Ramanatha hatte sich in sehr jungen Jahren der Gruppe von Bhagavans Schülern angeschlossen, als Bhagavan noch in der Virupaksha-Höhle lebte. Er hat ihn nie mehr verlassen und blieb lebenslang ein *Brahmachari*. Der treue Devotee war nach Madras gegangen, um sich dort ärztlich behandeln zu lassen. Zwei Wochen später starb er.

Andavane ist der erste von links

Am Nachmittag sangen zwei Frauen ein Tamillied. Bhagavan sagte ergriffen zu mir: »Dieses Lied hat Ramanatha geschrieben. Es gibt von ihm noch ein anderes Lied. Dazu gibt es eine interessante Geschichte.

Als ich in der Virupaksha-Höhle lebte, gingen wir alle in einer Vollmondnacht um den Berg herum (*Giripradakshina*). Subramanya Iyer aus Chidambaram war auch dabei. Der Mond schien hell und alle waren in bester Stimmung. Es wurde beschlossen, dass unterwegs jeder einen Vortrag zu verschiedenen Themen halten sollte. Subramanya Iyer sollte den Vorsitz führen.

Ramanatha hielt den ersten Vortrag. Sein Thema war: Die Gemeinsamkeit des höchsten Selbst, das im menschlichen Herzen wohnt, des Herrn *Nataraja* in Chidambaram und Sri Ramanas in der Virupaksha-Höhle. Der Vorsitzende bewilligte ihm eine halbe Stunde. Er fand kein Ende, all die Gemeinsamkeiten auszuführen. Als der Vorsitzende sagte, dass die Zeit um sei, bat Ramanatha um eine weitere halbe Stunde. Er sprach volle drei Stunden lang, indem er sich immer wieder mehr Zeit ausbat, bis der Vorsitzende ihm endgültig einen Riegel vorschob. Du hättest seinen Enthusiasmus sehen sollen.

Er fasste die Punkte des Vortrags in einem Lied mit vier Strophen zusammen. Da das Wort ›Andavane‹ mehrmals in dem Lied vorkommt[53], erhielt Ramanatha den Spitznamen ›Andavane‹.«

Das Lied lautet: »Ich sah den Herrn von Tiruchuli[54], konnte nicht mehr umkehren und blieb wie angewurzelt stehen. Er ist der Herr, der in Chidambaram tanzt, die Hilflosen schützt und barmherzig ist. Er manifestiert sich als der Gott, der in der Virupaksha-Höhle auf dem Berg im heiligen Tiruvannamalai lebt.«

Omkar und Akshara

24.1.1947

Als ich auf dem Heimweg war, hörte ich zwei jung Männer miteinander diskutieren. Der eine sagte: »Ich habe Ramana Maharshi frei heraus gefragt, was übrig bleibt, wenn man *Omkar*[55] überquert hat. Er konnte mir nicht antworten, schloss die Augen und schlief.« Obwohl es mich ärgerte, dass sie über meinen Guru so abfällig redeten, war ich doch auch amüsiert.

Die beiden jungen Männer waren am nächsten Tag wieder in der Halle. Da fragte jemand anderer Bhagavan: »Swami, A, U und M bilden OM. Was bedeuten diese drei Buchstaben? Welche Gestalt hat *Omkar*?«

Bhagavan erwiderte: »*Omkar* ist *Brahman. Brahman* ist das namen- und formlose reine SEIN (Sat) und wird *Omkar* genannt. AUM oder *Sat-Chit-Ananda* (Sein-Bewusstsein-Seligkeit), beides bedeutet *Brahman. Omkar* ist jenseits der Sprache und des Geistes. Man kann es nur erfahren, nicht aber mit Worten beschreiben. Man kann nicht sagen, von welcher Gestalt es ist.«

Das war auch die Antwort für die beiden jungen Männer.

---

[53] Ramanatha betitelt Ramana in diesem Lied mehrfach als ›Andavane‹ (Gott).

[54] Tiruchuli ist der Geburtsort Ramanas.

[55] *Omkar* = die heilige Silbe OM; zu *Omkar* s .a. Briefe vom 22.1.1946 und vom 23.4.1946

Bhagavan wurde öfter ähnliche Fragen gestellt, wie etwa: »Was ist die Gestalt von *Akshara*[56] [das Unvergängliche, OM]? Wie sieht es aus? Wie können wir es erkennen?«

Bhagavan antwortete auf derlei Fragen: »Die Gita sagt, dass das Höchste und das Beständige die Gestalt von *Akshara* ist. Das Selbst ist *Akshara*. Das, was unzerstörbar ist, ist *Akshara*. Wie können wir es erkennen? Diese Frage würde sich nur dann stellen, wenn *Akshara* etwas anderes als das Selbst wäre. Aber beides ist dasselbe. Das, was ist, ist nur eines. Es ist SEIN (Sat). Dieses SEIN ist das SELBST. Es gibt nichts anderes als das Selbst. Deshalb kann man nichts Besseres tun als zu erforschen und zu erkennen, wer das Selbst ist, und in ihm zu verbleiben.«

Anekdoten über das Leben in der Virupaksha-Höhle

25.1.1947

Neulich kam Vasudeva Sastri. Er hatte sich um die täglichen Arbeiten gekümmert, als Bhagavan in der Virupaksha-Höhle lebte. Bhagavan erzählte uns, dass er es war, der den Brauch der jährlichen Geburtstagsfeierlichkeiten eingeführt hat.

Ein Devotee fragte: »War er es auch, der sich vor einem Tiger versteckte?«

Bhagavan bejahte. »Eines Abends saßen wir alle auf der vorderen Veranda beisammen. Da tauchte im Tal unter uns ein Tiger auf. Wir stellten eine Laterne auf, um den Tiger abzuhalten. Sastri hatte große Angst. Er verkroch sich in der Höhle und bat uns, es ihm gleich zu tun, doch wir blieben. Er verriegelte die eisenbeschlagene Tür und versuchte, dem Tiger Angst einzujagen. Wie ein großer Krieger drohte er ihm: ›Wenn du näher kommst, dann nimm dich bloß in Acht vor mir! Was glaubst du wohl! Bhagavan ist hier! Also pass bloß auf!‹ Der Tiger lungerte noch eine Weile herum und ging dann seiner Wege. Schließlich wagte sich Sastri wieder heraus – ein wahrhaft tapferer Held!«

[56] s. a. Brief vom 18.8.1946

Sastri nahm den Gesprächsfaden auf und erzählte: »Das geschah noch einmal. Eines Tages saßen Swami und ich auf einem Felsen vor der Höhle. Im Tal unterhalb spielten ein Tiger und ein Leopard miteinander. Bhagavan beobachtete lächelnd den freundschaftlichen Umgang der beiden Tiere. Ich fürchtete mich sehr und bat ihn, in die Höhle zu kommen. Aber er war unnachgiebig und blieb bewegungslos sitzen. Ich suchte in der Höhle Schutz. Die beiden Tiere spielten eine Weile miteinander, sahen Swami an, wie es Haustiere tun, und gingen schließlich ihrer Wege, der eine den Berg hinauf, der andere den Berg hinunter. Als ich aus der Höhle kam und fragte: ›Swami, hattest du keine Angst, als die beiden Tiere so nahe bei dir spielten‹, erwiderte er mit einem Lächeln: ›Wovor sollte ich mich fürchten? Als ich sie sah, wusste ich, dass sie nach einer Weile gehen würden, der eine den Berg hinauf, der andere den Berg hinunter. Und so war es auch. Wenn wir uns fürchten und sagen: ›Oh, ein Tiger!‹, bekommen sie auch Angst und sagen: ›Oh, ein Mensch!‹ und werden uns töten. Wenn wir keine Angst haben, werden auch sie sich nicht fürchten und friedvoll sein.‹ Trotzdem habe ich immer noch Angst vor Tigern.«

Ramana erzählte weiter: »Es war auch Sastri, der mich umarmte und weinte, als mein Herz zu schlagen aufhörte.[57] Eines Tages ging ich mit Vasu und anderen zum Wasserspeicher am Pachiamman-Schrein. Wir badeten dort und nahmen für den Heimweg eine Abkürzung. Als wir den Schildkröten-Felsen erreichten, fühlte ich mich müde und schwindelig. Plötzlich verschwamm die Umgebung vor meinen Augen und wurde wie von einem weißen Leintuch zugedeckt. Ich blieb stehen, um nicht hinzufallen. Als das Weiße vor meinen Augen wieder verschwunden war, ging ich weiter. Dann wurde es mir erneut schwindelig und schwarz vor den Augen. Ich lehnte mich gegen den Felsen, bis es vorbei war. Dasselbe geschah ein drittes Mal und ich musste mich auf den Boden setzen. Alles um mich herum war weiß wie ein Tuch. Mir drehte sich alles. Der Kreislauf brach zusammen, der Atem hörte auf und mein Körper wurde blau wie der einer Leiche. Vasu dachte, ich sei gestorben und begann zu weinen und mich zu umarmen und beklagte meinen Tod. Ich konnte alles genau fühlen und hören. Ich bemerkte auch, wie meine Hände und Füße kalt wurden, der Atem stoppte und mein Herz zu schlagen aufhörte, aber ich fürchtete mich nicht.

[57] Ramana erzählt hier von seiner zweiten Todeserfahrung am Schildkröten-Felsen 1912.

Der Fluss meines Selbst (*Aham Sphurana*) war wie immer, und um den Zustand meines Körpers sorgte ich mich nicht. Ich hatte die Augen geschlossen und saß mit gekreuzten Beinen im Lotussitz. Ich lehnte mich nicht an den Felsen hinter mich. Das Blut hörte zu fließen auf, aber meine Sitzposition blieb unverändert erhalten. Das alles dauerte etwa 10 oder 15 Minuten. Plötzlich wurde mein Körper von Energie durchströmt. Das Blut fing wieder zu fließen an und der Atem setzte ein. Schweiß drang mir aus allen Poren und meine Haut bekam wieder die normale Farbe. Ich öffnete die Augen, stand auf und sagte: ›Kommt, wir wollen weitergehen.‹ Wir erreichten die Virupaksha-Höhle ohne weiteren Zwischenfall. Es war das einzige Mal, dass mein Herz und Atem gleichzeitig aufgehört hatten. Ich hatte gelegentlich solche Anfälle, aber diesmal war es sehr ernst.«

Sastri ergänzte: »Während die anderen abseits standen und weinten, umarmte ich ihn plötzlich. Ich war damals noch sehr jung und hatte die Freiheit, dies zu tun. Niemand berührte für gewöhnlich den Swami. Er war für etwa zehn Minuten in diesem Zustand und kam dann wieder zu Bewusstsein. Ich sprang vor Freude umher. Bhagavan tröstete uns mit den Worten: ›Warum weint ihr? Dachtet ihr, ich sei gestorben? Werde ich es euch nicht vorher sagen, wenn ich sterbe?‹«

Natur

28.1.1947

Heute Nachmittag fragte ein Engländer Bhagavan etwas in Englisch, wobei das Wort ›Natur‹ öfter vorkam. Bhagavan erwiderte: »Diese Fragen würden nicht auftauchen, wenn man seine eigene Natur kennen würde. Sie werden sich jedoch weiterhin einstellen, bis man sie erkannt hat. Bis dahin stehen wir unter der Täuschung, dass all diese unnatürlichen Dinge natürlich sind. Wir müssen begreifen, dass der wahre Zustand immer und überall da ist. Wir verwerfen das, was da ist, und wollen etwas, das nicht da ist, und leiden deshalb. Alles, was kommt und geht, ist unwirklich. Die Seele (*Atman*) bleibt immer an ihrem natürlichen Ort. Solange wir diese Wahrheit nicht erkennen, leiden wir.«

Frage: »Wo können wir diese Seele finden? Wie können wir sie erkennen?«

Bhagavan: »Diese Frage ist als ob jemand, der im Ramanashram wohnt, fragt, wo Ramanashram ist. Die Seele ist immer und überall in dir. Wenn man glaubt, sie sei irgendwo weit entfernt und sie sucht, ist das wie mit dem Panduranga *Bhajan*. Dieses nächtliche *Bhajan* beginnt damit, dass die Verehrer sich Schellen um ihre Fußgelenke binden und einen Lampenständer aus Messing in der Mitte ihres Hauses aufstellen. Sie tanzen um den Lampenständer zur Melodie: ›Pandharpur[58] ist so weit weg! Pandharpur ist so weit weg! Lasst uns weitergehen!‹ Aber obwohl sie immer den Lampenständer umrunden, kommen sie doch keinen Schritt vorwärts. In den frühen Morgenstunden singen sie: ›Seht, da ist Pandharpur! Da ist Pandharpur, seht nur!‹ Doch wie zu Beginn gehen sie immer noch um denselben Lampenständer herum. Wenn es dämmert, singen sie: ›Jetzt sind wir in Pandharpur angekommen!‹, verneigen sich vor dem Lampenständer und beenden das *Bhajan*.

Hiermit ist es dasselbe. Wir gehen ständig umher, auf der Suche nach *Atman* und fragen: ›Wo ist *Atman*? Wo ist es?‹, bis uns schließlich die Erkenntnis dämmert und wir sagen: ›Das ist *Atman*. Ich bin es selbst.‹ Wir sollten zu dieser Sichtweise kommen. Wenn wir sie einmal haben, gibt es keine Anhaftungen mehr, selbst wenn der *Jnani* Umgang mit der Welt pflegt. Wenn du dir Schuhe angezogen hast, spürst du die vielen Steine und Dornen auf dem Weg nicht mehr. Unbekümmert gehst du über Berge und Hügel. Für jene, die zu dieser Erkenntnis (*Jnana Drishti*) gekommen sind, ist alles natürlich. Was gibt es, was von unserem eigenen Selbst getrennt wäre?«

Der Besucher fragte: »Dieser natürliche Zustand kann erst dann erkannt werden, wenn die weltliche Sichtweise verebbt. Wie aber kann das geschehen?«

Bhagavan erwiderte: »Wenn sich der Geist legt, legt sich damit auch die ganze Welt. Der Geist ist die Ursache von allem. Wenn er sich legt, zeigt sich der natürliche Zustand ganz von selbst. Die Seele tut sich immer als ›Ich-Ich‹ kund. Sie erstrahlt aus sich selbst! Sie ist hier. Alles ist DAS. Wir sind immer darin. Wenn wir darin sind, warum sollten wir ES dann su-

---

[58] Pandharpur ist eine berühmte Pilgerstätte in Maharasthra.

chen? Die Alten sagen: ›Wenn man die Welt im Zustand von *Jnana* sieht, sieht man sie als *Brahman*.‹«

Wer ist Ramana?

29.1.1947

Bhagavan erinnerte sich: »Amritanatha besuchte mich gelegentlich, als ich auf dem Berg lebte. Eines Tages hatte er einen Vers in Malayalam geschrieben, in dem er die Frage stellte: ›Wer ist Ramana?‹ Dann ging er fort und ließ den Zettel da. Bis er zurückkam, dichtete ich als Antwort einen weiteren Vers in Malayalam. Ich schrieb ihn unter den seinen und legte den Zettel an seinen Platz zurück. Er schrieb mir gerne übernatürliche Kräfte zu und betitelte mich als Hari, Yati, Vararuchi oder Isa Guru[59]. Ich gab ihm in diesem Vers die Antwort.«

Amritanathas Frage lautete: »Wer ist dieser Ramana, der in der Höhle auf dem Arunachala wohnt und durch seine Barmherzigkeit bekannt ist? Ist er Vararuchi, Isa Guru, Hari oder Yatindra? Ich möchte gerne die übernatürlichen Kräfte dieses Gurus kennen.«

Bhagavans Antwort lautet: »Aruanchala Ramana ist das höchste Selbst (*Paratman*), das im Herzen aller Lebewesen, angefangen mit Hari, als Bewusstsein spielt. Er ist das höchste Sein. Du wirst es verstehen, wenn du das Auge der Erkenntnis öffnest und die Wahrheit begreifst.«

[59] Hari = *Vishnu*, Yativara = *Shiva*, Vararuchi = berühmter Dichter und Gelehrter, Isa Guru = höchster Herr

Das ›Tamil-Kind‹

Das ›Tamil-Kind‹ mit *Shiva* und *Parvati* von GE

30.1.1947

Gestern hat Bhagavan erwähnt, dass *Shankara* in seinem ›Soundarya Lahari‹ *Sambandar*[60] als das ›Tamil-Kind‹ (Dravida Sisuhu) bezeichnet. Vergangene Nacht nahm ich *Shankaras* Werk mit einem telugischen Kommentar zur Hand und sah mir den Vers an. Er lautet:

»O Tochter des Berges [i.e. *Parvati*], die Milch der Poesie, die aus deinem Herzen strömte, hat die Milch aus deiner Brust zum Fließen gebracht. Das Tamil-Kind trank diese Milch, die du ihm in deiner Gnade gabst, und wurde einer der größten Poeten.«

Der telugische Kommentar besagte allerdings, dass mit dem ›Tamil-Kind‹ *Shankara* gemeint sei.

[60] *Jnana Sambandar*: einer der 63 *Shiva*-Heiligen aus dem 7. Jh., der ein großer Tamil-Poet war.

Am nächsten Tag sagte ich das Bhagavan. Er erwiderte: »Das muss ein Fehler im telugischen Kommentar sein. Im tamilischen ›Soudarya Lahari‹ steht, dass damit *Sambandar* und nicht *Shankara* gemeint ist.«

Bhagavan ließ sich die tamilische Version bringen, las vor, wie *Sambandar* zu diesem Titel ›Dravida Sisuhu‹ gekommen ist und erzählte uns folgendes:

»*Sambandar* war das Kind einer orthodoxen Brahmanenfamilie in Sirkali. Seine Eltern nannten ihn Aludaya Pillayar. Als der Knabe drei Jahre alt war, nahm ihn sein Vater zum Baden im Wasserbecken des Tempels mit. Als er ins Wasser gestiegen war, konnte ihn das Kind nicht mehr sehen, blickte sich verängstigt um und fing zu weinen an. Es sah zum Tempelwagen hinüber und jammerte: ›Vater! Mutter!‹

Da erschienen *Parvati* und der Herr *Shiva* am Himmel. Sie saßen auf dem heiligen Bullen und gaben ihm ihren *Darshan*. *Shiva* wies *Parvati* an, ihm von der Milch ihrer Brust zu geben. Die Milch enthielt *Shivas* göttliche Weisheit. Der Junge trank und wurde all seinen Kummer los. Da verschwand das göttliche Paar wieder.

Sambandar saß von der Milch der Weisheit gesättigt und zufrieden am Wasserspeicher. Die Milch tropfte noch aus seinen Mundwinkeln, als sein Vater aus dem Wasser stieg. Er schwang einen Stock und fragte ärgerlich: ›Wer hat dir Milch gegeben? Wie kannst du Milch trinken, die Fremde dir anbieten? Sag mir sofort, wer es war, oder du bekommst Schläge!‹ Da antwortete *Sambandar* mit einem zehnstrophigen Lied in Tamil, das besagte, dass *Shiva* und *Parvati*, sein Vater und seine Mutter, ihm die Milch gegeben hatten.

Seit diesem Tag strömte die Poesie ununterbrochen aus ihm hervor. Darauf bezieht sich *Shankara*. Die Kommentatoren von *Shankaras* Werk machen klar, dass sich ›Dravida Sisuhu‹ nur auf *Sambandar* beziehen kann.«

Jnana Sambandar

1.2.1947

Ein Devotee fragte Bhagavan: »*Sambandar* hieß ursprünglich Aludaya Pillayar. Wann hat er den Namen *Jnana Sambandar* bekommen und warum?«

Bhagavan erwiderte: »Als er die Milch der Göttin getrunken hatte, empfing er *Jnana Sambandar* (den Kontakt mit *Jnana*) und erhielt diesen Namen. Es bedeutet, dass er ohne die übliche Beziehung von Lehrer und Schüler ein *Jnani* wurde. Die Leute der ganzen Nachbarschaft nannten ihn von diesem Tag an so.«

Ich fragte: »Im ›Sri Ramana Leela‹ steht, dass *Sambandar* von den Waldvölkern ausgeraubt wurde, als er nach Tiruvannamalai kam. Aber er war doch ein Mann der Weisheit. Welchen Besitz hatte er?«

Bhagavan: »Er folgte dem Pfad der Verehrung. Deshalb hatte er goldene Schellen, eine perlenbesetzte Sänfte und andere symbolträchtige Dinge, weil Gott es so verfügt hatte. Er hatte auch einen *Math* und alles, was dazugehört.»

Ich: »Wann hat er das alles bekommen?«

Da erzählte Bhagavan uns die Geschichte.

»Seit dem Tag, als er den Namen *Jnana Sambandar* erhalten hatte, also bereits in seiner Kindheit, sang er ununterbrochen heilige Lieder und ging auf Pilgerschaft. Als erstes besuchte er einen heiligen Ort namens Tirukolakka, ging in den dortigen Tempel, sang Preislieder und schlug mit seinen kleinen Händen den Takt dazu. Gott gefiel es und er gab ihm dafür zwei goldene Schellen. Seitdem hatte er immer die goldenen Schellen in der Hand. Anschließend besuchte er Chidambaram und andere heilige Orte und machte sich dann auf den Weg nach Maranpadi.

Damals gab es noch keinen Zug. Der Hauptgott in Maranpadi hatte Mitleid mit ihm und erschuf eine Sänfte aus Perlen, einen Perlenschirm und andere perlenverzierte Dinge, die einem *Sannyasin* dienen konnten. Da es Gottes Gaben waren, konnte *Sambandar* sie nicht zurückweisen. Von da an benutzte er die Sänfte.

Allmählich schlossen sich ihm Menschen an und ein *Math* wurde gegründet. Immer wenn er den Tempeltorturm des nächsten Heiligtums sah, stieg er aus der Sänfte und ging den Rest zu Fuß. Als er Tirukoilur erreichte, konnte er bereits den Gipfel des Arunachala sehen und wanderte von dort aus zu Fuß hierher.

Als er in einem *Mandapam* in Tirukoilur saß, erschien ihm der Herr *Arunachaleswara* in Gestalt eines Lichtes und dann in Gestalt eines alten Brahmanen.[61] *Sambandar* wusste nicht, wer der alte Brahmane war, der einen Korb mit Blumen trug und von dem er sich stark angezogen fühlte. Mit gefalteten Händen fragte er ihn: ›Woher kommst du?‹ ›Ich komme soeben vom Arunachala. Das Dorf, in dem ich wohne, liegt hier in der Nähe.‹ *Sambandar* fragte ihn erstaunt: ›Vom Arunachala? Seit wann bist du hier?‹ Der Brahmane antwortete gleichmütig: ›Ich komme jeden Morgen hierher, pflücke Blumen und winde für den Herrn Arunachala eine Girlande. Am Nachmittag kehre ich dann wieder zurück.‹ *Sambandar* war überrascht. ›Aber man hat mir gesagt, dass es bis zum Arunachala weit ist.‹ Der alte Brahmane erwiderte: ›Wer hat dir das gesagt? Du kannst Arunachala mit einem Schritt erreichen.‹ Als *Sambandar* das hörte, wollte er unbedingt zum Arunachala und fragte: ›Kann ich zu Fuß dorthin gehen?‹ ›Wenn ein betagter Mann wie ich täglich hin- und hergeht, kann es dann so ein junger Mann wie du nicht auch?‹ Da bat *Sambandar* inständig: ›Herr, bitte nimm mich mit!‹

Der Brahmane ging voraus und *Sambandar* folgte ihm mit seinen Begleitern. Doch plötzlich war der Brahmane verschwunden. Verwirrt sahen sie sich überall nach ihm um. Da wurden sie von Wilddieben umzingelt. Sie raubten die Sänfte, den Schirm, die goldenen Schellen, die Perlen und alles von Wert, den Proviant und sogar die Kleider, die sie trugen, und ließen sie in ihren Lendenschürzen zurück. Sie kannten den Weg nicht, es war sehr heiß, es gab keinen Unterschlupf und sie waren hungrig. Da betete *Sambandar* zu Gott: ›Oh Herr, warum prüfst du mich? Mich kümmert es nicht, was aus mir wird, aber warum sollen jene, die mir nachfolgen, diese harte Prüfung erdulden?‹ Gott hörte sein Gebet, erschien ihm und sagte: ›Mein Sohn, auch diese Wilddiebe gehören zu meinen persönlichen Bediensteten. Sie haben dich deines ganzen Besitzes beraubt, da es besser ist,

[61] s.a. Sri Ramanas eigenes Erlebnis in diesem Tempel in Tirukoilur in: Ebert, Ramana Maharshi: Sein Leben, S. 28f

wenn du ohne Show und Pomp zum Herrn Arunachala kommst, um ihn zu verehren. Du wirst deinen Besitz wiedererhalten, sobald du dort angekommen bist. Es ist jetzt Mittagszeit. Genieße eine gute Mahlzeit und gehe dann weiter.‹

Da erschien ein großes Zelt. Brahmanen kamen aus dem Zelt, luden *Sambandar* und seine Leute ein und bewirteten sie mit köstlichen Speisen. *Sambandar*, der immer die anderen bewirtet hatte, wurde jetzt vom Herrn persönlich bedient. Als sie sich ausgeruht hatten, stand einer der Brahmanen auf und sagte: ›Herr, sollen wir jetzt zum Arunachala weitergehen?‹ Sobald sie sich auf den Weg gemacht hatten, verschwanden das Zelt und die Leute, die sie bedient hatten. *Sambandar* staunte über all die seltsamen Ereignisse.

Als sie am Arunachala ankamen, verschwand ihr Führer. Doch plötzlich kamen das Zelt mit den Leuten und die Wilddiebe, die sie ausgeraubt hatten, von allen Seiten auf sie zu. Sie gaben *Sambandar* alles zurück und verschwanden wieder. Mit Freudentränen pries *Sambandar* den Herrn für seine Freundlichkeit. Er blieb einige Tage hier, verehrte den Herrn mit seinen Gedichten und setzte dann seine Wanderschaft fort. Es scheint, dass Gott *Sambandar*, der ihm so eifrig diente, seine Gunst erwiesen und ihn auf diesen Berg eingeladen hat.«

Die göttliche Kraft

2.2.1947

Um 2.30 Uhr ging ich in die Halle. Bhagavan war schon dort und las einen Zettel, den ihm jemand gegeben hatte. Er faltete das Blatt zusammen und sagte: »Das alles geschieht nur, weil man denkt, dass es einen Unterschied zwischen Bhagavan und einem selbst gibt.«

Aber reicht es denn aus, wenn wir sagen, dass zwischen uns und Bhagavan kein Unterschied besteht? Müssen wir nicht fragen, wer wir sind und was unser Ursprung ist, bevor wir denken dürfen, dass es keinen Unterschied zwischen uns und Bhagavan gibt? Warum sagt Bhagavan das?

Ich weiß nicht, ob Bhagavan meine Bedenken spürte, aber er erklärte folgendes: »Bevor man verstehen kann, dass es keinen Unterschied zwischen einem selbst und Bhagavan gibt, muss man zuerst alle Merkmale ausscheiden, die nicht wirklich zu einem gehören. Man kann die Wahrheit nicht erkennen, solange man nicht alle Eigenschaften verworfen hat. Es gibt eine göttliche Kraft, die die Quelle aller Dinge ist. Die Eigenschaften können nicht verworfen werden, solange wir diese Kraft nicht erlangen. Dafür ist *Sadhana* nötig.«

Ich fragte: »Es gibt also eine Kraft?«

»Ja,« erwiderte Bhagavan. »Es gibt eine Kraft. Sie wird das Bewusstsein des Selbst (Swasphurana) genannt.«

Ich wandte ein: »Bhagavan hat soeben beiläufig gesagt, dass es ausreicht, wenn wir denken, dass es keinen Unterschied zwischen uns und Gott gibt. Aber wir können diese unwirklichen Eigenschaften nur ablegen, wenn wir fähig sind, diese Kraft zu erlangen. Ob es nun die göttliche Kraft oder das Bewusstsein des Selbst ist, sollten wir sie nicht kennen? Wir sind dazu aber nicht in der Lage, so sehr wir es auch versuchen.«

Ich habe Bhagavan nie zuvor in Gegenwart anderer so frei heraus Fragen gestellt. Da mir die Tränen kamen, wandte ich mein Gesicht der Wand zu. Eine Frau, die neben mir saß, erzählte mir später, dass auch Bhagavan feuchte Augen bekam.

Bhagavan pflegt manchmal zu sagen: »Der *Jnani* weint mit den Weinenden, lacht mit den Lachenden, spielt mit den Spielenden und singt mit den Singenden. Was verliert er schon dabei? Seine Gegenwart ist wie ein klarer Spiegel. Er reflektiert unser Gesicht. Wir sind es, die verschiedene Rollen im Leben spielen und die Früchte unseres Handelns ernten. Wie könnte der Spiegel und der Ständer, auf dem er angebracht ist, davon in Mitleidenschaft gezogen werden? Nichts beeinträchtigt ihn, denn er ist lediglich ein hilfreicher Gegenstand. Die Handelnden in dieser Welt müssen für sich entscheiden, was dem Wohl der Welt dient, was den *Sastras* entspricht und was praktikabel ist.«

Schlaf und der wahre Zustand

4.2.1947

Heute Nachmittag überreichte jemand Bhagavan einen Zettel mit einer Frage. Sie lautete sinngemäß: »Was geschieht mit der Welt während des Schlafs? In welchem Zustand befindet sich der *Jnani*, wenn er schläft?«

Bhagavan antwortete: »Ist es das, was du wissen willst? Weißt du denn, was mit deinem Körper geschieht und in welchem Zustand du bist, wenn du schläfst? Wenn du schläfst, vergisst du, dass dein Körper hier liegt, an diesem Ort, auf dieser Matte und in dieser Lage. Du wanderst im Traum irgendwo umher und tust etwas. Erst wenn du aufgewacht bist, bemerkst du, dass du hier bist. Aber du existierst immer, sowohl im Schlafen als auch im Wachen. Dein Körper ist im Schlaf inaktiv. Deshalb bist du im Schlafzustand nicht dieser Körper. Aber mit was bist du im Schlaf verbunden? Auf irgendetwas muss sich dieses Kommen und Gehen stützen. Du legst dich schlafen und träumst. Dann fällst du in Tiefschlaf, in dem dir nichts bewusst ist, und bist glücklich. Es ist ein seliger Schlaf. Du gibst zu, dass du im Schlafzustand existierst, obwohl dir in diesem Zustand nichts bewusst ist.

Du behauptest, dass du das, was wirklich ist, nicht erkennst, aber das, was flüchtig und unwahr ist. Doch in Wirklichkeit weißt du, was wahr ist. Lass die flüchtigen Dinge kommen und gehen. Sie werden dich nicht berühren. Du weißt nichts von dir selbst, aber du fragst, was mit der Welt geschieht und was der *Jnani* im Schlaf erfährt. Wenn du zuerst begreifen würdest, was mit dir geschieht, wird sich die Welt um sich selber kümmern. Du fragst nach den *Jnanis*. Sie sind in jedem Zustand dieselben, weil sie die Wahrheit kennen. In ihrem täglichen Leben handeln sie nur für die anderen. Keine einzige Handlung tun sie für sich selbst. Ich habe dir schon oft gesagt, dass die *Jnanis* Dinge für andere tun, ohne an ihnen zu haften und davon beeinflusst zu werden, wie die Leute, die um einen Lohn die Verstorbenen beweinen.«

Ein anderer Devotee nahm den Gesprächsfaden auf und fragte: »Swami, du sagst, dass man seinen wahren Zustand kennen muss und dass dafür Meditation nötig ist. Aber was ist Meditation?«

Bhagavan antwortete: »Meditation bedeutet *Brahman*. Es heißt, dass man sich eine religiöse Praxis aneignen und meditieren muss, um von den

Übeln, die der Geist hervorbringt, frei zu werden. Wenn man das beständig tut, werden diese Übel verschwinden. Wenn sie verschwunden sind, wird die Meditation unwiderruflich zu *Brahman*.

Tapas bedeutet dasselbe. Wenn du fragst, wie du alle *Vasanas* loswerden kannst, rät man dir, *Tapas* zu tun. Was aber ist die Belohnung für dieses *Tapas*? Es heißt, dass *Tapas* selbst die Belohnung ist. *Tapas* bedeutet die Verwirklichung des Selbst. *Atman* oder *Brahman* ist wirklich. Das ist alles. Um eine Anweisung zu geben, muss man sagen: ›meditiere‹. Doch diese Zweifel tauchen nicht auf, wenn man weiß, wer es ist, der meditiert.«

Derselbe Gedanken findet sich in Bhagavans Upadesa Saram, Vers 30:
»Die Wahrnehmung des eigenen Selbst, das fortbesteht, wenn jede Spur von ›Ich‹ verschwunden ist, ist das höchste *Tapas*.«

Dakshinamurti

7.2.1947

Bhagavan hat das *Dakshinamurti Stotram*[62] ins Tamil übersetzt und als Einleitung eine Kurzfassung der Geschichte geschrieben, weshalb *Dakshinamurti* Menschengestalt angenommen hat. Vor kurzem übersetzte ich seine Einleitung ins Telugu. Bhagavan sah die Übersetzung durch und sagte mit einem Lächeln: »Ich habe nur das aus *Dakshinamurtis* Leben erzählt, was sich auf das Preislied bezieht, aber die ganze Geschichte ist viel interessanter:

Brahma [der Schöpfergott] bat seine Söhne Sanaka, Sanatkumara, Sanandana und Sanatsujata, die er aus seinem Geist erschaffen hatte, ihm bei der Schöpfung zu helfen. Sie waren aber nicht daran interessiert und weigerten sich. Sie lebten im Paradies, von himmlischen Gottheiten, Heiligen und an-

[62] ein Preislied auf *Dakshinamurti* von *Shankara. Dakshinamurti* bedeutet wörtlich ›nach Süden schauend‹. Er ist *Shiva*, der sich als jugendlicher Guru manifestiert und die Schüler, die älter als er sind, durch seine schweigende Belehrung direkt zur Verwirklichung des Selbst führt. Dakshina-amurti bedeutet auch ›gestaltlose Energie‹. Ramana wird oft mit *Dakshinamurti* verglichen, da auch er in Schweigen lehrte.

deren Helfern umgeben. Als sie darüber nachdachten, wer sie *Jnana*, die höchste Weisheit, lehren könnte, erschien ihnen *Narada* und sagte: ›Wer könnte das tun, außer *Brahma*? Wir wollen zu ihm gehen.‹ Sie begaben sich zum Satya Loka, der Wohnstatt *Brahmas*. Dort fanden sie *Saraswati* vor, die auf der Vina spielte, und *Brahma*, der vor ihr saß, sich an der Musik freute und den Takt dazu schlug. Sie betrachteten die Szene und fragten sich, wie jemand, der so sehr in die Musik seiner Frau vertieft war, sie die Essenz der spirituellen Weisheit lehren könnte.

Dakshinamurti-Ramana von GE

Narada sagte zu ihnen: ›Kommt, wir wollen zu *Vaikunta* gehen, wo *Vishnu* wohnt.« Also begaben sie sich dorthin. *Vishnu* war in den privaten Gemächern seines Palastes. Da *Narada* besondere Privilegien genoss, betrat er die Wohnung des Herrn. Bald kam er wieder heraus und berichtete: ›*Brahma* sitzt bei seiner Frau, die für ihn auf der Vina spielt, und hier sitzt die Göttin *Lakshmi* auf Gottes Sofa und massiert ihm die Füße. Das ist ja noch schlimmer! Wie kann dieser Familienmensch, der von den innigen Blicken seiner Gefährtin bezaubert ist, uns helfen, die Weisheit zu verstehen? Seht euch bloß den Prunk seines Palastes und dieser Stadt an! Das ist nicht gut. Wir wollen *Shivas* Hilfe suchen.‹

Sie gingen zum Himalaja weiter und stiegen voller Hoffnung auf den Kailash. Aber *Shiva* vollführte gerade vor einer großen Versammlung den himmlischen Tanz mit seiner Frau, die die Hälfte seines Körpers besaß. *Vishnu* spielte dazu auf der Trommel und *Brahma* schlug mit Schellen den Takt zum Tanz. Jene, die auf der Suche nach spiritueller Führung hergekommen waren, waren fassungslos und dachten: ›Auch er ist hinter den Frauen her! *Brahma* hatte seine Frau nahe bei sich sitzen, doch er hatte keinen körperlichen Kontakt mit ihr. *Vishnu* hatte körperlichen Kontakt mit seiner Frau, aber sie hat nur seine Beine massiert. Doch *Shiva* hat *Parvati* zum Teil seines Körpers gemacht. Das ist sehr schlimm! Genug damit.‹ Und sie machten sich auf den Rückweg.

Shiva verstand ihre Bedenken und hatte Mitleid mit ihnen. Er sagte: ›Wie sehr täuschen sie sich doch! Sie glauben, dass es den drei Gottheiten an spiritueller Weisheit mangelt, nur weil sie gerade mit ihren jeweiligen Frauen beschäftigt waren, als sie sie sahen. Wer sonst könnte diesen ernsthaften Wahrheitssuchern spirituelle Weisheit vermitteln?‹ Da sandte *Shiva Parvati* mit der Ausrede fort, er wolle *Tapas* tun, und setzte sich als *Dakshinamruti,* die Hände in der Geste des *Chinmudra*, unter einen Banyan-Baum nördlich des Mansarovar-Sees, wo die enttäuschen Devotees auf ihrem Heimweg vorbeikommen mussten.«

»Wie interessant!«, sagte ich. »Warum hat Bhagavan diese Geschichte nicht ins Vorwort aufgenommen?«

»Ich weiß es nicht. Ich hielt es für unnötig, in dieser Einleitung über alle Ereignisse aus *Dakshinamurtis* Leben zu berichten. Ich habe nur das eingefügt, was sich auf das Stotram bezieht.«

Ich gebe meine Übersetzung der Einleitung Bhagavans zum *Dakshinamurti Stotram* wieder:

»Sanaka, Sanandana, Sanatkumara und Sanatsujata waren die vier Söhne, die *Brahma* aus seinem Geist geboren hatte. Als sie erfuhren, dass sie erschaffen worden waren, um die Schöpfung und Erhaltung der Welt weiterzuführen, waren sie nicht an der Aufgabe interessiert. Sie suchten nach

Wahrheit und Weisheit und machten sich auf die Suche nach einem Lehrer. Da hatte der Herr *Shiva* Mitleid mit den ernsthaften Wahrheitssuchern und setzte sich als der schweigende *Dakshinamurti* mit der Geste des *Chinmudra* unter einen Banyan-Baum. Als Sanaka und die anderen ihn sahen, wurden sie von ihm wie von einem Magneten angezogen und erlangten in seiner Gegenwart unmittelbar die Selbstverwirklichung.

Shankara hat für jene, die nicht in der Lage sind, die Bedeutung von *Dakshinamurtis* Schweigen zu verstehen, die universelle Wahrheit in diesem Stotram zusammengefasst. Er erklärt, dass die Kraft, die den Suchern als die drei Hindernisse zur Verwirklichung der Wahrheit im Wege stehen – nämlich die Welt, der Seher und die Wahrnehmung – nicht vom eigenen Selbst verschieden sind und dass letztendlich alles im eigenen Selbst aufgeht.«

Der Geist des Jnani ist Brahman

8.2.1947

Ich kam heute früh gegen halb acht in die Halle. Drinnen war es ganz still. Der Duft von brennenden Räucherstäbchen zog durchs Fenster und zeigte Besuchern an, dass Bhagavan da war. Er saß aufrecht in *Padmasana*-Stellung und nicht wie sonst an sein Kissen gelehnt. Sein Blick war unbeweglich und überweltlich und die ganze Halle war von Glanz erfüllt. Plötzlich fragte jemand: »Swami, haben die *Jnanis* einen Geist oder nicht?«

Bhagavan sah ihn gütig an und antwortete: »Es gibt niemanden ohne einen Geist, der *Brahman* verwirklicht hätte. Die Verwirklichung ist nur möglich, wenn ein Geist da ist. Der *Jnani* hat immer *Brahman* im Blick. Doch wie könnte man ohne einen Geist sehen? Deshalb sagt man, dass der Geist des *Jnani* völlig in *Brahman* aufgegangen ist (Brahmakara). Aber in Wirklichkeit ist sein Geist *Brahman*. So wie ein Unwissender *Brahman* nicht in seinem Innern erkennt, sondern lediglich die äußeren Dinge im Blick hat, so erkennt der *Jnani* beständig *Brahman* in seinem Innern, obwohl er sich körperlich in der äußeren Welt bewegt. Dieses *Brahman* ist allumfassend. Wenn der Geist in *Brahman* verloren ist und man von Brahmakara spricht, ist es so, als würde man von einem Fluss sagen, er sei dasselbe wie das Meer. Wenn alle Flüsse ins Meer gemündet sind, ist alles eine einzige, unermessliche Wasserfläche. Kannst du in dieser enormen Wasserfläche noch den Ganges oder den Goutami-Fluss unterscheiden? Kannst du noch sagen: dieser Fluss ist so lang und so breit usw.? Mit dem Geist ist es dasselbe.«

Jemand anderer fragte: »Es heißt, dass *Satva Brahman* ist und dass *Rajas* und *Tamas* Phantome sind.[63] Stimmt das?«

Bhagavan: »Ja. *Sat* (Sein, Existenz) ist das, was existiert. *Sat* ist *Satva*. Es ist natürlich. Es ist die subtile Bewegung des Geistes. Wenn der Geist mit *Rajas* und *Tamas* in Kontakt kommt, erschafft er die Welt mit ihren unzähligen Formen. Nur wegen dieses Kontakts mit *Rajas* und *Tamas* sieht der Geist die Erscheinungswelt und wird irregeführt. Wenn du diesen Kontakt beseitigst, scheint *Satva* rein und unbefleckt. Das nennt man reines *Satva*. Doch dieser Kontakt kann nicht beseitigt werden, solange du nicht mit einem äußerst subtilen Geist Selbstergründung übst und ihn zurückweist. Alle *Vasanas* müssen bezwungen werden und der Geist muss sehr fein werden. Er muss das Subtilste vom Subtilen werden. Man sagt, er muss so fein werden wie ein Atom in einem Atom. Er muss sogar im Verhältnis zu einem Atom winzig klein sein. Wenn er dann unterworfen wird, erhebt er sich als Unendliches unter Unendlichem. Nenne ihn den sehenden Geist oder den Geist, der Kräfte erlangt hat, nenne ihn wie immer du willst.

Wenn wir schlafen, liegt der Geist mit all seinen Aktivitäten bezwungen im Herzen. Was sehen wir dann? Nichts. Warum? Weil der Geist unterworfen ist. Sobald wir wieder vom Schlaf erwachen, ist der Geist im Augenblick des Erwachens wieder da. Da ist *Sat* und *Brahman*. Sobald jedoch der erwachte Geist mit den *Gunas* in Kontakt kommt, tauchen alle Aktivitäten auf. Wenn du diese Launen des Geistes ablegst, erscheint *Brahman* überall. Es strahlt aus sich selbst und ist offensichtlich. Es ist *Aham*, ›Ich‹. Dann erscheint alles als alldurchdringend. Dies wird in der Sprache des *Vedanta* zum Ausdruck gebracht, wenn man von einem Brahmavid (einer, der *Brahman* kennt) oder von einem Brahma Vidvarishta (Höchster unter denen, die *Brahman* kennen) spricht. Er ist *Brahman*. Deshalb sagt man, dass der Geist des *Jnani Brahman* ist.«

---

[63] *Satva*, *Rajas* und *Tamas* sind die drei Eigenschaften (*Gunas*) des Geistes. *Satva* = der reine, ungetrübte Geist, das, was ist, die Wirklichkeit; *Rajas* = Leidenschaft und Ruhelosigkeit; *Tamas* = Trägheit, Unwissenheit, Dunkelheit

Jemand anderer fragte: »Es heißt, dass der *Jnani* sich allen gegenüber gleich verhält.«

Bhagavan bejahte und zitierte: »Freundschaft, Freundlichkeit, Glück, Gleichmut und andere Eigenschaften sind für sie natürlich. Sie haben Zuneigung für die Guten, Freundlichkeit für die Hilflosen, sie sind glücklich, wenn sie Gutes tun und vergeben den Bösen. Dies alles sind natürliche Eigenschaften der *Jnanis*.« (Patanjali Yoga Sutra, I, 37)

Maya (Illusion)

9.2.1947

Derselbe Devotee, der Bhagavan gestern eine Frage gestellt hatte, fragte heute Nachmittag über *Maya*: »Swami, all die verschiedenen Dinge, die dem menschlichen Geist als wirklich erscheinen, sind lediglich *Maya* (Illusion), nicht wahr? Wird die Täuschung verschwinden, wenn man sie von sich weist?«

Bhagavan: »Die Illusion wird weiterhin bestehen, solange man denkt, dass man selbst und *Ishwara* (Gott) zwei verschiedene Wesen sind. Wenn diese Illusion einmal abgelegt wurde und das Individuum versteht, dass es *Ishwara* ist, wird es auch verstehen, dass *Maya* nicht etwas von ihm Verschiedenes und Getrenntes ist. *Ishwara* existiert ohne die Illusion und ist von ihr verschieden, aber es gibt keine Illusion ohne *Ishwara*.«

Devotee: »Wird diese Illusion damit zur ›reinen Illusion‹?«

Bhagavan: »Ja, darauf läuft es hinaus. Wenn das Individuum nicht existiert, wie kann es dann *Ishwara* verwirklichen? Ohne die Illusion gibt es kein Individuum. Wenn das Individuum einmal versteht, wer es ist, werden die schlechten Einflüsse der Illusion es nicht mehr berühren. Nenne es ›reine Illusion‹ oder wie immer du magst. Das ist das Wesentliche.«

Jemand anderer griff das Thema auf und fragte: »Es heißt, dass der *Jiva* (das Individuum) den schlechten Einflüssen der Illusion unterliegt. Seine Sichtweise und sein Wissen sind beschränkt, während *Ishwara* alles sieht, allwissend ist und andere derartige Merkmale hat. Der *Jiva* und *Ishwara* werden eins, wenn das Individuum seine beschränkte Sichtweise ablegt und alle anderen Merkmale, die ihm gewöhnlich anhaften. Sollte aber *Ish-*

wara nicht ebenso seine besonderen Merkmale wie seine Allwissenheit und anderes ablegen? Sie sind doch ebenfalls Illusionen.«

Bhagavan: »Ist das dein Zweifel? Lege zuerst deine eigene beschränkte Sichtweise ab, dann können wir immer noch über *Ishwaras* Allwissenheit nachdenken. Werde zuerst dein beschränktes Wissen los. Warum sorgst du dich um *Ishwara*? Er wird sich um sich selbst kümmern. Hat er nicht dieselbe Fähigkeit wie wir? Warum sollten wir uns darum kümmern, ob er diese Merkmale besitzt oder nicht? Es genügt wirklich vollauf, wenn wir uns um uns selbst kümmern!«

Devotee: »Aber zuerst müssen wir doch alle einen Guru finden, der uns die Praxis lehrt und uns fähig macht, uns von diesen *Gunas* (Merkmalen) zu befreien.«

Bhagavan: »Wenn wir sie wirklich loswerden wollen, finden wir dann nicht auch einen Guru? Zuerst müssen wir von ihnen frei werden wollen. Dann wird der Guru sich von selbst einstellen und nach uns suchen oder er wird uns irgendwie an sich ziehen. Der Guru ist immer wachsam und achtet auf uns. *Ishwara* wird uns den Guru zeigen. Wer sonst kümmert sich um das Wohlergehen seiner Kinder, wenn nicht der Vater selbst? Er ist immer bei uns und um uns. Er beschützt uns wie ein Vogel seine Eier beschützt, indem er sie im Schutz seiner Flügel ausbrütet. Aber wir müssen völliges Vertrauen in ihn haben.«

Sankaramma, die normalerweise zu schüchtern ist, um Bhagavan Fragen zu stellen, sagte leise: »Aber Swami, die Belehrung (*Upadesa*) des Gurus ist doch für die spirituelle Praxis nötig.«

Bhagavan: »Diese Belehrung wird jeden Tag gegeben. Jene, die sie brauchen, bekommen sie.«

Jemand anderer: »Bhagavan muss uns seinen Segen geben, damit wir fähig sind, die Lehre zu empfangen. Das ist unsere Bitte.«

Bhagavan: »Der Segen ist immer da.«

Rücksicht

10.2.1947

Vor etwa zehn Monaten kamen eine alte Europäerin und Herrn Frydman zum Ashram. Sie blieben für etwa zwanzig Tage. Die Frau war es nicht gewohnt, auf dem Boden zu sitzen. Zudem war sie alt. Herr Frydman half ihr beim Aufstehen, indem er sie an den Händen hielt.

Als ich eines Morgens in die Halle kam, saßen die beiden in der ersten Reihe des Platzes, der den Frauen zugewiesen ist. Die anderen Frauen wollten nicht in Frydmans Nähe sitzen, weshalb ich ihm durch ein Zeichen zu verstehen gab, etwas weiter wegzurücken, was er auch sofort tat. Bhagavan sah mich verärgert an, aber ich verstand nicht warum. Plötzlich stand Herr Frydman auf und half der alten Frau beim Aufstehen. Sie hatte Tränen in den Augen und verabschiedete sich widerstrebend von Bhagavan. Bhagavan nickte zustimmend wie üblich. Sobald sie fort waren, sah mich Bhagavan an und sagte: »Es ist schade, dass sie gehen.«

Da merkte ich, dass ich etwas Schlimmes getan hatte und entschuldigte mich: »Es tut mir Leid. Ich wusste nicht, dass sie gehen.«

Bhagavan erwiderte: »Das ist es nicht. Sie leiden, wenn sie auf dem Boden sitzen müssen. Deshalb bleiben viele weg, die gerne kommen würden. Sie sind es nicht gewohnt, auf dem Boden zu hocken. Was können sie machen? Es ist ein Jammer.«

Vor einiger Zeit kam eine alte Frau mit ihren Verwandten. Alle verneigten sich vor Bhagavan und setzten sich auf den Boden, aber sie blieb stehen. Bhagavans Helfer Krishnaswami bat sie, sich hinzusetzen, aber vergebens. Ihre Verwandten forderten sie auf, aus dem Weg zu gehen, aber sie hörte nicht auf sie. Da sagte ich zu ihr, sie möge doch zu ihren Verwandten hinübergehen und sich hinsetzen, aber sie nahm davon keinerlei Notiz. Jemand anderer rügte sie: »Warum tust du nicht, was die Leute sagen?«

Ich sah zu ihren Verwandten hinüber, um den Grund für ihre Sturheit herauszufinden. Sie sagten, sie sei fast blind und wolle nahe zum Swami herangehen, um ihn aus der Nähe zu sehen. Da stand ich auf, nahm sie bei der Hand und führte sie zu Bhagavans Sofa. Sie beschattete ihre Augen mit der Hand, sah ihn konzentriert an und sagte: »Swami, ich kann nicht richtig sehen. Bitte segne mich, damit ich dich im Geist sehen kann.«

Bhagavan sah sie voller Zärtlichkeit an, nickte und erwiderte: »In Ordnung.«

Als sie fort waren sagte er: »Die arme Frau kann nicht richtig sehen und hat sich nicht getraut, näher zu kommen. Was konnte sie tun? Deshalb ist sie einfach stehen geblieben. Für jene, die kein Augenlicht haben, ist der Geist das Auge. Sie haben nur ein Sehvermögen, das des Geistes, und nichts, was sie sonst ablenkt. Es ist nur nötig, dass sie den Geist sammeln. Wenn sie das einmal erreicht haben, sind sie viel besser dran als wir.«

Sadhana in der Gegenwart des Gurus

12.2.1947

Als ich heute Nachmittag in die Halle kam, beantwortete Bhagavan Fragen. Eine der Fragen lautete: »Swami, es heißt dass *Japa* und *Tapas*, das in der Gegenwart von Bhagavan ausgeübt wird, größeren Gewinn bringt als normalerweise. Was ist dann mit den schlechten Taten, die man in deiner Gegenwart tut?«

Bhagavan antwortete: »Wenn gute Taten gute Früchte hervorbringen, müssen schlechte Taten schlechte Früchte hervorbringen. Wenn jemand in Benares eine Kuh verschenkt, bringt das dem Spender besonders großen Verdienst. Wenn er am selben Ort eine Kuh schlachtet, ist es eine besonders große Sünde. Wenn eine kleine gute Tat, die an einem heiligen Ort getan wird, besonders verdienstvoll ist, muss dann eine sündhafte Tat nicht ebenso großen Schaden anrichten? So lange das Gefühl, dass du der Täter bist, da ist, musst du dich auch den Konsequenzen deiner Taten stellen, seien sie gut oder schlecht.«

Derselbe Devotee fragte: »Ich möchte meine schlechten Gewohnheiten ablegen, aber die *Vasanas* sind sehr stark. Was soll ich tun?«

Bhagavan antwortete: »Man muss sich anstrengen, um sie abzulegen. Man muss in guter Gesellschaft sein, gute Kontakte pflegen und Gutes tun, um die *Vasanas* zu beseitigen. Wenn du in deinem Bemühen nicht nachlässt, wird dein Geist reifer. Mit Gottes Gnade werden die *Vasanas* ausgelöscht und deine Anstrengungen werden Erfolg haben. Das nennt man menschliche Anstrengung (Purushakaram). Wie kannst du von Gott erwarten, dir seine Gunst zu erweisen, wenn du dich nicht bemühst?«

Jemand anderer nahm den Gesprächsfaden auf und meinte: »Es heißt, dass das ganze Universum Gottes Spiel ist und dass alles die Gestalt von *Brahman* ist. Warum müssen wir dann schlechte Gewohnheiten und Taten ablegen?«

Bhagavan: »Nimm einmal an, der menschliche Körper ist verwundet. Wenn du dich nicht darum kümmerst, weil du dir sagst, es sei ja nur ein kleiner Teil des Körpers davon betroffen, verursacht die Wunde dem ganzen Körper Schmerzen. Wenn sie nicht durch die übliche Behandlung heilt, muss der Arzt kommen, die betroffene Stelle mit einem Messer herausschneiden und das verunreinigte Blut entfernen. Wenn die kranke Stelle nicht herausgeschnitten wird, eitert sie. Sie eitert auch, wenn du die Wunde nach der Operation nicht verbindest.

Mit dem Verhalten ist es dasselbe. Schlechte Gewohnheiten und schlechtes Benehmen sind wie eine körperliche Wunde. Wenn der Mensch sie nicht ablegt, stürzt er in den Abgrund. Deshalb muss man jede Krankheit entsprechend behandeln.«

Jemand fragte: »Bhagavan sagt, dass man *Sadhana* tun muss, um alle schlechten Dinge loszuwerden. Aber der Geist ist träge und kann aus sich selbst heraus nichts tun. Reines Bewusstsein dagegen ist bewegungslos und wird nichts tun. Wie also kann man *Sadhana* tun?«

Bhagavan: »Oho! Aber wie kannst du dann sprechen?«

Frager: »Swami, ich verstehe das nicht, und deshalb bitte ich um eine Erklärung.«

Bhagavan: »Gut, dann höre mir zu. Der träge Geist ist fähig, alles durch die Kraft des unbewegten Bewusstseins zu tun, mit dem er in Verbindung steht. Aber aus sich selbst heraus und ohne die Hilfe des Bewusstseins kann der träge Geist nichts zuwege bringen. Das unbewegliche Bewusstsein kann ohne die Hilfe des Geistes ebenfalls nichts zuwege bringen. In dieser Beziehung ist das eine vom anderen abhängig. Beides ist untrennbar miteinander verbunden. Dieses Thema wurde schon in früheren Zeiten aus verschiedenen Gesichtswinkeln diskutiert und man kam zu dem Fazit, dass der Geist aus Bewusstsein und Trägheit besteht. Wir müssen also folgern, dass die Verbindung von Bewusstsein (Selbst) und Trägheit (Materie) die Handlung hervorbringt.«

Bhagavan hat dies im Vers 24 der ›Vierzig Verse‹ folgendermaßen ausgedrückt:

»Der Körper sagt nicht ›Ich‹. Der *Atman* ist ungeboren. Zwischen den beiden wird das Gefühl ›Ich‹ im Körper geboren. Welchen Namen du ihm auch immer gibst, es ist der Knoten zwischen dem Bewusstsein und der Trägheit (der Materie) und es bedeutet Bindung.«

Das Herz und das Kronenchakra

13.2.1947

Da die Tamil-Gedichte, die Bhagavan zu verschiedenen Anlässen geschrieben hat, in mehreren Notizbüchern verstreut sind, planten wir schon vor langer Zeit, sie alle in ein Buch zusammenzufassen, aber wir haben es immer wieder verschoben. Vor einigen Tagen sprach ich mit Niranjananandaswami darüber, brachte ein leeres Notizbuch mit und begann voller Eifer, die Verse abzuschreiben, obwohl mein Tamil mangelhaft ist. Ich fragte Bhagavan, wo überall die Gedichte zu finden sind. Er antwortete: »Sie müssen in den großen Notizbüchern mit den Nummern 1-3 sein. Sieh dort nach.«

Dann fuhr er fort: »Immer wenn mich jemand um einen Vers bat, schrieb ich einen auf einen kleinen Zettel. Die Leute nahmen die Zettel mit. Manche Verse wurden in diese Bücher eingetragen, andere nicht. Wenn wir alle hätten, wären es recht viele. Ich schrieb noch viel mehr, als ich auf dem Berg lebte. Einige Zettel wurden weggeworfen. Damals hat sich keiner die Mühe gemacht, sie aufzubewahren. Wenn du sie möchtest, musst du sie zusammensuchen.«

Im ersten Notizbuch fand ich Verse mit dem Titel ›Bhagavans Gedichte‹. Ich fragte ihn, was für Gedichte das seien, und er erzählte:

»Als ich in der Virupaksha-Höhle wohnte, brachte Nayana einmal einen Jungen namens Arunachala mit, der gerade mit der Schule fertig war. Während wir miteinander sprachen, saß der Junge in der Nähe und hörte zu. Er dichtete darüber neun Verse in Englisch. Sie waren gut und ich übersetzte sie ins Tamil.

Ganapati Muni sagte, dass das Sahasrara (Kronen*chakra*[64]) der Ursprung und die Mitte von allem ist und vom Herzen unterstützt und erhellt wird, wohingegen ich sagte, dass das Herz der Ursprung von allem ist und dass die Kraft, die aus dem Herzen kommt, im Sahasrara erstrahlt. Deshalb ist das Herz die Sonne und das Sahasrara der Mond.

Diese Doppelbedeutung wird in den Versen sehr gut ausgedrückt: ›Bhagavan ist die Sonne. Von ihm gehen die Strahlen seiner Worte aus und verleihen dem Mond, i. e. Ganapati Muni, seinen Schein und seine Kraft. Dieser gibt seinerseits das Licht an uns weiter.‹«

Die Entstehung der ›Fünf Verse über das Selbst‹ (Ekatma Panchakam)

15.2.1947

Es war mir drei Tage nicht möglich, zum Ashram zu kommen. Als ich am vierten Tag in die Halle kam, gab mir Bhagavan einige Zettel und sagte: »Wir haben über das telugische Venba-Versmaß[65] gesprochen. Ich habe diese drei Verse in Telugu geschrieben und sie dann ins Tamil übersetzt. Sie sollten sehr langsam gesungen werden.«

Ich bat ihn: »Kannst du für uns noch weitere Verse dichten?«

Er erwiderte: »Es ist genug. Es gibt in Telugu kein passendes Metrum. Die Leute würden nur darüber lachen. Es gibt nicht einmal ein passendes Thema, worüber man schreiben könnte. Es sind nur gewöhnliche Worte.«

20.2.1947

Als ich am 16. Februar nachmittags in die Halle kam, führte Bhagavan gerade mit einem Devotee ein Gespräch über das Venba-Versmaß. Als er mich sah, erklärte er die Unterschiede zwischen den Versmaßen in Tamil und Telugu und erzählte: »Guha Namasivaya Swami[66] hatte sich vorgenommen, täglich einen Venba-Vers zu dichten. Das wären 360 Verse im

[64] das höchste *Chakra* im Yoga
[65] Das Venba ist eine Versform, die doppeldeutig ist.
[66] ein Heiliger, der einst in einer Höhle auf dem Arunachala wohnte

Jahr gewesen. Er dichtete etliche Verse. Einige davon gingen verloren, die übrigen ließen seine Schüler drucken. So sind uns noch viele Verse erhalten geblieben.«

Der Devotee meinte: »Wäre es nicht ein Segen für die Welt, wenn Bhagavan dasselbe tun würde?«

Bhagavan: »Ich weiß nicht warum, aber mein Geist weigert sich, in diese Richtung zu gehen. Was kann ich machen?«

Ich meinte: »Aber wir haben nur diese wenigen Verse. Wenn es einige mehr wären und ein verwandtes Metrum ausgearbeitet werden könnte, würde es unsere Sprache ungemein bereichern.«

Bhagavan: »Das ist ja alles schön und gut, aber bin ich ein Gelehrter? Man müsste zuerst das *Bhagavatam* und alle diese Schriften studieren. Und worüber sollte ich schreiben? Was gibt es für ein Thema?«

Ich: »Worüber Bhagavan auch immer schreibt ist von Interesse.«

Bhagavan: »Du schreibst so viele Verse. Genügt das nicht? Du kannst sie selber schreiben.«

Ich: »Aber ich will nichts schreiben. Wenn Bhagavan etwas schreibt, werde ich es lesen, sonst nicht.«

Da lachte er und schwieg.

Ich ging hinaus und setzte mich auf die Veranda. Bhagavan ist voller Güte. Sobald ich draußen war, dichtete er ein Venba und las es den Anwesenden vor. Als er mich am Abend sah, sagte er zu mir: »Hier ist ein weiteres Venba, das ich gerade geschrieben habe. Du kannst es dir ansehen.«

Ich war überglücklich. Bhagavan übersetzte es ins Tamil. Er sagte zu Muruganar: »Ich bin in Telugu nicht belesen. Deshalb vermeide ich es, etwas in dieser Sprache zu schreiben, aber sie hört nicht auf, mich darum zu bitten. Trotz meiner Einwände hat sie nicht nachgegeben. Deshalb musste ich etwas schreiben.«

Am nächsten Morgen sagte Bhagavan zu mir: »Hier ist noch ein weiterer Vers, den ich vergangene Nacht gedichtet habe. Es sind nun insgesamt fünf Verse. Wir könnten sie ›Atma Panchakam‹ nennen, aber es gibt bereits ein Gedicht von *Shankara* mit diesem Titel. Deshalb wollen wir es ›Ekatma Panchakam‹ (Fünf Verse über das Selbst) nennen. Ich habe die Verse bereits geordnet. Du kannst sie überprüfen und abschreiben.«

Ich schrieb mir die fünf Verse ab. Einige Devotees machten sich ebenfalls eine Abschrift und lernten sie auswendig. Am Nachmittag sang eine Frau das Ekatma Panchakam in der Halle vor. Als sie den dritten Vers sang, sah Bhagavan mich an und sagte: »Ich habe das Kino bereits als Beispiel verwendet, als ich noch in der Virupaksha-Höhle lebte und bevor Kinos so beliebt wurden. Zu *Shankaras* Zeit gab es noch keine Kinos. Deshalb hat er ein anderes Beispiel gewählt. Das Kino ist ein sehr einleuchtendes Beispiel.«

[**Ekatma Panchakam** (Fünf Verse über das Selbst):

1. Wenn man das Selbst vergisst und glaubt,
dass man der Körper ist, durch unzählige Geburten geht
und sich schließlich erinnert und das Selbst wird,
ist es wie wenn man aus einem Traum erwacht,
in dem man um die ganze Welt gewandert ist.

2. Man ist immer das Selbst.
Wenn man sich fragt: »Wer bin ich und wo bin ich?«,
ist es wie wenn ein Betrunkener fragt: »Wer und wo bin ich?«

3. Der Körper ist im Selbst.
Und doch denken wir, dass wir in diesem trägen Körper sind,
wie ein Zuschauer, der annimmt, dass die Leinwand,
auf die das Bild geworfen wird, im Bild ist.

4. Kann ein goldenes Schmuckstück ohne das Gold existieren?
Kann der Körper unabhängig vom Selbst existieren?
Der Unwissende glaubt: »Ich bin der Körper«,
während der Erleuchtete weiß: »Ich bin das Selbst«.

5. Das Selbst allein ist die einzige Wirklichkeit
und existiert für immer.
Wenn der erste Lehrer in alten Zeiten [*Dakshinamurti*]
es in ununterbrochenem Schweigen enthüllt hat,
sag, wer könnte es dann in Worten enthüllen?][67]

[67] aus Collected Works, S. 130 f, Einfügung der Übers.

Geburt

24.2.1947

Gestern hat eine Devotee Bhagavan ihr Notizbuch gezeigt, in das sie die fünf Verse von Ekatma Panchakam abgeschrieben hat. Bhagavan entdeckte darin zwei weitere Verse, die er gedichtet hatte, als Devotees zum ersten Mal seinen Geburtstag feierten. Er erzählte uns dazu folgendes:

»Es war ca. 1912. Ich lebte damals in der Virupaksha-Höhle. An meinem Geburtstag wollten die Anwesenden unbedingt hier kochen und essen. Ich versuchte, es ihnen auszureden, aber sie widersprachen: ›Was schadet es Swami, wenn wir hier kochen und essen?‹ Da beließ ich es dabei. Sie kauften einige Gefäße, die immer noch da sind. Was als eine kleine Feier begann, hat zu all diesem Drumherum und Pomp geführt. Aber alles muss seinen Lauf nehmen und lässt sich nicht durch unser Bitten aufhalten. Ich habe es ihnen immer wieder auszureden versucht, aber sie haben nicht zugehört.

Nach dem Essen sagte Iswaraswami, der zu jener Zeit bei mir lebte: ›Swami, es ist dein Geburtstag. Bitte dichte zwei Verse. Ich werde ebenfalls zwei Verse dichten.‹ So kam es, dass ich diese beiden Verse dichtete, die in diesem Notizbuch stehen. Sie lauten folgendermaßen:

> 1. Ihr, die ihr Geburtstag feiern wollt, findet zuerst heraus, wer es ist, der geboren wurde. Unser wahrer Geburtstag ist der Tag, an dem wir in unser ewiges Sein eintreten, das weder Geburt noch Tod erreichen kann.
>
> 2. Besonders an den jährlichen Geburtstagen sollten wir beklagen, dass wir diesen Körper bekommen haben und in diese Welt geraten sind. Stattdessen feiern wir dieses Ereignis als ein Fest. Sich darüber zu freuen ist, als würde man einen Leichnam schmücken. Die Weisheit besteht darin, das Selbst zu erkennen und darin aufzugehen.

In einer bestimmten Bevölkerungsgruppe in Malabar ist es Brauch, über die Geburt eines Kindes zu weinen und einen Sterbefall prunkvoll zu feiern. Man sollte es wirklich beklagen, dass man seinen wahren Zustand verlassen hat und wiederum in der Welt geboren wurde und es nicht als einen festlichen Anlass begehen.«

Ich fragte: »Was hat Iswaraswami geschrieben?«

Bhagavan: »Er hat Verse gedichtet, die mich als eine Verkörperung Gottes preisen und solche Dinge. Es war damals kurzweilig mit ihm. Er pflegte einen Vers zu dichten und ich dichtete einen weiteren im Gegenzug. Wir haben viele Gedichte geschrieben, aber keiner hat sich die Mühe gemacht, sie aufzubewahren. Damals waren wir die meiste Zeit alleine. Es gab keine Verköstigung. Wer wollte da bleiben? Heute, da Verköstigung und alles geboten wird, scharen sich viele Leute um mich und sitzen hier. Was aber gab es in jenen Tagen? Wenn Besucher kamen, blieben sie für eine Weile und gingen dann wieder. Das war alles.«

Das Selbst (Atman)

25.2.1947

Heute früh kam eine Frau aus dem Gujarat mit ihrem Mann und ihren Kindern. Sie war in mittleren Jahren und machte einen kultivierten Eindruck. Ihr Mann trug selbstgesponnene Baumwolle und sah wie ein Kongressmitglied aus. Sie verhielten sich wie achtbare Leute. Um 10 Uhr kamen sie alle in die Halle. Man konnte ihnen ansehen, dass sie Fragen hatten.

Schließlich fragte die Frau: »Bhagavan, wie kann man das Selbst erlangen?«

Bhagavan: »Wozu solltest du das Selbst erlangen?«

Frau: »Um Friede (*Shanti*) zu haben.«

Bhagavan: »Dann gibt es also etwas, das man Friede nennt, nicht wahr?«

Frau: »Ja.«

Bhagavan: »Gut. Und du weißt, dass du ihn erlangen solltest. Woher weißt du das? Um das zu wissen, musst du ihn bereits erfahren haben. Nur wenn man weiß, dass Zucker süß ist, will man ihn haben. Also musst du Frieden erfahren haben. Du erfährst ihn immer wieder. Woher käme sonst der Wunsch danach? Tatsächlich wünscht sich jeder Mensch Friede, irgendein Friede. Deshalb ist es offensichtlich, dass Friede das Wirkliche ist, wie immer du es nennen magst: Friede, Seele, *Paramatman* oder Selbst. Wir alle wollen es, nicht wahr?«

Frau: »Ja, aber wie kann man es erlangen?«

Bhagavan: »Du hast bereits Friede. Was kann ich sagen, wenn jemand um etwas bittet, das er bereits empfangen hat? Wenn es etwas wäre, das man von irgendwo herbeiholen müsste, müsste man sich anstrengen. Der Geist mit all seinen Aktivitäten ist zwischen dich und dein Selbst getreten. Was du tun musst ist, davon loszukommen.«

Frau: »Ist ein Leben in Einsamkeit fürs *Sadhana* nötig oder genügt es, wenn wir lediglich alle weltlichen Freuden ablegen?«

Bhagavan antwortete nur auf den zweiten Teil der Frage: »Entsagung bedeutet innere Entsagung, nicht äußere.«

Dann schwieg er und der Gong im Speisesaal läutete zum Essen.

Was hätte Bhagavan der Frau auf den ersten Teil ihrer Frage antworten können? Sie hat eine große Familie. Sie ist gebildet und kultiviert. Bhagavan sagt stets dasselbe zu den Familienvätern und -müttern und es klingt angemessen. Doch ist die innere, geistige Entsagung überhaupt so leicht? Vielleicht hätte die nächste Frage gelautet: »Was ist mit innerer Entsagung gemeint?«, und er hätte eine Antwort darauf gegeben, wenn nicht der Gong dazwischengekommen wäre.

Ich ging nach Hause. Ich lebe dort alleine. Wie du siehst, hat Gott jedem einzelnen das zugeteilt, was für ihn geeignet und angemessen ist. Bhagavan hat mich nie gefragt: »Warum lebst du alleine?«, und er hat es auch nie jemandem gegenüber erwähnt. Wenn man nach dem Grund fragen würde, könnte man nur sagen: es ist so, weil es den Umständen meines Lebens angemessen ist.

Der Guru

26.2.1947

Heute Nachmittag fragte ein tamilischer Jugendlicher Bhagavan: »Swami, gestern früh hast du der Frau aus dem Gujarat geantwortet, dass mit Entsagung innere Entsagung gemeint ist. Wie können wir sie erlangen? Was ist innere Entsagung?«

Bhagavan: »Innere Entsagung bedeutet, dass alle *Vasanas* unterworfen werden müssen. Wenn du mich fragst, wie man das erreicht, lautet meine Antwort: durch *Sadhana*.«

Frager: »Doch dazu brauchen wir einen Guru.«

Bhagavan: »Ja, ein Guru ist nötig.«

Frager: »Wie kann man wissen, wer ein geeigneter Guru ist? Wie sollte er sein?«

Bhagavan: »Jener ist ein geeigneter Guru, mit dem dein Geist übereinstimmt. Er sollte Ruhe ausstrahlen, geduldig sein, vergeben und andere Tugenden haben. Er sollte andere allein durch seinen Blick wie ein Magnet anziehen und ein Gespür für die Gleichheit aller haben. Wenn er diese Tugenden besitzt, ist er ein wahrer Guru.

Will man die wahre Gestalt des Gurus erkennen, muss man zuerst seine eigene Gestalt erkennen. Wie könnte man seine wahre Gestalt erkennen, wenn man nicht zuerst seine eigene erkennt? Wenn du die wahre Gestalt des Gurus wahrnehmen willst, musst du zuerst lernen, die ganze Welt als die Gestalt des Gurus zu betrachten. Man muss alle Lebewesen als Guru betrachten. Mit Gott ist es dasselbe. Du musst alle Dinge als Gottes Gestalt sehen. Wie aber kann jemand, der sein eigenes Selbst nicht kennt, die Gestalt *Ishwaras* oder des Gurus erkennen? Wie kann er sie bestimmen? Deshalb erkenne zuerst deine eigene wahre Gestalt.«

Frager: »Braucht man nicht einen Guru, um selbst das zu erkennen?«

Bhagavan: »Es gibt viele große Menschen in der Welt. Betrachte denjenigen von ihnen als deinen Guru, mit dem dein Geist übereinstimmt. Derjenige, dem du vertraust, ist dein Guru.«

Der Junge war immer noch nicht zufrieden. Er zählte viele große Männer der Gegenwart auf und meinte: »Dieser hat diesen Fehler und jener hat jenen Fehler. Wie könnte man sie als Guru betrachten?«

Bhagavan lässt zwar zu, dass man ihn selber schlecht macht, aber er akzeptiert nicht die leiseste Krittelei an anderen. Ungeduldig erwiderte er: »Man hat dir gesagt, dass du dein eigenes Selbst erkennen sollst. Stattdessen suchst du Fehler bei den anderen. Es reicht völlig, wenn du deine eigenen Fehler berichtigst. Die Leute können sich selbst um ihre Fehler kümmern. Anscheinend können sie keine Erlösung erlangen, solange sie kein Zeugnis von dir erhalten haben. Was für ein Jammer! Sie warten alle auf dein

Zeugnis. Du bist ein großer Mann. Können sie Erlösung finden, wenn du sie nicht billigst? Hier tadelst du sie, anderswo tadelst du uns. Du weißt alles. Wir wissen nichts und müssen dir gehorchen. Ja, das sollten wir wohl. Du kannst dann herumerzählen: ›Ich war im Ramanashram und habe dem Maharshi Fragen gestellt, doch er konnte sie nicht richtig beantworten. Er weiß nichts.‹«

Der Junge wollte mit seiner Rede fortfahren, aber ein Devotee verhinderte es.

Bhagavan meinte: »Warum hältst du ihn auf? Wir wollen still sein und ihn sprechen lassen so lang er will. Er ist ein weiser Mann. Ich habe ihn seit seiner Ankunft beobachtet. Er saß anfangs in einer Ecke und stellte sorgfältig sein Bündel an Fragen zusammen. Seitdem ist er jeden Tag näher an mich herangerückt. Als er gestern die Fragen der Frau gehört hat, beschloss er sein Wissen auszubreiten und öffnete sein Bündel. Alles, was darin ist, muss herauskommen, oder etwa nicht? Er sucht die ganze Welt nach einem Guru ab. Anscheinend hat er noch keinen gefunden, der die nötigen Qualifikationen vorweisen kann.«

Dattatreya[68] ist der universale Guru. Die ganze Welt war sein Guru. Wenn du das Böse siehst, spürst du, dass du es nicht tun sollst. Deshalb war das Böse sein Guru. Wenn du das Gute siehst, möchtest du es gerne tun. Deshalb war das Gute sein Guru. Beides, gut und böse, waren seine Gurus.

Als Dattatreya einen Jäger nach dem Weg fragte, ignorierte der seine Frage, da er sich gerade darauf konzentrierte, einen Vogel abzuschießen. Dattatreya sagte: ›Du bist mein Guru! Obwohl das Töten des Vogels schlecht ist, ist es gut, dass du dein Ziel so fest im Auge behalten hast, um den Bogen abzuschießen, und meine Frage ignoriert hast. Du lehrst mich, dass ich meinen Geist beständig auf *Ishwara* gerichtet haben sollte. Deshalb bist du mein Guru.‹ So betrachtete er alles als seinen Guru, sogar seinen physischen Leib, da das Körperbewusstsein während des Schlafes nicht existiert und der Körper deshalb nicht mit der Seele verwechselt und identifiziert werden darf. Da er die ganze Welt als seinen Guru betrachtete, verehrte ihn die ganze Welt als ihren Guru. Mit *Ishwara* ist es dasselbe. Wer die ganze Welt als *Ishwara* betrachtet, wird von der Welt als *Ishwara*

---

[68] Gottheit des Hinduismus und Verkörperung der Dreigestalt von *Brahma*, *Vishnu* und *Shiva* (Schöpfung, Erhaltung und Zerstörung)

verehrt, denn du wirst zu dem, was du wahrnimmst. Was wir sind, das ist auch die Welt.

Stell dir einen großen Garten vor. Der Kuckuck, der in den Garten kommt, sucht auf dem Mangobaum nach Früchten. Die Krähe sucht auf dem Niembaum nach Futter. Die Biene sucht Blumen, um Honig zu sammeln, und die Fliegen suchen nach Kot. Wer nach dem Salagrama (kleiner heiliger Stein) sucht, legt alle anderen Steine beiseite und liest nur ihn auf. Dieser heilige Stein ist inmitten eines Haufens gewöhnlicher Steine zu finden. Man erkennt das Gute, weil das Böse mit ihm zusammen existiert. Licht scheint, weil es die Dunkelheit gibt. *Ishwara* gibt es nur, wenn es die Illusion gibt. Wer die Essenz sucht, ist damit zufrieden, wenn er unter hunderten von Dingen etwas Gutes findet. Er weist die 99 von sich und nimmt nur das Eine, das gut ist, und ist damit zufrieden, dass er damit die Welt überwinden kann. Er hält seine Augen immer auf dieses eine Gute gerichtet.«

Bhagavan sagte das alles mit lauter Stimme und schwieg dann.

In der Halle herrschte ehrfürchtiges Schweigen. Die Uhr schlug vier. Der Ashram-Pfau kam in die Halle und schrie laut. Bhagavan antwortete ihm mit: »Aav, Aav« (komm, komm!) und sah in seine Richtung.

Keine Verschwendung

12.3.1947

Bhagavan hatte die Geburtstagsverse und das Ekatma Panchakam auf grobes Papiers geschrieben, das die Tinte aufsaugt. Mir tat es darum leid und ich sagte: »Es wäre gut, wenn man die Verse in ein Notizbuch schreiben würde.«

Er antwortete: »Ja schon, aber wenn ich die Verse in ein Notizbuch schreibe, wird das jemand mitbekommen und das Notizbuch mitnehmen. Jetzt müssen wir das nicht befürchten. Der Swami ist das gemeinsame Eigentum aller.« Damit lehnte er meinen Vorschlag ab.

Heute Vormittag hat er an den Geburtstagsversen etwas verändert. Ich wollte sie mir abschreiben und in mein Notizbuch kleben, aber ich konnte in der Halle kein Papier finden. Ich wollte nicht extra heimgehen, um mir Papier zu holen, und sagte deshalb zu Bhagavan, dass ich im Büro darum bitten würde. Dort zeigten sie mir schönes Papier. Ich nahm ein Blatt für mich und sagte, auch Bhagavan könnte einige Blätter gebrauchen. Sie gaben mir vier Blätter mit. Ich brachte sie Bhagavan und schlug ihm vor, darauf seine Gedichte zu schreiben, um sie dann in ein Buch zu kleben. Er fragte: »Woher kommt das Papier? Hast du es aus dem Büro?« Ich bejahte. Da erwiderte er: »Wozu brauche ich es? Wenn du willst, kannst du es behalten. Ich kann mir etwas von den Zeitungen abreißen und darauf schreiben. Wozu brauche ich so gutes Papier?« Ich wusste nicht, was ich sagen sollte und legte das Papier auf das Bücherbrett.

Als die Post erledigt war, las Bhagavan die Zeitung. Er entdeckte einen unbedruckten Teil von etwa 10 cm, faltete die Zeitung und riss ihn heraus. Er lächelte mich an, aber ich wusste nicht warum. Er faltete das Papier schön zusammen, legte es auf das Bücherbrett und sagte: »Ich werde es verwenden. Wie könnte ich sonst zu Papier kommen? Ist es nicht gut genug für das, was ich schreibe?«

Ich erwiderte: »Das sollte uns eine Lehre sein. Bhagavan lehrt uns immer etwas, aber wir lernen unsere Lektionen nicht.«

Da lächelte er und schwieg.

Wenn die Ashrambewohner Büchersendungen bekommen, bringen sie manchmal die Bücher mit dem Packpapier in die Halle. Bhagavan faltet das Papier schön zusammen und sagt zu seinen Gehilfen: »Bewahrt es sorgfältig auf. Wir können es zum Verpacken eines Buches verwenden. Wie können wir sonst zu Packpapier kommen? Es ist umsonst.«

Bhagavan wird täglich die eingegangene Post aus dem Büro gebracht, damit er sie durchsieht. Beamte wie du beschreiben nur einen Teil des Papiers. Bhagavan pflegt diese unbeschriebenen Teile abzureißen und aufzubewahren. Ebenso macht er es mit den Klammern der Zeitungen. Wenn er die Zeitung gelesen hat, nimmt er die Klammern heraus und gibt sie seinen Helfern mit den Worten: »Wir können sie gebrauchen. Sonst werden sie nur weggeworfen. Wie könnten wir sonst zu solchen Klammern kommen? Man müsste sie kaufen. Und wo ist das Geld dafür?«

Als Bhagavan auf dem Berg lebte, hat er aus Kokosnussschalen Löffel, Tassen und anderes geschnitzt und auf Hochglanz poliert. Bis vor kurzem hat er das noch getan und zu seinen Helfern gesagt: »Bewahrt sie sorgfältig auf. Wir können sie benutzen. Wie können wir uns silberne Tassen und goldene Löffel leisten? Das ist unser Geschirr. Damit verbrennt man sich nicht die Hände und es schlägt nicht an wie Metallwaren.«

Bhagavan benutzt nur diese Dinge.

Wenn jemand Orangen und ähnliches bringt, lässt Bhagavan nicht zu, dass man die Schalen fortwirft. Sie werden für Chutneys und Pickles verwendet. Sie werden auch in die Suppe und in andere Gerichte getan. Bhagavan isst seinen Blattteller immer leer. Nicht ein Bissen wird weggeworfen. Auf diese Weise zeigt er uns durch sein Beispiel, dass nichts verschwendet werden sollte.

Wenn ihm jemand Rosen bringt, drückt Bhagavan sie gegen seine Augen, legt sie auf die Uhr und isst die Blüten, wenn sie trocken sind und abfallen. Er gibt davon auch den Anwesenden.

Als einmal jemand eine Rosengirlande brachte, wurde damit die Statue im Tempel der Mutter dekoriert. Danach warfen die Priester sie zusammen mit den anderen Blumen in den Abfallkorb. Bhagavan ärgerte sich darüber. Er sammelte alle Rosenblätter auf und mischte sie ins *Payasam*, das dadurch einen wundervollen Geschmack bekam.

Wenn er auf seinem Spaziergang essbare Blätter sieht, pflückt er sie mit seinen Helfern und gibt Anweisung, wie man sie kocht und daraus ein leckeres Gericht zubereitet. Er mag lieber Gerichte, die nichts kosten. Das mag nichts Besonderes sein, aber wenn wir darüber nachdenken, erkennen wir, dass es für uns eine gute Lektion ist. Er lehrt uns, wie wir mit wenigen Mitteln gut leben können.

Täuschung und Geistesfriede

28.3.1947

Ein Junge aus Andhra Pradesh, der einfältig aussah, fragte Bhagavan: »Swami, ich war bereits vor zehn Monaten hier, um deinen *Darshan* zu erhalten. Ich wollte deinen *Darshan* nochmals haben und bin sofort hergekommen. Kann ich es auch künftig so machen?«

Bhagavan: »Was immer geschieht, das geschieht. Alles geschieht, wie wir es verdienen. Warum sollen wir uns im Voraus darüber Sorgen machen?«

Er fragte nochmals: »Kann ich immer kommen, wenn ich diesen Wunsch habe oder soll ich den Wunsch verdrängen?«

Bhagavan: »Die Dinge geschehen von selbst, wenn du aufhörst, in die Zukunft zu denken.«

Junge: »Immer wenn ich mir wünsche, Bhagavan zu sehen, kann ich den Wunsch überhaupt nicht kontrollieren. Ist dieser Wunsch bloß eine geistige Täuschung?«

Ich erwiderte: »Wie kann der Wunsch, *Darshan* von einer großen Person zu haben, nur eine geistige Täuschung sein? Warum glaubst du, dass nur dieser Wunsch eine Täuschung ist, wenn es doch so viele Täuschungen des Geistes gibt, die man kontrollieren und unterdrücken muss?«

Er stellte keine weiteren Fragen.

In der Halle saßen einige Besucher aus Andhra Pradesh, die auf Pilgerreise waren. Einer von ihnen stand auf und fragte: »Swami, wie erlangt man Friede?«

Bhagavan: »Der Geist erlangt Friede, wenn die *Vasanas* unterdrückt werden. Dafür muss man erforschen und erkennen, wer man ist. Wie könnte man Friede erlangen, indem man lediglich sagt: ›Ich möchte Friede! Ich möchte Friede!‹, ohne zuerst zu fragen, was Friede eigentlich bedeutet? Bemühe dich, zuerst zu erkennen, was bereits existiert.«

Unter ihnen war auch ein Gelehrter. Er fragte: »Das Leben ist an manchen Orten extrem schwierig. Wie kann man an solchen Orten *Sadhana* tun?«

Bhagavan: »Der Ort ist in dir. Du bist nicht an einem Ort. Wenn du doch überall bist, wie können dann an manchen Orten Schwierigkeiten auftreten und an anderen nicht? Alle Orte sind in dir. Wie können sie dir Schwierigkeiten bereiten?«

Sri Ramana Maharshi von GE

Gelehrter: »Aber wir erlangen nicht überall Geistesfrieden.«

Bhagavan: »Das, was immer existiert, ist Friede. Es ist dein natürlicher Zustand. Du bist nicht in der Lage, deinen natürlichen Zustand wahrzunehmen. Du lässt dich von etwas täuschen, das unwirklich ist, und bedauerst, dass es keinen Frieden gibt. Wenn du dein Selbst verstehst, sind alle Orte gleichermaßen für *Sadhana* geeignet.«

Mutter Alagammal

3.4.1947

Am nächsten Tag wurde über die alten Lieder gesprochen. Bhagavan sagte: »Mutter sang immer das *Dakshinamurti Stotram* und andere Lieder mit vedantischer Bedeutung. Keiner kümmert sich heute mehr um diese Lieder, aber es wäre gut, wenn man sie veröffentlichen würden.«

Mir kamen die alten philosophischen Lieder in Telugu in den Sinn. Unsere Frauen würden davon spirituell profitieren, wenn man sie veröffentlichen könnte. Ich schrieb einen Artikel darüber und erwähnte auch das *Appalam*-Lied[69], das Bhagavan für seine Mutter gedichtet hatte und das als eines der besten Lieder gilt. Als ich Bhagavan erzählte, dass ich den Artikel der telugischen Zeitschrift ›Griha Lakshmi‹ zusenden wollte, bat er mich, ihn vorzulesen.

Dann erzählte er die Geschichte dieses Liedes: »In der ersten Zeit, als Mutter bei mir in der Virupaksha-Höhle wohnte, wurde nicht gekocht. Sie aß, was Echammal oder jemand anderer ihr brachte. Eines Tages dachte sie, dass ich nichts Rechtes zu essen hätte und es eine gute Idee sei, für mich *Appalams* zu machen, da ich sie einst sehr mochte. Heimlich bat sie die alte Frau Mudaliar, Echammal und andere, die Zutaten zu besorgen. Eines Abends sagte sie, sie würde ins Dorf gehen. Ich wollte wissen, wohin sie wirklich ging und wartete unter dem Baum am Eingang auf sie. Sie ging in verschiedene Häuser, sammelte die Zutaten in einem großen Gefäß ein und kam damit zurück. Ich schloss die Augen und tat so, als hätte ich nichts mitbekommen. Dann verstaute sie alles in der Höhle.

Als es dunkel wurde und alle Besucher fort waren, aß ich wie üblich, legte mich hin und gab vor zu schlafen. Da holte sie das Holzbrett und das Wellholz, Mehl und die anderen Zutaten hervor und begann *Appalams* zu machen. Es sollten etwa zwei- bis dreihundert Stück werden. Sie konnte sie nicht alleine machen. Ich kenne die Arbeit. Deshalb bat sie mich: ›Mein Junge, bitte hilf mir.‹ Jetzt hatte ich die Gelegenheit, auf die ich gewartet hatte. Wenn ich ihr nachgab, würde sie mit etwas anderem beginnen. Ich wollte dem rechtzeitig Einhalt gebieten und antwortete: ›Du hast alles auf-

[69] *Appalams*: dünne Fladen aus Linsenmehl

gegeben und bist hierher gekommen. Wozu das alles? Du solltest mit dem zufrieden sein, was gerade da ist. Ich werde dir nicht helfen und auch nichts davon essen. Mache sie alle für dich selbst.‹ Sie schwieg für eine Weile und fing dann wieder an: ›Mein lieber Sohn, bitte hilf mir ein bisschen.‹ Ich gab nicht nach, doch sie hörte nicht auf, mich zu bitten.

Als ich spürte, dass es keinen Zweck hatte, mit ihr zu debattieren, sagte ich: ›Also gut. Du machst diese *Appalams*. Ich mache eine andere Sorte davon‹, und ich begann dieses *Appalam*-Lied zu dichten. Sie kannte bereits ein Reis-Lied, ein Suppen-Lied und andere Lieder mit *vedantischer* Bedeutung, aber bislang hatte noch niemand ein *Appalam*-Lied verfasst. Sie mochte diese Lieder sehr und konnte noch ein weiteres dazulernen. Als sie mit der Zubereitung der *Appalams* fertig war, war auch mein Lied fertig. Ich sagte zu ihr: ›Ich esse dieses *Appalam* (das Lied) und du isst die *Appalams*, die du gemacht hast.‹ Das war 1914 oder 1915.«

[Das *Appalam*-Lied

Refrain:
Streng dich an und mache *Appalams*,
iss sie und dein Verlangen ist gestillt.

1. Durchwandere nicht trostlos diese Welt.
Beherzige das unausgesprochene, einzigartige Wort
des wahrhaften Meisters,
der die Wahrheit von Sein-Bewusstsein-Seligkeit lehrt.

2. Nimm die schwarzen Linsen[70],
das Ego, das auf dem Feld der fünf Hüllen des Körpers[71] wächst,
und zermahle es in der Mühle,
der Frage der Weisheit: »Wer bin ich?«,
zum feinsten Mehl.

[70] gemeint ist eine schwarze Bohnensorte, die v. a. für *Dhal* etc. verwendet wird.
[71] die fünf Hüllen: die physische, vitale, mentale, intellektuelle Hülle und die Hülle der Seligkeit

3. Gib Pirandai-Saft[72] hinzu, das ist gute Gesellschaft,
und Kreuzkümmel, das ist Geisteskontrolle,
den Pfeffer der Selbstbeherrschung,
das Salz der Nicht-Anhaftung
und als Gewürz Asant[73], die Liebe zur Tugend.

4. Gib den Teig in den Mörser des Herzens
und mit der Mörserkeule des nach innen gerichteten Geistes
zerstoße ihn kräftig mit den Schlägen von »Ich«, »Ich«.
Dann welle ihn aus mit dem Wellholz der Stille
auf der Steinplatte des Seins.
Arbeite unermüdlich, beständig und guten Mutes.

5. Lege das *Appalam* in die zerlassene Butter von *Brahman*
in die Pfanne des unendlichen Schweigens
und brate es über dem Feuer der Erkenntnis.
Wenn dann das »Ich« zum Selbst geworden ist,
iss und koste das Selbst als das Selbst,
und bleibe das Selbst allein.][74]

»Einige Zeit nachdem ich das *Appalam*-Lied gedichtet hatte, machten wir uns alle auf den Weg zum *Giri Pradakshina*. Jemand bat: ›Swami, bitte erkläre uns die Bedeutung des *Appalam*-Liedes.‹ Ich zitierte viele Quellen und erklärte die Bedeutung eines jeden Wortes. Wir beendeten unsere Runde um den Berg und kehrten zur Virupaksha-Höhle zurück, während ich noch immer erklärte. Die ganze Essenz des *Vedanta* ist in diesem Lied enthalten. Ein Kommentar dazu würde ein dickes Buch ergeben.

Obwohl ich meiner Mutter Vorhaltungen machte, fing sie allmählich mit dem Kochen an. Zuerst war es nur Gemüse, dann Suppe und so weiter. Bald darauf zogen wir in den Skandashram. Sie wanderte auf dem ganzen

[72] eine Sorte ganzjähriger Kletterpflanze, die in den trockenen Gegenden Indien wächst
[73] Asant schmeckt ähnlich wie Knoblauch und wird in der indischen Küche gern als Gewürz verwendet.
[74] Einschub der Übers., Übers. aus Collected Works, S. 132f

Berg umher und sammelte alles Mögliche. Sie sagte: ›Er mag dieses Gemüse und dieses Obst‹ und nahm von meinem Protest keine Notiz.

Sie sagte, sie würde mich nicht verlassen und woanders hingehen, weil sie Angst hatte, dass sie dort sterben könnte. Sie wollte unbedingt in meinen Armen sterben. Alamelu (Bhagavans jüngere Schwester) hatte ein neues Haus in ihrem Dorf in der Nähe von Manamadurai gebaut und Mutter gebeten, es sich anzusehen. Alamelu sagte, sie wäre schon damit zufrieden, wenn Mutter nur ihren Fuß hineinsetzen würde. Aber sie ging nicht hin, weil sie Angst hatte, dort krank zu werden und nicht mehr rechtzeitig mit dem Zug zurückzukommen, um in den Armen ihres Sohnes zu sterben. Sie sagte: ›Selbst wenn du meinen toten Körper in dieses Dornengestrüpp wirfst, kümmert mich das nicht, aber ich muss mein Leben in deinen Armen beenden.‹«

Als er das erzählte, begann seine Stimme vor Ergriffenheit zu zittern.

Menschliche Anstrengung

4.4.1947

Vor einigen Tagen kam ein Devotee, der häufig den Ashram besucht. Heute Nachmittag setzte er sich in Bhagavans Nähe und fragte: »Swami, jeder in der Halle sitzt mit geschlossenen Augen da. Haben alle davon einen Nutzen?«

Bhagavan: »Gewiss! Jeder Mensch bekommt das, was er sich denkt.«

Frage: »Das *Yoga Vashishta* sagt dasselbe. Es heißt, dass menschliche Anstrengung die Quelle aller Kraft ist. Anderswo heißt es dagegen, dass alles göttliche Gnade ist. Was ist richtig?«

Bhagavan: »Es steht geschrieben, dass es keinen anderen Gott gibt als das *Karma* aus früheren Geburten. Das Handeln (*Karma*), das man in der jetzigen Geburt gemäß der Anleitung der heiligen Schriften ausführt, nennt man menschliche Anstrengung (Purushakara). Das frühere und das gegenwärtige *Karma* treffen sich zu einem Kampf und das Schwächere wird beseitigt. Deshalb muss man sich anstrengen.

Wenn man allerdings fragt, was der Ursprung von *Karma* ist, heißt es, man soll diese Frage nicht stellen, da sie wie die ewige Frage ist, was zuerst kommt: der Same oder der Baum. Diese Frage führt nur zu Diskussionen und nicht dazu, eine klare Antwort zu finden. Deshalb sage ich: ›Finde zuerst heraus, wer du bist.‹ Wenn man fragt: ›Wer bin ich? Wie bin ich zu diesem mangelhaften Leben gekommen?‹, wird man das Selbst verwirklichen. Das Mangelhafte wird beseitigt und man erlangt Friede. Doch warum überhaupt von ›erlangen‹ sprechen? Das Selbst bleibt einfach wie es IST.«

Im *Yoga Vashishta* heißt es im zweiten Lied:

»›Wer bin ich? Wie ist dieses falsche *Samsara* entstanden?‹ Diese Erforschung nennt man den Pfad der Suche (*Vichara*). Durch *Vichara* versteht man die Wirklichkeit und dieses Verständnis bringt das Ruhen im Selbst mit sich. Der Geist wird still und alle Sorgen finden ein Ende.«

Das Oberhaupt eines Maths

5.4.1947

Derselbe Devotee, der Bhagavan gestern die Frage über die menschliche Anstrengung gestellt hatte, erzählte ihm heute von seiner schlechten Gesundheit, von den Behandlungsmethoden der Ärzte und den Diensten, die ihm seine Diener leisteten und fragte: »Swami, wir können unseren Körper nicht in guter Verfassung halten und müssen ihn den Ärzten und Dienern anvertrauen. Wenn wir nicht einmal die Kontrolle über den Körper haben, was nützt es dann, wenn die Leute darüber reden, die Welt zu verbessern?«

Bhagavan antwortete ihm nicht sogleich. Am Abend, als sich alle Devotees versammelt hatten, rieb er seine Beine mit Öl ein. Er sah den Frager lächelnd an und sagte: »Wir sind unsere eigenen Ärzte und Diener.«

Devotee: »Was können wir tun, wenn wir nicht so stark wie Bhagavan sind, um uns um unsere eigenen Angelegenheiten zu kümmern?«

Bhagavan: »Wenn wir die Kraft zum Essen haben, warum sollten wir dann nicht auch die Kraft dazu haben?«

Der Devotee wusste darauf nichts mehr zu sagen und schwieg mit gesenktem Kopf.

Da kam die Post. Nachdem Bhagavan die Briefe durchgesehen hatte, erzählte er folgende Geschichte:

»Ein *Sannyasin* war darauf erpicht, die Leitung eines *Maths* zu übernehmen. Dafür brauchte er Schüler. Er versuchte alles, Schüler für sich zu gewinnen. Doch alle, die kamen, fanden bald heraus, dass er nicht viel wusste, und gingen wieder. Keiner blieb.

Eines Tages hatte er etwas in einer Stadt zu erledigen. Er musste dort seiner Position entsprechend auftreten, aber er hatte keinen Schüler. Da dachte er, es müsse ja niemand wissen. Er plante, sein Bündel Kleider unbeobachtet in einem Haus abzulegen und dann so zu tun, als ob er gerade erst kommen würde. Er durchwanderte die ganze Ortschaft, doch jedes Mal, wenn er ein Haus betreten wollte, standen Leute davor. Armer Kerl! Was konnte er tun? Es war schon fast Abend und er war müde.

Schließlich fand er ein Haus, vor dem niemand war. Die Tür stand offen. Erleichtert legte er sein Bündel in einer Ecke des Hauses ab und setzte sich draußen auf die Veranda. Nach einer Weile kam die Hausfrau heraus und fragte ihn, wer er sei. ›Ich bin das Oberhaupt eines *Maths* und habe in der Stadt zu tun. Ich habe gehört, dass ihr gute Leute seid. Ich habe mein Gepäck von meinem Schüler herbringen lassen, da ich hoffe, dass wir die Nacht bei euch verbringen können. Morgen werden wir wieder gehen. War mein Schüler da?‹ ›Niemand war da, Herr‹, antwortete sie. ›Ich habe ihn geheißen, mein Bündel hier abzulegen und dann einige Dinge auf dem Bazar zu besorgen. Bitte sieh nach, ob er es irgendwo abgelegt hat.‹

Als die Frau das Haus durchsuchte, fand sie das Bündel in einer Ecke liegen. Da hießen sie und ihr Mann ihn willkommen und gaben ihm etwas zu essen und ein Zimmer zum Schlafen. Spätabends fragten sie: ›Dein Schüler ist immer noch nicht da?‹ Er antwortete: ›Vielleicht streunt dieser Bursche im Bazar herum. Bitte geht zu Bett. Wenn er kommt, werde ich ihm öffnen.‹

Das Ehepaar hatte inzwischen den *Sannyasin* durchschaut. Die beiden dachten, sie würden noch mehr Spaß mit ihm haben und gingen zu Bett. Da begann der *Sannyasin* mit seiner Vorstellung. Er öffnete geräuschvoll die Tür und schloss sie wieder, was jeder im Haus hören sollte. Dann sagte er laut: ›Wo bist du so lange gewesen? Nimm dich bloß in Acht! Wenn das wieder vorkommt, werde ich dich grün und blau schlagen.‹ Dann verstellte er seine Stimme und jammerte: ›Swami, Swami, bitte vergib mir! Es wird nicht wieder vorkommen.‹ Mit seiner eigenen Stimme befahl er: ›Gut, und jetzt komm her und massiere meine Beine – hier, nicht da – leicht mit den Fäusten klopfen – ja, ein bisschen fester.‹ Er massierte seine eigenen Beine und sagte dann: ›Jetzt ist es genug. Es ist schon spät. Geh zu Bett.‹ Dann ging er schlafen. Es gab im Zimmer der Eheleute ein Loch in der Wand, durch das sie die ganze Posse beobachten konnten.

Am frühen Morgen wiederholte der *Sannyasin* die Vorstellung vom Vorabend: ›Du fauler Kerl! Die Hähne krähen schon. Geh zu Herrn XY, erledige diese und jene Arbeit und komm dann zurück.‹ Damit öffnete er die Tür und gab vor, ihn wegzuschicken. Dann ging er wieder ins Bett zurück. Das Paar beobachte auch das.

Am Morgen packte er sein Bündel zusammen, legte es in eine Ecke und ging zum Wasserbecken in der Nähe, um sein Bad zu nehmen. Unterdessen versteckte das Ehepaar das Bündel. Als der *Sannyasin* zurückkam, durchsuchte er das ganze Zimmer, aber das Bündel war nirgends zu finden. Da fragte er die Hausfrau: ›Wo ist mein Bündel?‹ Das Paar erwiderte: ›Herr, dein Schüler war da und hat es mitgenommen. Er sagte, dass er es dir bringen soll. Es war derselbe, der gestern Abend deine Beine massiert hat. Er ist gerade um die Ecke verschwunden.‹

Was konnte der *Sannyasin* machen? Er hielt den Mund und machte sich auf den Heimweg.«

Mäßigung

6.4.1947

Gestern fragte ein Devotee Bhagavan: »Swami, man muss meditieren, um sein Selbst zu ergründen. Wenn ich mich zum Meditieren hinsetze, schlafe ich ein. Was soll ich tun?«

Bhagavan: »Lerne zunächst wach zu sein, wenn du im Wachzustand bist. Dann können wir über den Schlafzustand nachdenken. Wir träumen von vielen Dingen, selbst wenn wir wach sind. Wir müssen lernen, uns davor zu hüten. Alles, was wir um uns sehen, ist ein Traum. Wir sollten aus dieser Traumwelt erwachen.«

Frager: »Um diese Achtsamkeit zu erlangen, müssen wir *Sadhana* tun. Doch wenn ich versuche *Sadhana* zu üben, werde ich müde. Kann mir Bhagavan sagen, wie ich meine Schläfrigkeit überwinden kann?«

Bhagavan: »Der Schlaf ist das erste Hindernis. Wir müssen so weit als möglich versuchen, ihm nicht zu erliegen. Wir müssen herausfinden, warum wir müde werden und unser Essen, unsere Bewegungen usw. mäßigen und darauf achten, dass wir uns nicht müde fühlen. Aber es bringt nichts, den Schlaf aufhalten zu wollen, wenn wir bereits schläfrig sind. Wir werden müde, wenn wir herzhaft essen. Dann nicken wir ein, wenn wir uns zur Meditation hinsetzen. Manche befestigen ihre Haare an einem Nagel an der Wand, um sich wach zu halten. Wenn sie einnicken, wachen sie daran auf. Doch von welchem Nutzen ist das für die Meditation?

Mein Kindheitserlebnis mit dem Schlaf ist bekannt. Ich band einen Faden an den Nagel an der Wand und befestigte meine Haare daran, um während des Schulunterrichts nicht einzuschlafen. Wenn mein Kopf nach unten sank, wurde der Faden stramm gezogen und das weckte mich auf. Sonst verdrehte mir der Lehrer die Ohren und weckte mich auf.«

Muruganar fragte: »Ist es möglich, dass sich Bhagavan diese Geschichte nur ausgedacht hat?«

Bhagavan: »Nein, es ist wahr! Ich habe das gemacht, weil ich Angst vor der Strafe der Lehrer hatte, wenn ich nicht aufpasste. So war das damals.

In meiner ersten Zeit hier wusste ich kaum, ob es Tag oder Nacht war, wenn ich mit geschlossenen Augen in Meditation versunken war. Wenn ich dann irgendwann meine Augen öffnete, fragte ich mich immer, ob es Tag oder Nacht sei. Ich aß und schlief nicht. Wenn man sich bewegt, braucht man Nahrung und wenn man isst, braucht man Schlaf. Wenn man sich nicht bewegt, braucht man keinen Schlaf und es genügt sehr wenig Nahrung, um das Leben zu erhalten. Das war damals meine Erfahrung. Irgendjemand gab mir immer ein wenig flüssige Nahrung, wenn ich die Augen öffnete. Das war alles.

Aber wenn man nicht in bewegungsloser Konzentration verharrt, kann man Schlaf und Nahrung nicht völlig aufgeben. Wenn Körper und Geist den üblichen Beschäftigungen des Lebens nachgehen, fängt der Körper an zu taumeln, wenn du ihm Nahrung und Schlaf verweigerst. Deshalb gilt, dass Nahrung und Bewegung beschränkt werden müssen, um die Seele zu erheben. Große Menschen beschränken ihren Schlaf auf das Minimum, damit sie nicht ihre Zeit vergeuden, und nutzen die Zeit, um selbstlose gute Taten zu vollbringen. Manche sagen, es sei gesund, um 10 Uhr abends zu Bett zu gehen und um 2 Uhr wieder aufzustehen. Das bedeutet, dass vier

Stunden Schlaf ausreichen. Andere sagen, dass vier Stunden Schlaf nicht genügen, sondern dass es sechs sein sollten.

Es läuft darauf hinaus, dass man nicht im Übermaß essen und schlafen sollte. Wenn du eines von beidem völlig aufgeben willst, musst du nur ständig daran denken. Deshalb sollte der *Sadhaka* in allem maßvoll sein.«

In der *Bhagavad Gita* VI, 16f heißt es: »Yoga ist nicht für den geeignet, der zu viel isst, aber auch nicht für den, der sich zu sehr enthält, weder für den, der zu viel schläft, noch für den, der zu viel wacht. Yoga macht allem Leid ein Ende, wenn man maßvoll ist im Essen und Zeitvertreib, im Handeln, im Schlafen und im Wachen.«

Keine Unregelmäßigkeit

7.4.1947

Gestern habe ich dir geschrieben, was Bhagavan uns über die Mäßigung von Schlaf, Essen und Bewegung gesagt hat. Er lehrt es uns auf verschiedene Weise durch sein Vorbild. Er trinkt keine Milch und isst jetzt nur noch ein *Iddlie* zum Frühstück. Er sagt, dass jemand, der nur dasitzt und keine körperliche Arbeit tut, keine zwei *Iddlies* braucht. Ebenso hält er es mit dem Mittagessen. Seine Mahlzeit besteht nur aus einer Handvoll. Auch isst er kein Gericht getrennt, wie wir es um des Geschmackes willen tun. Er gibt Gemüse, Chutney, Suppe usw. zusammen und mischt es unter den Reis. Einmal sagte er: »Es würde besser schmecken, wenn wir nur eine Beilage zum Reis hätten anstatt so vieler. Wozu brauchen wir so viele Gerichte? Früher hatten wir nur ein einziges Gericht. Als ich auf dem Berg lebte, brachten die Leute Reis, Obst und Süßigkeiten. Von allem aß ich nur eine Menge, die in drei Finger passt. Die ganze Tagesration machte nicht einmal eine Handvoll aus. Das bekam mir äußerst gut. Heutzutage legen sie ein Blatt vor mich hin und servieren mir alles Mögliche. Da ich nichts verschwenden kann, esse ich alles und fühle mich danach schwer.«

Ebenso hält er es mit dem Schlaf. Bei besonders festlichen Anlässen wie die Feier seines Geburtstags und *Maha Puja* beginnen die Schüler mit ihren vedischen Rezitationen nicht wie üblich zu Brahma Muhurtham[75], da sie von den Vorbereitungen vom Vorabend müde sind. Aber Bhagavan steht wie üblich auf. Wenn er einmal krank ist und seine persönlichen Helfer ihn bitten, doch etwas länger zu schlafen, antwortet er ihnen: »Was bringt es, wenn man die Zeit von Brahma Muhurtham verschläft? Wenn ihr wollt, könnt ihr schlafen.«

Im Dezember und Januar beginnt die *Puja* im Arunachaleswara-Tempel sehr früh am Morgen. Bhagavan ist zu dieser Zeit wach. Natürlich bewegt er sich auch wenig. Es heißt, dass diese Einschränkungen nur für *Sadhakas* gelten und nicht für *Jnanis*. Aber die *Jnanis* beachten diese Disziplinen zum Wohl der Welt. Sie verlassen den Gipfel der völligen Leidenschaftslosigkeit nie. Die Beachtung von Grundsätzen, Bestimmungen usw., die nicht gegen die Naturgesetze verstoßen, sind für sie normal. Ihr ganzes Handeln ist für uns eine Lehre.

Grundsätze

9.4.1947

Frage: »In welchem *Asana* [Yogahaltung] sitzt Bhagavan für gewöhnlich?«

Bhagavan: »Im *Asana* des Herzens. Wo immer es angenehm ist, dort ist mein *Asana*. Es heißt auch das *Asana* der Glückseligkeit. Dieses *Asana* des Herzens ist friedvoll und macht glücklich. Für jene, die in diesem *Asana* sitzen, ist kein anderes nötig.«

Frage: »In der Sri Ramana Gita kommt der Ausdruck hridaya granthi bhedanam (das Aufbrechen des Herzensknotens) vor. Was bedeutet das?«

Antwort: »Es bedeutet: weggehen, beenden, Auslöschung aller *Vasanas*, Vernichtung des Egos, des Ichs, Vernichtung des Geistes. Es gibt dafür noch viele andere Namen. Alle bedeuten dasselbe: die Vernichtung des Ego-Geistes ist hridaya granthi bhedanam. Das Wort *Jnana* bedeutet dasselbe.«

---

[75] morgens zwischen 4 und 6 Uhr, beliebte Zeit für die *Puja*

Zu Beginn des Gesprächs hatte ein Helfer den Ventilator angestellt, da es in der Halle stickig war. Bhagavan ließ ihn ausschalten und bemerkte: »Seht euch das an! Viele Leute fragen, wie jemand, der ein *Jnani* geworden ist, sich weiterhin mit Handeln befassen kann. Um das zu veranschaulichen, hat man früher das Beispiel von der Töpferscheibe gewählt. Während sich die Scheibe ständig dreht, entsteht das Gefäß. Aber selbst wenn das Gefäß fertig ist und die Scheibe abgestellt wird, dreht sie sich noch eine Zeit lang weiter. Heute können wir den elektrischen Ventilator als Beispiel nehmen. Wir haben ihn abgestellt, aber er dreht sich noch eine Zeit lang weiter. Ebenso ist es, wenn jemand ein *Jnani* geworden ist. Er gibt den Körper nicht auf, solange er die Handlungen, die für ihn bestimmt sind, nicht ausgeführt hat.«

Plötzlich begann ein kleines Kind von etwa acht Monaten hinter meinem Rücken »Thatha, Thatha« (Opa, Opa) zu plappern. Als Bhagavan diese süßen Worte hörte, hob er den Kopf und fragte, wer es sei. Ich sagte: »Es ist unsere kleine Mangalam.«

Bhagavan mag kleine Kinder sehr. Er sagte: »Ach, sie ist es? Ich dachte, es sei ein älteres Mädchen. Hat sie schon damit begonnen ›Thatha, Thatha‹ zu sagen?«

Das Kind sagte weiterhin: »Thatha, Thatha.«

Bhagavan: »Seht bloß dieses Wunder! Kinder sagen als erstes Wort ›Thatha‹, das ›than than‹ [than – selbst] bedeutet. Thanthan bedeutet das eigene Selbst. Mit uns ist es dasselbe. Das Wort ›ich‹ kommt automatisch zuerst. Erst dann folgen die Wörter ›du‹, ›er‹ usw., so wie bei kleinen Kindern alle anderen Wörter dem Wort ›thatha‹ folgen. Erst wenn das Gefühl von ›aham‹ (ich) da ist, folgen die anderen Empfindungen.«

Krishnaswami machte das Radio an, um die Zeit abzugleichen. Als die Uhr neun schlug, beendete der Sprecher im Radio seine Ansage mit: »Namaste an alle«. Bhagavan lächelte und meinte: »Der Radiosprecher sagt: ›Namaste an alle‹, als ob er sich von denen, die er anspricht, unterscheiden würde. Ist er nicht einer von ihnen? Es läuft doch darauf hinaus, dass er sich selbst ebenfalls grüßt. Die Menschen bemerken das nicht. Das ist seltsam.«

Völlige Hingabe

10.4.1947

Heute früh überreichte ein Jugendlicher aus Andhra Pradesh Bhagavan einen Brief, in dem er geschrieben hatte: »Swami, es heißt, dass man alles erreichen kann, wenn man völlige Zuflucht bei Gott sucht, ohne dass man an etwas anderes denkt. Bedeutet das, man soll still an einem Platz sitzen, die ganze Zeit nur über Gott meditieren und alle Gedanken ablegen, selbst jene, die für den Körper notwendig sind, wie etwa Essen? Bedeutet es, man soll nicht an Arznei und ärztliche Behandlung denken, wenn man krank ist, sondern seine Gesundheit oder Krankheit ausschließlich der göttlichen Vorsehung überlassen?

In der Gita (II, 71) heißt es: ›Der Mensch, der alles Verlangen ablegt und ohne Besorgnis ist, frei von »ich« und »mein«, erlangt den Frieden.‹ Demnach müssen wir alle Wünsche ablegen. Sollen wir uns ausschließlich der Kontemplation Gottes widmen und Nahrung, Wasser usw. nur annehmen, wenn wir sie durch Gottes Gnade erhalten, ohne darum zu bitten? Oder bedeutet es, dass wir uns wenigstens ein wenig darum bemühen sollten? Bhagavan, bitte erkläre mir dieses Geheimnis von *Saranagati* (Hingabe).«

Bhagavan las den Brief langsam durch und sagte: »Alleinige Zuflucht bedeutet zweifelsohne, frei von Anhaftung an Gedanken zu sein. Aber bedeutet es auch, selbst die Gedanken an Essen und Wasser, die für den Körper notwendig sind, abzulegen? Er fragt, ob er nur essen soll, wenn er etwas durch Gottes Gnade erhält, ohne darum zu bitten, oder ob er sich wenigstens ein wenig darum bemühen soll. Nehmen wir einmal an, dass die Nahrung von selbst kommt. Aber wer ist es dann, der sie isst? Nehmen wir weiter an, dass jemand sie dir in den Mund legt. Musst du sie dann nicht wenigstens hinunterschlucken? Ist das keine Anstrengung? Er fragt, ob er Arznei nehmen soll, wenn er krank ist, oder ob er alles Gott überlassen soll. Da der Hunger auch wie eine Krankheit ist, muss man gegen diese Krankheit Nahrung als Medizin nehmen. *Shankara* schreibt, dass die Krankheit Hunger mit Nahrung behoben werden muss, die man als Almosen erhält. Also muss man zumindest betteln gehen. Wenn alle Leute mit geschlossenen Augen dasitzen und sagen würden: ›Wir essen, wenn Nahrung kommt‹, wie könnte sich dann die Welt weiterdrehen? Man muss die

Dinge nehmen wie sie kommen, gemäß der Tradition, in der man lebt, und man muss frei vom Gefühl sein, dass man selbst etwas tut.

Das Gefühl, der Handelnde zu sein, ist Bindung. Deshalb ist es nötig, darüber nachzudenken und eine Methode zu finden, womit ein solches Gefühl überwunden werden kann, anstatt Zweifel zu hegen, ob man die Medizin nehmen soll, wenn man krank ist, oder ob man essen soll, wenn man hungrig ist. Solche Bedenken werden sich immer einstellen und sie werden nicht enden. Man wird selbst solche Bedenken haben wie etwa: ›Darf ich stöhnen, wenn ich Schmerzen habe? Soll ich nach dem Ausatmen einatmen?‹

Ob du nun von *Ishwara* oder *Karma* sprichst, irgendein Täter vollbringt alles in dieser Welt, wie es der Entwicklung des Geistes eines jeden Individuums entspricht. Wenn man alle Verantwortung auf ihn, den großen Handelnden, wirft, werden die Dinge ihren Lauf nehmen. Wenn wir gehen, denken wir dann etwa bei jedem Schritt darüber nach, ob wir ein Bein nach dem anderen heben sollen? Geschieht das Gehen nicht von selbst? Ebenso ist es mit dem Ein- und Ausatmen. Dafür ist keine besondere Anstrengung nötig. Mit diesem Leben ist es dasselbe. Können wir nach Belieben etwas aufgeben oder etwas tun, wie es uns gefällt? Viele Dinge tun wir automatisch, ohne dass wir uns ihrer bewusst sind.

Völlige Hingabe an Gott bedeutet, alle Gedanken aufzugeben und den Geist auf Ihn zu konzentrieren. Wenn wir uns auf Ihn konzentrieren können, verschwinden die anderen Gedanken. Wenn die Tätigkeiten unseres Geistes, Sprache und Körper mit Gott verschmolzen sind, liegt alle Last unseres Lebens auf Ihm.

Der Herr *Krishna* sagte zu *Arjuna* in der Gita: ›Wer alleine Mich verehrt und an nichts anderes denkt, dem gebe ich völlige Geborgenheit und ich kümmere mich um seine Bedürfnisse.‹ *Arjuna* musste kämpfen. Deshalb sagte *Krishna* zu ihm: ›Leg alle Last auf Mich und tu deine Pflicht. Du bist nur ein Instrument. Ich werde mich um alles kümmern. Nichts wird dich beunruhigen.‹

Aber bevor man sich Gott hingibt, sollte man auch wissen, wer es ist, der sich hingibt. Solange man nicht alle Gedanken aufgegeben hat, ist es keine Hingabe. Wenn es keine Gedanken mehr gibt, ist das, was übrig bleibt, das Selbst. Deshalb ist es im Grund nur die Hingabe an sein eigenes Selbst. Wenn die Hingabe sich auf Gott bezieht, muss man die Last auf Gott werfen. Wenn sie durch gute Taten erfolgt, sollte man gute Taten tun, bis man sein eigenes Selbst kennt. Das Ergebnis ist in beiden Fällen dasselbe. Hingabe bedeutet, sein eigenes Selbst zu erforschen, es zu erkennen und dann in ihm zu bleiben. Was gibt es, was vom Selbst getrennt wäre?«

Der junge Mann fragte: »Wie kann ich es erkennen?«

Bhagavan: »In der Gita werden verschiedene Wege aufgezeigt. Du sollst meditieren (*Dhyana*). Wenn du das nicht kannst, dann sollst du *Bhakti*, Yoga oder selbstloses Handeln üben. Es wird noch auf viele andere Wege verwiesen. Einem dieser Wege muss man folgen. Das eigene Selbst ist immer da. Die Dinge geschehen von selbst, in Übereinstimmung mit den Früchten der Handlungen aus früheren Geburten. Das Gefühl, dass ›ich‹ der Handelnde bin, ist die Bindung. Wenn man dieses Empfinden durch *Vichara* losgeworden ist, werden sich diese Fragen nicht mehr stellen. *Saranagati* bedeutet nicht, mit geschlossenen Augen dazusitzen. Wenn alle so dasitzen würden, wie könnten sie in der Welt bestehen?«

Da läutete die Glocke zum Essen. »Es läutet. Sollten wir nicht zum Essen gehen?«, sagte Bhagavan lächelnd und stand auf.

Traumvisionen

17.4.1947

Vorgestern kam ein älterer Mann, der sich in Ayurveda auskennt. Als er sich vor Bhagavan verneigt hatte, wollte er ihm eine Arznei geben und sagte: »Swami, das ist ein gutes schleimlösendes Mittel.« Die Helfer wollten ihn davon abhalten. Da gebot Bhagavan ihnen Einhalt, nahm die Arznei entgegen und erklärte ihnen: »Bereits als ich auf dem Berg lebte, brachte er mir immer wieder Medizin. Vielleicht hatte er wieder einen Traum.«

Der alte Mann sagte erfreut: »Ich hatte keinen Traum, Swami. Du warst schon früher zu dieser Jahreszeit verschleimt. Deshalb habe ich dir das Medikament gebracht.« Dann verneigte er sich und ging.

Ein Devotee, der in Bhagavans Nähe saß, fragte: »Was hat es mit dem Traum auf sich?«

Bhagavan: »Als ich auf dem Berg lebte, fragte ich eines Abends Palaniswami, ob er eine Limone habe. Er verneinte. In dieser Nacht träumte dieser Mann, dass ich ihn um eine Limone bäte. Als ich am nächsten Morgen aus der Virupaksha-Höhle kam, war er bereits da und sagte: ›Swami, nimm diese Limone!‹ Ich fragte: ›Gestern habe ich Palaniswami darum gebeten. Woher weißt du das?‹ Er antwortete: ›Du bist mir im Traum erschienen und hast mir gesagt, dass du eine Limone willst. Deshalb habe ich dir eine mitgebracht.‹ Dann legte er mir die Frucht in die Hand.«

Ein anderer Devotee fragte: »Hat nicht Nambiar dasselbe erlebt und dir ein Notizbuch gebracht?«

Bhagavan: »Ja. Ich bat Madhava, ein Notizbuch von länglichem Format und mit schwarzem Einband aus dem Büro zu holen, weil ich den Kommentar zur Sri Ramana Gita in Malayalam schreiben wollte. Er versprach es, vergaß es dann aber. In der Zwischenzeit kam Nambiar und brachte mir genau so ein Notizbuch mit. Als ich ihn fragte, wie er dazu käme, erwiderte er: ›Bhagavan ist mir im Traum erschienen und hat mich um ein Notizbuch gebeten. Er hat es mir genau beschrieben. Ich fand eines im Laden und habe es dir mitgebracht.‹

Das Notizbuch war gerade groß genug für die Sri Ramana Gita und den Kommentar. Als die Arbeit fertig war, kam Nambiar und nahm es mit, um es zu veröffentlichen. Doch er wollte das Buch mit der Handschrift Bhagavans nicht der Druckerei überlassen. Also machte er eine Abschrift und sandte diese an die Druckerei. Das Original behielt er. Er muss es immer noch haben.

Mit Rajagopalan war es dasselbe. Als die Tinte ausging, bat ich die Leute sie nachzufüllen. Am nächsten Tag brachte Rajagopalan ein großes Gefäß Tinte mit. Auch er sagte, dass Bhagavan ihm im Traum erschienen sei und ihm gesagt habe, dass er Tinte bräuchte. Diese Dinge geschehen immer wieder.«

Göttliche Visionen

18.4.1947

Heute früh zeigte mir Bhagavan einen alten Mann in die Halle und fragte: »Weißt du, wer das ist?« Ich verneinte. »Er ist der Mann meiner Cousine. Meine Mutter hat meine Cousine mit mir zusammen gestillt.«

Ich fragte: »Wie heißt sie?«

Bhagavan: »Meenakshi«

Ich hatte den Herrn schon öfter gesehen und fragte einen Devotee in meiner Nähe, ob er ihn kenne. Er erwiderte: »Ich kenne ihn gut. Bhagavan hat seiner Frau in ihrer Todesstunde *Darshan* gegeben.«

»Ach, tatsächlich?«, fragte ich Bhagavan überrascht.

Bhagavan: »Ja, das stimmt. Es war mit ihr dasselbe wie mit Nayana, als er in Tiruvottiyur war.[76] Anscheinend bin ich ihr erschienen und habe sie im Traum berührt. Sie fuhr erschreckt hoch und fragte: ›Wer hat mich berührt?‹ Wie sich später herausstellte, starb sie kurz darauf.«

Ich: »Hat sie jemandem von ihrem Erlebnis erzählt?«

Bhagavan: »Wir haben es zu erfahren versucht, aber sie konnte nicht mehr sprechen.«

Ich: »Das bedeutet, dass du sie auf dieselbe Weise wie Nayana mit deinem *Darshan* gesegnet hast. Sie hatte ja auch das Privileg, von deiner Mutter gestillt zu werden.«

Bhagavan: »Mutter stillte uns beide. Ich wurde von ihr bis zu meinem fünften Lebensjahr gestillt. Wenn mein Vater es bemerkte, schalt er sie: ›Wie kannst du einem so großen Kind noch die Brust geben?‹ Also wartete ich immer, bis er fort war, und trank dann ihre Milch. Mutter hatte viel Milch.«

Ein Devotee: »Warum nennt Bhagavan Ganapati Sastri ›Nayana‹[77]?«

---

[76] Nayana (Ganapati Muni) hatte sich zu spirituellen Übungen in den Ganapati-Tempel in Tiruvottiyur zurückgezogen, wo er eine Vision des Maharshi hatte, der die Hand auf seinen Kopf legte, wodurch ein starker Energiefluss in seinen Körper strömte. Ramana hatte gleichzeitig das Erlebnis, dass er in Tiruvottiyur sei und in den Ganapati-Tempel ginge. (s. Ebert: Ramana Maharshi und seine Schüler, I, S. 71 f)

Bhagavan: »Das hat seinen Grund. Es ist meine Angewohnheit, alle Menschen respektvoll anzureden. Zudem war er älter als ich. Deshalb habe ich ihn immer mit ›Ganapathi Sastri Garu‹ angeredet. Das hat ihm überhaupt nicht gefallen. Er sagte: ›Bin ich etwa nicht dein Schüler? Du solltest mich mit einem vertrauten Namen anreden. Das ist sehr ungerecht.‹ Ich habe auf seinen Protest nicht geachtet, doch eines Tages hat er darauf bestanden, dass ich die formale Anrede aufgab. Seine Schüler nennen ihn ›Nayana‹. Also sagte ich, dass ich ihn künftig auch so anreden wollte. Er war damit einverstanden, da man mit Nayana sein eigenes Kind oder seinen Schüler anreden kann, und für mich war es in Ordnung, weil Nayana auch Vater bedeutet und ich ihn somit immer noch auf respektvolle Weise anredete.«

Ich: »Du hast gesagt, dass Meenakshi nicht mehr in der Lage war, anderen von ihrem *Darshan* zu erzählen. Aber Nayana hat anderen von seinem *Darshan* berichtet. Wie nennt es das *Vedanta*, wenn zwei Menschen gleichzeitig dasselbe Erlebnis haben?«

Bhagavan erwiderte lächelnd: »Man spricht von ›göttlichen Visionen‹.«

Der weiße Pfau

20.4.1947

Jemand überbrachte einen weißen Pfau als Geschenk der Rani von Baroda. Bhagavan meinte: »Ist es nicht genug, dass zehn oder zwölf bunte Pfauen hier sind? Sie werden mit ihm kämpfen wollen, weil er von anderer Züchtung ist. Zudem muss man ihn vor den Angriffen der Katzen schützen. Es ist besser, wir schicken ihn zurück.« Doch der Überbringer nahm davon keinerlei Notiz und ließ den Pfau einfach da. Es wurde beschlossen, dass Krishnaswami sich um ihn kümmern sollte.

[77] Nayana ist ein Kosename mit einer Doppelbedeutung: es heißt einerseits Vater, aber man redet damit auch sein Kind oder seinen Schüler an.

Als ich am nächsten Tag in den Ashram kam, erzählte Bhagavan soeben:

»Ein Händler von Streichholzschachteln brachte eines Tages ein Reh namens Valli mit und ließ es ebenfalls hier. Es streunte im Ashram herum. Wenn man ihm einen Teller *Dhal* mit Mura Muras (Puffreis) hinstellte, fraß es den *Dhal* bis aufs letzte Korn, ließ aber das Mura Muras unangetastet. Nach einiger Zeit ging es mit den Ziegenherden in den Wald. Die Leute wussten, dass es zum Ashram gehörte und brachten es immer zurück. Später kam es von selbst wieder zurück. Also ließen wir es frei laufen. Als eines Tages ein Unberührbarer Valli das Bein brach, weil er das Tier töten und essen wollte, trug es jemand, der wusste, dass es zum Ashram gehörte, den ganzen Weg zurück. Es blutete. Wir haben es gepflegt, aber es starb einige Tage später in meinem Schoß. Annamalai Swami und ich haben für Valli einen Schrein in der Nähe der Stufen, die zum Berg hinaufführen, gebaut.«

Als der Pfau einmal ausgerissen war, fing ihn Krishnaswami wieder ein und brachte ihn zurück. Bhagavan legte eine Hand auf seinen Nacken und strich mit der anderen zu seinem Herzen hin. Er sagte zu ihm: »Du ungezogener Kerl, wo bist du gewesen? Wie können wir uns um dich kümmern, wenn du ausreißt? Bitte mach das nicht wieder! Anderswo gibt es grausame Tiere. Warum bleibst du nicht hier?« So redete er dem Pfau gut zu. Der Pfau riss künftig nicht mehr aus, spazierte dafür aber überall auf dem Ashramgelände herum. Bhagavan sagte: »Er ist jetzt wie der Ashramverwalter.«

Als ich heute Nachmittag kam, spielte das Radio und der elektrische Ventilator war an. Der Pfau saß mit geschlossenen Augen neben dem Radio, als würde er meditieren. Jemand sagte: »Seht bloß, wie aufmerksam er zuhört.« Bhagavan erwiderte: »Ja. Die Pfauen mögen Musik, ganz besonders Flötenmusik.«

Jemand meinte: »Dieser Pfau ist weiß, aber die anderen Pfauen sind viel schöner.«

Bhagavan deutete auf den Pfauen und antwortete: »Er hat seine eigene Schönheit. Jene Pfauen haben viele prächtige Farben. Dieser hier ist rein weiß wie das reine Selbst, ohne die Mischung von Attributen (Farben). Im *Vedanta* dient der Pfau als Beispiel. Auch die anderen Pfauen sind nicht so bunt, wenn sie zur Welt kommen. Sie sind einfarbig. Wenn sie aufwachsen, bekommen sie viele Farben und einen mächtigen Schweif mit vielen Augen. Seht bloß, wie viele Farben und Augen sie haben! Unser Geist ist ebenso. Bei seiner Geburt ist er unverdorben. Später ist er voller Aktivitäten und Ideen, wie die Farben der Pfauen.«

Was ist der Kopf und was ist der Fuß?

24.4.1947

Heute Nachmittag bat ein Devotee, der in der Nähe von Bhagavans Sofa stand: »Swami, ich habe nur einen Wunsch: Ich möchte meinen Kopf auf Bhagavans Fuß legen und *Namaskaram* tun. Bhagavan möge mir diese Bitte gewähren.«

Bhagavan: »Ach, das also ist dein Wunsch! Aber was ist der Fuß und was ist der Kopf?«

Es kam keine Antwort. Nach einer Weile sagte Bhagavan: »Dort, wo das individuelle Ego sich auflöst, ist der Fuß.«

Devotee: »Wo ist dieser Ort?«

Bhagavan: »Er ist in uns selbst. Das Gefühl ›ich‹, das Ego, ist der Kopf. Dort, wo dieses Ego sich auflöst, ist der Fuß des Gurus.«

Devotee: »Es heißt, man soll Mutter, Vater, Guru und Gott verehren. Aber wenn sich das individuelle Ich auflöst, wie ist es dann möglich, ihnen mit *Bhakti* zu dienen?«

Bhagavan: »Was ist mit dem Auflösen des individuellen Ichs gemeint? Es bedeutet, das *Bhakti* auszuweiten. Alles entsteht in uns selbst. Wenn man im eigenen Selbst ist, bekommt man die Energie, alles zu umfassen.«

Der Devotee fragte: »Wenn man das Ego an seinem Ursprung auflöst, bedeutet das, dass man mit dem Verstand (*Buddhi*) die materielle Hülle und die anderen Hüllen des Körpers verwirft und zuletzt auch den Verstand?«

Bhagavan erwiderte: »Wohin wendest du dich, wenn du den Verstand verwirfst? Wenn der Verstand in seinem Urzustand bleibt, bedeutet das, dass man sich erkennt. Um die anderen Dinge, die bereits erwähnt wurden, zu verwerfen, muss man den Verstand wie eine Rute gebrauchen. Der Verstand kann rein oder unrein sein. Wenn er mit der Tätigkeit des Egos in Verbindung tritt, ist er unrein. Das nennt man dann individueller Geist oder Egoismus (Ahankara, das Tun des Egos). Wenn man aber den Verstand als eine Rute gebraucht, um diese Dinge zu vertreiben und die Inspiration des Selbst (*Aham Sphurana*) in Form des reinen Ichs hervorzubringen, spricht man vom reinen Verstand. Wenn man an ihm festhält und das Übrige verwirft, bleibt das, was ist, wie es ist.«

Frage: »Es heißt, dass der Verstand mit dem *Atman* eins werden muss. Wie geht das?«

Bhagavan: »Wie könnte man ihn eins mit *Atman* machen, da er nichts ist, was von außen kommt? Er ist in dir. Das Gefühl bzw. der Schatten des *Atman* ist der Verstand (*Buddhi*). Wenn man ihn, diese feststehende Größe, erkennt, verbleibt man als sein eigenes Selbst. Die einen nennen es Verstand (*Buddhi*), die anderen nennen es Energie (*Shakti*) oder Ich (*Aham*). Wie immer man es auch benennen mag, man muss es fest ergreifen, um alles, was von anderswoher kommt zu vertreiben.«

Selbstmord

15.5.1947

Heute Nachmittag überreichte ein junger Mann aus Tiruchirapalli Bhagavan einen Brief, in dem stand, dass unzählige Menschen im Land hungerten, es viel Unruhe gäbe und wir ihre Nöte nicht beachteten. Bhagavan müsse einen Plan erstellen, um ihr Leiden zu lindern. Die Älteren wie er sollten nicht so unbeteiligt sein.

Bhagavan las den Brief und sah den jungen Mann kritisch an. »Ist es das, was du willst? Du sagst, dass du am Anblick der Nöte der Menschen leidest. Bedeutet das, dass es dir, im Unterschied zu ihnen, gut geht und du glücklich bist?«

Junger Mann: »Nein, ich leide irgendwie auch.«

Bhagavan:»Ah, das plagt dich also. Du kennst dein eigenes Glück nicht, aber du sorgst dich um andere. Kann man denn alle Menschen gleich machen? Wenn alle in einer Sänfte sitzen, wer trägt sie dann? Wie könnte jeder ein König sein? Einige Leute sind wohlhabend, aber nur, weil andere arm sind. Man kann einen *Jnani* nur erkennen, wenn es unwissende Menschen gibt. Dunkelheit gibt es nur, wenn es Licht gibt. Glück gibt es nur, wenn es Leiden gibt. Das Essen schmeckt nur, wenn man hungrig ist. Deshalb kann man nur helfen, so weit das möglich ist, aber es ist unmöglich, alle Menschen gleichermaßen glücklich zu machen. Wir haben viele Führer im Land. Einige meinen, dass die Arbeit nicht ordentlich getan wurde und halten darüber Vorträge. Doch wozu? Die Führer wechseln und die Arbeit geht weiter. Es muss eine Energie (*Shakti*) geben, die sie alle lenkt. Wenn wir die Last auf diese *Shakti* werfen und darauf vertrauen, dass sie das Nötige tut, und frei von Sorgen sind, werden die Dinge irgendwie weitergehen.

Manche protestieren gegen das Töten von Tieren. Sie wollen fasten bis sie sterben, wenn die Leute nicht auf sie hören. ›Wir werden uns selbst umbringen und unser Leben aufgeben.‹ Wenn jemand sagt, er will sich selbst umbringen, wenn andere nicht damit aufhören, Tiere zu töten, ist dann ihr Suizid nicht ebenfalls ein Mord an einem Lebewesen? Sie glauben, Suizid bedeute lediglich, den Körper zu verlassen. Aber ist nicht der Körper ein Teil des Selbst? *Atman* ist immer und überall da.

Wenn man, anstatt auf das Selbst zu schauen, das wirklich und beständig ist, seinen Körper usw. als sein Selbst betrachtet, ist das Selbstmord. Welchen anderen Mord könnte es geben als diesen? Wer durch Einsicht und Weisheit in der Lage ist, sein eigenes Selbst zu erkennen, wird durch nichts beeinträchtigt, was auch immer kommen mag. Er wird die Sorgen und das Glück der Welt lediglich als ein Schauspiel betrachten. Aus seiner Perspektive ist die ganze Welt eine Bühne. Auf dieser Bühne legt derselbe Mann das Gewand eines Königs an, dann das eines Ministers, eines Dieners, eines Wäschers, Friseurs usw. Er handelt der jeweiligen Situation entsprechend, aber er ist sich seines wahren Selbst bewusst und weiß, dass er nicht das ist, was er spielt. Die Wechselfälle des Lebens, die er jeweils darstellt, betrüben ihn nicht.

Auf dieselbe Weise ist die Welt eine Bühne *Ishwaras*. Auf dieser Bühne bist du ein Schauspieler. Du kannst helfen, so weit du dazu in der Lage bist, aber du kannst nicht alle Menschen gleich machen. Keiner in der Vergangenheit hat das fertig gebracht und es wird auch in Zukunft nicht möglich sein.«

Junger Mann: »Deshalb gibt es keinen Frieden in der Welt. Ich bin darüber unglücklich.«

Bhagavan: »Jetzt bist du wieder an dem Punkt, an dem du begonnen hast. Anstatt sich darüber zu sorgen, dass es keinen Frieden in der Welt gibt, ist es besser herauszufinden, wie man Frieden in dieser Welt findet. Was nützt es, wenn du dich um den fehlenden Frieden in der Welt sorgst und dabei dieses Ziel aufgibst? Wenn der eigene Geist friedvoll ist, erscheint die ganze Welt friedvoll. Sage mir, hast du diesen Frieden?«

Junger Mann: »Nein.«

Bhagavan: »Aha, das ist es. Du hast keinen Frieden und du weißt nicht, wie du ihn dir sichern kannst. Wenn du versuchst, den Frieden der Welt zu sichern, anstatt deinen eigenen, ist es wie wenn einer, der nichts zu essen hat und um Nahrung bettelt, sagt, er wolle mit dem Erbettelten unzählige andere Menschen ernähren, oder wie der Lahme, der sagt: ›Wenn mich nur jemand aufrecht hält, kann ich die Diebe verprügeln!‹«

Es gibt nur eine einzige Kraft (Shakti)

16.5.1947

Wie der junge Mann gestern überreichte ein Herr aus Nordindien Bhagavan einen Brief mit Fragen. Die Hauptfrage lautete, warum Bhagavan nicht etwas für das Wohl der Welt tue. Als Bhagavan den Brief gelesen hatte, sagte er: »Gestern hatten wir dieselbe Art von Fragen. Es würde schon genügen, wenn alle Leute, die über die Verbesserung der Welt predigen, sich zunächst um ihr eigenes Wohl kümmern würden. Sie sind nicht in der Lage zu erforschen und zu wissen, wer sie sind, aber sie machen sich über die Verbesserung der Welt Gedanken. Zuerst müssen sie herausfinden, wer sich diese Gedanken macht. Das tun sie aber nicht, sondern sagen, dass sie die Welt verbessern wollen. Es ist wie in der Geschichte mit dem Lahmen.«

Frager: »Swami, wie können *Jnanis* wie du nur dasitzen und nichts tun? Wenn es Streit und Tumult in der Welt gibt, sollten sie dann nicht für Frieden sorgen?«

Bhagavan: »Ja, das sollten sie. Aber woher weißt du, dass die *Jnanis* nicht helfen? Wenn sie bleiben wo sie sind, ist das bereits eine Hilfe für die Welt. Sie scheinen nichts zu tun, was die äußeren Dinge betrifft.

Stell dir einen wohlhabenden Mann vor. Er träumt, dass er betteln geht, als Tagelöhner arbeitet und die Straßen kehrt. Wenn er aufwacht, begreift er, dass er diese Person gar nicht ist und bewahrt sich seine Würde im Gedanken, ein wohlhabender Mann zu sein. Ebenso tut der *Jnani* alle Dinge, wie es seinem *Prarabdha* entspricht, aber er bleibt davon unberührt und bewahrt sich eine würdevolle Distanziertheit. Seine *Shakti* arbeitet auf vielerlei Weise, aber er ist weder glücklich noch unglücklich über Erfolg und Misserfolg seiner Bemühungen. Das ist so, weil er die Welt von *Brahman* erfüllt sieht und es deshalb nichts gibt, was ihn glücklich oder unglücklich machen könnte. Wie könnte er Gefühle von Befriedigung oder Sorge haben, wenn er sich nicht mit seinem Körper identifiziert und nicht glaubt, dass er dieser Mann und jenes die Welt ist? Sobald jemand die Perspektive eines *Jnanis* erlangt hat, erscheint ihm alles von *Brahman* erfüllt. Wo ist da noch Raum für das Gefühl ›ich tue‹? Die *Jnanis* verstehen, dass alles durch eine Kraft (*Shakti*) weitergeht.«

Jemand anderer fragte: »Es heißt, dass *Jnanis* sowohl verwünschen als auch Gunst erweisen können. Du sagst aber, dass sie nichts tun. Wie kann das sein?«

Bhagavan: »Wer sagt, sie seien dazu nicht in der Lage? Aber sie haben nicht das Empfinden, dass sie von *Shakti* oder *Ishwara* verschieden sind. Es gibt nur eine einzige Kraft. Sie wissen, dass sie sich aufgrund dieser *Shakti* bewegen und halten die Empfindung von sich fern, die Handelnden zu sein. Allein schon ihre Gegenwart ist hilfreich für die Welt. Sie tun, was immer sie ihrem *Prarabdha* gemäß tun müssen.«

Prarabdha (Schicksal)

17.5.1947

Heute früh sagte ein Devotee zu Bhagavan: »Swami, du hast gestern gesagt, dass ein *Jnani* tut, was seinem *Prarabdha* entspricht. Aber es heißt, dass die *Jnanis* überhaupt kein *Prarabdha* haben.«

Bhagavan: »Wenn sie kein *Prarabdha* haben, wie sind sie dann zu diesem Leib gekommen? Wie können sie dann die verschiedenen Handlungen ausführen? Die Handlungen der *Jnanis* sind *Prarabdha*. Es heißt, dass alle, von *Brahma* angefangen bis zu den *Avataren Rama* und *Krishna,* ein *Prarabdha* haben.

In der Gita IV, 8 heißt es: ›Ich werde in jedem Zeitalter wiedergeboren, um die Guten zu beschützen, die Bösen zu vernichten und die Gerechtigkeit wieder aufzurichten.‹ In diesem Vers steht, dass *Ishwara* Gestalt annimmt, sobald die Tugenden der Guten und die Sünden der Schlechten sich vermischen. Er wird *Prarabdha* und muss für Gerechtigkeit sorgen. Das nennt man *Parechcha Prarabdha* (Handeln für andere Menschen). Der Körper ist *Prarabdha*. Der Zweck, zu dem dieser Körper ins Dasein gekommen ist, wird sich von selbst erfüllen.«

Der Frager von gestern: »In der Gita wird dem *Karma Yoga* (Yoga des Handelns) größere Bedeutung zugesprochen.«

Bhagavan: »Ach, tatsächlich? *Karma Yoga* ist nicht das einzige Yoga. Was ist mit den anderen Yoga-Arten? Wenn du sie alle verstehst, kennst du das wirkliche Geheimnis von *Karma Yoga*. Aber das tust du nicht.«

Der Herr *Krishna* sagt in der Gita, dass ihn sein Tun nicht bindet. Dort heißt es auch: ›Er ist derselbe in Freud und Leid. Ein Klumpen Erde, ein Felsbrocken und Gold sind für ihn gleichwertig. Er ist derselbe für jene, die ihn lieben und für jene, die ihn nicht lieben, für jene, die ihn tadeln und für jene, die ihn preisen.‹ (XIV, 24). Und: ›Ich bin derselbe, wenn ich geehrt oder geschmäht werde, derselbe für Freund und Feind.‹ (XVI, 25)

Die großen Menschen in der Gita sind verwirklichte Seelen. Alle Menschen, die den vier Kategorien von Schüler, Verehrender (*Bhakta*), Unbekümmerter und Sünder angehören, werden durch die Gnade der *Jnanis* beschützt. Der Schüler verehrt den Guru als seinen Lehrer, empfängt die Wahrheit und erlangt die Befreiung (*Mukti*). Der *Bhakta* sieht ihn als die Gestalt Gottes, betet zu ihm und wird von seinen Sünden erlöst. Der Unbekümmerte hört, was der Guru sagt, begeistert sich dafür und wird zum Verehrer. Der Sünder hört, was die Leute über ihn erzählen, und wird von seinen Sünden befreit. Alle Menschen, die diesen vier Kategorien angehören, werden durch die Gnade der *Jnanis* beschützt.«

Frager: »Werden die Sünder von ihren körperlichen oder geistigen Krankheiten befreit?«

Bhagavan: »Es gilt nur für den Geist. Glück ist nur möglich, wenn der Geist in Ordnung ist. Wenn er nicht in Ordnung ist, gibt es keinen Frieden, was auch immer geschehen mag. Der Geist reift der Fähigkeit eines jeden Einzelnen entsprechend. Der Agnostiker wird zu einem Gläubigen, der Gläubige wird zu einem Verehrenden *(Bhakta)*, der Verehrende wird zu einem, der sich nach Erkenntnis sehnt und dieser wird zu einem *Jnani*. Das bezieht sich lediglich auf den Geist. Was könnte es in Bezug auf den Körper bedeuten?

Wenn der Geist glücklich ist, ist nicht nur der Körper, sondern die ganze Welt glücklich. Deshalb muss man einen Weg finden, selbst glücklich zu werden. Das ist aber nur möglich, wenn man durch Selbstergründung die Wahrheit über sich selbst herausfindet. Die Welt verändern zu wollen, ohne das zu tun, ist, als wolle man die ganze Welt mit Leder umwickeln, damit man nicht den Schmerz spürt, wenn man auf Steinen und Dornen geht, obwohl es doch viel einfacher ist, Lederschuhe zu tragen. Du kannst mit einem Sonnenschirm die Sonne abhalten. Aber kannst du dich auch vor der Sonne schützen, indem du ein Tuch um die ganze Erde bindest?

Wenn ein Mensch seine Lage versteht und in seinem eigenen Selbst bleibt, werden die Dinge geschehen, die geschehen sollen, und jene, die nicht geschehen sollen, werden nicht geschehen. Die Energie (*Shakti*), die in der Welt wirkt, ist nur eine einzige. Die ganzen Probleme entstehen nur, wenn wir denken, dass wir von dieser Energie getrennt sind.«

Wenn man im Traum einen Löwen sieht

18.5.1947

Jemand fragte: »Es heißt, dass *Brahman* die Gestalt von *Sat-Chit-Ananda* (Sein-Bewusstsein-Seligkeit) hat. Was bedeutet das?«

Bhagavan: »Das, was ist, ist nur Sein (*Sat*). Man nennt es *Brahman*. Das Sein erstrahlt als Bewusstsein (*Chit*) und ist von Natur aus Glückseligkeit (*Ananda*). Beides ist nicht von *Sat* verschieden. Alle drei sind als *Sat-Chit-Ananda* bekannt. Mit den drei Eigenschaften des *Jiva* – *Satvam*, Ghoram und Jadam – ist es dasselbe. Ghoram bedeutet *Rajas* (Ruhelosigkeit, Leidenschaftlichkeit) und Jadam bedeutet *Tamas* (Trägheit). Beide gehören zu *Satvam* (Reinheit, Klarheit). Wenn sie wegfallen, bleibt nur *Satvam* übrig. Das ist die ewige und reine Wahrheit. Nenne es *Atman*, *Brahman*, *Shakti* oder wie immer du magst. Wenn du weißt, dass du DAS bist, ist alles von Glanz erfüllt. Alles ist dann *Ananda*.«

Frager: »Die Alten sagen, dass für einen Menschen, der seine wahre Natur erkennen will, *Sravana*, *Manana* und *Nididhyasana*[78] unbedingt nötig sind.«

Bhagavan: »Sie sind nur dazu nötig, um von den Dingen frei zu werden, die von außen kommen, und dienen nur dem *Sadhana*, aber nicht der Verwirklichung des Selbst. Unser eigenes Selbst ist immer und überall da. Man soll auf *Sravana* usw. zurückgreifen, um von den äußeren Einflüssen frei zu werden, aber wenn man sie als das Wichtigste betrachtet, wird dadurch das Ich gestärkt, z. B. indem man von sich sagt: ›Ich bin ein Gelehr-

[78] *Sravana*: Hören der Wahrheit, die der Guru lehrt; *Manana*: Reflexion über die ewige Wahrheit; *Nididhyasana*: tiefe Meditation. Dies sind die drei klassischen Schritte, die aufeinander aufbauen.

ter‹, oder ›Ich bin ein bedeutender Mann‹ und ähnliches. Es ist schwer, das später wieder loszuwerden. Es ist mächtiger als ein wilder Elefant.«

Besucher: »Apropos wilder Elefant, die Gnade des Gurus wird mit einem Elefanten verglichen, der von einem Löwen träumt.«

Bhagavan: »Ja. Wenn ein Elefant im Traum einen Löwen sieht, wacht er erschrocken auf und schläft an diesem Tag nicht mehr, weil er Angst davor hat, dass der Löwe ihm wieder im Traum erscheint. Im Leben des Menschen, das ebenso einem Traum gleicht, ist es dasselbe. Nicht nur die Gnade des Gurus, sondern auch *Sravana*, *Manana*, *Nididhyasana* usw. sind mit dem Auftauchen eines Löwen im Traum vergleichbar. Wenn der Mensch wiederholt diese Träume hat, wacht er immer wieder auf, schläft dann erneut ein, bis er eines Tages den intensiven Traum vom Löwen hat – die Erfahrung der Gnade des Gurus. Er erschrickt und erlangt *Jnana*. Dann werden sich keine Träume mehr einstellen und er wird nicht nur ständig wach sein, sondern sich auch keinen Lebensträumen mehr hingeben und wachsam bleiben, bis er die wahre Erkenntnis erlangt hat. Diese Träume vom Löwen sind unvermeidlich. Man muss sie erleben.«

Überrascht fragte der Devotee: »Sind denn *Sravana* etc. und die Gnade des Gurus den Träumen ähnlich?«

Bhagavan: »Ja. Für jene, die die Wahrheit erkennen, ist alles einem Traum ähnlich. Was ist denn die Wahrheit? Wenn du schläfst, hast du über den Körper keine Kontrolle. Du wanderst mit verschiedenen Körpern an verschiedenen Orten umher und machst alles Mögliche. Solange du träumst, erscheint dir alles als wirklich. Du machst alles, als seist du der Handelnde. Erst wenn du aufwachst, spürst du, dass alles, was du im Traum erlebt hast, unwirklich ist und dass es nur ein Traum war. Aber das ist noch nicht alles. Manchmal gehst du mit überfülltem Magen zu Bett und träumst, dass du überall umherwanderst, aber nirgends etwas zu essen finden kannst und fast vor Hunger umkommst. Wenn du dann erschreckt aufwachst, musst du rülpsen und merkst, dass alles nur ein Traum war. Aber während des Traumes weißt du nicht, dass du zu viel gegessen hast. Ein anderer geht hungrig zu Bett und träumt, dass er an einem Festmahl teilnimmt. Denkt er in diesem Augenblick daran, dass er hungrig zu Bett gegangen ist? Wenn er aufwacht, spürt er, dass er schrecklichen Hunger hat und denkt: ›Oh Gott, es war alles nur ein Traum!‹

Du existierst im Wach- und Traumzustand und im Tiefschlaf. Wenn du deinen wahren Zustand verstehst, in dem du die ganze Zeit bist, weißt du, dass alles Übrige wie ein Traum ist. Wenn du das weißt, verschwindet das Gefühl, dass der Guru von dir verschieden ist. Aber da man das durch die Gnade des Gurus erst begreifen muss, wird die Gnade des Gurus mit dem Traum von einem Löwen verglichen. Dieser Traum muss intensiv und einprägsam sein. Erst dann wird sich die richtige Wachheit einstellen. Die Zeit muss dafür reif sein. Wenn man unerbittlich *Sadhana* übt, stellen sich früher oder später positive Resultate ein.«

Damit schwieg Bhagavan. Die Uhr schlug vier. Die Leute in der Halle, die völlig von Bhagavans Rede in Beschlag genommen waren, kamen wieder zu sich. Seine Stimme tönte mir noch in den Ohren, als ich heimging und mich fragte, ob ich jemals diesen einprägsamen Traum haben würde.

Intensive Konzentration

21.5.1947

Dr. Syed und ein Schüler Bhagavans kamen gestern früh zum *Darshan* und fragten: »Bhagavan sagt, dass die ganze Welt die Gestalt von *Atman* ist. Warum gibt es dann so viele Probleme in dieser Welt?«

Bhagavan: »Man nennt es *Maya*. Die fünf Arten von *Maya* sind: *Tamas*, *Maya*, Moham, *Avidya* und Anitya. *Tamas* (Unwissenheit, Dunkelheit) ist das, was die Lebenserkenntnis verdeckt. *Maya* (Illusion) ist dafür verantwortlich, dass man etwas als etwas anderes sieht. Moham (durch falsches Denken verursachte Täuschung) lässt eine Illusion als wahr erscheinen, wie etwa die Illusion, dass Perlmutt Silber sei. Avidya (Unwissenheit) ist das, was die Erkenntnis behindert. Es ist das Flüchtige, das, was vom Dauerhaften und Wirklichen verschieden ist. Wegen dieser fünf Arten von *Maya* tauchen die Schwierigkeiten im Selbst auf wie die Bilder auf der Kinoleinwand. Nur um diese *Maya* zu beseitigen, heißt es, dass die ganze Welt unwirklich ist.

Atman ist wie die Leinwand. Du wirst herausfinden, dass die Bilder, die auf der Leinwand gezeigt werden, von ihr abhängen und ohne sie nicht existieren würden. Ebenso muss man sagen, dass alles unwirklich ist, bis man durch Selbstergründung versteht, dass die sichtbare Welt nicht vom *Atman* verschieden ist. Doch wenn man einmal die Wirklichkeit erkannt hat, erscheint das ganze Universum nur noch als *Atman*. Deshalb sagen dieselben Leute, die zuerst gesagt haben, dass die Welt unwirklich ist, später, dass sie die Gestalt *Atmans* ist. Letztlich ist es die Perspektive, die zählt. Wenn sie sich verändert, bekümmern uns die Probleme der Welt nicht mehr. Sind denn die Wellen vom Meer verschieden? Warum gibt es überhaupt Wellen? Was können wir auf diese Frage antworten? Die Probleme in der Welt sind dem vergleichbar. Die Wellen kommen und gehen. Wenn man herausfindet, dass sie sich nicht vom *Atman* unterscheiden, wird es keinen solchen Kummer mehr geben.«

Der Devotee meinte traurig: »Sooft Bhagavan uns das auch lehrt, wir können es doch nicht verstehen.«

Bhagavan: »Die Leute sagen, dass sie das allumfassende *Atman* nicht verstehen können. Was kann ich da tun? Selbst das kleinste Kind sagt: ›Ich bin, ich tue, das gehört mir‹. Also versteht jeder, dass dieses ›Ich‹ immer existiert. Nur wenn dieses ›Ich‹ da ist, ist auch das Gespür da, dass du der Körper bist und diesen oder jenen Namen hast. Um zu wissen, dass derjenige, der immer erkennbar ist, das eigene Selbst ist, muss man ihn da zuerst mit einer Kerze suchen gehen? Wenn man sagt, dass man die Gestalt *Atmans* nicht kennt, die doch in unserem eigenen Selbst ist, ist es so, als würde man sagen: ›Ich kenne mich nicht.‹«

Devotee: »Das bedeutet, dass jene, die durch *Sravana* und *Manana* (Hören und Überdenken der Worte des Gurus) erleuchtet werden und die sichtbare Welt als *Maya* betrachten, letztendlich durch *Nididhyasana* (intensive Konzentration) die wahre Gestalt des Selbst (*Swarupa*) finden.«

Bhagavan: »Ja, so ist es. Nidi bedeutet Gestalt/Natur (*Swarupa*). *Nididhyasana* bedeutet intensive Konzentration auf die eigene Natur mithilfe von *Sravana* und *Manana*, das Hören und Überdenken der Worte des Gurus. Es bedeutet, ohne Ablenkung und mit Eifer darüber zu meditieren. Wenn man eine lange Zeit darüber meditiert hat, verschmilzt man damit. Dann erstrahlt es aus sich selbst. Es ist immer da. Es wird keine Probleme dieser Art geben, wenn man es so sehen kann, wie es ist. Wozu diese vielen Fragen, um sein eigenes Selbst zu erkennen, das immer da ist?«

Die Bedeutung von Ajapa

23.5.1947

Heute früh fragte ein Mann, der ein ockerfarbenes Gewand trug: »Swami, welche der beiden Methoden ist besser, um den Geist zu kontrollieren: das *Japa* des *Ajapa*-Mantras oder das *Japa* von *Omkar*?«

Bhagavan: »Was stellst du dir unter *Ajapa* vor? Bedeutet *Ajapa*, ständig ›Soham, Soham‹[79] zu wiederholen? *Ajapa* bedeutet, das *Japa* zu kennen, das unwillentlich vor sich geht, ohne dass man es ausspricht. Die Leute, die die wahre Bedeutung von *Japa* nicht verstehen, glauben, dass man unzählige Male ›Soham‹ wiederholen und die Anzahl an den Fingern oder an einer Perlenschnur abzählen muss. Doch bevor man mit dem *Japa* beginnt, muss man seinen Atem regulieren (*Pranayama*). Erst dann kann man mit dem *Mantra* beginnen.

Pranayama bedeutet aber, dass man zuerst den Mund schließen muss. Wenn man den Atem anhält, werden die fünf Elemente des Körpers niedergehalten und kontrolliert. Was übrig bleibt, ist das wahre Selbst. Dieses Selbst wiederholt beständig aus sich selbst ›Aham Aham‹ (ich-ich). Das ist *Ajapa*.

Wie könnte die mündliche Wiederholung eines Wortes *Ajapa* sein? Das wahre Selbst, das das *Japa* von selbst und unwillentlich in einem nie endenden Strom ausführt, ist *Ajapa* und alles andere.

Mit *Omkar* ist es dasselbe. OM ist allumfassend und vollkommen. Wie kann man *Japa* von *Omkar* tun? Ohne das Wesentliche zu verstehen, sind darüber dicke Bücher geschrieben worden. In ihnen steht, wie oft man jeden Namen wiederholen soll: so viele tausendmal *Ganapati* und so viele tausendmal *Brahma*, so oft *Vishnu* und so oft *Sadasiva*. Wenn du weißt, wer dieses *Japa* macht, weißt du auch, was *Japa* ist. Wenn du herausfindest, wer dieses *Japa* macht, wird das *Japa* zum Selbst.«

---

[79] Der Besucher meint mit dem Ajapa-Mantra das Mantra ›Soham‹ = Ich bin Er, das im Einklang mit dem Atem ausgeführt wird. A-Japa (wörtlich: nicht-Japa) bedeutet aber im eigentlichen Sinn *Japa* ohne willentliche Anstrengung, im Ggs. zu *Japa,* das eine willentliche, ständige Wiederholung einer heiligen Silbe oder eines heiligen Wortes bedeutet.

Jemand anderer fragte: »Nützt es denn überhaupt nichts, mündliches *Japa* zu tun?«

Bhagavan sagte: »Wer sagt, dass es nichts nützt? Es ist ein Mittel, den Geist zu reinigen. Wenn *Japa* beständig geübt wird, reift es durch die Bemühung und führt dich früher oder später auf den richtigen Pfad. Ob gut oder schlecht, nichts, was man tut, geht verloren.«

Wozu all die Heimlichkeiten?

28.5.1947

Bhagavan erhält oft Früchte und Süßigkeiten. Manchmal werden sie ihm mit den Mahlzeiten auf seinem Blatt serviert, manchmal werden sie auch in die Halle gebracht und Bhagavan soll sie vor allen Anwesenden essen. Wenn es Neuankömmlinge sind, die ihm diese Dinge bringen, ist es für ihn in Ordnung, aber wenn es langjährige Devotees sind, sagt er: »Werde ich meine Rolle als Guru verlieren, wenn ich nicht esse, was man mir vorsetzt und tue, was man von mir verlangt?« Wenn es Ashrambewohner sind, tadelt er sie: »Warum tut ihr das, anstatt euch darum zu kümmern, wozu ihr hergekommen seid?«

Vor einem Jahr brachte ich geröstete Hirse zum Frühstück mit und gab sie dem Küchenpersonal. Sobald ich in die Halle kam, meinte Bhagavan: »Wozu bürdest du dir diese Arbeit auf?«

Von da an habe ich dem Ashram nichts mehr gebracht, was ich zuhause zubereitet habe. Die Feigen und das Obst, das du kürzlich gesandt hast, habe ich heimlich den Helfern gegeben, da ich mich davor fürchtete, was Bhagavan sagen würde, wenn ich es ihm offen vor allen Leuten überreichen würde. Die Helfer warteten eine passende Gelegenheit ab, um es ihm zu geben. Er sagte nichts dazu, aber du weißt ja, was einige Tage später geschah.

Als ich nachmittags in den Ashram kam, waren nur die Helfer bei Bhagavan. Die Streifenhörnchen turnten auf dem Sofa herum und bettelten um Nüsse. Bhagavan leerte die Blechdose und sagte: »Es tut mir leid, es ist nichts mehr drin.« Dann wandte er sich mir zu und sagte: »Die Cashewnüsse sind alle. Sie mögen keine Erdnüsse. Was soll ich jetzt machen?«

Fragend blickte ich die Helfer an. Sie sagten, selbst im Vorratsraum gäbe es keine Cashewnüsse mehr. Die Streifenhörnchen bettelten weiter. Ich musste etwas tun, doch ich fürchtete mich davor, was Bhagavan dazu sagen würde, wenn ich Nüsse auf dem Markt besorgte.

Am Abend ging jemand in die Stadt. Ich gab ihm Geld für Cashewnüsse mit. Am nächsten Morgen gab ich Krishnaswami das Päckchen mit den Nüssen, als Bhagavan spazieren war. Als ich am Nachmittag wiederkam, wurde die Sache nicht erwähnt. Erleichtert ging ich heim und kam am Abend wieder. Ich setzte mich in einigem Abstand zu Bhagavan hin. Das *Vedaparayana* war vorbei. Da leerte Krishnaswami die Cashewnüsse von mir in die Dose. Bhagavan fragte ihn, woher er sie habe.

Er antwortete: »Von Nagamma.«

Bhagavan: »Wann hat sie sie gebracht?«

Krishnaswami: »Heute früh, als Bhagavan spazieren war.«

Da brauste Bhagavan auf: »Ach, tatsächlich? Warum hat sie sie nicht in meiner Anwesenheit gebracht? Wozu diese Heimlichkeit? Vermutlich hatte sie Angst, dass Bhagavan ärgerlich werden würde. Diese Possen haben also immer noch nicht aufgehört! Vielleicht steckte sie auch dahinter, als Subbulakshmi kürzlich Cashewnüsse brachte. Sie hat sie Satyananda heimlich durchs Fenster zugesteckt und sich dann davongeschlichen. Sie hat sich damit herausgeredet, dass Athai (Bhagavans Schwester Alamelu) sie damit beauftragt habe. Sie hat es Athai angehängt, da sie glaubte, ich würde dann nichts sagen. Solchen Unsinn machen die Leute hier! Warum befassen sie sich mit diesen Dingen, anstatt sich auf den Zweck zu beschränken, zu dem sie hergekommen sind? Sie wollen Swami hintergehen und wissen nicht, dass sie sich nur selbst hintergehen. Obwohl sie schon Jahre hier sind, hat sie diese Schwäche nicht verlassen. Sind sie dazu hergekommen?«

Ich erstarrte zur Säule. Ich hatte Subbulakshmi nicht geheißen, Cashewnüsse zu bringen, ja nicht einmal davon gewusst. Aber ich wagte nicht, die Sache richtigzustellen. Doch ich erinnerte mich an den Grund, weshalb ich hergekommen bin. Da schlug die Uhr die halbe Stunde. Erschrocken blickte ich auf und sah, dass es halb sieben war. Um diese Zeit müssen die Frauen den Ashram verlassen. Alle brachen allmählich auf. Irgendwie stand auch ich auf und verneigte mich vor Bhagavan. Sein stechender

Blick traf mich. Seine Augen drückten Ärger, aber auch Sympathie aus. Ich konnte ihn nicht ansehen und ging mit gesenktem Kopf hinaus.

Als ich am Morgen erwachte, schien bereits die Sonne. Ich verstand, dass der Grund für den Rüffel nicht nur die Cashewnüsse gewesen waren, sondern dass ich vergessen hatte, wozu ich in den Ashram gekommen bin: nämlich um *Jnana* zu erlangen. Ich hatte das bestimmt oft vergessen und so bat ich Bhagavan im Geist, mir zu verzeihen. Rasch beendete ich mein morgendliches Programm und ging zum Ashram. Kaum war ich in der Halle, brachte Bhagavan die Sache zur Sprache. Es wurde geklärt, dass ich nie etwas zu Subbulakshmi gesagt hatte und dass Alamelu Subbulakshmi die Nüsse für die Streifenhörnchen gegeben hatte, weil sie vom 60. Geburtstag ihres Mannes übrig geblieben waren. Bhagavan sagte: »Also so war es! Jetzt sieht die Geschichte ganz anders aus. Trotzdem, wozu diese Heimlichkeit? Aber es ist jetzt alles vorbei.« Damit wechselte er das Thema.

Die Widmung eines Buches

5.6.1947

Gestern früh bin ich von meinem Besuch bei dir in Madras zurückgekommen. Obwohl ich nur vier Tage fort war, kam es mir wie eine Ewigkeit vor. Bhagavan frühstückte gerade, als ich vom Bahnhof kam. Als ich mich vor ihm verneigt hatte, sagte er: »Du bist schon so bald zurück?« Ich bejahte und erzählte ihm, dass ich 10 Exemplare des 1. Teils der ›Briefe aus dem Ramanashram‹[80] mitgebracht hatte und dass die Druckerei die übrigen Exemplare schicken würde. Bhagavan zeigte kein weiteres Interesse.

Nachdem ich gebadet hatte, ging ich mit dem Bücherpaket ins Büro, da es üblich ist, Bücher dort abzugeben, aber der *Sarvadhikari* war nicht da. Eigentlich wollte ich sie zuerst Bhagavan zeigen und so kam mir seine Abwesenheit gelegen. Bhagavan las die Zeitung und schien mich nicht zu be-

[80] Der 1. Teil bestand aus 75 Briefen und wurde 1947 veröffentlicht; s.a. Nagamma: Mein Leben, S. 53ff

merken. Ich scheute mich, ihm die Bücher direkt zu geben und legte sie auf einen Stuhl. Es ist Brauch, dass der Autor demjenigen, dem er ein Buch widmet, Obst, Blumen und Geschenke bringt. Vermutlich würde Bhagavan schelten, wenn ich ihm etwas bringen würde. Also faltete ich nur die Hände zum Gruß. Da kam ein Devotee mit einer Gruppe von Brahmanen herein. Sie brachten eine Schale mit Blumen, Obst, Räucherstäbchen, Betel usw. mit und stellten sie neben die Bücher. Ich war über dieses Zusammentreffen sehr glücklich. Als sie das ›Na Karmana‹ gesungen hatten, gab Krishnaswami ihnen *Prasadam* und schickte sie fort.

Krishnaswami ließ die Bücher liegen. Ich überreichte sie Bhagavan. Er schaute sie sich genau an. Ich öffnete ein Exemplar und zeigte ihm, dass die Druckerei vergessen hatte, seinen Namen unter sein Foto zu setzen. Bhagavan meinte: »Das macht nichts. Der Name ist in der Form enthalten. Bring sie ins Büro.« Ich ging ins Büro und überreichte sie dem *Sarvadhikari*.

Später brachte Mounaswami Bhagavan zwei Exemplare. Bhagavan fragte, ob eines für ihn und eines für Nagamma gedacht sei und sagte zu einem Devotee in seiner Nähe: »Gib ihr dieses Exemplar. Sie hat das Buch geschrieben und ihr Bruder hat es drucken lassen. Sie hat uns einige Exemplare gebracht und davon geben wir ihr eines zurück. Es ist wie wenn man bei der *Puja* ein Stück von einem Zucker-*Ganeshan* abbricht und es *Ganeshan* opfert. Wenn man uns Obst bringt, geben wir es dann nicht als *Prasadam* zurück?«

Von der Hand in den Mund

20.6.1947

Vor einigen Tagen ist ein Notizbuch von Madhavaswami aufgetaucht. Als Bhagavan es durchsah, entdeckte er einen Tamilvers, den er vor langer Zeit hineingeschrieben hatte. Er erklärte uns seine Bedeutung.

»Wenn ein Mensch *Jnana* erlangt hat, schenkt er seinem Körper keine Beachtung mehr. Nach dem Essen wirft man das Blatt weg, auf dem man gegessen hat, wie schön es auch aussehen mag. Ebenso wartet man ungeduldig auf den Zeitpunkt, wenn man den Körper wegwerfen kann, wenn man *Jnana* erlangt hat. – Das ist die Kernaussage dieses Verses.

Das Bild vom gebrauchten Blatt wird oft verwendet.[81] Mag der Blattteller auch noch so schön zusammengenäht sein, nach der Mahlzeit hat er ausgedient. Wer interessiert sich dann noch für ihn? Man wirft ihn gleich nach dem Essen weg.

Reiche Leute essen von Silbertellern, die mit goldenen Blumen verziert sind. Wozu brauchen wir solche Dinge, wenn uns Gott doch Hände gegeben hat?

Als ich auf dem Berg lebte, brachte mir jemand einen Silberteller und bat mich, darauf zu essen. Ich habe ihn zurückgegeben, da ich dafür keine Verwendung habe. Wenn man mit den Händen essen kann, wozu braucht man dann Silber und Gold? Lange Zeit habe ich nicht einmal von einem Blatt gegessen. Wenn jemand etwas zu essen brachte, habe ich ihm meine geöffneten Hände hingehalten und das gegessen, was er mir hineingelegt hat. Erst später aß ich von einem Blatt.

Wenn du Hände hast, wozu dann das alles? Es war damals eine beglückende Erfahrung. Wenn ich zum Betteln ging (*Bhiksha*), nahm ich die Almosen mit den Händen entgegen und aß auf der Straße. Danach leckte ich mir die Hände ab. Ich habe mich nie um irgendetwas gekümmert. Ich scheute mich, jemand um etwas zu bitten. Ich traf große Gelehrte und Regierungsbeamte auf der Straße. Was hat mich das gekümmert? Für einen armen Mann ist es erniedrigend, betteln zu gehen, aber für einen, der das Ego überwunden hat und zu einem *Advaitin* geworden ist, ist es sehr erhebend.

Wenn ich betteln ging und in die Hände klatschte, sagten die Leute: ›Der Swami kommt‹ und gaben mir mit Ehrfurcht und Hingabe ein Almosen. Jene, die mich nicht kannten, sagten: ›Du bist kräftig. Warum arbeitest du nicht als Tagelöhner, anstatt betteln zu gehen?‹ Mich hat das sehr amüsiert. Aber da ich ein schweigender Swami war, antwortete ich nicht. Ich lachte darüber und ging weiter. Für gewöhnliche Leute ist es normal, so etwas zu sagen.

---

[81] Als Blattteller werden entweder Bananenblätter verwendet oder mehrere kleinere Blätter zusammengenäht.

Im *Yoga Vashishta* gibt es eine Geschichte über den Kaiser Bhagiratha. Er empfand sein Reich als ein großes Hindernis für die Selbstergründung. In Absprache mit seinem Guru und unter dem Vorwand, ein Opfer zu bringen, verschenkte er seinen ganzen Besitz. Doch keiner wollte das Reich übernehmen. Da lud er den benachbarten König ein, der sein Feind war und nur auf eine passende Gelegenheit wartete, sein Reich an sich zu reißen, und schenkte es ihm. Dann verkleidete er sich und verließ um Mitternacht das Land. Er lebte in fremden Ländern, versteckte sich tagsüber und ging nachts betteln, um nicht erkannt zu werden.

Als er glaubte, genügend gereift und vom Egoismus frei zu sein, beschloss er, in seine Heimat zurückzukehren. Auch hier ging er in allen Straßen betteln. Eines Tages ging er in den Palast. Da erkannte ihn der Wachmann und gab dem König Bescheid. Der König eilte herbei und bat Bhagiratha, sein Reich wieder zu übernehmen, aber er lehnte ab und fragte stattdessen: ›Wirst du mir nun ein Almosen geben oder nicht?‹ Da ihnen nichts anderes übrig blieb, gaben sie ihm ein Almosen und er ging zufrieden weg.

Später wurde er König in einem anderen Land. Als der König seines eigenen Landes gestorben war, übernahm er auf Bitten der Leute auch diese Regentschaft wieder. Das Reich, das ihm zuvor eine Last gewesen war, hat ihm als *Jnani* keine Sorgen mehr bereitet.

Was ich damit sagen will ist: Wie können andere das Glück des Bettelns kennen? Wenn ein Herrscher betteln geht, liegt eine Größe in diesem *Bhiksha*. Doch heutzutage bedeutet *Bhiksha*, dass man etwas Besonderes zu essen bekommt. Die besondere Bedeutung des Almosens, das man mit den Händen empfängt, ist heutzutage völlig entartet.«

Die Bedeutung von Upanayanam

21.6.1947

Kürzlich kamen Leute mit einem Jungen, der die heilige Brahmanenschnur empfangen hatte (*Upanayanam*). Kaum waren sie fort, fragte ein Devotee Bhagavan nach der Bedeutung von *Upanayanam* und er erklärte es uns folgendermaßen:

»Beim *Upanayanam* wird dem Jungen die dreireihige Brahmanenschnur umgehängt. Die drei Reihen bedeuten, dass es nicht nur zwei Augen gibt, sondern auch ein drittes Auge: das Auge der Weisheit. Öffne dieses Auge und erkenne deine eigene wahre Gestalt. *Upanayanam* bedeutet ›zusätzliches Auge‹. Dieses Auge muss geöffnet werden. Um das zu erreichen, wird der Junge zunächst in Atemkontrolle (*Pranayama*) unterrichtet und dann in die Lehre über *Brahman* eingeführt. Er erhält eine Bettelschale. Seine Mutter gibt ihm das erste Almosen und sein Vater erteilt ihm die Unterweisung in *Brahman*. Künftig soll er sich mit Betteln ernähren, während der Ausbildung im Haus seines Gurus wohnen und das Selbst verwirklichen, indem er sein Auge der Weisheit öffnet. Das ist die Bedeutung von *Upanayanam*.

Heutzutage hat man das alles vergessen. *Pranayama* bedeutet nur noch, sich die Nase mit den Fingern zuzuhalten und so zu tun, als würde man den Atem kontrollieren. Die Unterweisung in *Brahman* bedeutet nur noch, dass Vater und Sohn einen neuen *Dhoti* umgelegt bekommen, während der Vater dem Sohn etwas ins Ohr flüstert. *Bhiksha* bedeutet nur noch, die Bettelschale mit Geld zu füllen. Wenn der Vater, der die Unterweisung gibt, und der Priester, der die Zeremonie ausführt, die wahre Bedeutung von *Upanayanam* nicht mehr kennen, was können sie den Jungen dann noch lehren?

Aber das ist noch nicht alles. Der Junge blieb so lange bei seinem Guru, bis er das nötige Wissen hatte. Danach schickte ihn der Guru heim, um herauszufinden, ob sich sein Geist in weltliche Angelegenheiten verstricken oder *Sannyasa* zuwenden würde. Nachdem der Junge einige Zeit zuhause war, ging er nach Benares auf Pilgerreise. Er war von weltlichen Wünschen frei und hatte im Blick, ihnen völlig zu entsagen. Eltern, die Töchter im heiratsfähigen Alter hatten, versuchten dann, die Jungen von der Pilgerreise nach Benares abzubringen, und boten ihnen ihre Töchter zur Heirat an. Jene, die der Welt entsagen wollten, gingen nach Benares, die anderen kehrten nach Hause zurück und heirateten.

Das alles ist inzwischen vergessen. Die Pilgerschaft nach Benares bedeutet heutzutage, dass der junge Mann einen silberdurchwirkten Seiden-*Dhoti* anzieht. Seine Augen werden dunkel geschminkt, auf der Stirn trägt er das Zeichen seiner Kaste und seine Füße sind mit gelber und roter Farbe verziert. Er ist mit Sandelholzpaste eingerieben und trägt eine Blumengirlande um den Hals. Geziert schreitet er zur Musik. Wenn der Bruder eines

Mädchens ihm seine Schwester zur Heirat anbietet und ihn nötigt, das Angebot anzunehmen, sagt er: ›Ich möchte eine Armbanduhr und ein Motorrad. Ich möchte dies und das. Wenn du mir das alles gibst, kann ich heiraten, sonst nicht.‹ Die Eltern der Braut befürchten, dass die Hochzeit ins Wasser fallen könnte, und geben ihm was immer er verlangt. Dann machen sie Fotos, feiern und machen Geschenke. Heutzutage bedeutet *Bhiksha*, dass die Bettelschale mit Rupien gefüllt wird, und die Pilgerreise nach Benares dient als Anlass, sich eine Mitgift zu sichern.«

Aufgezwungene Mahlzeiten

27.6.1947

Heute Nachmittag kam ein Devotee vom Esanya *Math* und verneigte sich vor Bhagavan. Bhagavan sagte zu ihm: »Ich habe heute ein Telegramm bekommen, dass Natesa Swami gestorben ist.«

Devotee: »Ja, er ist vor zwei Tagen gestorben. Er war krank.«

Jemand fragte: »Wer ist Natesa Swami?«

Bhagavan: »Er war zuerst für den Esanya *Math* verantwortlich, dann übernahm er die Leitung des *Maths* in Kovilur. Es ist der bedeutendste *Vedanta-Math* in dieser Gegend. Obwohl Natesa nicht gelehrt war, war er doch ein guter *Sadhaka,* und deshalb hat man ihn gewählt. Das war vor etwa zwanzig Jahren.«

Ich fragte: »War er es, der Bhagavan zwang, in einen Wagen einzusteigen?«

Bhagavan: »Nein. Es war sein Vorgänger. Er war eine machtvolle Persönlichkeit.«

Jemand fragte: »Wann war das?«

Bhagavan: »Das war während meiner Zeit in der Virupaksha-Höhle, etwa vier oder fünf Jahre nachdem ich nach Tiruvannamalai gekommen bin. Es ist eine lustige Geschichte.

Eines Tages umrundeten Palaniswami und ich den Berg. Wir kamen um 20 Uhr in den Tempel. Da wir müde waren, legte ich mich im Subrahmanya-Schrein hin, während Palani zur Pilgerherberge ging, um Essen zu besorgen. Da kam das Oberhaupt des *Maths* in den Tempel. Wie üblich war er von vielen Schülern umringt. Einer von ihnen kannte mich und erzählte den anderen von mir. Da kam er mit zehn seiner Schüler zu mir und alle standen um mich herum. Er sagte: ›Swami, steh auf, wir wollen gehen.‹ Da ich damals schwieg, machte ich ihm mit Zeichen verständlich, dass ich nicht mit ihnen kommen würde. Doch er war kein Mann, der auf mich hörte. Er befahl seinen Schülern: ›Stellt ihn auf die Beine!‹ Da mir nichts anderes übrig blieb, stand ich auf. Vor dem Tempel stand ein Wagen bereit. Er befahl: ›Swami, steig ein!‹ Ich gab ihnen durch Zeigen zu verstehen, dass ich lieber gehen würde und schlug ihm vor, dass er einsteigen sollte. Doch er achtete nicht auf meinen Protest, sondern befahl seinen Schülern: ›Worauf wartet ihr? Hebt den Swami in den Wagen!‹ Sie waren zu zehnt und ich war allein. Was konnte ich machen? Sie hoben mich hoch, setzten mich in den Wagen und brachten mich zum *Math*. Dort ließ er ein großes Blatt vor mir ausbreiten und alle möglichen Speisen daraufhäufen. Respektvoll bat er mich: ›Bitte bleib doch immer hier.‹ Palaniswami war unterdessen in den Tempel zurückgekehrt und suchte mich. Er kam in den *Math* und kurz danach gelang es mir irgendwie zu entkommen.

Das war das einzige Mal, dass ich in einem Wagen fuhr, nachdem ich nach Tiruvannamalai gekommen bin. Später sandten die Leute ihre Wagen, um mich in ihre Häuser einzuladen. Hätte ich nur einmal nachgegeben, es hätte mit den Einladungen kein Ende mehr genommen. Also sandte ich die Wagen zurück und weigerte mich mitzukommen. Schließlich hörten sie damit auf.

Ich besuchte manchmal den *Math*, wenn ich auf dem Weg um den Berg war. Dann gab das Oberhaupt des *Maths* dem Koch Bescheid. Er ließ mir ein großes Blatt bringen, setzte sich neben mich und wies den Koch an, mir immer wieder nachzuschöpfen. Manchmal aß er nicht mit seinen Schülern, sondern setzte sich zu mir. Wie konnte ich alles essen, was sich auf dem Blatt türmte? Ich nahm von jedem Gericht ein bisschen. Den Rest mischten seine Schüler zu einem Brei zusammen und aßen es. Sie sagten: ›Es ist Swamis *Prasadam*.‹

Als ich das bemerkte, nahm ich nichts mehr an, was auf einem Blatt serviert wurde. Wenn ich hungrig war und im *Math* essen wollte, wartete ich im Pachiamman-Schrein oder irgendwo in der Nähe und ging erst dann zum *Math,* wenn die Glocke zur Opferung geschlagen hatte. Ich wartete am Haupteingang und bat um die Speisen, die Gott geopfert worden waren. Sie gaben sie mir direkt in die Hand. Da es ein *Shiva*-Tempel ist, waren diese geopferten Speisen salzlos, aber das machte nichts. Ich wollte ja nur meinen Hunger stillen.

Da sich das Oberhaupt des *Maths* im oberen Stockwerk aufhielt, bekam er davon zunächst nichts mit. Doch einmal beobachtete er es zufällig und fragte verärgert: ›Wer gibt Swami ungesalzenes Essen?‹ Da erfuhr er, wie sich alles verhielt, beließ es aber dabei.

Natesa Iyer war nicht so. Er war ein sehr friedfertiger und unbeschwerter Mann. Er setzte sich immer mit allen anderen zu mir und ließ mir eine normale Portion Essen bringen.«

Jemand fragte: »Bhagavan hat dort auch einmal einen Vortrag gehalten, nicht wahr?«

Bhagavan: »Ja, ich war einmal da, als Natesa Iyer seine Schüler unterrichtete. Ich wurde respektvoll empfangen und musste mich setzen. Ich sagte: ›Mach mit deinem Unterricht weiter.‹ Doch er meinte: ›Wie kann ich in der Gegenwart des Swamis unterrichten? Swami muss etwas sagen.‹ Seine Schüler mussten etwas aus der *Gita Saram* vorlesen. Dann bat er mich, den Text zu erläutern. Da mir nichts anderes übrig blieb, hielt ich einen Vortrag.«

Frager: »Hat nicht Ramachandra Iyers Großvater Bhagavan einmal eingeladen?«

Bhagavan: »Das ist schon lange her. Vielleicht war es 1896. Ich lebte damals im Subrahmaniam-Schrein. Er kam täglich, saß eine Weile bei mir und ging dann wieder. Ich schwieg damals. Wir sprachen nicht miteinander. Er verehrte mich sehr.

Eines Tages gab er ein Fest in seinem Haus. Um die Mittagszeit kam er in Begleitung eines Mannes zu mir. Sie stellten sich neben mich, jeder auf eine Seite, und er befahl: ›Swami, steh auf, wir wollen gehen!‹ ›Wozu?‹, fragte ich durch Zeichen. Sie sagten mir den Grund. Ich lehnte ab. Aber ließen sie mich etwa in Frieden? Sie fassten mich bei den Händen und stellten mich auf die Beine. Sie hätten mich sogar fortgetragen. Er war groß und korpulent und sein Freund war noch kräftiger, während ich hager und schwach war. Was konnte ich gegen sie ausrichten? Ich befürchtete, sie würden mich wegtragen, wenn ich Widerstand leistete. Ich wusste, dass sie mich einluden, weil sie mich verehrten. Da es keinen Zweck hatte, mich mit ihnen auseinanderzusetzen, ging ich mit ihnen. Respektvoll führten sie mich in die Halle des Hauses, breiteten ein großes Bananenblatt vor mir aus und gaben mir eine üppige Mahlzeit. Dann ließen sie mich gehen. Es war das einzige Mal, dass ich im Haus einer Familie auf einem Blatt gegessen habe, seit ich hier bin.«

Fragen, die auf Halbwissen gründen

28.6.1947

Vor einigen Tagen fand in Tiruvannamalai ein Treffen der Vysias[82] statt, woran auch etliche berühmte Vysias aus Andhra Pradesh teilnahmen. Vorgestern kamen sie alle zum Ashram und einer der Hauptvertreter fragte Bhagavan: »Swami, wenn Gott ein *Jiva* (Mensch) geworden ist, berührt ihn dann das Leid des *Jiva* oder nicht?«

Bhagavan schwieg. Der Frager wartete eine Weile und fragte dann: »Swami, soll ich auf deine Antwort warten?«

Bhagavan: »Wer ist es, der diese Frage stellt?«

»Ein *Jiva*«, antwortete er.

Bhagavan: »Wer ist dieser *Jiva*? Wie sieht er aus? Wo wurde er geboren? Wohin geht er, wenn er sich auflöst? Wenn du dem nachgehst, wirst du entdecken, dass derjenige, den man als *Jiva* bezeichnet, Gott selbst ist. Dann weiß man auch, ob das Leid des *Jiva* Gott berührt oder nicht. Wenn man das erkennt, wird es keine Schwierigkeiten mehr geben.«

Frager: »Das ist es ja, was wir nicht wissen können.«

Bhagavan: »Man muss sich nicht anstrengen, um sich selbst zu kennen. Du existierst im Schlaf, aber währenddessen sind all die Dinge in der Welt nicht sichtbar. Wenn du aufwachst, siehst du das alles. Aber du existierst im Schlafen und im Wachen. Du solltest das abweisen, was im Wachzustand ins Spiel kommt.«

Frager: »Wie können wir es abweisen?«

Bhagavan: »Wenn du bleibst wie du bist, wird es von selbst verschwinden. Deine Natur ist zu sein. Wenn du die Wirklichkeit siehst, wie sie ist, wird das Unwirkliche von selbst verschwinden, weil es unwirklich ist.«

---

[82] telugische Kaste der Geschäftsleute

Frager: »Mit welcher Methode können wir das erkennen?«

Bhagavan: »Indem man sich fragt: ›Wer bin ich?‹ und: ›Was bin ich wirklich?‹«

Frager: »Wie soll ich das ergründen?«

Bhagavan schwieg. Der Frager wartete auf eine Antwort. Dann sagte er: »Ja, das ist der Weg« und berührte die Füße Bhagavans, obwohl die Helfer ihn daran hindern wollten. Dann gingen sie alle.

Als sie fort waren, sagte Bhagavan zu jenen, die in seiner Nähe saßen: »Wussten sie tatsächlich nicht die Antwort? Sie wollten mich nur auf die Probe stellen. Als sie meine Füße berührten, wussten sie, dass sie nichts mehr ausrichten konnten.«

Ein reicher *Reddi* aus Nellore sagte: »Es heißt, dass das Selbst *Ananda* (Glück) sei. *Ananda* ist frei von Sorge. Wenn der *Jiva Ananda* erfährt, ist er dann nicht alle Sorgen los?«

Bhagavan: »Glück kann es nur geben, wenn es auch Sorge gibt. Nur wenn man etwas als sorgenvoll erkennt, weiß man auch, was *Ananda* ist. Wenn man keine Sorge kennt, wie kann man dann Glück erfahren? Solange es einen Erlebenden gibt, wird es beides geben. Das, was wirklich ist, ist jenseits von Glück und Sorge. Trotzdem sagt man, dass es Glück ist, weil das wahre Sein (*Sat*) jenseits von Sein und Nichtsein ist. *Jnana* (Wissen) ist jenseits von Wissen und Nichtwissen, Erkenntnis ist jenseits von Erkennen und Nicht-Erkennen usw. Was also können wir antworten?«

In Vers 10 von Unnadhi Nalubadhi (den ›Vierzig Versen‹) heißt es: »Es gibt kein Wissen ohne Nichtwissen und andersherum. Wenn man sich fragt: ›Wer ist es, der weiß? Wer ist es, der nicht weiß?‹ und auf diese Weise das ursprüngliche Selbst erkennt, ist diese Erkenntnis allein das wahre Wissen.«

Puja mit Blumen

30.6.1947

Kürzlich hatte eine reiche Frau damit begonnen, täglich einen Korb mit Jasmin-Blumen aus ihrem Garten unter allen verheirateten Frauen in der

Halle zu verteilen. Bhagavan beobachtete das einige Zeit lang, ohne etwas zu sagen. Eines Tages stellte sie den Korb mit Blumen auf einen Stuhl. Bhagavan sagte zu jemandem in seiner Nähe: »Sieh her, sie hat etwas mitgebracht. Es sind wohl Blumen, doch wozu?«

Die Frau sagte verlegen, dass die Blumen nicht für Bhagavan, sondern für die verheirateten Frauen gedacht seinen, und begann sie zu verteilen. Bhagavan meinte: »Warum verteilst du sie hier und bringst sie nicht zu ihnen nach Hause? Wenn jemand so etwas tut, werden alle anderen dasselbe tun wollen. Die Neuankömmlinge werden denken, dass sie auch Blumen verteilen müssen und welche kaufen. Dann werden die Schwierigkeiten beginnen. Ich berühre keine Blumen. An manchen Orten ist es Brauch, Blumengirlanden zu schenken. Deshalb bringen viele Leute Blumen mit. Ich habe den Leuten nicht erlaubt, meine Füße oder meinen Kopf mit Blumen zu verehren. Wozu benötigen wir solche Praktiken?«

Eingeschüchtert sagte sie: »Ich werde keine Blumen mehr bringen.«

Bhagavan meinte: »Das ist gut.« Dann sah er jene in seiner Nähe an und fuhr fort: »Ihr wisst ja, was an einem meiner Geburtstage geschah. Ein Devotee hatte ein Buch herausgebracht und sagte, er wolle es vorlesen. Als ich einwilligte, stellte er sich hinter mich und fing mit dem Lesen an. Er hatte Blumen in seinem Gewand versteckt, und als er mit dem Lesen fertig war, fielen mir Blumensträuße zu Füßen. Er hat es heimlich getan, weil er wusste, dass ich es ihm nicht erlaubt hätte. Was sollte ich tun? Vielleicht ist es für ihn keine *Puja*, wenn es nicht so gehandhabt wird.«

Während meiner ersten Zeit hier haben einige verheiratete Frauen am Varalakshmi-Puja-Tag[83] Blumen auf Bhagavans Füße gelegt. Im folgenden Jahr machten es alle verheirateten Frauen so. Bhagavan sagte verärgert: »Da haben wir es! Jetzt haben alle damit angefangen. Wozu soll das gut sein? Das kommt davon, wenn ich nichts sage, anstatt diesen Dingen von Anfang an entgegenzutreten. Es ist genug damit!«

Auch wenn es um die *Puja* für die Götter geht, tadelt Bhagavan seine Devotees, wenn sie Blätter oder Blumen verwenden. Ich habe dir in einem meiner früheren Briefe über die *Puja* von Echammal mit den hunderttausend Blättern berichtet. Es gibt noch einen weiteren Vorfall.

---

[83] ein Festtag der verheirateten Frauen, der mit einer besonderen *Puja* begangen wird. Dabei wird um das Wohlergehen der Familie gebetet.

Einmal, als Bhagavan mit seinen Devotees den Berg umrundete, machten sie im Gautama Ashram eine Pause. Es wurde gekocht. Alle aßen und ruhten sich aus. Eine Devotee namens Lakshmamma aus Tiruchuli, die eine Kindheitsgefährtin Bhagavans war, pflückte Blumen und Blätter von den Bäumen und legte sie in einen Korb.

Bhagavan meinte schmunzelnd: »Lakshmamma, was machst du da?«

»Ich pflücke Blumen.«

»Das sehe ich, aber wozu so viele?«

»Für die *Puja.*«

»Es ist also keine *Puja*, wenn du nicht so viele Blumen opferst, ist es so?«

»Ich weiß nicht. Diese Bäume haben so viele Blüten. Also pflücke ich sie.«

Bhagavan: »Ich sehe schon. Du glaubst, es sei nicht schön, wenn sie überreich blühen, deshalb machst du sie kahl. Du hast ihre Schönheit gesehen und willst nicht, dass andere sie auch sehen. Du hast sie gegossen und ihnen beim Wachstum geholfen. Deshalb glaubst du, jetzt auch das Recht zu haben, alle Blüten zu pflücken und sie kahl zu machen, damit kein anderer ihre Schönheit sieht. Nur dann wirst du den vollen Verdienst deiner *Puja* bekommen, nicht wahr?«

Verehrung mit Wasser (Abhishekam)

3.7.1947

Ein Devotee fragte Bhagavan: »Stimmt es, dass jemand Bhagavan mit Kokosnusswasser verehrt hat, als er auf dem Berg lebte?«

Bhagavan antwortete lachend: »Ja, als ich in der Viurpaksha-Höhle lebte, kamen einmal Frauen aus dem Norden. Ich saß mit halb geschlossenen Augen unter dem Tamarinden-Baum. Ich schenkte ihnen keine besondere Beachtung und dachte, dass sie nach einer Weile wieder gehen würden. Plötzlich hörte ich ein Geräusch, als ob etwas zerbrochen wurde. Als ich die Augen öffnete, sah ich, wie Kokosnusswasser über meinen Kopf hinunterlief. Eine der Frauen hatte *Abhishekam* getan. Was konnte ich machen? Ich sprach damals nicht und konnte nichts sagen. Ich hatte nicht einmal ein Handtuch, um mich abzutrocknen. Das Kokosnusswasser trocknete auf meinem Körper. Doch das war noch nicht alles. Man verehrte mich mit brennendem Kampfer und goss mir wie einem Götterbild Wasser über den Kopf. Es gab noch andere lästige Vorführungen dieser Art und es kostete mich einige Mühe, dieses Treiben abzustellen.«

Vor einigen Jahren war ich Zeugin eines ähnlichen Vorfalls. In Bhagavans Badezimmer ist ein Loch, durch welches das Wasser abfließt. Darunter hat man eine Rinne angebracht. Immer wenn er badete, versammelten sich Devotees an der Stelle. Sie besprengten sich mit dem Wasser die Köpfe, wischten sich damit über die Augen und tranken sogar davon. Das ging einige Zeit still und unbemerkt so weiter. Aber bald brachten die Leute Gefäße und Eimer mit und es gab regelmäßig eine Schlange vor dem Badezimmer. Das verursachte natürlich Geräusche, die Bhagavan hörte. Er fragte nach und erfuhr alles. Da sagte er zu seinen Helfern: »Ich habe das Geräusch zunächst für etwas anderes gehalten. Was für ein Unsinn! Werdet ihr dafür sorgen, dass das aufhört oder soll ich künftig unter dem Wasserhahn draußen baden? Dann braucht ihr kein Wasser mehr für mich zu erhitzen und es wird auch sonst keine Probleme mehr geben. Die Leute brauchen mich nicht mehr zu bewachen und auf das ›heilige Wasser‹ zu warten. Was brauche ich schon? Zwei Dinge genügen mir: ein Handtuch und ein *Koupina* (Lendentuch). Ich kann unter dem Wasserhahn baden und beides dort auswaschen. Damit ist die Arbeit erledigt. Aber es geht auch ohne den Wasserhahn, denn wir haben die Bergflüsse und die Wasserspeicher. Wozu also die ganze Aufregung! Was meint ihr?«

Der *Sarvadhikari* verbot fortan jedem, zur Badezeit auf diese Seite des Badezimmers zu gehen.

Noch etwas anderes hat sich in dieser Zeit ereignet. Bhagavan ging immer nach dem Frühstück in der prallen Sonne auf dem Berg spazieren. Wenn er zurückkam, gossen ihm seine Helfer vor der Halle aus dem *Kamandala* Wasser über die Füße. Er wusch sich die Füße und ging dann hinein. Einige versteckten sich in der Nähe. Sobald er in der Halle war, spritzten sie sich dieses Wasser auf ihre Köpfe. Doch alles kommt einmal ans Licht. Bhagavan bemerkte es. Eines Nachmittags beobachtete er durchs Fenster, wie ein langjähriger Devotee sich dieses Wasser auf den Kopf spritzte und sagte: »Da seht bloß! Weil ich diesem Treiben keine besondere Aufmerksamkeit geschenkt habe, ist es jetzt ausgeufert. Sie hören mit diesem Unsinn nicht auf, obwohl sie schon so lange hier leben und so oft gehört haben, was ich sage. Ich werde mir künftig nicht mehr die Füße waschen, versteht ihr?«

Der Devotee war wie betäubt. Schamvoll und betrübt kam er zu Bhagavan und bat ihn um Verzeihung. Bhagavan weigerte sich fortan, seine Füße dort zu waschen, obwohl die Helfer ihn anflehten, es doch weiterhin so zu machen.

Ich hatte von diesem Vorfall nichts mitbekommen, da ich in der Stadt war. Vier Tage später kam Bhagavan wie üblich von seinem Spaziergang auf dem Berg zurück. Da ich ihn wegen meines *Sadhanas* etwas fragen wollte, wartete ich vor der Halle beim westlichen Fenster auf ihn. Ich mache das immer so, wenn ich eine Frage habe. Weißt du, was dann geschah? Bhagavan nimmt normalerweise den östlichen Eingang, doch diesmal ging er auf mich zu. Ich trat beiseite, um ihn vorbei zu lassen. Er sah mich verärgert an. Ich wusste nicht warum und bebte vor Angst. Als er um die Ecke beim Fenster bog, wollten die Helfer ihm Wasser geben, damit er sich die Füße waschen konnte.

Bhagavan rief: »Nein!«

Sie wandten ein: »Aber du warst in der prallen Sonne.«

Bhagavan: »Na und! Wenn wir uns um unsere Reinlichkeit kümmern, warten schon die Leute auf das Wasser. Es reicht! Wenn ihr wollt, könnt ihr euch ja die Füße waschen.«

Dann ging er in die Halle. Ich fragte mich, was ich falsch gemacht hatte, dass Bhagavan so wütend geworden war, und ging fort, ohne die Sache zu klären. Am Abend fragte ich nach und erfuhr, was geschehen war. Erst dann kam ich innerlich wieder zur Ruhe.

Heilige Überreste

6. 7.1947

Vor langer Zeit, als noch nicht viele Leute im Ashram lebten, wartete einer der Helfer Bhagavans immer, bis er mit dem Essen fertig war, und aß dann auf seinem gebrauchten Blatt. Allmählich wollten auch andere Ashrambewohner und langjährige Devotees von diesem Blatt essen. Solange es keine konkurrierenden Ansprüche auf das Blatt gab, nahm Bhagavan davon kaum Notiz.

Vor seinem Blatt stand ein Teller, in dem er sich nach dem Essen die Hände wusch. Sobald er fort war, benutzten seine Devotees dieses Wasser als ›heiliges Wasser‹ (*Teertham*). Allmählich wurde das Sitte und es kamen sogar Leute aus Ramana Nagar, um diese Dinge zu erhalten.

Einmal stellte sich die Mutter eines wohlhabenden Devotee während des Mittagessens neben Bhagavan.

Er fragte: »Warum setzt du dich nicht hin und isst?«

Doch sie blieb stehen. Er kannte den Grund, aber er schwieg. Auf seiner anderen Seite stand die achtjährige Enkelin einer anderen Devotee mit einem Becher in der Hand. Bhagavan bemerkte auch sie und sagte: »Warum stehst du hier herum? Setz dich hin und iss.«

»Nein«, erwiderte sie.

»Warum bist du dann hier? Wozu hast du den Becher mitgebracht?«

Sie war ein ehrliches Kind und da sie nicht wusste, dass es ein Geheimnis war, sagte sie: »Großmutter hat mich hergeschickt, um das *Teertham* zu holen.«

Da konnte Bhagavan seinen Ärger nicht mehr beherrschen und sagte in gebieterischem Ton: »Ich sehe schon. Das ist es. Dieses Kind hier wartet auf das *Teertham* und diese Frau auf das Blatt, nicht wahr?«

Jemand in seiner Nähe sagte: »Ja.«

Bhagavan: »Ich beobachte diesen Unsinn schon seit geraumer Zeit. Die Leute glauben, dass der Swami mit geschlossenen Augen in der Halle sitzt und nichts mitbekommt. Ich wollte mich bislang nicht einmischen, aber jetzt ist das alles ausgeufert. *Teerthas* und *Prasadas* aus Überresten von Wasser und Nahrung und Leute, die sich damit abwechseln. Ich werde mir künftig die Hände nicht mehr in diesem Teller waschen und auch nirgends in der Nähe. Ich werde mein Blatt nicht mehr liegenlassen, sondern es selbst wegwerfen, versteht ihr? Ihr habt euch alle zusammengetan, um diese Dinge zu tun. Das ist die einzig mögliche Bestrafung.«

Bhagavan brachte noch weitere Dinge vor. Nach dem Essen faltete er sein Blatt zusammen und nahm es mit. So sehr ihn auch die Leute baten, er gab es nicht her, sondern ging damit in Richtung Berg und warf es fort, nachdem er außer Sichtweite war. Dann wusch er sich dort die Hände. Die

Ashrambewohner versprachen ihm, damit aufzuhören, doch er meinte: »Wenn jeder sein benutztes Blatt wegwirft, warum sollte ich dann meines liegen lassen?«

Bis 1943 war es Brauch, dass jeder nach dem Essen sein Blatt mitnahm und wegwarf. Erst nach diesem Vorfall wurde das geändert. Als die Ashrambewohner schworen, dass sie alle Blätter zusammen mit dem von Bhagavan einsammeln und wegwerfen würden, gab er widerwillig nach und ließ sein Blatt wieder liegen. Aber bis heute wäscht er seine Hände draußen. Wenn jemand ihn bittet, seine Hände in einem Teller zu waschen, sagt er: »Kannst du allen anderen auch einen Teller geben? Wenn alle anderen keinen Teller haben, um sich die Hände zu waschen, wozu brauche ich dann einen?«

Kein Segensgestus

8.7.1947

Kürzlich fragte ein Devotee Bhagavan: »Ich habe gehört, dass Bhagavan den Kopf eines Devotee zum Segen berührt hat. Stimmt das?«

Bhagavan: »Wie ist das möglich? Wenn ich von meinem Sofa aufstehe, mit den Leuten rede oder umhergehe, hat meine Hand vielleicht unbeabsichtigt ihre Köpfe berührt und sie haben es so interpretiert. Wenn ich mit Leuten vertraut bin, tätschle ich sie zuweilen. Ich gehe mit den Leuten gern natürlich um. Sie mögen das als einen Akt der Gnade von mir interpretieren. Wird es dadurch zu einem willentlichen Segensgestus?«

Ein *Sadhu*: »Swami, ich bitte dich, dass du mir einen Bissen von deinem Essen als *Prasadam* gibst.«

Bhagavan: »Wenn du alles, was du isst, als Gottes *Prasadam* entgegennimmst, dann wird es zu Gottes *Prasadam*. Ist nicht alles, was wir essen, Gottes *Prasadam*? Wer ist es, der isst? Woher kommt derjenige, der isst? Wenn du bis an die Wurzel der Dinge gehst und die Wahrheit erkennst, wirst du entdecken, dass alles Gottes *Prasadam* ist.«

Eine Geschichte aus dem Vichara Sagaram

12.7.1947

Aravind Bose, ein langjähriger Devotee aus Bengalen, hatte einen Sohn und eine Tochter. Der Sohn, ein robuster junger Mann, starb plötzlich vor seinem 18. Lebensjahr. Bose war untröstlich und stellte Bhagavan in seinem Kummer immer wieder Fragen. Bhagavan antwortete ihm, er möge Selbstergründung üben. Doch er war damit nicht zufrieden. Da erzählte ihm Bhagavan folgende Geschichte aus dem *Vichara Sagaram*:

»Zwei junge Männer namens Rama und Krishna gingen zum Studium ins Ausland, um dann viel Geld zu verdienen. Nach einiger Zeit starb einer von ihnen plötzlich. Der andere beendete erfolgreich sein Studium, verdiente gut und führte ein glückliches Leben. Er bat einen Kaufmann, der in seinem Heimatort vorbeikam, seinem Vater mitzuteilen, dass er wohlhabend und glücklich sei und dass sein Kamerad gestorben sei. Der Kaufmann gab die Nachricht falsch weiter und sagte zum Vater des Lebenden, dass sein Sohn tot sei und zum Vater des Toten, dass sein Junge viel Geld verdiene und ein glückliches Leben führe. Die Eltern des Toten waren glücklich, weil sie dachten, dass ihr Sohn wiederkommen würde, während die Eltern des Lebenden trauerten. Sie hatten ihre Söhne nicht gesehen. Die jeweilige Nachricht hatte sie glücklich bzw. traurig gemacht. Erst wenn sie ins Ausland gingen, würden sie die Wahrheit erfahren.

So ähnlich ist es auch mit uns. Wir glauben alle möglichen Dinge, die uns der Geist weismacht, und werden irregeführt, indem wir denken, dass das, was existiert, nicht existiert und andersherum. Wenn wir dem Geist nicht glauben, sondern ins Herz eintreten und den Sohn sehen, der in unserem Innern ist, brauchen wir ihn nicht außen zu sehen.«

Die ewige Welt

18.7.1947

Jemand fragte: »Es heißt, dass Gott in der ewigen Welt lebt. Stimmt das?«

Bhagavan: »Wenn wir in einer vergänglichen Welt leben, lebt er in einer ewigen. Doch leben wir in einer vergänglichen Welt? Wenn das stimmt,

stimmt auch das andere. Wenn wir nicht wirklich sind, wo ist dann die Welt und wo ist die Zeit?«

Da kam ein vierjähriger Junge mit seinem Spielzeugauto in die Halle. Bhagavan sagte lachend: »Seht bloß, anstatt dass der Wagen uns trägt, tragen wir den Wagen. So ist es richtig.«

Später meinte er: »Das Auto kann man auch als Beispiel nehmen. Wir sagen, dass wir im Auto saßen und es uns hergebracht hat. Doch bewegt sich das Auto, ohne dass wir es fahren? Wer fährt? Wir. So ist es auch mit dieser Welt. Wo ist die Welt, wenn wir nicht in ihr sind? Es muss jemanden geben, der die Schönheit dieser Welt sieht und sie versteht. Wer ist derjenige? Es ist der Sehende. Er ist überall. Was also ist vergänglich und was ewig? Wenn man durch Selbstergründung die Wahrheit kennt, gibt es keine Probleme.«

Der Blick der Weisheit (Jnana Drishthi)

20.7.1947

Bhagavan schrieb seine Verse und Prosa auf kleine Zettel, wenn immer ihm danach zumute war oder jemand ihn darum bat. Viele davon sind verloren gegangen, aber alles, was noch auffindbar war, haben wir gesammelt und sorgfältig aufbewahrt. Ich wollte diese Zettel in ein kleines Buch kleben und sagte das Bhagavan, doch er meinte: »Warum willst du dir die Mühe machen?«

Gestern Nachmittag wollte ich es unbedingt erledigen, doch er meinte: »Wozu? Jemand wird das Buch mitnehmen, weil er denkt, dass es alles enthält, was Swami geschrieben hat. Wir können nichts dagegen unternehmen, weil Swami der gemeinsame Besitz von allen ist. Deshalb ist es besser, es bei den Zetteln zu belassen.«

Da verstand ich den wirklichen Grund und gab mein Vorhaben auf.

Ein junger Mann fragte: »Swami, ein *Jnani* hat den Blick der Weisheit (*Jnana Drishti*). Bitte gib mir diesen Blick der Weisheit oder sage mir, wo ich jemanden finde, der ihn mir geben kann.«

Bhagavan: »Diesen Blick der Weisheit muss man durch eigene Anstrengung erlangen. Er ist nichts, das jemand dir geben könnte.«

Devotee: »Es heißt, dass der Guru ihn geben kann, wenn er will.«

Bhagavan: »Der Guru kann nur sagen: ›Wenn du diesem Weg folgst, wirst du *Jnana Drishti* erlangen.‹ Aber wer folgt dem Weg? Ein Guru, der ein *Jnani* ist, ist nur ein Wegweiser, aber die Schüler müssen den Weg selber gehen (i. e. *Sadhana* tun).«

Da ging der junge Mann enttäuscht fort.

Wenig später brachte ein Kind aus Ramana Nagar Bhagavan zwei Früchte aus dem Garten. Sie hatte schon öfter Süßigkeiten und Früchte gebracht und Bhagavan hatte jedes Mal zu ihr gesagt: »Wozu bringst du sie?«, hatte sie aber schließlich doch gegessen. Gestern gab er sie ihr zurück und sagte: »Nimm das Obst wieder mit nach Hause, schneide es in kleine Stücke und gib es den anderen, indem du zu ihnen sagst: ›Das ist für Bhagavan, das ist für Bhagavan‹ und du nimmst dir auch etwas davon. Bhagavan ist in jedem. Warum also bringst du täglich Obst? Ich habe dir gesagt, du sollst es bleiben lassen. Gib es den anderen. Bhagavan ist in jedem. Bitte geh jetzt.«

Das Mädchen ging enttäuscht weg. Bhagavan sagte zu mir: »Den Kindern machen solche Dinge Spaß. Wenn sie Swami etwas geben, wissen sie, dass sie auch etwas davon abbekommen. Als ich auf dem Berg lebte, kamen kleine Buben und Mädchen in ihren Ferien zu mir. Sie baten ihre Eltern um Geld und brachten mir Süßigkeiten, Kekse und ähnliches mit. Ich saß bei ihnen und bekam meinen Anteil. Wenn sie Swami etwas brachten, wussten sie, dass sie auch etwas davon bekommen würden. Es ist in Ordnung wenn es einmal vorkommt, aber nicht täglich. Wenn alle essen, ist es dann nicht dasselbe, als wenn ich esse?«

Vor einer Woche servierte jemand Bhagavan mehr Orangen als den anderen. Da aß er keine Orangen mehr. Als die Devotees ihn baten, doch wieder davon zu nehmen, sagte er: »Genügt es nicht, wenn ihr alle esst?«

Devotee: »Es ist uns nicht wohl dabei, wenn wir sie essen, aber Bhagavan nicht. Wir bitten dich um Verzeihung.«

Bhagavan: »Was gibt es da zu verzeihen? Ich mag sie einfach nicht so sehr.«

Devotee: »Aber sie sind gesund.«

Bhagavan: »Sieh her, etwa hundert Leute frühstücken hier. Ich esse durch so viele Münder. Reicht das nicht? Soll ich nur durch diesen einen Mund essen?«

Das ist die Sicht der Weisheit. Wer könnte sie einem anderen geben?

Zuhören und Überdenken

19.7.1947

Zwei Gelehrte baten Bhagavan: »Swami, wir müssen gehen. Wir bitten dich, dass du uns segnest, damit unser Geist in den Frieden eingeht oder sich auflöst.«

Bhagavan nickte wie üblich. Als sie fort waren, sagte er zu Ramachandra Iyer: »Friede (*Shanti*) ist der ursprüngliche Zustand. Wenn man das, was von außen kommt, zurückweist, bleibt Friede übrig. Was gibt es dann, das irgendwo eingehen oder sich auflösen könnte? Man muss nur das, was von außen kommt, abweisen. Wenn man reifen Menschen sagt, dass ihre wahre Natur Friede ist, erlangen sie *Jnana.* Für unreife Menschen ist Zuhören und Überdenken der Lehre (*Sravana* und *Manana*) vorgeschrieben, aber reife Menschen brauchen das nicht. Wenn Leute, die weit weg sind, nach dem Weg zu Ramana Maharshi fragen, muss man ihnen erklären, welchen Zug und welchen Weg sie nehmen müssen. Aber wenn sie einmal Ramanashram erreicht haben und in die Halle gekommen sind, genügt es, wenn man ihnen sagt: ›Da ist er.‹ Sie müssen nirgendwo mehr hin.

Und noch etwas. Es gibt nicht nur das Zuhören und Überdenken von dem, was von außen kommt, sondern auch ein inneres Zuhören und Überdenken. Es stellt sich ein, wenn der Mensch reif geworden ist. Jene, die das tun, haben keine Zweifel mehr.«

Als jemand ihn nach der Bedeutung von diesem inneren Hören fragte, sagte er: »Es ist das Wissen um das Selbst, das in der Höhle des Herzens wohnt und immer im Gefühl des ›Ich-Ich‹ erstrahlt. Dieses Empfinden zu bekommen und im Herzen zu sein, bedeutet *Manana.* In seinem eigenen Selbst zu verbleiben, bedeutet ununterbrochene Kontemplation (*Nididhyasa*).«

Bhagavan schrieb im folgenden Vers über *Aham Sphurana* (das ständig pulsierende »Ich-Ich«):

»*Brahman* erstrahlt inmitten der Höhle des Herzens in Form des Selbst, das immer ›Ich bin – Ich bin‹ ruft. Werde ein Selbstverwirklichter, indem du den Geist völlig mit der Selbstergründung beschäftigst oder ihn durch Atemkontrolle zum Schweigen bringst.«

Schweigen

3.9.1947

Devotee: »*Mauna* (Schweigen) bedeutet, im Selbst zu verweilen, nicht wahr?«

Bhagavan: »Ja, so ist es. Wie könnte es *Mauna* sein, wenn man nicht im Selbst weilt?«

Devotee: »Das genau ist meine Frage. Ist es *Mauna*, wenn man lediglich das Sprechen aufgibt, ohne sich zugleich des Selbst gewahr zu sein und in ihm zu verweilen?«

Bhagavan: »Manche Leute sagen, dass sie *Mauna* üben, indem sie den Mund halten, aber sie schreiben dafür ihre Mitteilungen auf Zettelchen oder auf eine Schiefertafel. Ist das nicht eine andere Art der Geistesaktivität?«

Ein anderer Devotee: »Hat es dann überhaupt keinen Wert, wenn man das Sprechen unterlässt?«

Bhagavan: »Man kann das Sprechen unterlassen, um den Hindernissen der äußeren Welt aus dem Weg zu gehen, aber man sollte das nicht als das Ziel betrachten. Wahres Schweigen ist in Wirklichkeit ununterbrochenes Sprechen. Man kann es nicht erlangen, da es immer da ist. Alles, was du tun musst, ist, die weltlichen Spinnweben, die es einhüllen, zu entfernen. *Mauna* kann man nicht erlangen.«

Während dieses Gesprächs teilte uns jemand mit, dass ein Rundfunksender Bhagavans Stimme aufnehmen wollte. Bhagavan meinte lachend: »Oho, aber meine Stimme ist das Schweigen. Wie können sie das Schweigen aufnehmen? Das, was IST, ist Schweigen. Wer kann es aufnehmen?«

Da verstummten die Devotees, tauschten Blicke untereinander und es war völlig still in der Halle.

Jenseits von Wachen, Träumen und Tiefschlaf

6.9.1947

Meine Schwägerin fragte Bhagavan: »Hat ein *Jnani* keine Träume?«

Bhagavan: »Nicht nur der Traumzustand, sondern alle drei Zustände von Wachen, Träumen und Tiefschlaf sind für den *Jnani* unwirklich. Für den *Jnani* ist der wirkliche Zustand jenseits der drei Zustände.«

Ich fragte: »Ist der Wachzustand nicht dasselbe wie der Traum?«

Bhagavan: »Ja, mit dem einzigen Unterschied, dass der Traum von kurzer Dauer ist und der Wachzustand länger dauert.«

Ich: »Dann ist der Tiefschlaf auch ein Traum?«

Bhagavan: »Nein, der Tiefschlaf ist eine Wirklichkeit. Wie könnte er ein Traum sein, wenn es in ihm keine geistige Aktivität gibt? Doch da er ein Zustand geistiger Leere ist, ist er Unwissenheit (*Avidya*) und muss deshalb zurückgewiesen werden. Die Zeitdauer bezieht sich nur auf den Traum- und Wachzustand. Man könnte nun einwenden: ›Wir leben schon so lange, und diese Gebäude und all die Dinge hier sind für uns so augenscheinlich, dass das alles kein Traum sein kann.‹ Aber wir müssen bedenken, dass während wir träumen uns auch der Traum lange vorkommt. Erst wenn du aufgewacht bist bemerkst du, dass er nur kurz war. Ebenso ist es, wenn man die Verwirklichung (*Jnana*) erlangt. Dann sieht man, dass dieses Leben nur sehr kurz ist. Der traumlose Schlaf dagegen ist Unbewusstsein. Deshalb muss man ihn zugunsten der reinen Bewusstheit zurückweisen.«

Meine Schwägerin wandte ein: »Es heißt, dass die Seligkeit, die man im Tiefschlaf erfährt, auch im *Samadhi* erfahren wird. Wie geht das mit dem Standpunkt zusammen, dass der Tiefschlaf ein unbewusster Zustand ist?«

Bhagavan: »Deshalb muss man auch den Tiefschlaf zurückweisen. Es ist wahr, dass es in ihm Seligkeit gibt, aber man ist sich dessen nicht gewahr. Man weiß es erst, wenn man aufgewacht ist und sagt, dass man gut geschlafen hat. *Samadhi* bedeutet, dass man Seligkeit erfährt, während man wach ist.«

Ich: »*Samadhi* bedeutet also Wachheit oder bewusster Schlaf?«
Bhagavan: »Ja, so ist es.«

Meine Schwägerin hatte noch eine weitere Frage: »Im *Yoga Vashishta* heißt es, dass der Verwirklichte alles Mögliche tut, aber davon nicht berührt wird. Sieht es nur nach außen hin so aus oder ist er wirklich davon unberührt?«

Bhagavan: »Er ist wirklich davon unberührt.«

Meine Schwägerin: »Die Leute sprechen von Visionen, die sie im Traum und im Wachen haben. Was sind sie?«

Bhagavan: »Für einen Verwirklichten sind sie alle dasselbe.«

Meine Schwägerin: »In Bhagavans Biografie steht, dass Ganapati Muni eine Vision von Bhagavan hatte, als er in Tiruvottiyur war, und dass Bhagavan gleichzeitig ein entsprechendes Erlebnis hatte. Wie kann man sich das erklären?«[84]

Bhagavan antwortete rätselhaft: »Ich habe bereits gesagt, dass man solche Dinge als ›göttliche Visionen‹ bezeichnet.«

Dann schwieg er und gab uns zu verstehen, dass er das Gespräch nicht fortsetzten wollte.

Samadhi

8.9.1947

Heute früh fragte ein Europäer: »In der *Mandukya Upanishad* heißt es, dass man keine Befreiung (*Moksha*) erlangen kann, gleichgültig wie viel man meditiert und Entsagung geübt hat, wenn man nicht *Samadhi*, die achte und letzte Stufe im Yoga, erlangt hat. Stimmt das?«

Bhagavan: »Wenn man es richtig versteht, ist alles dasselbe. Es macht keinen Unterschied, ob du es Meditation, Entsagung, Versenkung oder anders nennst. Das, was beständig und anhaltend ist wie fließendes Öl, ist Entsagung, Meditation und Versenkung. Wenn man sein eigenes Selbst ist, ist das *Samadhi*.«

---

[84] s. a. Brief vom 18.4.1947

Frager: »Aber in der *Mandukya Upanishad* steht, dass man *Samadhi* erfahren muss, bevor man die Befreiung erlangen kann.«

Bhagavan: »Wer sagt, dass es nicht so ist? Das steht nicht nur in der *Mandukya Upanishad*, sondern in allen alten Schriften. Aber es handelt sich nur dann um wirkliches *Samadhi*, wenn du dein Selbst kennst. Was nützt es, eine Zeit lang wie eine leblose Gestalt still dazusitzen?

Stell dir vor, du hast ein Geschwür an deiner Hand und lässt es unter Narkose operieren. Während der Narkose spürst du keinen Schmerz, aber bedeutet das, dass du deshalb in *Samadhi* bist? Hiermit ist es dasselbe. Man muss verstehen, was *Samadhi* wirklich bedeutet. Wie kannst du es verstehen, ohne dass du dein Selbst kennst? Wenn man das Selbst kennt, weiß man automatisch, was *Samadhi* ist.«

Derweilen hatte ein Devotee damit begonnen, Lieder aus dem *Tiruvasagam* vorzusingen. Gegen Ende heißt es dort: »Oh *Ishwara*, Du willst mir entfliehen, aber ich halte Dich fest. Wie kannst Du mir da entkommen?«

Bhagavan sagte lächelnd: »Es scheint, Gott will entkommen und sie halten Ihn fest! Wohin könnte Er denn entfliehen? Wo ist Er nicht gegenwärtig? Wer ist Er? Das alles ist ein Spiel.

Im gleichen Buch gibt es eine Folge von zehn Liedern. In einem davon heißt es: ›Oh Herr, Du hast meinen Geist zu Deiner Wohnstatt gemacht. Du hast Dich mir gegeben und hast mich in Dich aufgenommen. Herr, wer von uns ist jetzt der Schlauere? Wenn Du Dich mir gegeben hast, genieße ich unendliche Seligkeit, aber was hast Du davon, dass Du durch Dein unendliches Erbarmen meinen Körper zu Deinem Tempel gemacht hast? Was kann ich im Gegenzug für Dich tun? Ich habe jetzt nichts mehr, das ich mein Eigen nennen könnte.‹ Das bedeutet, dass kein eigenes Ich mehr da ist. Wie viel Schönheit liegt darin! Wenn es kein Ich mehr gibt, wer ist dann der Handelnde und was könnte er tun – ob es nun Hingabe, Selbstergründung oder *Samadhi* ist?«

Bleibe wo du bist

10.9.1947

Als Bhagavan heute Vormittag zu seinem Spaziergang aufbrechen wollte, trat ein junger Mann aus Andhra Pradesh an sein Sofa und sagte: »Swami, ich bin hergekommen, weil ich *Tapas* (Entsagung) üben will. Aber ich weiß nicht, welcher Ort sich dafür eignet. Ich gehe wohin du mich schickst.«

Bhagavan antwortete nicht. Er neigte sich vor und rieb seine Beine und Knie, wie er es oft wegen seines Rheumas tut, bevor er aufsteht, und lächelte still vor sich hin. Wir warteten gespannt auf seine Antwort. Nach einer Weile griff er nach seinem Gehstock, sah den jungen Mann an und sagte: »Wie kann ich dir sagen, wohin du gehen sollst, um *Tapas* zu üben? Es ist am besten, wenn du bleibst, wo du bist.« Lächelnd ging er hinaus.

Der junge Mann war verwirrt. »Was bedeutet das?«, rief er aus. »Ich dachte, er würde mir einen heiligen Ort nennen, wo ich bleiben kann, aber stattdessen sagt er mir, ich soll bleiben, wo ich bin. Ich stehe jetzt vor diesem Sofa. Meint er, dass ich hier stehenbleiben soll? Bin ich zu ihm gekommen, um eine solche Antwort zu erhalten? Ist das etwa ein Grund zum Scherzen?«

Einer der Devotees führte ihn aus der Halle und erklärte ihm: »Selbst wenn Bhagavan etwas so dahinsagt, steckt immer eine tiefe Bedeutung dahinter. Dort, wo das Ich-Gefühl entsteht, ist unser Selbst. *Tapas* bedeutet zu wissen, wo das Selbst ist, und in ihm zu verweilen. Dazu muss man wissen, wer man ist. Wenn man sein Selbst verwirklicht, was macht es dann aus, wo man ist? Das hat er damit gemeint.« Er beruhigte den jungen Mann und schickte ihn fort.

Jemand anderer stellte gestern eine ähnliche Frage: »Swami, wie können wir das Selbst finden?«

Bhagavan: »Du bist im Selbst. Wie kann es da schwierig sein, es zu finden?«

Frager: »Du sagst, dass ich im Selbst bin, aber wo genau ist dieses Selbst?«

Bhagavan: »Wenn du im Herzen weilst und geduldig danach suchst, wirst du es finden.«

Der Frager war immer noch unzufrieden und machte die sonderbare Bemerkung, dass er in seinem Herzen keinen Platz fände, um darin zu bleiben.

Da wandte sich Bhagavan an einen der Devotees und sagte lächelnd: »Sieh bloß, wie er sich mit der Frage plagt, wo das Selbst ist! Was kann ich ihm sagen? Das, was IST, ist das Selbst. Es durchdringt alles. Wenn ich ihm sage, dass man es das ›Herz‹ nennt, sagt er, dass er darin keinen Platz findet, um dort zu verweilen. Was kann ich machen? Zu sagen, dass es im Herzen keinen Platz gibt, nachdem man es mit unnötigen *Vasanas* angefüllt hat, ist, als würde man murren, dass man in einem Haus, das so groß wie Ceylon ist, keinen Platz findet, sich hinzusetzen. Wenn man alles Gerümpel hinauswirft, wird man dann nicht Platz haben? Der Körper selber ist so ein Gerümpel. Diese Leute sind wie jemand, der in alle Zimmer seines Hauses unnötiges Gerümpel hineinstopft und sich dann beschwert, dass er selbst keinen Platz mehr darin hat. So füllen die Leute ihren Geist mit allen möglichen Eindrücken und sagen dann, dass sie darin keinen Platz für das Selbst haben. Wenn alle falschen Vorstellungen und Eindrücke fortgewischt und hinausgeworfen werden, bleibt ein Gefühl der Fülle zurück – und das ist das Selbst. Dann gibt es kein eigenständiges Ich mehr. Es ist ein Zustand der Ichlosigkeit. Wie könnte es dann noch die Frage nach einem Raum oder einer Person, die den Raum bewohnt, geben? Anstatt dass die Leute das Selbst suchen, sagen sie: ›Es gibt keinen Platz dafür!‹ Das ist so, als würde jemand seine Augen verschließen und sagen, dass es keine Sonne gibt. Was kann man unter solchen Voraussetzungen tun?«

Nur das eine und alles durchdringende Selbst

11.9.1947

Gestern kam ein *Sadhu* und setzte sich in der Halle nieder. Es wollte etwas sagen, zögerte aber. Nach einer Weile fragte er Bhagavan: »Swami, es heißt, dass das Selbst alles durchdringt. Ist es dann auch in einem toten Körper?«

Bhagavan: »Ist das eine Frage, die der tote Körper stellt oder du?«

Sadhu: »Ich stelle sie.«

Bhagavan: »Wenn du schläfst, fragst du dich dann, ob du existierst? Erst wenn du aufwachst, sagst du, dass du existierst. Auch im Traum existiert das Selbst. Es gibt in Wirklichkeit keine lebenden und toten Körper. Das, was sich nicht bewegt, nennt man tot, und das, was sich bewegt, lebendig. Im Traum siehst du viele Körper, lebende und tote, doch wenn du aufwachst, existieren sie nicht mehr. Ebenso ist diese ganze Welt, sei sie belebt oder nicht, nicht-existent. Der Tod bedeutet die Zerstörung des Egos und die Geburt bedeutet seine Wiedergeburt. Geburt und Tod betreffen das individuelle Ich, aber nicht DICH. Du existierst, gleichgültig ob das individuelle Ich-Gefühl da ist oder nicht. Du bist seine Quelle, aber nicht dieses individuelle Ich-Gefühl. Befreiung (*Mukti*) bedeutet, die Wurzel für diese Geburten und Tode ausfindig zu machen und das individuelle Ich-Gefühl in seiner Wurzel zu vernichten. Das ist die Befreiung. Sie ist Tod mit vollem Bewusstsein. Wenn man auf diese Weise stirbt, wird man gleichzeitig am selben Ort wiedergeboren, indem sich das pulsierende ewige Ich (*Aham Sphurana)* als ›Ich-Ich‹ bemerkbar macht. Wer wiedergeboren wird, hat keine Zweifel mehr.«

Gestern Abend stellte ein junger Europäer Bhagavan mehrere Fragen. Bhagavan antwortete wie üblich mit der Gegenfrage: »Wer bist du? Wer stellt diese Fragen?« Da der junge Mann einsah, dass er keine weitere Erklärung bekommen würde, fragte er schließlich, welchen Vers aus der *Bhagavad Gita* er am liebsten möge. Bhagavan erwiderte, er möge sie alle. Der junge Mann bestand jedoch auf seiner Frage, welches der wichtigste Vers sei. Da antwortete Bhagavan, es sei X, 20: »Ich bin das Selbst, oh Gudakesa[85], das im Herzen aller Lebewesen thront. Ich bin der Anfang, die Mitte und das Ende aller Lebewesen.«

Da war der junge Mann zufrieden und verabschiedete sich.

---

[85] i. e. *Arjuna*

Die Manifestation des Selbst

12.9.1947

Devotee: »Was ist Chidabhasa[86]?«

Bhagavan: »Chidabhasa ist, wenn das Selbst als individueller Geist empfunden wird. Das Eine wird zu drei, diese werden zu fünf und diese zu vielen. Das bedeutet: das reine Selbst (*Satva*), das eines ist, wird durch Kontakt zu drei (*Satva, Rajas und Tamas*). Mit diesen drei kommen die fünf Elemente ins Dasein und daraus entsteht das ganze Universum. Chidabhasa ist das, was die Illusion entstehen lässt, dass der Körper das Selbst sei.«

Frager: »Wie kann diese Illusion verschwinden?«

Bhagavan: »Wenn man sich dieser Wahrheit durch Selbstergründung vergewissert, löst sich die Vielheit in die Fünf auf, die Fünf in die Drei und diese wird zum Einen.

Nehmen wir einmal an, du hast Kopfschmerzen. Wenn du eine Arznei einnimmst und sie loswirst, bist du wieder wie zuvor. Der Kopfschmerz ist wie die Illusion, dass der Körper das Selbst sei. Sie verschwindet, wenn die Arznei namens Selbstergründung angewandt wird.«

Frager: »Ist der Weg der Selbstergründung für alle möglich?«

Bhagavan: »Nur reife Menschen können diesen Weg gehen. Den unreifen Menschen wird empfohlen, ein Gebet oder einen heiligen Namen mit dem Atem zu wiederholen (*Japa*), Bilder zu verehren, Atemkontrolle zu üben oder ähnliche Yoga-, spirituelle und religiöse Übungen auszuführen. Durch diese Praxis werden sie reif und werden dann durch den Weg der Selbstergründung das Selbst verwirklichen.

Um die unreifen Menschen von ihren Illusionen bezüglich dieser Welt zu befreien, muss man ihnen sagen, dass sie nicht der Körper sind. Die Alten sagen, dass man die Unreifen anweisen soll, den Seher zu erkennen. Sie sollen die fünf Elemente hinterfragen und zurückweisen, indem sie wiederholen: ›Ich bin nicht dies. Ich bin nicht das (*Neti, neti*). Dann muss man ihnen aufzeigen, dass die Elemente ihr eigenes Selbst sind, so wie die goldenen Schmuckstücke nicht vom Gold verschieden sind. Daher muss man sagen, dass diese Welt wirklich ist. Die Menschen beachten den Un-

[86] Absolutes Bewusstsein (*Chit*), das sich im Denken reflektiert; das Bewusstsein der individualisierten Seele, des *Jiva*.

terschied zwischen den verschiedenen Schmuckstücken, aber tut das auch der Goldschmied? Er beachtet nur die Qualität des Goldes. Ebenso sieht der Verwirklichte (*Jnani*) alles als sein eigenes Selbst.

Shankaras Methode war dieselbe. Manche verstehen das nicht richtig und glauben, *Shankara* sei ein Nihilist, einer, der behauptet, dass die Welt unwirklich sei. Das ist reiner Unsinn.

Du siehst einen Stein, in den ein Hund gemeißelt ist. Wenn du erkennst, dass es nur ein Stein ist, ist da kein Hund mehr und andersherum: Wenn du den Hund siehst, ohne zu erkennen, dass es ein Stein ist, existiert kein Stein für dich. Wenn du existierst, existiert auch alles andere. Wenn du nicht existierst, gibt es auch nichts in dieser Welt, das existieren würde. Wenn man sagt, dass da kein Hund ist, sondern ein Stein, bedeutet das aber nicht, dass der Hund weggelaufen ist, weil du den Stein siehst.

Es gibt dazu eine Geschichte. Ein Mann wollte den Palast des Königs besichtigen. Links und rechts am Eingangstor standen zwei steinerne Hunde. Aus der Ferne hielt der Mann sie für zwei wirkliche Hunde und hatte Angst hinzugehen. Da kam ein Heiliger des Weges. Er nahm den Mann mit und sagte: ›Du brauchst keine Angst zu haben‹. Als der Mann nahe genug war, erkannte er, dass da keine Hunde waren und es sich nur um Statuen aus Stein handelte. Ebenso ist es, wenn du die Welt siehst – dann ist das Selbst unsichtbar. Wenn du dagegen das Selbst siehst, ist die Welt unsichtbar. Ein guter Lehrer ist wie dieser Weiser.

Ein Verwirklichter, der die Wahrheit kennt, ist sich der Tatsache bewusst, dass er nicht der Körper ist. Aber da ist noch etwas anderes: Solange man den Tod nicht als etwas betrachtet, das sehr nahe ist und sich jeden Moment ereignen kann, wird man sich des Selbst nicht gewahr. Das bedeutet, dass das Ego sterben und verschwinden muss, zusammen mit den ihm innewohnenden *Vasanas*. Wenn das Ego verschwindet, erstrahlt das Selbst. Solche Menschen befinden sich auf einer hohen spirituellen Ebene. Sie sind frei von Geburt und Tod.«

Einfachheit

13.9.1947

Kürzlich kam Aurobindo Bose aus Bangalore und brachte Bhagavan teure Stifte mit. Als er wieder fort war, sah sich Bhagavan die Stifte an, machte damit eine Schriftprobe und sagte, dass sie gut seien. Dann gab er sie Krishnaswami und wies ihn an: »Bewahre sie sorgfältig auf. Irgendwo muss mein eigener Stift sein. Bitte suche ihn und gib ihn mir.«

Krishnaswami legte die Stifte sorgfältig weg und suchte eine Weile, bis er einen anderen Stift fand. Bhagavan sah ihn sich genau an und fragte: »Warum gibst du mir diesen hier? Er ist von Devaraja Mudaliar. Irgendwo muss mein eigener sein. Gib ihn mir und bewahre diesen ebenfalls sorgfältig auf.«

Krishnaswami suchte überall, konnte ihn aber nicht finden. Devaraja Mudaliar meinte: »Warum kümmert dich das? Gehören dir nicht alle Stifte?«

Bhagavan antwortete lächelnd: »Das ist es nicht. Du hast mir diesen hier gegeben. Bose brachte mir die anderen. Wenn wir nicht darauf Acht geben, nimmt jemand sie mit. Wie du weißt, ist Swami das Gemeingut von allen. Wenn dein Stift verloren geht, bist du traurig, weil du ihn teuer für mich gekauft hast. Wenn es sich um meinen eigenen handelt, macht es nichts aus, wo er herumliegt. Er kostet lediglich einen halben *Annas* und ich habe ihn nicht einmal gekauft. Jemand hat ihn gefunden und mir gegeben. Also gehört er uns. Für die anderen sind wir dem Geber verantwortlich. Aber keiner wird uns nach diesem hier fragen. Deshalb möchte ich ihn gerne haben. Die anderen Stifte sind für bedeutende Leute. Wozu brauche ich so etwas? Muss ich ein Examen schreiben oder Büroarbeiten erledigen? Für meine Schreibarbeiten genügt dieser Stift.«

Schließlich wurde der Stift gefunden.

Kürzlich ereignete sich ein ähnlicher Vorfall. Ein Reicher brachte eine silberne Tasse mit Unterteller und einen silbernen Löffel, legte die Dinge ehrerbietig vor Bhagavan hin und sagte: »Bhagavan, bitte trinke daraus.«

Bhagavan sah sich die Gegenstände genau an und übergab sie seinen Gehilfen, damit sie sie ins Büro brachten. Da wandte der Devotee ein: »Aber sie sind für Bhagavan gedacht.«

Bhagavan erwiderte: »Ja, aber diese Dinge werden von reichen Leuten benutzt. Was könnten wir damit anfangen? Wir haben unsere eigenen Tassen und Löffel.«

Dann wandte er sich an seinen Gehilfen: »Ab morgen werden wir unsere eigenen Tassen benutzen. Nimm sie heraus.«

Ein Devotee fragte: »Was sind das für Tassen?«

»Sie wurden aus Kokosnussschalen geschnitzt, poliert und haltbar gemacht. Es sind unsere Tassen und Löffel.[87] Sie gehören uns. Sie reichen für unsere Bedürfnisse aus. Bewahrt die silbernen Dinge sorgfältig auf.«

Devotee: »Gehören die silbernen Dinge nicht Bhagavan?«

Bhagavan lachte: »Ja. Aber sage mir, was sollen wir mit all diesem Pomp anfangen? Sie sind wertvoll. Wenn wir nicht darauf Acht geben, stiehlt sie noch jemand. Also muss man sie bewachen. Ist das etwa Swamis Aufgabe? Und zudem könnte jemand denken: ›Er ist ein *Sannyasin*. Er wird sie mir geben, wenn ich ihn darum bitte.‹ Ich könnte seine Bitte nicht abschlagen. Aber wenn ich sie hergebe, werden die Geber es mir verübeln, weil sie wollen, dass Swami diese Dinge benutzt. Wozu das alles? Wenn wir unsere eigenen Tassen verwenden, spielt es keine Rolle, was wir mit ihnen tun.«

Damit ließ er die silbernen Gegenstände wegbringen und seine eigenen Tassen holen und zeigte sie den Anwesenden.

Ein Devotee schenkte Bhagavan einen schönen Spazierstock mit einem Silbergriff. Bhagavan sah ihn sich genau an. Dann meinte er: »Er ist sehr schön. Bitte geh sorgfältig damit um.«

Devotee: »Aber er ist nicht für mich bestimmt. Ich habe ihn für Bhagavan mitgebracht.«

Bhagavan: »Was für ein Einfall! Ein so schöner Spazierstock mit Silbergriff sollte nur von Beamten wie dir benutzt werden. Warum bringst du ihn mir? Sieh her, ich habe meinen eigenen Spazierstock. Er genügt mir vollkommen.«

Devotee: »Aber wenn er abgenutzt ist, kannst du diesen hier nehmen.«

Bhagavan: »Wozu brauche ich so kostbare Dinge? Wir können aus einem Stecken einen Spazierstock schnitzen. Als ich auf dem Berg lebte, habe ich viele Spazierstöcke geschnitzt. Ich habe sie poliert und haltbar ge-

[87] Sri Ramana hat in früheren Jahren solche Gebrauchsgegenstände aus Kokosnussschalen geschnitzt.

macht. Sie haben nichts gekostet. Die Leute haben sie einfach mitgenommen. Sie haben uns gehört. Wozu all dieser Prunk? Diese billigen Spazierstöcke genügen.«

Mit diesen Worten gab Bhagavan dem Devotee den Spazierstock zurück. Bhagavan benutzt grundsätzlich keine teuren Dinge. Er mag Dinge, die nichts gekostet haben.

Mutters Geschenk

14.9.1947

Vergangenen Monat ließ Niranjanandaswami (der Ashram-Verwalter) einen Bullen des Ashrams als Geschenk zum *Meenakshi*-Tempel[88] in Madurai bringen. Sambasiva Iyer brachte ihn hin und wurde mit dem Bullen zusammen fotografiert. Er kehrte mit dem Foto, einem altmodischen Seidenschal mit Fransen, *Vibhuti*, *Kumkum* und *Prasadam* als Geschenke des Tempels zurück.

Bhagavan saß in der Jubiläumshalle, als Simbasiva Iyer mit den Geschenken zurückkam. Er fragte mich: »Wusstest du, dass unser Bulle zum *Meenakshi*-Tempel gebracht wurde?« Ich bejahte. Bhagavan zeichnete sich mit der heiligen Asche und dem *Kumkum* die Stirn und sagte mit bewegter Stimme: »Seht, das ist *Meenakshis* Geschenk.« Simbasiva Iyer legte den Schal über Bhagavans Füße. Als Bhagavan ihn ehrfürchtig wegnahm, legten ihn die Gehilfen über die Sofalehne. Bhagavan strich ihn mit den Händen glatt und meinte: »Er ist von Mutter *Meenakshi*. Er ist ein Geschenk der Mutter.« Er war so tief bewegt, dass er nichts mehr sagen konnte und schwieg.

Vor drei Jahren meinte der Ashram-Arzt, dass handgemahlener Reis gut für Bhagavans Gesundheit sei. Da wollten die Ashrambewohner solchen Reis für ihn zubereiten. Bhagavan fragte, ob auch alle anderen davon bekämen. Sie antworteten, dass das nicht möglich sei, da sie zu wenig davon

[88] Denn *Meenakshi*-Tempel in Madurai hat Ramana oft besucht, nachdem er sein Erleuchtungserlebnis hatte. *Meenakshi* ist die Göttin des dortigen Tempels.

hätten. Da weigerte er sich, so sehr sie auch versuchten, ihn zu überreden. Schließlich schlugen sie ihm vor, dass sie den handgemahlenen Reis für die tägliche Opfergabe an die Mutter im Tempel verwenden könnten und Bhagavan daran Teil haben könnte. Er willigte ein: »Wenn das so ist, ist es in Ordnung. Ich werde ihn essen, weil er ein *Prasadam* von Mutter ist.«

Seitdem wird Bhagavan der handgemahlene Reis serviert, nachdem er der Göttin im Tempel geopfert worden ist. Der Rest wird an alle anderen verteilt.

Geistesfriede

16.9.1947

Vorgestern kam eine Frau mit ihrem Mann aus Andhra Pradesh und fragte Bhagavan: »Swami, ich habe Vorträge über *Vedanta* gehört und ich meditiere. Manchmal fühle ich mich während der Meditation glücklich und es kommen mir die Tränen, dann wieder geschieht nichts. Warum ist das so?«

Bhagavan: »Glück ist etwas, das immer da ist. Es ist nichts, das kommt und geht. Das, was kommt und geht, ist eine Schöpfung des Geistes. Du solltest dich nicht darum kümmern.«

Frau: »Wenn die Seligkeit verschwindet, bin ich entmutigt und möchte die Erfahrung wiederholen.«

Bhagavan: »Du gibst zu, dass du in beiden Zuständen existierst: während du das selige Gefühl hast und während es nicht da ist. Wenn du dieses Ich genau wahrnimmst, zählen diese Erlebnisse nicht mehr.«

Jemand anderer fragte: »Muss man das Glück nicht ergreifen, um es zu erfahren?«

Bhagavan: »Es ist Dualität, wenn du etwas anderes ergreifst. Aber das, was IST, ist nur das eine Selbst und keine Zweiheit. Wer also ergreift was? Und was ist es, das man ergreifen könnte?«

Es folgte keine Antwort.

Bhagavan sagte freundlich: »Die *Vasanas* sind so stark. Was kann man machen?«

Da kam ein junger Mann herein, gab Bhagavan einen Zettel und setzte sich. Bhagavan sagte: »Hier steht: ›Ist der Friede des Geistes Befreiung (*Moksha*)?‹ Die Antwort ist in der Frage enthalten. Was kann man sonst noch dazu sagen? Deine Frage beinhaltet bereits, dass der Geistesfriede Befreiung ist.«

Junger Mann: »Der Geist ist manchmal friedvoll, dann wieder abgelenkt. Wie können wir Ablenkungen vermeiden?«

Bhagavan: »Wer ist abgelenkt? Wer ist es, der diese Frage stellt?«

Junger Mann: »Der Frager bin ich.«

Bhagavan: »Ja, so ist es. Es gibt also etwas, das wir ›ich‹ nennen. Da wir hin und wieder Friede erfahren, muss es etwas geben, das wir Friede nennen. Hinzu kommt, dass diese Gefühle, die wir Wünsche nennen, auch dem Geist angehören. Wenn man diese Wünsche vertreibt, ist der Geist nicht mehr unstet. Wenn der Geist nicht mehr unstet ist, bleibt Friede übrig. Um das zu erlangen, was immer schon da ist, braucht es keine Anstrengung. Die Anstrengung ist nur dafür nötig, alle Wünsche zu vertreiben. Wenn immer der Geist unstet ist, muss er von diesen Dingen abgezogen werden. Wenn man das tut, bleibt Friede übrig. Das ist *Atman*, das ist die Befreiung, das ist das Selbst.«

In der *Bhagavad Gita* VI, 26 heißt es: »Halte den rastlosen Geist von allen Objekten fern, denen er hinterherläuft. Man sollte sich beständig auf das Selbst konzentrieren.«

Annamalai

20.9.1947

Ein Devotee fragte: »Es heißt, dass Arunachala eine Lichtgestalt ist.«

Bhagavan: »Ja, so ist es. Für das menschliche Auge ist er nur eine Gestalt aus Erde und Stein, aber seine wahre Gestalt ist Licht.«

Devotee: »Wie hat der Berg den Namen Annamalai[89] erhalten?«

[89] Ein weiterer Name für Arunachala ist Annamalai, wörtl.: der unerreichbare Berg.

Bhagavan: »Das, was *Brahma* und *Vishnu* nicht erreichen konnten, ist Annamalai. Der Berg ist die Verkörperung von Licht, das jenseits der Sprache und des Geistes ist. ›Anna‹ bedeutet unerreichbar. Deshalb der Name.«

Arunachala mit Tempel von GE

Devotee: »Aber der Berg hat doch eine Gestalt.«

Bhagavan: »*Brahma* und *Vishnu* stritten sich, wer von ihnen der größere sei. Am Vollmondtag im Monat *Kartikai* erschien ihnen *Shiva* als Lichtsäule. *Brahma* und *Vishnu* wollten den Anfang bzw. das Ende der Lichtsäule suchen. Da sie damit keinen Erfolg hatten, wurden sie dessen müde. Sie gaben sich geschlagen und beteten zum Allmächtigen. Er segnete sie und erfüllte ihren Wunsch, sich künftig als Berg und *Lingam* (im Tempel) zu manifestieren, damit sie ihn verehren konnten. In Erinnerung daran wird jährlich an diesem Tag das Lichterfest [*Kartikai-Deepam*] gefeiert. «

Der Schläfer im Wagen

30.11.1947

Wir waren mit Kunju Swami auf dem Weg um den Berg, während er Geschichten über Bhagavan erzählte. Als wir den Adi Annamalai-Tempel hinter uns gelassen hatten, fragte er uns, ob wir wussten, warum Bhagavan den 31. Vers des Anhangs zu den ›Vierzig Versen‹[90] geschrieben hatte. Wir verneinten. Da erzählte er uns folgendes:

»Eines Nachts gingen wir mit Bhagavan um den Berg herum. Es war etwa hier, als einige vollbeladene Ochsenkarren an uns vorbeikamen. Die Leute im Wagen hatten ihre Beine ausgestreckt und schliefen fest und sorglos. Bhagavan zeigte auf sie und sagte: ›Seht ihr das? Es ist wie der natürliche Zustand (*Sahaja*). Für den Verwirklichten, dessen Selbst (*Atman*) im Körper schläft, sind alle drei Zustände von Wachen, Traum und Tiefschlaf dasselbe. Dieser Wagen bewegt sich, während der Reisende schläft. Ebenso funktioniert der Körper des Verwirklichten. Nehmen wir an, dass der Mann weiterschläft, wenn der Wagen sein Ziel erreicht hat, abgeladen und ausgespannt wird. Das ist wie der Schlaf eines Verwirklichten. Sein Körper ist für ihn ein Wagen. Er schläft weiter, während der Wagen sich bewegt, still steht oder abgeladen wird.‹«

Als wir die Abzweigung zum Esanya *Math* erreichten, erzählte Kunju Swami: »Wenn wir mit Bhagavan den Berg umrundeten, fing es manchmal heftig zu regnen an. Seine Begleiter rannten und suchten sich einen Unterstand, aber er ging nicht schneller und kümmerte sich nicht um den Regen. Als wir einmal diese Abzweigung erreichten, begann es wie aus Kübeln zu schütten. Wir rannten zum Esanya *Math*, aber Bhagavan ging in seinem üblichen Tempo weiter und war bis auf die Haut durchnässt, als er den *Math* erreichte. Er ging grundsätzlich nicht in den *Math* hinein, da sie ihn dort nur unnötig aufhalten würden, sondern nahm den Weg am Fuß des Berges entlang zum Gemeindehaus und setzte sich dort auf die Veranda. Ab hier gingen seine Begleiter ohne ihn weiter, um zu vermeiden, dass die Leute in der Stadt ihn bemerkten und sich um ihn scharten, um ihn zu ver-

[90] »Dem Reisenden, der im Wagen schläft, ist es einerlei, ob sich der Wagen bewegt, ob er still steht oder ob die Tiere ausgespannt werden. Genauso ist es auch dem Weisen einerlei, der im Wagen seines Körpers schläft, ob er handelt, meditiert oder schläft.« (Anhang zu den Vierzig Versen, Vers 31)

ehren. Wenn er alle weggeschickt hatte, hüllte er sich in einen Schal und ging auf einem Nebenweg zum Ashram zurück. Manchmal erkannten ihn einige Leute und boten ihm etwas zu essen an.«

Inzwischen war es etwa 2 Uhr nachts und wir hatten die Stadt erreicht. Alles war still. Da erinnerte sich Kunju Swami an folgende Begebenheit:

»Wenn wir nachts den Berg umrundeten und in Stadtnähe kamen, bat er uns, nicht zu singen oder laut zu reden, um niemanden aufzuwecken. Einmal umrundeten wir im Sommer nach dem Abendessen den Berg. Der Mond schien hell und wir kamen wie jetzt etwa um 2 Uhr nachts in die Stadt. Alles schlief und es war sehr still. Da es Sommer war, standen alle Fenster offen. Nur die Wächter patrouillierten durch die Straßen. Bhagavan sagte: ›Seht ihr, wie still die ganze Stadt ist? Da sind Straßen, Häuser und Lichter, aber alle Leute schlafen, nur die Wächter nicht. Deshalb ist es überall still. Aber sobald es hell wird, stehen alle auf und überall wird es geschäftig. Das ist wie *Savikalpa Samadhi*. Seht ihr diese Häuser? Die Fenster stehen offen, aber der Sehende schläft. Das ist wie *Turiya*, der ›Vierte Zustand‹. Man könnte sagen, dass der Verwirklichte im selben Zustand ist und es als Beispiel nehmen. Es sieht so aus, als ob die Augen sehen, obwohl sie friedvoll schlafen.«

Am folgenden Tag sagte Bhagavan, der alles über unser *Pradakshina* gehört hatte: »Ich beneide euch. Ich kann mich nicht mehr so frei bewegen. Wenn mich viele Leute begleiteten, nahm ich gewöhnlich den Weg durch den Dschungel, aber wenn ich alleine war, nahm ich den Weg, der am Fuß des Berges entlangführt.«

Ein Devotee fragte: »Es gibt drei Wege um den Berg herum?«

Bhagavan: »Ja, die Straße, der Weg am Fuß des Berges entlang und der Weg durch den Dschungel.«

Devotee: »Dann ist Bhagavan all diese Wege gegangen?«

Bhagavan: »Nicht nur diese Wege. Ich kann wohl sagen, dass es keine Stelle auf dem Berg gibt, auf den ich meinen Fuß nicht gesetzt habe. Es gibt dort viele ayurvedische Kräuter und einige Wasserfälle. Deshalb gilt dieser Berg als die Wohnstatt der *Siddhas*. Vor einiger Zeit war ein Geologe hier, um zu untersuchen, wie alt der Berg ist. Als er wieder zuhause war, bat er uns, ihm einige Gesteinsproben zu schicken. Er verglich sie mit den Gesteinsproben von anderen Bergen, wie etwa dem Himalaja, und fand heraus, dass jene vom Arunachala älter sind. Er hat es uns geschrieben.«

Das Allgegenwärtige

25.9.1947

Gestern Nachmittag las Bhagavan im *Yoga Vashishta*. Da begann ein Gelehrter ein Gespräch über dieses Buch und fragte: »Swami, gibt es nicht verschiedene Bindungen, die die Verwirklichung verhindern?«

Bhagavan: »Ja, es sind die Bindungen der Vergangenheit, der Zukunft und der Gegenwart. Über die vergangenen Bindungen gibt es in den *Upanishaden* und auch im *Vasudeva Mananam* eine Geschichte.

Ein Brahmane mit einer großen Familie kaufte sich einen Büffel. Er unterhielt seine Familie, indem er Milch, Quark, *Ghee* usw. verkaufte. Den ganzen Tag war er damit beschäftigt, Futter, Gras und Baumwohlsamen für den Büffel zu besorgen und das Tier zu füttern. Als seine Frau und seine Kinder nacheinander starben, richtete er seine ganze Liebe auf den Büffel, aber nach einer Weile starb auch er. Alleine und des Familienlebens überdrüssig nahm er *Sannyasa*, sagte sich von der Welt los und übte sich zu Füßen eines Lehrers in Gebet und Meditation.

Nach einigen Tagen rief der Guru ihn zu sich und fragte: ›Du hast jetzt einige Tage lang spirituelle Übungen (*Sadhana*) gemacht. Hilft es dir?‹ Da erzählte ihm der Brahmane seine Lebensgeschichte und erwiderte: ›Swami, damals habe ich den Büffel vor allem deshalb geliebt, weil er meine Familie ernährt hat. Obwohl er schon lange tot ist, muss ich immer an ihn denken, wenn ich in Meditation versunken bin. Was soll ich tun?‹

Der Guru wusste, dass es sich um eine Bindung aus der Vergangenheit handelte und antwortete: ›Mein lieber Freund, es heißt, dass *Brahman* allgegenwärtig (*Asti*), strahlend (*Bhati*) und Liebe (*Priyam*) ist. Der Büffel war ein Objekt deiner Liebe, aber er ist auch *Brahman*. Er trägt einen Namen und hat eine Form. Du solltest deshalb deinen eigenen Namen und deine eigene Form aufgeben wie auch die des Büffels. Wenn du das tust, ist das, was übrig bleibt, *Brahman*. Gib Namen und Formen auf und meditiere.‹

Der Brahmane meditierte, gab beides auf und erlangte die Verwirklichung (*Jnana*). Name und Form sind Bindungen der Vergangenheit. Tatsache ist, dass das, was IST, nur eines ist. Es ist allgegenwärtig und universal. Wir sagen: ›Da ist ein Tisch, dort ist ein Vogel‹ oder: ›Da ist ein Mensch.‹ Es ist nur ein Unterschied in Namen und Formen, aber DAS, was IST, ist überall und zu allen Zeiten gegenwärtig. Das nennt man *Asti* (allgegenwärtig).

Wenn man sagt, dass etwas existiert, muss es einen Jemand geben, der es wahrnimmt – einen Sehenden. Diese Intelligenz, die sehen kann, nennt man *Bhati* (Bewusstsein). Es muss jemanden geben, der sagt: ›Ich sehe es, ich höre es, ich will es.‹ Das ist *Priyam* (Liebe). Diese drei sind die Attribute der Natur – das natürliche Selbst. Man nennt sie auch Sein-Bewusstsein-Seligkeit (*Sat-Chit-Ananda*).«

Ein anderer Devotee fragte: »Wenn *Priyam* (Liebe) ein natürliches Attribut ist, muss es gegenwärtig sein, gleichgültig um welches Objekt es sich handelt. Warum empfinden wir dann keine Liebe, wenn wir einen Tiger oder eine Schlange sehen?«

Bhagavan: »Wir mögen keine Liebe für sie empfinden, aber jede Art von Lebewesen liebt seine eigene Art. Der Tiger liebt den Tiger, die Schlange liebt die Schlange, der Dieb liebt den Dieb und der Wüstling liebt den Wüstling. Also ist immer Liebe da.

Auf einer Leinwand werden dir Bilder gezeigt. Diese Leinwand ist *Asti* (immer da) und das Licht, das die Bilder sichtbar macht, ist *Bhati* und *Priyam*, Licht und Liebe. Die Bilder aus Namen und Formen kommen und gehen. Wenn man sich von ihnen nicht irreführen lässt und sie verwirft, bleibt die Leinwand übrig wie sie ist. Sie war immer schon da.

Ein kleines Licht, das in der Dunkelheit leuchtet, macht die Bilder auf der Leinwand sichtbar. Wenn diese Dunkelheit von einem großen Licht vertrieben wird, sind die Bilder dann noch sichtbar? Dann ist alles strahlend hell. Ebenso ist es, wenn du die Welt mit dem kleinen Licht, das wir Geist nennen, siehst. Dann hat sie verschiedene Farben. Aber wenn du sie mit dem großen Licht siehst, das man Selbstverwirklichung (*Atma Jnana*) nennt, erkennst du, dass es ein beständiges universelles Licht ist und nichts anderes.«

Bindungen

26.9.1947

Ein Devotee fragte: »Gestern hat Bhagavan über die Bindungen der Vergangenheit gesprochen, aber er hat uns nichts über die Bindungen der Gegenwart und Zukunft gesagt.«

Bhagavan: »Ja, aber hat *Vidyaranya* nicht in seinem *Panchadasi* ausführlich darüber geschrieben und erklärt, wie man davon befreit wird?«

Devotee: »Ich habe das *Panchadasi* nicht gelesen.«

Bhagavan: »Dann werde ich es dir erzählen. Es gibt vier Arten von gegenwärtigen Bindungen. Die erste ist der Wunsch nach Materiellem, die zweite die Unfähigkeit, die Lehren und Erklärungen des Gurus zu begreifen, die dritte, wenn man die Belehrung des Gurus falsch versteht und die vierte ist das egoistische Gefühl, sich in den *Veden* auszukennen und ein Gelehrter oder Asket zu sein.

Wie können sie überwunden werden? Die erste Bindung kann man durch Gelassenheit überwinden, indem man seine schlechten Neigungen zügelt und Gleichmut gegenüber den äußeren Dingen bewahrt. Die zweite Art kann man überwinden, indem man die Belehrung des Gurus immer wieder hört, die dritte Art, indem man über sie reflektiert und nachdenkt und die vierte Art, indem man intensiv an einem Gedanken festhält. Wenn der Suchende die Hindernisse auf diese Weise überwindet und vernichtet, wird er darin bestärkt, dass er selbst die Verkörperung des Selbst (*Atma Swarupa*) ist.«

Brindavan

28.9.1947

Heute schrieb ein Nordinder folgendes auf ein Stück Papier, das er Bhagavan überreichte: »Wenn ich den *Darshan* des Herrn *Krishna* in Brindavan[91] haben könnte, würde ich dann nicht die Kraft finden, mich von allen Schwierigkeiten zu befreien? Ich möchte Ihn sehen und Ihm meine Probleme erzählen.«

[91] Stadt in Uttar Pradesh, die mit *Krishna* in enger Verbindung steht

Bhagavan: »Ja, und was ist die Schwierigkeit? Du kannst es tun. Wenn du Ihn gesehen hast, trägt Er all deine Bürden. Selbst jetzt. Warum sorgst du dich? Wirf alle Bürden auf Ihn und Er wird sich darum kümmern.«

Frager: »Wenn ich die wahre Gestalt des Herrn *Krishna* sehen will, muss ich dann nach Brindavan gehen und dort meditieren oder kann ich das überall tun?«

Bhagavan: »Man sollte sein eigenes Selbst erkennen. Wenn man das tut, ist Brindavan dort, wo man ist. Du musst nicht denken, dass Brindavan anderswo ist und dass du umherwandern musst. Jene, die unbedingt nach Brindavan gehen wollen, können das tun, aber es ist keine Notwendigkeit.

In der *Bhagavad Gita* (X, 20) heißt es: ›*Arjuna*, ich bin das Selbst, das in den Herzen aller Lebewesen wohnt. Ich bin der Anfang, die Mitte und das Ende aller Lebewesen.‹

Wo man ist, dort ist Brindavan. Wenn man erforscht, wer und was man ist und die Wahrheit findet, wird man zum Selbst. Wenn man alle Wünsche in seinem eigenen Selbst auflöst, ist das die wirkliche Hingabe. Dann sind alle Bürden die Seinen.«

Ein Gelehrter: »In der *Bhagavad Gita* XIII, 10 heißt es, dass man sich an einsame Plätze zurückziehen und von den gewöhnlichen Menschen fernhalten soll.«

Bhagavan: »Einsame Plätze sind dort, wo nichts als das Höchste Selbst ist. Die gewöhnlichen Menschen bedeuten die fünf Sinne, auf die man sich nicht einlassen soll, denn sie beherrschen die meisten Menschen. Der einsame Platz ist der Zustand, wenn sie ruhen.«

Frager: »Ich verstehe diesen Zustand als den Zustand der intuitiven Erfahrung, aber man kann ihn nur erlangen, wenn man *Sadhana* tut, um die Sinne zu beruhigen. Ist das so richtig?«

Bhagavan: »Ja, so ist es. Im *Vasudeva Mananam* und in anderen Büchern heißt es, dass man zunächst mithilfe des Gurus durch Zuhören (*Sravana*) und Überdenken (*Manana*) zu einem konzeptionellen Verständnis kommen muss, um dann durch spirituelle Praxis und zunehmender geistiger Reife die Erkenntnis der intuitiven Erfahrung zu erlangen. Im *Vichara Sagaram* heißt es dagegen, dass die intuitive Erkenntnis immer schon da ist und dass das konzeptuelle Wissen das einzige Hindernis ist. Man muss *Sadhana* tun, um dieses Hindernis zu überwinden. Es gehe nicht darum, intuitive Erkenntnis zu erlangen.

Es ist beides dasselbe. Zuhören usw. sind nötig, ob man nun intuitiv erkennen oder die Hindernisse beseitigen will. Jene, die die Hindernisse überwinden, sind wie das stete Licht an einem windstillen Ort oder das wellenlose Meer. Beides ist wahr. Wenn man das Selbst im Körper spürt, ist es wie das stete Licht an einem windstillen Ort, und wenn man das Selbst als allumfassend empfindet, ist es wie der wellenlose Ozean.«

Was es bedeutet, ein spiritueller Meister zu sein

22.10.1947

Bhagavan hat in letzter Zeit stark abgenommen und einige Devotees meinten, er esse zu wenig. Eine Bengalin brachte Guaven mit Salz und Chilli und bat: »Bhagavan, du wirst immer magerer. Diese Früchte sind gut für dich. Bitte nimm meine Opfergabe an!«

Bhagavan sagte lächelnd: »Wer ist magerer: du oder ich?«

Sie meinte, Bhagavan sei magerer.

Bhagavan: »Erst wenn man die Leute auf die Waage stellt, wird man feststellen können, wer von ihnen abgenommen hat. Du kannst diese Früchte täglich essen, aber warum bringst du sie mir? Für heute ist es in Ordnung, aber bitte tu es nicht wieder.«

Er nahm ein paar Stücke und sagte zu seinen Helfern: »Seht bloß, wie dünn sie ist! Gebt ihr etwas davon und verteilt den Rest unter den anderen.«

Ein Devotee meinte: »Bhagavan, du isst seit einiger Zeit sehr wenig. Das ist nicht gut.«

»Oho!«, erwiderte Bhagavan. »Wer hat dir das gesagt? Ich nehme so viel ich brauche. Was würde es nützen, wenn ich mehr esse und dick werde? Weißt du, wie viele Krankheiten man vom Dickwerden bekommt? Je mehr du isst, desto mehr nehmen die Krankheiten zu. Wenn man nur das isst, was man braucht, vermeidet man Krankheiten.«

»Aber warum trinkst du kein gepfeffertes Wasser und keine Buttermilch mehr?«, fragte jemand anderer.

Bhagavan: »Wenn du beobachtest, was geschieht, wenn die Mahlzeiten verteilt werden, wirst du es verstehen. Die Buttermilch wird in großen Eimern in den Speisesaal gebracht und mit einem großen Schöpflöffel verteilt. Wenn man mich bedient, ist der Schöpflöffel voll, aber wenn die nächste Person dran ist, ist er nur noch halbvoll. Ich war darüber empört und dachte, dass ich dann auch nicht mehr als einen halben Löffel nehmen sollte.«

Devotee: »Warum trinkst du nicht wenigstens Fruchtsaft?«

Bhagavan: »Jetzt fängst du wieder damit an. Jeder sagt dasselbe. Wie kann ich?«

Devotee: »Was meinst du, Bhagavan? Wir bekommen viel Obst. Warum soll es nicht möglich sein? Du selbst hast gesagt, dass wir alles, was freiwillig gegeben wird, annehmen dürfen.«

Bhagavan: »Bedeutet das auch, dass alle anderen nichts davon bekommen sollen?«

Devotee: »Wir bekommen viel Obst und können es auch unter ihnen verteilen.«

Bhagavan: »Aber woher nehmen wir die Mittel, alle damit zu versorgen? Das Obst, das wir als Opfergabe erhalten, wird Swami gezeigt und dann weggebracht. Es wird im Vorratsraum unter Verschluss gehalten. Der Schlüssel ist unter der Obhut des Verantwortlichen. Wer wird ihn bitten? Alle anderen Dinge werden auf dieselbe Weise verwahrt. Ich habe nichts. Das kommt davon, wenn man ein spiritueller Lehrer ist! Was soll ich machen? Wenn die Leute mich nur einmal gegrüßt haben, glauben sie, dass ich danach tun soll, was sie wollen. Sie meinen, dass es glücklich macht, ein spiritueller Lehrer zu sein. Aber seht, so ist es in Wirklichkeit. Sollte man nicht ein Buch darüber schreiben?«

Devotee: »Bhagavan sagt da etwas Ungewöhnliches.«

Bhagavan: »Was ist daran ungewöhnlich? Es entspricht der Wahrheit. ›Swami sitzt auf einer weichen Matratze auf dem Sofa. Worüber muss er sich schon Sorgen machen?‹ Das ist es, was die Leute denken. Aber kennen sie unsere Schwierigkeiten? Deshalb sage ich, es wäre gut, wenn man ein dickes Buch über spirituelle Meisterschaft schreiben würde. Wenn man alle Dinge, die sich in den letzten Jahren hier ereignet haben, aufschreiben würde, würde es ein Buch geben, das so dick wie das *Mahabharatha* ist. Jeder, der gern schreibt, kann das tun. Wenn das alles in einem Buch stehen würde, würden alle Leute wissen, dass ein spiritueller Meister ›ja, ja‹ und ›gut, gut‹ zu sagen hat. Warum sollte man nicht darüber schreiben können?«

Bhagavan sah mich an und sagte lachend: »Wenn du magst, kannst du es tun.«

Auf Eins gerichtet sein

24.10.1947

Gestern saß eine Äffin mit ihrem Baby im Fenster neben Bhagavans Sofa. Bhagavan las und bemerkte sie nicht. Nach einer Weile fing die Äffin zu kreischen an und einer der Helfer versuchte, sie durch Rufen zu verscheuchen, aber sie ging nicht weg. Da schaute Bhagavan auf und sagte: »Hör auf! Sie ist hergekommen, um Bhagavan ihr Baby zu zeigen. Bringen denn nicht alle Menschen ihre Kinder her, um sie mir zu zeigen? Ihr ist ihr Junges ebenso lieb. Schau nur her, wie klein das Kind noch ist.«

Damit wandte sich Bhagavan ihr zu und sagte in gewinnendem Ton: »Hallo! Du hast dein Junges mitgebracht? Das ist gut!« Dann gab er ihr eine Banane und schickte sie fort.

Hast du gehört, was die Affen am letzten Unabhängigkeitstag angestellt haben? Einige Tage vor dem Fest saß Bhagavan in der Jubiläumshalle. Da kam ein ganzes Affenvolk und wollte Früchte. Der Gehilfe Krishnaswami versuchte, sie durch Rufen zu vertreiben, doch Bhagavan ermahnte ihn: »Denk daran, dass auch für sie am 15. August der Unabhängigkeitstag ist. Du musst ihnen ein Festessen geben, anstatt sie zu vertreiben.«

Am 14. August bereiteten einige Ashrambewohner die Hissung der indischen Flagge vor. Da kam das Affenvolk wieder. Einer der Diener wollte sie vertreiben. Bhagavan sagte lachend: »Vertreibe sie nicht! Auch sie haben die Unabhängigkeit erlangt, oder etwa nicht? Du musst ihnen Kichererbsen, Linsen und gerösteten Reis geben und ihnen ein Festmahl bereiten. Ist es recht, sie zu vertreiben?«

Diener: »Aber der Unabhängigkeitstag ist morgen und nicht heute.«

Bhagavan: »Wenn du Festvorbereitungen triffst, sollen sie dann nicht ebenfalls ihre eigenen Vorbereitungen treffen? Deshalb sind sie so geschäftig. Siehst du es nicht?«

Weißt du, was sich bei anderer Gelegenheit mit den Affen ereignet hat? Einer der Helfer sitzt immer mit einem Korb da, um die Gaben, die Devotees Bhagavan bringen, entgegenzunehmen. Manchmal döst er ein oder hört dem Radio zu. Die Affen warten auf eine passende Gelegenheit und ergattern das Obst. Wenn die Leute in der Halle sie vertreiben wollen, sagt Bhagavan: »Wenn die Helfer in tiefer Meditation versunken sind, kommen die Affen und kümmern sich um ihre Arbeit. Jemand muss sich schließlich um die Arbeit kümmern. Die Helfer legen das Obst in den Korb und die Affen tun das Obst in ihren Magen – das ist der einzige Unterschied. Während die Leute selbstvergessen der Musik im Radio zuhören, genießen die Affen den süßen Saft der Früchte. Das ist gut, nicht wahr!«

Wenn einmal keiner der Helfer da ist und die Affen sich bedienen, sagt Bhagavan, sobald einer von ihnen zurückkehrt: »Keiner von euch war da. Deshalb haben sich die Affen um eure Arbeit gekümmert. Sie helfen euch und ihr könnt euch etwas ausruhen. Als ich auf dem Berg lebte, waren die Affen meine ständigen Begleiter. Jetzt verjagt ihr sie, aber in jenen Tagen war es ihr Territorium.«

Wenn Neuankömmlinge auf dem Weg zu Bhagavan sind, schlagen ihnen manchmal die großen Affen die Früchte aus den Händen oder schnappen sich die Früchte, die die Leute als *Prasadam* von Bhagavans Helfern zurückbekommen und neben sich gelegt haben. Bhagavan pflegt dann zu sagen: »Sie nehmen sich ihren Anteil. Warum ärgert ihr euch über sie? Sie haben einen konzentrierten Blick. Sie finden heraus, wo das Obst liegt, und im Handumdrehen kommen alle herbei und nehmen sich ihren Anteil. Ihre Aufmerksamkeit ist immer auf die Frucht gerichtet. Deshalb nimmt das *Vedanta* den Blick des Affen als Beispiel für den konzentrierten Blick. Sobald der Guru mit den Augen ein Zeichen gibt, sollte der Schüler verstehen. Andernfalls kann der Schüler sein Ziel nicht erreichen.«

Das Leben nach der Verwirklichung

26.10.1947

Heute nach dem *Veda-Parayana* fragte ein Herr Bhagavan: »Swami, es heißt, dass der *Jnani* in Wirklichkeit nichts tut, obwohl er all die täglichen Dinge tut. Wie ist das zu erklären?«

Bhagavan: »Es gibt dazu eine Geschichte. Zwei Freunde waren auf Geschäftsreise. Einer von ihnen träumte, dass er und sein Begleiter an verschiedenen Orten waren und verschiedene Dinge taten. Als sie am Morgen aufstanden, fragte er seinen Freund nach den verschiedenen Orten, an denen sie nachts zusammen gewesen waren, aber der andere konnte nichts dazu sagen, da er nicht dasselbe geträumt hatte. Er meinte nur: ›Ich war nirgends. Ich war nur hier.‹ Tatsache ist, dass keiner fort war und der erste Mann nur diese Illusion hatte. Ähnlich ist es mit jenen, die ihren Körper für wirklich halten und nicht für unwirklich wie in einem Traum. Für sie scheint er wirklich zu sein. Auf den *Jnani* hat genau genommen nichts Auswirkungen.«

Jemand anderer: »Es heißt, dass die Augen eines *Jnani* so aussehen, als würden sie die Dinge betrachten, aber in Wirklichkeit sehen sie nichts.«

Bhagavan: »Ja, die Augen des *Jnani* sind wie die einer toten Ziege. Sie sind immer offen und nie geschlossen. Sie glänzen, aber sie sehen nichts, obwohl es für andere so aussieht, als ob sie alles sehen würden. Aber worauf willst du hinaus?«

Devotee: »Es heißt auch, dass diese Meister nicht an Zeit und Raum gebunden sind.«

Bhagavan: »Das ist richtig. Es gibt für sie keine Bedingungen oder Begrenzungen. Aber dann stellt sich die Frage, wie sie die tägliche Arbeit verrichten? Deshalb muss man sagen, dass auch sie Begrenzungen unterworfen sind, wenn auch sehr feinen, bis sie vom Körper befreit sind. Es ist wie wenn man eine Linie im Wasser zieht. Die Linie erscheint, während sie gezogen wird, aber sie ist gleich darauf wieder verschwunden.«

Sprachkenntnisse

29.10.1947

Heute Nachmittag las Bhagavan ein Buch in Malayalam. Ein Devotee fragte: »Hat Bhagavan in seiner Jugend Malayalam gelernt?«

Bhagavan: »Nein. Als ich in Gurumurtam lebte, war Palaniswami bei mir. Er besaß das *Ramayanam* in Malayalam und las oft laut daraus vor. Er konnte nicht gut lesen und machte viele Fehler. Ich sprach damals nicht und hörte ihm nur zu. Nachdem wir in den Mangohain gezogen waren, sah ich mir das Buch an. Ich hatte die malayalamische Schrift bereits gelernt und konnte sie deshalb bald lesen und schreiben.«

Jemand anderer fragte: »Wann hast du Telugu gelernt?«

Bhagavan: »Als ich in der Virupaksha-Höhle lebte. Gambhiram Seshaya und andere baten mich, einige Verse in Telugu zu schreiben. Ich habe die telugische Schrift geübt und allmählich Telugu gelernt. Das war 1900.«

Ich fragte ihn, wann er die Nagari-Schrift (Sanskrit) gelernt habe.

Bhagavan: »Das muss etwa um dieselbe Zeit gewesen sein. Muthurama Dikshitar und andere kamen mich öfter besuchen und brachten Bücher in Nagari-Schrift mit. Ich habe die Buchstaben abgeschrieben und sie auf diese Weise gelernt.«

Jemand anderer: »Wir haben gehört, dass du erst nachdem Nayana zu dir gekommen ist Telugu gelernt hast.«

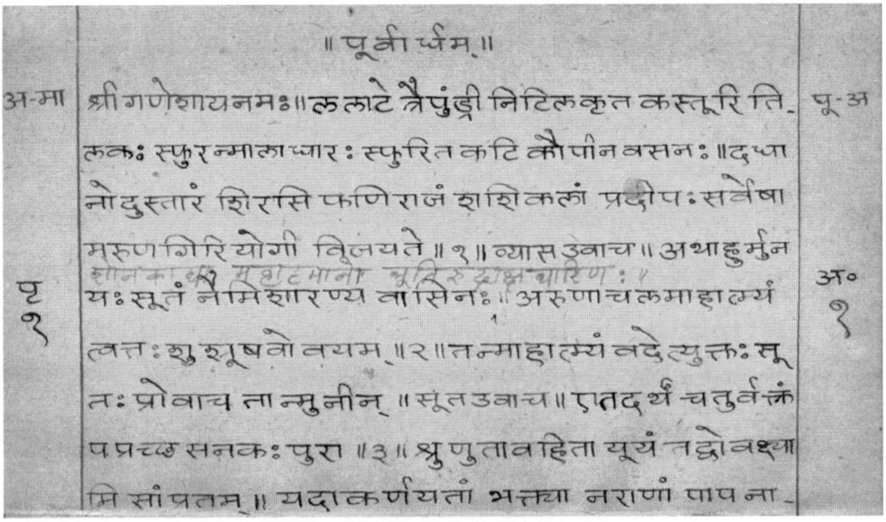
॥ पूर्वार्धम् ॥
श्रीगणेशाय नमः ॥ ललाटे त्रैपुण्ड्री निटिलकृत कस्तूरि तिलकः स्फुरन्मालाध्वारः स्फुरित कटि कौपीन वसनः ॥ दृध्या नोदुस्तारं शिरसि फणिराजं शशिकलां प्रदीपः सर्वेषामरुणगिरियोगी विजयते ॥ १ ॥ व्यास उवाच ॥ अथाहुर्मुनयः सूतं नैमिशारण्य वासिनः ॥ अरुणाचलमाहात्म्यं त्वत्तः शुश्रूषवो वयम् ॥ २ ॥ तन्माहात्म्यं वदेत्युक्तः सूतः प्रोवाच तान्मुनीन् ॥ सूत उवाच ॥ एतदर्थं चतुर्वक्त्रं पप्रच्छ सनकः पुरा ॥ ३ ॥ शृणुतावहिता यूयं तद्वो वक्ष्यामि सांप्रतम् ॥ यदाकर्णयतां भक्त्या नराणां पाप ना-

Ramanas Handschrift in Sanskrit

Bhagavan: »Nein, ich habe es viel früher gelernt, aber erst als er da war, habe ich es auch sprechen gelernt.«

Jemand anderer: »Hast du es nicht bereits in deiner Kindheit gelernt?«

Bhagavan: »Ich konnte es damals noch nicht lesen und schreiben. Mein Onkel konnte Telugu. Er setzte mich neben sich auf die Pritsche und lehrte mich das Telugu-Alphabet. Das war alles. Ich lernte es erst richtig, als ich die Verse schrieb. Schließlich schrieb ich Upadesa Saram in Telugu, weil Rama Yogi es wollte, und zeigte es Nayana. Er meinte, dass das Versmaß nicht stimme und lehrte es mich. Ich machte die nötigen Änderungen. Nayana sagte, es sei nun richtig und man könne es so an die Druckerei geben. Wenn jetzt jemand einen Vers vorliest, kann ich leicht das Versmaß und eventuelle Fehler erkennen. So lernte ich eine Sprache nach der anderen, ohne dass ich es mir vorgenommen hatte.«

Der ›Vierte Zustand‹ (Turiya)

30.10.1947

Heute früh fragte ein junger Tamile: »Swami, es heißt, dass es ohne die individuelle Seele keine Welt und keinen Gott gibt. Was bedeutet das?«

Bhagavan: »Die Welt, die individuelle Seele und Gott sind die Verkörperungen der drei Eigenschaften (*Gunas*).“

Junger Mann: »Ist der persönliche Gott (*Ishwara*) darin inbegriffen?«

Bhagavan: »Gewiss. In dieser Gruppe ist *Satvam* (Güte, Klarheit, Tugend) der persönliche Gott (*Ishwara*), *Rajas* (Handeln, Leidenschaftlichkeit) ist die individuelle Seele (*Jiva*) und *Tamas* (Trägheit) ist die Welt. Es heißt, dass das Selbst das reine *Satvam* ist.«

Ein junger Bengale fragte: »Swami, es gibt zweierlei Arten von *Samadhi*: *Kevala Nirvikalpa* und *Sahaja Nirvikalpa*.[92] Was sind ihre Eigenschaften?«

Bhagavan sah ihn freundlich an und antwortete: »Jemand, für den die Meditation (*Dhyana*) natürlich geworden ist und der ihre Seligkeit genießt, wird dieses *Samadhi* nicht verlieren, gleichgültig was er tut und welcher Gedanke ihm kommt. Das nennt man *Sahaja Nirvikalpa Samadhi*. Die beiden Zustände werden auch als völlige Vernichtung bzw. Unterdrückung bezeichnet. Vernichtung ist *Sahaja Nirvikalpa* und Unterdrückung ist *Kevala Nirvikalpa*. Jene, die den Geist unterdrücken und im *Kevala Nirvikalpa Samadhi* sind, müssen ihren Geist immer wieder unter Kontrolle bringen. Wenn er aber vernichtet ist, wird er nicht mehr aufkeimen. Der Geist ist dann wie ein gerösteter Same. Was solche Menschen auch tun, sie gleiten von ihrem hohen Zustand nicht ab. Jene, die in *Kevala Nirvikalpa Samadhi* sind, sind Übende und noch keine Verwirklichten. Jene, die im *Sahaja Nirvikalpa* sind, sind wie eine Flamme an einem windstillen Ort oder wie der unbewegte Ozean. Es regt sich nichts. Sie finden nichts, was von ihnen selbst verschieden wäre, während jene, die diesen Zustand nicht erreichen, alles als von sich selbst verschieden sehen.«

---

[92] *Kevala Nirvikalpa Samadhi* ist der Zustand des zeitweilig gedankenfreien Bewusstseins. Der Geist wird für einige Zeit gewaltsam unterdrückt. Ansonsten ist er in seinem normalen Zustand. *Sahaja Nirvikalpa Samadhi* ist der Zustand des reinen Bewusstseins, der auch während der normalen Tätigkeiten anhält.

Vor zwei Tagen fragte ein junger Mann, der dem Ramakrishna-Orden angehört: »Was ist mit dem ›Vierten Zustand‹ (*Turiya*) gemeint?«

Bhagavan antwortete: »Es gibt keinen ›Vierten Zustand‹. Das Selbst ist der ›Vierte Zustand‹.«

Junger Mann: »Warum sprechen dann die Leute vom ›Vierten Zustand‹ (*Turiya*) und von einem Zustand, der jenseits davon liegt (Turiyatita)?«

Bhagavan: »Es gibt nur einen Zustand. Du kannst ihn *Turiya*, Turiyatita oder sonstwie nennen. Wachen, Träumen und Tiefschlaf wechseln sich ab wie die Szenen im Kino. Alle drei sind Vorstellungen des Geistes. Das, was jenseits von diesen drei Zuständen liegt und wirklich und dauerhaft ist, ist das Selbst. Man nennt es den ›Vierten Zustand‹. Im allgemeinen Sprachgebrauch spricht man vom ›Vierten Zustand‹ und vom Zustand jenseits des Vierten, aber genau genommen gibt es nur einen Zustand.«

Universelle Brüderlichkeit

19.11.1947

Bis vor kurzem fand das abendliche *Veda-Parayana* in der Alten Halle statt. Viele Leute mussten schon seit geraumer Zeit draußen sitzen, da es an Platz fehlte. Deshalb wurde es schließlich in die Jubiläumshalle verlegt.

Die Maharani von Baroda hatte dem Ashram einen weißen Pfau geschenkt. In den ersten Tagen gab Bhagavan sehr auf ihn Acht, denn er war noch recht jung. Der Pfau schlief nachts in der Alten Halle. Im Sommer schlief Bhagavan in der Jubiläumshalle draußen, weshalb auch das morgendliche *Parayana* dort stattfand, aber jetzt zu Winterbeginn schlief er wieder in der Alten Halle. Der Pfau hatte dort seine Stange. Morgens war der Fußboden verdreckt, was beim morgendlichen *Parayana* äußerst unangenehm war. Einige Leute mussten deshalb draußen sitzen. Die Helfer ärgerten sich darüber, doch Bhagavan sagte: »Warum ärgert ihr euch? Warum lasst ihr nicht einen Käfig machen? Dann können wir den Pfau in der Jubiläumshalle halten.«

Ein Devotee griff den Vorschlag auf und ließ einen Käfig anfertigen. Man stellte ihn in die Jubiläumshalle in die Nähe von Bhagavans steinernem

Sofa. Bis zu diesem Tag hatte Bhagavan in der Alten Halle geschlafen, doch jetzt bestand er darauf, dass sein Bett in die Jubiläumshalle gebracht wurde. Da es nachts sehr kalt war, befürchtete man, dass es ihm gesundheitlich schaden könnte, wenn er in der offenen Halle schliefe. Doch Bhagavan lachte und sagte: »Der Pfau ist zu uns gekommen. Welchen Respekt erweisen wir einem Gast, wenn er draußen schlafen soll, während wir drinnen schlafen? Wenn ein Verwandter zu Besuch kommt, gehört es sich da etwa, ihn auf der Veranda übernachten zu lassen, während man selbst im Haus schläft? Wir sollten ihn nach Möglichkeit mit hineinnehmen oder wir schlafen auch auf der Veranda draußen.«

Dann wandte er sich seinen Helfern zu und sagte: »Wenn ihr euch vor der Kälte fürchtet, könnt ihr drinnen schlafen.«

Die Helfer meinten: »Wenn Bhagavan draußen schläft, schadet es seiner Gesundheit. Einer von uns könnte draußen schlafen und dem Pfau Gesellschaft leisten.«

Bhagavan: »Genug damit! Wird es dann nicht eurer Gesundheit schaden? Ihr könnt drinnen schlafen.«

So sehr sie ihn auch baten, er blieb dabei und schlief in jener Nacht draußen in der Jubiläumshalle.

Als Bhagavan am folgenden Nachmittag spazieren war, brachte Krishnaswami seine Sachen in die Alte Halle zurück und bereitete alles für das *Veda-Parayana* vor. Bhagavan beschwerte sich nach seiner Rückkehr: »Das ist es, was ich nicht mag. Der Pfau soll in seinem Käfig draußen bleiben, während wir alle drinnen sind. Sind wir nicht nach draußen gegangen, weil diese Halle fürs *Veda-Parayana* zu klein geworden ist? Ist sie denn auf einmal größer geworden? Müssen wieder einige Leute draußen bleiben? Wozu soll das gut sein? Wenn wir alles in der Jubiläumshalle tun, wird der Pfau nicht einsam sein und wir haben genügend Platz. Ab morgen soll es so gehalten werden. Wenn ihr wieder meinen Platz hierher verlegt, werde ich mich nicht hinsetzen.«

Nach dem Abendessen ließ er sein Bett in die Jubiläumshalle bringen und verbrachte die Nacht wiederum bei dem Pfau.

Am folgenden Tag saß Bhagavan wieder in der Alten Halle, aber als er am Nachmittag spazieren ging, sah er den Pfau in seinem Käfig und meinte erneut: »Es wäre gut, wenn ihr nach meiner Rückkehr das *Veda-Parayana* in der Jubiläumshalle vorbereiten würdet. Sonst setze ich mich auf meinem Handtuch alleine hierher. Wenn es für euch umständlich ist, mein Sofa hin- und herzutragen, bleibe ich ständig in der Jubiläumshalle. Es liegt an euch. Was brauche ich schon? Dieses Handtuch genügt mir völlig.«

Als Bhagavan von seinem Spaziergang zurückkam, war sein Platz in der Jubiläumshalle hergerichtet worden. Nach diesem Vorkommnis wurde die Alte Halle erweitert und Bhagavan blieb wieder dort.

Erinnern und Vergessen

21.11.1947

Heute Nachmittag kam der weiße Pfau zu Bhagavan und wanderte unter uns allen umher. Ein Devotee meinte, er sei sehr zahm. »Dieser Vogel scheint sich an seine vergangenen Geburten zu erinnern. Würde er sich sonst so frei unter den Menschen bewegen?«

Bhagavan: »Deshalb glauben viele Leute, dass er eine Wiedergeburt Madhavas[93] ist.«

Devotee: »Kennt er dann auch die Einzelheiten seiner letzten Geburt?«

Bhagavan: »Wie könnte er? Niemand weiß über seine vergangene Geburt Bescheid. Die Menschen vergessen, und das ist auch gut so. Wir sind manchmal schon im jetzigen Leben über unsere Vergangenheit betrübt. Könnten wir es auch noch ertragen, wenn wir über unsere vergangenen Geburten Bescheid wüssten? Über seine vergangenen Geburten Bescheid zu wissen bedeutet in Wirklichkeit, sein eigenes Selbst zu erkennen. Wenn man das weiß, versteht man, dass diese und alle früheren Geburten lediglich Geburten des Geistes und seiner Wünsche sind.

Alles was sich zeigt ist eine geistige Schöpfung, wie die Bilder, die auf einer Leinwand erscheinen. In Wirklichkeit ist man keines dieser Dinge. In dieser unwirklichen Welt, die wie ein Puppenspiel ist, ist es besser, alles zu vergessen als sich zu erinnern, dass man diese Puppe oder jenes Bild gewesen ist.«

---

[93]s. Brief vom 12.7.1946

Devotee: »Was die materielle Welt betrifft, müssen wir sagen: ›Das gehört mir‹, oder etwa nicht?«

Bhagavan: »Ja, das müssen wir. Doch wenn wir es auch sagen, besteht keine Notwendigkeit zu denken, dass wir das alles auch sind und uns darüber zu freuen oder uns darum zu sorgen. Wenn wir in einem Wagen fahren, fühlen wir dann etwa, dass wir der Wagen sind? Nehmen wir die Sonne als Beispiel. Sie spiegelt sich im Wasser eines kleinen Gefäßes, in großen Flüssen und in einem Spiegel. Ihr Bild ist dort. Aber glaubt sie deshalb auch, dass sie das alles ist? So ist es auch mit uns. Alle Probleme tauchen auf, wenn man glaubt, dass man der Körper ist. Wenn man diesen Gedanken von sich weist, dann wird man wie die Sonne überall scheinen und alles durchdringen.«

Devotee: »Sagt Bhagavan deshalb, dem Pfad der Selbstergründung von ›Wer bin ich?‹ zu folgen sei das Beste, was man tun kann?«

Bhagavan: »Ja, aber im *Yoga Vashishta* heißt es auch, dass Vasishta zu *Rama* sagte, dass man niemandem, der nicht die nötige Reife besitzt, den Pfad der Selbstergründung zeigen sollte. In anderen Büchern heißt es, dass man über einige Geburten hinweg spirituelle Übungen tun und mindestens zwölf Jahre unter einem Guru stehen muss. Doch damit verscheucht man die Leute. Deshalb sage ich ihnen: ›Du trägst die Befreiung bereits in dir. Du musst dich nur von den äußeren Dingen befreien.‹ Die spirituellen Übungen sind nur dazu gedacht. Trotzdem haben die Alten das alles nicht umsonst gesagt. Wenn man jemandem sagt, er sei die Gottheit, er sei *Brahman* und bereits befreit, wird er keine spirituelle Praxis üben, da er glaubt, dass er bereits das Nötige hat und nichts mehr will. Deshalb sollten diese vedantischen Dinge nicht spirituell unreifen Leuten gesagt werden. Einen anderen Grund gibt es dafür nicht.«

Ein Devotee nahm den Gesprächsfaden auf: »In einem Vers von *Shankara* heißt es: ›Das Universum ist eine Reflexion im Selbst wie die Stadt, die in einem Spiegel erscheint.‹[94] Die Feststellung, dass die Welt ein Mythos und unwirklich ist, gilt aber nur für gewöhnliche Leute und nicht für die Verwirklichten, nicht wahr?«

[94] ein Vers im *Dakshinamurti Stotram*

Bhagavan: »Ja. In den Augen des Verwirklichten ist alles von *Brahman* erfüllt. Der Unverwirklichte dagegen kann nichts sehen, so sehr man ihn auch darauf hinweist.«

Der Pfad der Selbstergründung

29.11.1947

Heute Nachmittag fragte ein Devotee Bhagavan: »Swami, ist die Erforschung ›Wer bin ich?‹ der einzige Weg, um die Verwirklichung zu erlangen?«

Bhagavan: »Die Erforschung ist nicht der einzige Weg. Wenn man spirituelle Übung (*Sadhana*) mit Namen und Form tut, heilige Namen wiederholt (*Japa*) und unerbittlich und ausdauernd eine dieser Methoden übt, wird man DAS. Für den Einzelnen ist die eine spirituelle Praxis besser als die andere, wie es seinen Fähigkeiten entspricht. Deshalb gibt es alle möglichen Abstufungen und Variationen der Methoden.

Manche Menschen sind weit von Tiruvannamalai entfernt, andere sind ganz in der Nähe, manche sind bereits in Tiruvannamalai und andere sind auf dem Weg in Bhagavans Halle. Jenen, die in die Halle kommen, muss man nur sagen: ›Da ist der Maharshi‹, und sie werden ihn sofort erkennen. Anderen muss man erklären, welche Richtung und welche Züge sie nehmen, wo sie umsteigen und in welche Straße sie einbiegen müssen. Ebenso muss man dem Übenden den jeweiligen Weg beschreiben, der seinen Möglichkeiten entspricht.

Die spirituellen Übungen sind nicht dazu gedacht, sein eigenes Selbst zu erkennen, das alles durchdringt, sondern nur dazu, von Wunschobjekten frei zu werden. Wenn sie alle ausgelöscht sind, bleibt man wie man IST. Das, was immer existiert, ist das Selbst. Alles wird aus dem Selbst geboren. Das wird man aber erst verstehen, wenn man sein eigenes Selbst erkennt. Solange man diese Erkenntnis nicht hat, erscheint alles in der Welt als wirklich.

Nehmen wir einmal an, ein Mensch schläft in der Halle. Er träumt, dass er irgendwo hingeht, sich verirrt, von Dorf zu Dorf und von einem Berg zum andern wandert und tagelang ohne Nahrung und Wasser auf der Suche ist. Er leidet sehr, fragt mehrere Menschen nach dem Weg und findet endlich den richtigen Ort. Wenn er in diese Halle kommt, ist er sehr erleichtert. Dann öffnet er verwundert die Augen. Alles ist in kürzester Zeit geschehen, doch erst wenn er aufwacht, versteht er, dass er nirgends gewesen ist. So ist es auch mit unserem gegenwärtigen Leben. Wenn sich das Auge der Erkenntnis öffnet, versteht der Mensch, dass er immer in seinem eigenen Selbst bleibt.«

Frager: »Stimmt es, dass alle spirituellen Praktiken in den Weg der Selbstergründung münden?«

Bhagavan: »Ja. Die Ergründung ›Wer bin ich?‹ ist der Anfang und das Ende der Lehre des *Vedanta*. Es heißt, dass nur derjenige, der alle vier Arten der spirituellen Praxis beherrscht, für die vedantische Ergründung reif ist. Von den vier Arten der Praxis ist die erste die Unterscheidung von Selbst und Nicht-Selbst, d.h. das Wissen, dass das Selbst ewig und die Welt unwirklich ist. Die Frage ist, wie man das erkennen kann. Es ist möglich, indem man sich fragt: ›Wer bin ich? Was ist die Natur meines Selbst?‹ Normalerweise wird diese Vorgehensweise am Beginn der spirituellen Praxis empfohlen, aber meist überzeugt sie nicht. Deshalb greift man auf verschiedene andere spirituelle Übungen zurück und erst zuletzt auf die Selbstergründung.

Wir lernen das Alphabet, wenn wir jung sind. Die Buchstaben sind die Voraussetzung jeder Bildung. Es ist nicht nötig, dafür den Bachelor oder Master zu machen. Doch wer hört auf diesen Rat? Erst wenn man studiert und die Examen bestanden hat, erkennt man, dass alles, was man studiert hat, im Alphabet enthalten ist. Sind nicht alle Schriften im Alphabet enthalten? Man versteht das aber erst, nachdem man alle Schriften gründlich studiert hat.

Mit allem ist es dasselbe. Es gibt unzählige Flüsse. Die einen fließen geradeaus, die anderen haben Windungen, aber alle münden ins Meer. Ebenso münden alle Wege in den Pfad der Selbstergründung, wie alle Sprachen ins Schweigen (*Mauna*) münden. Schweigen bedeutet ununterbrochenes Sprechen. Es ist kein Vakuum. Es ist die Sprache des Selbst, die Identifizierung mit dem Selbst. Es erstrahlt von selbst. Alles ist im Selbst.

In einem Lied heißt es: ›Wir sind wie eine Leinwand, auf der die Bilder der ganzen Welt erscheinen. Die Stille ist Fülle und allumfassend.‹ Es ist wie in dem Sprichwort: ›Wenn man aus der Fülle die Fülle wegnimmt, bleibt Fülle übrig.‹ Für den Verwirklichten ist alles dasselbe. Wenn er etwas sieht, ist es so gut als ob er nichts sehen würde.«

Das heilige Deepam-Feuer

***Entzünden des Deepam*-Feuers**

29.11.1947

Wenn [an *Deepam*] das heilige Feuer auf dem Arunachala entzündet wird, ist das ein sehenswerter Anblick. Gleichzeitig wird auch im Ashram eine große Flamme entzündet, *Prasadam* verteilt und das Akshara Mana Malai (Die Hochzeitsgirlande aus Buchstaben) sowie andere Lieder gesungen.

Nachmittags um drei begannen die Devotees im Ashram mit den Festvorbereitungen. Sie dekorierten den Boden der Jubiläumshalle mit floralen Mustern aus Kalk- und Reispulver und brachten am Dach Girlanden aus Mangoblättern an.

Am Abend brachten die Helfer Bhagavans Sofa nach draußen. Sie stellten eine große Eisenpfanne auf einen hohen Stuhl, schütteten *Ghee* hinein und steckten einen Docht in die Mitte. Das Ganze umgaben sie mit Blumen und Girlanden. Als sie mit ihren Vorbereitungen fast fertig waren, kam Bhagavan mit seinen Gehilfen vom Kuhstall herüber und setzte sich auf das Sofa. Wir verneigten uns vor ihm. Die Männer setzten sich zu seiner Rechten, die Frauen zu seiner Linken. Vor Bhagavan standen Körbe mit Obst, Süßigkeiten und anderen Zubereitungen, die Devotees gebracht hatten.

Bhagavan sah seine Devotees liebevoll an und erklärte ihnen die Bedeutung des Lichterfestes. Er zeigte auf den genauen Platz, wo das Feuer auf dem Berg entzündet werden würde. Dann begann das *Veda-Parayana*. Inzwischen war die Sonne untergegangen. Um die Halle herum wurden kleine Lichter entzündet und die elektrischen Girlanden mit ihren vielen bunten Lampen wurden angemacht. Jeder wartete gespannt auf den Moment, wenn die heilige Flamme auf dem Berg entfacht werden würde. Die Helfer reichten Bhagavan ein Fernglas, mit dem er den Berg beobachtete.

Als die Böller im Arunachala-Tempel abgefeuert wurden, wurde die Flamme auf dem Berg sowie die Flamme im Ashram entzündet. Die Brahmanen erhoben sich und sangen ein *Mantra*, entzündeten den Kampfer und verteilten *Kumkum* und *Vibhuti*. Als Bhagavan vom Obst und den Süßigkeiten genommen hatte, wurde alles unter den Devotees verteilt. Dann teilten sich die Devotees in zwei Gruppen. Die einen sangen das ›Akshara Mana Malai‹ und die anderen den Refrain ›Arunachala Siva‹. Dann folgten die ›Fünf Verse an Arunachala‹ in Sanskrit und in Tamil.

Bhagavan saß in seiner charakteristischen Sitzhaltung da – die Wange in die Hand gestützt und sich leicht auf das Kissen lehnend. Sein Gesicht erstrahlte. Im Osten ging der Mond auf. Ich hatte mich gegen den Mandelbaum gelehnt und sah im Westen die Flamme auf dem Arunachala, über mir den Mond und rechts das Strahlen, das von Bhagavans Gesicht ausging. Was für ein Anblick! Wie glücklich war ich, dass ich in dieser Nacht das dreifache Licht um mich hatte! Selig schloss ich die Augen.

Als die Glocke zum Abendessen ertönte, öffnete ich meine Augen wieder. Bhagavan sah mich stetig an. Ich konnte seinen Blick nicht ertragen und neigte unwillkürlich den Kopf. Er lächelte und ging in den Speisesaal. Die Devotees folgten ihm. Danach brachen wir zum *Pradakshina* auf.

Die Gabe des armen Mannes

30.11.1947

Normalerweise umrundet man den Berg vor dem Fest und nicht danach, aber dieses Mal brachen wir erst nach dem Abendessen auf. Wir waren etwa hundert Leute. Mit Bhagavan im Herzen und der Flamme auf dem Berggipfel vor uns machten wir uns im hellen Mondschein auf den Weg. Devotees, die Bhagavan früher auf dem Weg um den Berg begleitet hatten, erzählten uns ihre Erlebnisse. »Hier setzte er sich gewöhnlich hin. … Hier haben wir gekocht. … Hier ist dies geschehen. … Hier hat er uns das erzählt.« Wir waren so sehr in ihre Geschichten versunken, dass uns das Gehen nicht ermüdete.

Als wir den Unnamalai Wasserspeicher erreicht hatten, sagte ein Devotee: »Wenn Bhagavan den Berg umrundete, setzte er sich immer eine Weile hierhin, sodass jene, die zurückgeblieben waren, aufholen konnten. Wir wollen uns auch eine Weile hinsetzen.«

Ich fragte: »Wann hat Bhagavan das *Pradakshina* aufgegeben?«

Kunju Swami: »Er hat bis 1926 den Berg umrundet. Das war immer eine beglückende Erfahrung.«

Auf unser Bitten hin erzählte uns Kunju Swami weitere Ereignisse.

»Eines Tages sagten wir zu Bhagavan, dass wir mit ihm *Pradakshina* tun wollten und er war gerne dazu bereit. Gleich nach dem Mittagessen machten wir uns auf den Weg. Bhagavan ging gewöhnlich langsam, wenn er den Berg umrundete.

Venamma hatte von unserem *Pradakshina* erfahren und wollte mit einem großen Korb mit Verpflegung unsere Gruppe einholen. Als wir Sona Thirtham hinter uns gelassen hatten, sah Bhagavan sie kommen und meinte: ›Venamma kommt. Jemand muss ihr davon erzählt haben und hat sie mit einem Korb voll Essen losgeschickt. Ich kann gegen diese Dinge protestiere so sehr ich will, die Leute geben es nicht auf. Da ist sie mit ihrer schweren Last auf dem Kopf. Es soll ihre eine Lehre sein.‹ Und er begann schnell zu gehen. Sie eilte keuchend hinterher. Als wir am Gautama Ashram vorüber waren, blickte er sich um und sah sie hinterherhetzen. Da hatte er Mitlied mit ihr. Er führte uns zu einem Mangohain, der an der Straße lag, und ließ sich im Schatten eines Baumes nieder. ›Wir machen hier Halt. Hier in der Nähe ist auch der einzige Brunnen. Ich habe gehofft, dass sie aufgibt. Sie ist müde und ringt nach Atem. Was für eine Schande!‹

Venamma hatte uns aus dem Blick verloren. Sie kam zu den Bäumen und sagte bang: ›Wo ist Bhagavan? Ich kann ihn nirgends mehr sehen.‹ Als Bhagavan das hörte, lachte er. Da spürte sie uns auf und kam zu uns. Als wir gegessen hatten, was sie uns gebracht hatte, machten wir uns wieder auf den Weg. Vanamma begleitete uns. Von dem Tag an nannten wir diesen Baum ›Venammas Mangobaum‹.

Normalerweise brachen wir abends zum *Pradakshina* auf und kehrten in der Morgendämmerung wieder zurück. Manchmal machten wir uns auch morgens auf den Weg, nahmen unsere Kochutensilien mit und kochten entweder beim Sona Thirtam, Gautama Ashram oder Pachyamman Schrein zu Mittag. Nach dem Essen ruhten wir uns aus und kehrten am Abend zum Ashram zurück. Bevor der Ashram zu seiner jetzigen Größe anwuchs, hatten wir keine Eile. Manchmal waren wir zwei, drei Tage oder sogar eine ganze Woche unterwegs und kampierten irgendwo.

Einmal brachen wir vormittags auf und wollten noch am selben Abend zurück sein. Wir machten im Gautama Ashram Rast, kochten, ruhten uns aus, packten die Reste an Milch, Zucker, Buttermilch und anderes zusammen und gingen weiter. Als wir Adi Annamalai erreichten, bog Bhagavan in eine Seitenstraße ein. Er ging sehr schnell. Wir dachten, er wolle die Menschenmassen auf der Hauptstraße umgehen und folgten ihm.

Nach einigen hundert Metern kamen wir zu einem Wasserspeicher. Dort saß ein alter Mann unter einem Baum. Er hielt ein kleines Gefäß in der Hand. Der alte Mann wartete immer an der Straße auf Bhagavan und brachte ihm etwas zu essen, wenn er hörte, dass er den Berg umrundete. Bhagavan hatte ihn an der üblichen Stelle nicht angetroffen, und um ihm den Kummer zu ersparen, ihn verfehlt zu haben, hatte er diesen Umweg gemacht.

Bhagavan rief ihn beim Namen und fing mit ihm ein einfaches Gespräch an. Der alte Bauer verneigte sich vor ihm und stand mit gefalteten Händen schweigend da. ›Was ist los?‹, fragte Bhagavan. ›Warum habe ich dich in den letzten Tagen nicht gesehen? Ist mit der Ernte und dem Vieh alles in Ordnung? Wie geht es den Kindern? Was ist in dem Topf?‹

Der alte Mann erwiderte zögernd: ›Nichts besonderes, Swami. Ich habe gehört, dass du vorbeikommst. Ich wollte dir wie immer etwas bringen, aber es war nichts im Haus. Als ich meine Frau fragte, sagte sie: ›Es ist noch genügend im Kochtopf. Du kannst es mitnehmen.‹ Ich wusste nicht recht, was ich tun sollte, tat dann etwas davon in diesen kleinen Topf, aber ich habe mich so sehr geschämt, dir nur dieses Gericht anbieten zu können, dass ich mich hierhergesetzt habe.‹

Bhagavan rief erfreut: ›Oh, das ist etwas Gekochtes, das ist prima! Warum schämst du dich? Es wird sehr gut schmecken. Gib es mir.‹

Als der alte Mann noch immer zögerte, nahm Bhagavan ihm den Topf aus der Hand, setzte sich unter einen Baum und wies uns an, die Dinge auszupacken, die wir dabei hatten. Er nahm ein weites Blechgefäß, schüttete das Gericht hinein, leerte viel Wasser dazu und machte mit der Hand einen Brei daraus. Von unseren Resten nahm er Zitronen, presste sie aus, gab Buttermilch, Salz und Ingwerpulver dazu und machte daraus ein Getränk. Er kostete davon und sagte: ›Das ist gut! Nehmt die restliche Milch, gebt Zucker hinein und trinkt das. Unser Gepäck wird dann leichter sein. Ich habe dieses Getränk und brauche keine Milch. Bei dieser Hitze ist das ausgezeichnet für mich. Zudem ist es sehr nahrhaft und gut. Aber ihr würdet es nicht mögen. Deshalb trinkt die gezuckerte Milch und gebt meine Portion dem alten Mann.‹

Wir taten Zucker in die Milch und gaben etwas davon dem alten Mann. Den Rest tranken wir. Gesellig redete Bhagavan mit dem alten Bauer, trank von der Zubereitung und sagte, es schmecke köstlich. ›Mein Magen ist voll. Ich glaube, ich kann heute Abend nichts mehr essen. Nimm den Rest mit nach Hause.‹ Der alte Mann nahm den Rest entgegen, als wäre es der köstlichste Nektar. Tief bewegt wischte er sich die Freudentränen ab, verabschiedete sich von uns und ging nach Hause.«

Die Bedeutung der Nicht-Anhaftung

5.12.1947

Gestern hat Bhagavan über die Bedeutung der Nicht-Anhaftung (*Vairagya*) gesprochen. Ich sagte, dass es im zweiten Gesang des telugischen *Bhagavatam* ein Gedicht darüber gäbe. Da forderte er mich auf, es vorzulesen. Es lautet:

»Gibt es auf Erden nicht schöne Plätze,
wo man sich zum Schlafen hinlegen kann?
Wozu brauchen wir dann ein Bett?
Haben wir nicht von der Natur Hände bekommen?
Wozu also das ganze Geschirr fürs Essen und Trinken?
Gibt es nicht Kleidung aus einfacher Faser, Fell und Kusa-Gras?
Wozu brauchen wir dann all die edlen Kleider?
Gibt es nicht Höhlen, um darin zu leben?
Wozu dann all diese Häuser und Paläste?
Tragen die Bäume nicht saftige Früchte?
Haben die Flüsse nicht Süßwasser?
Geben die guten Hausfrauen nicht Almosen?
Wozu sollen wir dann jenen dienen,
die durch ihren Wohlstand blind und stolz geworden sind?«

Bhagavan hörte mit großem Interesse zu und sagte dann mit Nachdruck: »Das stimmt. Einer unserer Weisen hat etwas Ähnliches geschrieben: ›Oh Herr, Du hast mir Hände gegeben, die ich als Kopfkissen unter meinen Kopf legen kann, ein Tuch für meine Lenden, Hände zum essen – was brauche ich mehr? Das ist mein großes Glück!‹

Kann man in Worte fassen, wie groß dieses Glück ist? Selbst die größten Könige sehnen sich nach diesem Glück. Es gibt nichts, was sich damit vergleichen ließe. Ich habe beides erlebt und kenne den Unterschied. Diese Betten, dieses Sofa, all diese Gegenstände um mich herum – das alles bedeutet Bindung.«

Ich: »Ist nicht der Buddha dafür ein Beispiel?«

Bhagavan: »Ja. Obwohl er im Palast allen Luxus der Welt hatte, war er traurig. Deshalb sorgte sein Vater für noch mehr Luxus. Aber nichts davon konnte den Buddha befriedigen. Um Mitternacht verließ er Frau und Kind und verschwand. Er lebte sechs Jahre lang in großer Entbehrung, verwirklichte das Selbst und wurde zum Wohl der Welt ein Bettler. Erst jetzt war er glücklich. Was brauchte er noch?«

Buddha von GE

Ein Devotee fragte: »Kehrte er nicht als Bettler in seine Stadt zurück?«

Bhagavan: »Ja. Als sein Vater Suddhodana davon erfuhr, schmückte er den königlichen Elefanten und ging auf der Hauptstraße mit der ganzen Armee seinem Sohn entgegen. Der Buddha kam aber auf Seitenstraßen und Gassen in die Stadt. Er schickte seine Begleiter betteln, während er seinem Vater entgegenging. Wie konnte sein Vater ihn in dieser Bettlergestalt erkennen? Yasodhara (die Frau des Buddha) erkannte ihn, hieß ihren Sohn, sich vor seinem Vater zu verneigen und verneigte sich selbst. Da erkannte ihn auch sein Vater.

Suddhodana hatte nicht erwartet, seinen Sohn in diesem Zustand zu sehen. Zornig rief er: ›Schäme dich! Was ist das für eine Kleidung? Wie kann einer, dem die größten Reichtümer gehören, so daherkommen? Ich habe genug!‹ Wütend sah er den Buddha an. Der Buddha bedauerte, dass sein Vater noch nicht von seiner Unwissenheit frei war, und schaute ihn noch eindringlicher an. In diesem Kampf der Blicke wurde der Vater besiegt. Er fiel seinem Sohn zu Füßen und wurde selbst ein Bettler.

Nur ein wunschloser Mensch kennt die Kraft, die der Wunschlosigkeit und Nicht-Anhaftung innewohnt.«

Die Selbstergründung ist unerlässlich

7.12.1947

Kürzlich kamen einige Leute in verantwortungsvollen Positionen aus Madras. Sie besuchten Gurumurtam und die Pravalagiri-Höhle auf dem Berg, wo Bhagavan vor langem gelebt hat. Zum abendlichen *Veda-Parayana* waren sie wieder zurück.

Einer aus der Gruppe fragte: »Swami, wie können Leute wie wir von der materiellen Sichtweise befreit werden? Du wirst nun antworten: ›Es genügt, wenn ihr weiterhin die Ergründung ›Wer bin ich?‹ übt.‹ Doch wie können wir das tun? Wir haben Familie und Beruf. Wenn der Geist mit weltlichen Dingen beschäftigt ist, wie können wir da Frieden finden?«

Bhagavan hörte sie an, sagte aber nichts.

Heute früh fragte einer der Ashrambewohner Bhagavan freiheraus: »Gestern haben dich die Leute aus Madras etwas gefragt, aber du hast ihnen nicht geantwortet. Warum nicht? Bedeutet das, dass niemand ein *Jnani* werden kann, wenn er nicht an einem einsamen Platz lebt?«

Bhagavan: »Wer sagt das? Der Geist ist von seinen früheren Handlungen geprägt. Die Leute können ihre Arbeit weiterhin tun und trotzdem Selbstergründung üben und schließlich Verwirklichte werden. Janaka, Vasishta, *Rama*, *Krishna* und andere sind dafür ein Beispiel. Doch für einige ist es nicht möglich. Sie müssen an einsame Orte gehen, um durch Selbstergründung Verwirklichte zu werden. Dafür sind Sanaka, Sanandana, Suka, Vamadeva und andere ein Beispiel. Doch für alle ist Selbstergründung unerlässlich. Man nennt das menschliche Anstrengung. Was mit dem Körper geschieht ist Schicksal (*Prarabdha*). Was können wir sonst noch dazu sagen?«

Das Selbst kann ohne geistige Aktivität nicht verwirklicht werden

13.1.1948

Heute früh setzte sich Sundareswara Iyer in die Nähe von Bhagavans Sofa. Er hatte ein Buch in der Hand und fragte: »Hier steht: ›Mano Vritti Jnanam‹ (Erkenntnis durch Geistesaktivität). Was bedeutet das?«

Bhagavan: »Es bedeutet, dass das Selbst ohne mentale Aktivität (Mano Vritti) nicht verwirklicht werden kann. Wir müssen das Selbst erkennen. Wie ist das möglich? Wir alle stimmen darin überein, dass wir existieren. Muss es nicht eine mentale Aktivität geben, damit wir das wissen können? Die Aktivität des nach innen gerichteten Geistes nennt man *Vijnana* (Erkenntnis) und jene, die nach außen gerichtet ist, *Ajnana* (Unwissenheit). Ist die Geistesaktivität nach innen gerichtet, spricht man von *Buddhi* (Intellekt) oder *Aham* (Ich). Das alles zusammengenommen heißt *Antahkarana* (Denk- und Aufnahmefähigkeit des Geistes). *Aham* ist unbeweglich und beständig, aber mit Hilfe von *Antahkarana* entstehen die fünf Elemente. Diese Elemente haben sich vermehrt, und der Körper mit seinen verschiedenen Teilen ist entstanden. Wenn man diese Schöpfung, die durch *Antahkarana* entstanden ist, verwirft, wird der Geist nach innen gerichtet. Durch diese mentale Aktivität entsteht das Bewusstsein des Selbst. Man erkennt den Ursprung der Aktivität. Diese Quelle, dieser Ursprung heißt *Aham Sphurana* oder das Selbst. Doch man kann es nur durch den Geist erkennen. Deshalb heißt es ›Mano Vritti Jnanam‹. Der Geist muss rein sein. Es ist das, was sich auf unzählige Weise manifestiert und doch ganz durch sich selbst besteht. Du kannst ihm jeden Namen geben.«

Jemand anderer fragte Bhagavan: »Swami, ist es wahr, dass der *Jnani* kein *Prarabdha* (gegenwärtiges *Karma*) hat, außer *Parechha*?«

Bhagavan: »Ja. Das gegenwärtige *Karma*, das aus Wünschen, Wunschlosigkeit und den Wünschen anderer (*Pareccha*) besteht, ist *Jnanis* und *Ajnanis* gemein. Beide erfahren auch dasselbe. Der Unterschied besteht jedoch darin, dass der *Jnani* kein Empfinden hat, dass er etwas tut, und es deshalb für ihn auch keine Bindung gibt, während der *Ajnani* empfindet, dass er alles tut, und deshalb gebunden ist. Der Geist ist die Ursache für Bindung und Befreiung. Er ist die Ursache von allem. Die Wünsche verleihen ihm Gestalt. Wenn die Wurzel der Wünsche entdeckt wird, gibt es keine Bindung mehr. Diese Wurzel ist das Selbst. Wenn man sein eigenes Selbst erkennt, können die Wünsche kommen und gehen – sie plagen einen nicht.«

Der Tod Mahatma Gandhis

6.2.1948

In der Nacht vom 30. Januar wurde die Neuigkeit über Mahatma Gandhis Tod bekannt. Ich kam am nächsten Morgen um halb acht in den Ashram. Die Nachricht war in allen Zeitungen. Das Radio brachte das Lied ›Vaishnava Janato‹ (ein Lieblingslied Gandhis) und Bhagavan hörte traurig zu.

Als er zu seinem Spaziergang aufbrechen wollte, kam ein Zeitungsreporter und wollte ihn zu der Tragödie interviewen. Er erwiderte: »Jeder trauert über seinen tragischen Tod. Was kann ich dazu sonst noch sagen? Wer trauert nicht? Wenn ich etwas sage, veröffentlichst du es und es werden noch mehr Leute kommen und mich interviewen. Was hat das für einen Sinn?« Damit sandte er den Reporter fort und ging spazieren.

Nachmittags sangen die Frauen ›Raghupati Raghava Rajaram‹ (ebenfalls ein Lieblingslied Mahatma Gandhis). Dann wurde die Muschel geblasen und eine *Arati* im Tempel der Mutter gehalten. Als die heilige Asche und der rote Puder zu Bhagavan gebracht wurden, nahm er sie mit großer Andacht entgegen.

Als Bhagavan vorgestern die Zeitung las, sagte er: »Anscheinend hat derjenige, der geschossen hat, sich vor dem Mahatma verneigt und ihn gefragt: ›Warum kommst du heute so spät?‹ Der Mahatma erwiderte, dass er noch etwas zu erledigen hatte. Gleich darauf fiel der Schuss.[95] Bhagavan zog eine Parallele zum *Ramayana* und meinte: ›Nachdem *Rama* den Dämonenkönig *Ravana* getötet hatte, vergaß er, dass er nach *Vaikunta* (in den Himmel) gehen sollte. Da beratschlagten sich die Götter und schickten den Todesgott Yama zu ihm. Yama kam in Gestalt eines Asketen und sagte respektvoll: ›Deine Aufgabe ist beendet. Bitte komm in den Himmel.‹ Hier ist es ähnlich: ›Indien ist unabhängig. Deine Aufgabe ist beendet. Warum bist du immer noch hier? Solltest du nicht zurückkommen? Es ist schon spät.‹ Anscheinend ist der Mahatma weggeschickt worden.«

Gestern sagte Harindranath Chattopadhyaya: »Es ist schade, dass Gandhi und Bhagavan sich nie getroffen haben.«

Bhagavan: »Vor einiger Zeit kam der Mahatma nach Tiruvannamalai. Man hatte für ihn ein Treffen auf der *Pradakshina*-Straße arrangiert. Die Leute dachten, dass er auf dem Rückweg beim Ashram vorbeikommen würde, aber die Menschenmengen haben es ihm nicht ermöglicht und so ging er direkt zum Bahnhof. Er hat das sehr bedauert.

Shankarlal Banker wollte ihn unbedingt herbringen. Als Rajendra Prasad und Jamnalal Bajaj 1938 den Skandashram besuchten, wollten sie den Mahatma dazu bewegen, einige Zeit hier zu verbringen. Aber es ist nicht geschehen. Wenn jemand sich niedergeschlagen fühlte, sagte der Mahatma: ›Geh zum Ramanashram und komme nach einem Monat wieder.‹ Als Ramaswami Reddiar im Madraser Bundesstaat Ministerpräsident geworden war, besuchte er den Mahatma. Der fragte ihn, seit wann er den Ramanashram besuche. Als er antwortete, dass er seit über dreißig Jahre hierher komme, sagte der Mahatma: ›Ich habe es dreimal versucht, aber bis jetzt ist es mir nicht gelungen.‹ Was konnte er machen? Wie konnte er herkommen, wenn man ihn nicht für einen Augenblick alleine ließ?«

Heute las Bhagavan in der Zeitung, dass der Mahatma in der Nacht vor der Tragödie im Traum eine Vorahnung seines Todes hatte und deshalb noch schnell seine Papiere entsorgte – deshalb sei er zu spät zum Abendgebet gekommen. Bhagavan meinte: »Ja, erleuchtete Menschen wissen es, aber sie sagen den anderen nichts davon.«

---

[95] Am 30.1.1948 hatte sich Gandhi zum Abendgebet etwas verspätet. Der Attentäter Nathuram Godse verneigte sich vor ihm und schoss dann dreimal aus unmittelbarer Nähe auf ihn.

Gleichheit

7.2.1948

Unser Neffe Tilak ist nach seinen Prüfungen in London zum Ashram gekommen. Er wusste sein Prüfungsergebnis noch nicht. Sein Vater hatte ihm geschrieben, er möge bald nach Hause kommen und Tilak reiste Ende vergangenen Monats ab.

Am Vorabend seiner Abreise ging er zum Bazar und kaufte Rosinen, Datteln und anderes als Opfergabe für Bhagavan. Am 30. Januar legten wir alles auf ein Tablett und brachten es zum Frühstück in den Ashram. Das Küchenpersonal bat mich, es selbst zu verteilen. Da ich mit dem Bedienen im Speisesaal keine Erfahrung habe, ging ich damit zuerst zu Bhagavan. In missbilligendem Ton fragte er mich, was das sei. Ich antwortete ihm, dass mein Neffe Obst gebracht habe. Da nickte er: »Gut. Gib mir von jeder Sorte ein Stück.« Dann bediente ich die anderen, aber am Ende waren nur noch wenige Bananen übrig. Einer der Gehilfen schnitt sie in kleine Stücke und verteilte sie an die restlichen zehn Personen. Da sagte Bhagavan empört: »Genau deshalb will ich es nicht so haben. Warum bedient ihr mich, wenn ihr den anderen nicht dasselbe geben könnt?« Und er zählte ähnliche Vorkommnisse auf.

Als die Leute nach dem Essen gegangen waren, massierte sich Bhagavan die Beine und wollte aufstehen. Da gingen Tilak und ich zu ihm hin. Wir verneigten uns und ich sagte, dass Tilak abreisen würde.

Bhagavan: »Ich verstehe. Als du das Obst gebracht hast, dachte ich, dass er seine Prüfung bestanden hat. Er geht nach Hause zurück? Sehr gut.«

Dann zeigte er auf mich und sagte: »Sie hat mich zuerst bedient anstatt die anderen.«

Ich erwiderte: »Es tut mir leid. Ich kenne die Gepflogenheiten nicht und habe es falsch gemacht.«

Bhagavan meinte: »Das ist schon in Ordnung. Deshalb sage ich es dir ja. Wenn ihr Bhagavan erst nach allen anderen bedient, wird alles gerecht verteilt werden. Wenn zufällig nichts übrig bleibt, macht es nichts, wenn ich leer ausgehe. Ich bin zufrieden, wenn alle anderen essen, auch wenn ich meinen Anteil nicht erhalte. Ihr solltet immer nach diesem Prinzip bedienen. Es ist ein gutes Prinzip. Wenn alle essen, läuft es dann nicht auf dasselbe hinaus, als wenn Bhagavan isst?«

Ich: »Ja, es tut mir leid.«
Bhagavan: »Mach dir keine Gedanken. Es macht nichts.«

Es stellte sich heraus, dass an diesem Tag das Prüfungsergebnis in London bekannt gegeben wurde. Mein Bruder teilte gestern telegraphisch mit, dass der Junge bestanden hatte.

Ich weiß nicht, ob du schon bemerkt hast, dass dreimal täglich, wenn die Glocke läutet, etwas von allen Speisen, auch Reiskuchen, unter den Kühen, Krähen, Hunden, Affen und auch unter den armen Leuten, die gerade im Ashram sind, verteilt wird. Wenn das nicht zuerst getan wird, geht Bhagavan nicht zum Essen. Er besteht darauf, dass sie zuerst gespeist werden. Eichhörnchen und Pfauen bekommen Erdnüsse. Wenn jemand von denen, die bedienen, das nicht tun will, lässt Bhagavan ihm das nicht durchgehen und sagt: »Du kannst ja gehen. Sie sind hergekommen wie wir und sie bekommen ihre Nahrung wie wir. Du willst uns respektvoll bedienen, indem du ›Swami, Swami‹ sagst, aber du fluchst, wenn du sie bedienen sollst. Haben wir sie gekauft und hergebracht? Sie sind gekommen wie wir. Warum respektierst du sie dann nicht?«

Nihilisten und Advaitins

8.2.1948

Als ich heute Morgen in die Halle kam, war es ganz still. Alles war vom Rauch der Räucherstäbchen verhüllt, die ihren Duft in alle Richtungen verströmten. Bhagavan hatte seine Zeitungslektüre beendet und saß still da. Krishnaswami zog die Uhr auf. Da fragte jemand unerwartet: »Nihilisten und *Advaitins* streiten unentwegt miteinander. Was genau ist der Streitpunkt?«

Da schlug die Uhr mit einem »dong, dong« die volle Stunde. Lächelnd sagte Bhagavan: »Sieh her. Soeben wurde die Uhr aufgezogen. Sie läuft und hat die Stunde geschlagen. Die *Advaitins* sagen: ›Jemand muss die Uhr aufziehen, sonst läuft sie nicht.‹ Die Nihilisten sagen: ›Zugegeben, jemand muss die Uhr aufziehen. Aber jemand muss diesem Jemand die Kraft und die Fähigkeit dazu geben usw. Wenn wir auf dieser Grundlage weiterdenken, ist es endlos. Es gibt keine handelnde Person (Karta).‹ Das ist der Streitpunkt.

Nimm zum Beispiel dieses Handtuch. Es ist nicht von der Baumwolle unabhängig. Die Baumwolle wird zuerst verarbeitet, dann gesponnen und schließlich zu einem Tuch verwebt. Es muss jemanden geben, der das alles tut. Also ist der Weber der Handelnde. Die Farben und die Art des Stoffes sind nicht von der Baumwolle unabhängig. So gibt es zwar für die verschiedenen Dinge, die die Welt ausmachen, einen Handelnden, doch keines dieser Dinge ist von dem, was IST, nämlich der Existenz (*Sat*) unabhängig, so sagen die *Advaitins*. Es gibt große und kleine Töpfe, aber alle bestehen nur aus Erde. Wenn einer von ihnen zerbricht, sagen wir, dass das Gefäß dahin ist. Aber was ist dahin? Nur der Name und die Gestalt. Wenn Name und Gestalt dahin sind, bleibt trotzdem die Erde als Erde übrig. Doch Töpfe können nur entstehen, wenn es auch einen Töpfer gibt. Also sagen die *Advaitins*, dass es einen Handelnden gibt, der das alles bewirkt. Die Nihilisten verneinen das. Sie streiten heftig miteinander, aber das Ergebnis ist gleich null. Es gäbe keine Schwierigkeiten, wenn sie herausfinden würden, wer es ist, der argumentiert.«

Frager: »Wozu dann diese Auseinandersetzungen?«

Bhagavan: »Weil alles, was in einer Person ist, herauskommen muss. Es gibt Gedanken im Innern.«

Einer der Devotees: »Du sagst, dass alles, was innen ist, immer zum Vorschein kommt. Wie kommt es zum Vorschein? Was ist im Innern?«

Bhagavan lächelnd: »Solange im Innern kein Wunsch geboren ist, kommt auch nichts zum Vorschein. Der Wunsch wird im Innern geboren. Er wird groß und muss sich schließlich zeigen.«

Bhagavans erstes Manuskript

27.3.1948

Ich ging etwas früher als gewöhnlich zum Ashram, um Bhagavan nach einem Sanskritvers zu fragen. Bhagavan erklärte, dass er aus der *Tejobindu Upanishad* stamme und dass *Shankara* in seinem *Aparokshanabhuti* dasselbe geschrieben habe.

»Dieser Vers bedeutet, dass man sich nicht auf die Nasenspitze oder die Stelle zwischen den Augenbrauen konzentrieren soll, sondern darauf, wo sich alle Eigenschaften des Sehenden, des Gesehenen und des Sehens auflösen. Wenn man durch Meditation die Verwirklichung erlangt hat und der Mensch in der Lage ist, seine eigene Natur zu verstehen und zu begreifen, wie er mit dem Höchsten Geist vereint werden kann, dann ist für ihn das ganze Universum von *Brahman* erfüllt.«

Bhagavan bat einen seiner Gehilfen, Palaniswamis kleines Notizbuch aus der Schublade zu holen. Der Gehilfe brachte es, staubte es ab und gab es mir. Es war ein sehr kleines Notizbuch. Bhagavan schrieb die beiden Verse aus dem Notizbuch für mich ab. Ich war vor Freude überwältigt und fragte ihn: »Sind das die Verse *Shankaras* oder hast du ihre Bedeutung in eigenen Versen wiedergegeben?«

Bhagavan: »Ich habe sie nur abgeschrieben. Palaniswami hatte mich um einige Verse *Shankaras* gebeten, aber woher sollten wir in jenen Tagen ein Notizbuch oder Papier nehmen? Ich sammelte alle Papierschnipsel, heftete sie zu einem Notizbuch zusammen, schrieb die Verse ab und gab es ihm. In diesem kleinen Notizbuch sind Auszüge von etwa zehn Büchern *Shankaras* enthalten.«

Ich: »Dann ist es also das erste Buch, das du geschrieben hast?«

Bhagavan: »Ja. Damals besaßen wir nichts außer einem Topf. Wir hatten nicht einmal ein Handtuch. In der ersten Zeit unseres Aufenthalts in der Virupaksha-Höhle besaß nur Palaniswami ein Handtuch, das er um sich gewickelt trug. Die Höhle hatte damals keine eiserne Tür, sondern eine aus Holz mit einem hölzernen Schnappriegel. Wir machten ihn mit einem kleinen Stecken von außen zu und umwanderten den Berg. Wir gingen mal hierhin, mal dorthin und kehrten nach einer Woche oder zehn Tagen wieder zurück. Dann öffneten wir die Tür mit einem anderen Stecken. Das war damals unser Schlüssel. Wir brauchten ihn nirgends aufzubewahren. Dieses Notizbuch war der einzige Gegenstand, den wir bei uns hatten. Da Palaniswami ein Handtuch trug, faltete er das Buch zusammen und steckte es sich an die Taille. Dieses Buch war der Anfang unserer Bücher-Familie.«

Jemand anderer fragte: »Hast du es in Nagari (Sanskrit-Schrift) geschrieben?«

Bhagavan: »Ja, aber nur, weil Palaniswami mich darum gebeten hatte. Damals und auch später habe ich nichts aus eigenem Antrieb geschrieben.«

Frager: »Bhagavan tut das nur für die anderen.«

»Ja, und von der Bücher-Familie, die seitdem gewachsen ist, ist dies das erste Buch«, sagte Bhagavan und zeigte es allen.

Kailash

4.4.1948

Heute früh las ein Devotee aus dem *Periyapuranam* die Geschichte vor, wie *Sundarar* zum Kailash[96] ging. Da fragte ein tamilischer Jugendlicher: »Swami, wo ist der Kailash?«

Bhagavan: »Er ist überall wo wir sind. Sag mir, wo sind wir?«

Junger Mann: »Swami, das ist es nicht, was ich wissen will. Existiert dieser Kailash wirklich, wohin *Sundarar* gegangen ist? Wo ist er?«

Bhagavan: »Ich habe es dir bereits gesagt. Wir sind jetzt hier. Von hier gehen wir an einen anderen Ort. Dort sitzt ebenfalls ein Swami auf einem Podest, und wie hier ist er von Devotees umringt. Sie fragen ihn etwas und er antwortet. Es ist wie hier. Wenn du die Dinge aus der Perspektive des Körpers betrachtest, ist es so. Wenn du sie aber aus der Perspektive der Wahrheit betrachtest, ist Kailash überall wo wir sind. Er wird weder geboren, noch wächst und stirbt er. Wenn wir verstehen, dass nichts in dieser Welt wirklich ist, ist Kailash überall.«

Junger Mann: »Wie kann man das erkennen?«

Bhagavan: »Jeder weiß, dass er existiert. Du existierst, wenn du geboren wirst, wenn du ein Jahr alt bist, in deinen mittleren Jahren und wenn du alt bist. DU hast dich nicht verändert, nur der Körper. Wenn du weißt, dass sich dein SELBST nicht verändert hat, würde das schon genügen.«

Junger Mann: »Es heißt, dass der *Jnani* weder Glück noch Sorge noch Krankheiten kennt. Doch von *Sundarar* und *Appar* wird erzählt, dass sie Freudensprünge gemacht haben, als Gott ihnen erschienen ist. Von Ramakrishna Paramahamsa wird berichtet, dass er sehr betrübt war, wenn die Heilige Mutter ihm nicht erschienen ist und in Ekstase fiel, wenn das der

---

[96] Hier ist nicht der wirkliche Berg Kailash gemeint, sondern der mystische Ort *Shivas*, von dem in den Heiligenlegenden erzählt wird.

Fall war. Und wenn er krank war, rief er nach der Mutter. Wie ist das zu verstehen? Kennen die *Jnanis* Glück und Sorge?«

Bhagavan: »Das bezieht sich alles auf den Körper. Man kann einen *Jnani* nicht von seinen Krankheiten her beurteilen. *Manikkavachakar* sang in einem Lied: ›O *Ishwara*, noch bevor ich Dich bitten konnte, hast Du mir bereits Deine Gunst erwiesen. Wie gut Du bist! Doch warum kann ich nicht traurig sein? Ist denn mein Herz aus Stein? Meine Augen können nicht weinen. Sind sie denn aus Holz? Ich wünschte mir, ich könnte nicht nur mit diesen beiden Augen weinen, sondern mein ganzer Körper wäre voller Augen, damit ich mit ihnen allen weinen könnte. Dann wäre ich sehr glücklich. Ich wünschte mir, mein Herz würde dahinschmelzen und sich mit Dir vereinigen.‹

Aber ist dieser Kummer ein wirklicher Kummer? Manche Leute verleihen ihrer Freude laut Ausdruck, wenn sie eine Vision Gottes haben, und andere vergießen Freudentränen. So war es auch mit Ramakrishna Paramahamsa. Er sagte immer weinend: ›Mutter, wie gut Du bist und wie barmherzig!‹, und manchmal lachte er auch. Doch wenn wir seinen wahren Zustand erkennen wollen, müssen wir zuerst unseren eigenen Zustand erkennen.«

Der junge Mann hörte nicht mit dem Fragen auf: »Swami, wenn er in Ekstase war, fühlte er keine Schmerzen, aber danach fühlte er sie wieder und stöhnte. Kennt ein Verwirklichter Schmerz und Freude?«

Bhagavan: »Finde zuerst heraus, wie es um dich steht. Was kümmert es dich, wie es um Paramahamsa stand? Er braucht kein Zeugnis, um ein *Jnani* zu werden, er wird es einfach. Die Kindheit vergeht. Nach dem Schlafen ist man wach. Wenigstens im Wachzustand sollte man herausfinden, was man ist und wo man ist. Ist man in Kailash (die Welt *Shivas*) oder in Bhooloka (die menschliche Welt) oder in *Vaikunta* (die Welt *Vishnus*)? Warum findest du es nicht selbst heraus und wirst ein *Jnani*?«

Gebildete Leute

4.4.1948

Gestern war Sarvepalli Radhakrishnan[97] mit seiner Familie hier. Als sie fort waren, fragten mich die beiden Frauen, die bei mir saßen, ob er Bhagavan eine Frage gestellt habe.

Bhagavan: »Nein, es sind gebildete Leute. Sie wissen schon alles. Was sollten sie fragen?«

Devotee: »Er hält großartige Vorträge. Warum sagt er dann nichts und sitzt nur da?«

Bhagavan lachend: »1938 war Rajendra Prasad[98] hier und mit ihm war es dasselbe. Obwohl er vier oder fünf Tage hier war, hat er nicht eine einzige Frage gestellt. Er saß mit geschlossenen Augen still in einer Ecke. Bei seinem Abschied wollte er wissen, ob ich für den Mahatma eine Nachricht habe, aber selbst das musste jemand anderer für ihn fragen. Auch Jamnalal Bajaj[99] war einmal hier, und mit ihm war es ebenso. Er saß ebenfalls still in einer Ecke. Wenn wir morgens Gemüse schnitten, half er uns bei der Arbeit. Erst am Ende seines Aufenthalts stellte er ein paar Fragen. Was sollen solche Leute fragen? Sie kommen her, um Friede zu finden.«

Devotee: »Aber wenn sie fort sind, halten sie Vorträge.«

Bhagavan: »Sie sind Gelehrte. Manche schreiben Bücher und manche sind Redner. Nayana war auch so.«

Devotee: »Also stellen gebildete Leute Bhagavan keine Fragen, sondern nur gewöhnliche Leute wie wir plagen dich damit. Aber wenn wir dich nicht fragen, wie können wir dann Bescheid wissen?«

Bhagavan sagte: »Das stimmt. Es macht nichts« und schwieg.

---

[97] Politiker und Philosoph, 2. Indischer Präsident von 1962-1967
[98] 1. Indischer Präsident von 1950-1962
[99] Freiheitskämpfer und Gefolgsmann Mahatma Gandhis

Verbeugungen (Namaskara)

6.4.1948

Heute Nachmittag kam ein kleiner Junge mit seiner Mutter. Sie verneigte sich vor Bhagavan und setzte sich. Der Junge verneigte sich ebenfalls und tat es immer wieder. Bhagavan lachte darüber und sagte zu seinen Gehilfen: »Seht bloß, wie er sich immer wieder vor mir verneigt. Vielleicht glaubt er, dass er dann machen kann, was er will. Er ist ein Junge. Was weiß er schon? Er macht nur seine Eltern nach. Man muss ihn dafür belohnen. Er möchte eine Banane. Dann wird er damit aufhören. Gib ihm eine Banane.«

Als der Junge die Banane erhalten hatte, setzte er sich hin.

Nach einer Weile machte jemand vor Bhagavan Sashtanga *Namaskara*[100] und stand lange nicht mehr auf. Die Leute brachten ihn schließlich dazu aufzustehen, doch er verneigte sich immer wieder. Endlich konnte er dazu überredet werden, damit aufzuhören und sich hinzusetzen.

[100] Bei dieser Niederwerfung berührt der ganze Körper den Boden.

Bhagavan: »Manche glauben, *Namaskaram* würde bedeuten, sich so und so oft zu verbeugen. Was kann man dagegen tun? Die wirkliche Bedeutung von *Namaskaram* ist die Vernichtung des (egoistischen) Geistes.«

Ein Devotee: »Was bedeutet Sashtanga *Namaskaram*?«

Bhagavan: »Es bedeutet, dass man dabei die acht Körperteile, nämlich die Hände, Arme, Beine, die Brust und die Stirn auf den Boden legt. Der Mensch sollte es in dem Bewusstsein tun, dass der Körper, der den Boden berührt, am Ende in Staub zerfällt, doch das Ich, das im Menschen wohnt, als das ewige Ich bestehen bleibt. Das muss man durch die Selbstergründung verstehen.

Diese Niederwerfungen haben keinen Sinn, wenn man das nicht begreift. Damit wollen sich die Leute nur Vorteile verschaffen. Der Swami muss ihnen geben, was sie wollen, sei es ein Korb voller Kleider oder Geld. Wenn sie *Namaskaram* tun, fürchte ich mich davor, dass ich ihnen verpflichtet bin. Ich muss ihren Willen tun und all ihre Wünsche erfüllen. Ich muss mich vor ihnen hüten. Wenn sie sich vor mir verneigen, bekommen sie auf mich ein Anrecht. Wenn Leute wie ich schon darunter leiden, was ist dann erst mit *Ishwara*? Er ist so vielen verpflichtet. Er muss alles tun, was die Leute wollen, und ihnen seine Gunst erweisen. Wenn jemand sich nicht vor mir verneigt, bin ich sehr glücklich, denn dann bin ich ihm nicht verpflichtet.

Ein *Jnani* braucht sich vor niemandem zu verneigen und auch niemandem seinen Segen zu geben, denn sein Geist ist immer unterworfen. Er tut beständig *Namaskaram*. Manche Leute fühlen sich verletzt, wenn sie sich vor einem *Jnani* verneigen und er sich nicht ebenfalls verneigt und nicht einmal seine Hand hebt, um sie zu segnen. Doch in Wirklichkeit hat sich der *Jnani* bereits tiefer als sie verneigt, da sein Geist ausgelöscht ist.

Mit dem Segen ist es ähnlich. Wenn man seinen Geist unterwirft, ist das der Segen. Der Geist des *Jnani* ist immer unterworfen. Da das so ist, wer ist dann der Segnende und was könnte er tun?«

Was ist Befreiung (Mukti)?

8.4.1948

Heute Nachmittag kam ein Jugendlicher aus Andhra Pradesh zu Bhagavan und sagte: »Swami, ich habe eine Bitte, wenn ich sie vorbringen darf. Ich komme aus Bangalore. Ich weiß nicht, wie ich meditieren soll, um die Befreiung (*Mukti*) zu erlangen. Du musst mir helfen.«

Bhagavan: »Wie meditierst du?«

Junger Mann: »Ich mache nichts, Swami. Deshalb bitte ich dich, dass du mir sagst, wie ich meditieren soll.«

Bhagavan: »Warum willst du überhaupt meditieren? Was bedeutet Befreiung? Was möchtest du erkennen? Woher kommt überhaupt dieser Gedanke?«

Armer Junge! Er wusste nicht, was er antworten sollte, und schwieg. Doch in seinem Gesicht war zu lesen, dass ihm etwas Sorgen bereitete.

Bhagavan sah ihn mitleidsvoll an und sagte nach einer Weile: »Denke beständig an deine Familiengottheit. Schalte andere Gedanken aus und meditiere darüber oder halte dir das Selbst im Gedächtnis und meditiere. Wenn du das tust, wird das, was von außen kommt, allmählich verschwinden und es bleibt alleine die Meditation übrig. Du brauchst keine besonderen Meditationsübungen zu befolgen. Die Meditation über das Selbst wird sich festigen und beständig werden. Was IST, ist Meditation. So etwas wie Befreiung zu erlangen gibt es nicht. Wenn man die äußeren Dinge loswird, ist das die Befreiung.

Atemkontrolle und andere spirituellen Übungen sind nur dafür gedacht, den Geist auf eins gerichtet zu halten. Atemkontrolle hält den unsteten Geist im Körper. Deshalb wird zuerst Atemkontrolle empfohlen und erst dann *Japa*, *Tapas* und alles andere. Wenn der Atem unter Kontrolle ist und eine Weile gehalten wird, ist es hilfreich für die Übung der Selbstergründung. Wenn man über die Familiengottheit oder eine andere Form meditiert, wird der Geist von selbst kontrolliert. Wenn man das wiederholt tut, führt einen diese Meditation zur Verwirklichung des Selbst. Es gibt dann keine Dualität des Handelnden und des Aktes der Handlung. Alles wird einem zur Natur.«

Der junge Mann hörte bewegungslos zu. Bhagavan wandte sich an einen anderen Devotee in seiner Nähe und sagte: »Nenne Ihn *Ishwara* (der persönliche Gott), *Atman* (das Selbst) oder wie du willst. Er ist allgegenwärtig und allwissend, doch Er ist unsichtbar. Die Leute tun *Tapas* und erwarten, dass Er sich ihnen dann sofort zeigt. Was kann ich machen? Wir sind in Ihm, doch wir suchen Ihn und fragen: ›Wo ist Er?‹ Das kleine Ego macht sich breit und verursacht dieses ganze Unheil. Sieh bloß, wie groß es ist!«

Die Herrlichkeit der Natur

11.4.1948

Da es allmählich Sommer wird und der Platz in der Halle zu eng geworden ist, bleibt Bhagavan jetzt tagsüber in der Jubliäumshalle. Normalerweise wird hinter seinem Sitz der Sonnenschutz aus Bambus heruntergelassen, aber die Helfer haben ihn gestern hochgezogen, weil eine frische Brise wehte. Als ich morgens um acht kam, saß Bhagavan auf dem Sofa, den Blick nach Süden gerichtet wie *Dakshinamurti*. Die Mangobäume mit ihren zarten Blättern, Blüten und Trauben von kleinen Mangos kündeten den Sommer an. Im Garten blühten die Blumen. Im Wasserkübel badeten die Spatzen. Zu beiden Seiten des Sofas standen zwei Pfauen, ein weißer und ein bunter. Die Räucherstäbchen verbreiteten ihren Duft. Die Sonnenstrahlen drangen durch die Schlitze im Dach und ließen Bhagavans Körper wie Gold schimmern. Ich war so sehr in diese Schönheit vertieft, dass ich nicht weiß, ob ich mich vor Bhagavan verneigt habe oder nicht.

Der Gehilfe Ramachandra Iyer sah mich an als wolle er fragen: »Was ist?« Ich konnte mich nicht länger beherrschen und rief: »Bruder, sieh bloß, wie herrlich das alles ist, wie die Natur ringsherum erblüht und uns ihre ganze Pracht zeigt! Es wäre schön, wenn wir es fotografieren würden.«

Bhagavan fragte, um was es ginge. Ich sagte es ihm. Iyer stimmte mir zu und meinte: »Ja, wir machen ein Foto.«

Da erzählte uns Bhagavan folgendes aus seinen frühen Jahren:

»Wie ihr wisst, habe ich eine Zeit lang im Mangohain in der Nähe von Gurumurtam gelebt. Man hatte unter einem Mangobaum eine Bedachung errichtet, um mich vor dem Regen zu schützen. Doch gab es darunter nicht so viel Platz, um meine Beine beim Schlafen voll auszustrecken. So saß ich fast die ganze Zeit darin wie ein Vogel in seinem Nest. Mir gegenüber hatte Palaniswami ebenfalls so einen kleinen Unterstand. In diesem großen Garten waren nur wir beide. Die Bäume in diesem Mangohain hatten auch so kleine Früchte wie diese hier. Sie fielen immer wieder auf das Dach meines Unterstandes und es klang wie: ›tup, tup‹. Auch wenn sie reif waren, hatten sie noch eine grüne Schale. Dann wurden sie geerntet und reiften in einem Lagerraum noch völlig aus. Doch wisst ihr, was geschah? Nachts kamen die Fledermäuse, knabberten alle reifen Früchte an und ließen sie fallen. Der Rest gehörte uns. Es war *Prasadam* von den Fledermäusen.«

Ramachandra Iyer fragte: »Hat der Gärtner euch keine Früchte gegeben?«

Bhagavan: »Er erlaubte uns, Mangos von den Bäumen zu pflücken, aber wir haben es nie getan. Wir hatten ja das *Prasadam* von den Fledermäusen. Wenn die Früchte auf den Bäumen ausreifen, schmecken sie köstlich. Genügt das nicht? Diese Unterstände und die Schönheit der Natur machten uns überaus glücklich.«

Das erste Bad und die erste Rasur

12.4.1948

Da es bereits Sommer und heiß war, besprengte Krishnaswami die Binsen und Crotonsträucher hinter Bhagavans Sofa und traf dabei auch ihn. Bhagavan rieb sich und sagte: »Seht bloß, sie weihen mich (sie machen *Abhishekam*)!«

Das erinnerte ihn an einen Vorfall aus der Vergangenheit und er erzählte uns folgende Geschichte:

»Nachdem ich nach Tiruvannamalai gekommen war, hatte ich vier Monate nicht gebadet. Eines Tages, als ich im Tempelbereich lebte, kam die Frau von Ponnuswami und befahl mir, mich hinsetzen. Sie wusch mir mit

Seife den Kopf und badete mich. Sie kam gelegentlich in den Tempel und ich dachte, es sei ein Besuch wie immer, aber an diesem Tag hatte sie sich das vorgenommen. Das war mein erstes Bad.«

Ich fragte: »Hast du danach täglich gebadet?«

Bhagavan: »Nein, diese Frage stellte sich nicht. Danach verstrich etwa ein Jahr. Ich lebte einige Zeit in Gurumurtam. Dorthin kamen nicht viele Leute und keiner behelligte mich. Eine Frau namens Meenakshi, die mir gelegentlich etwas zu essen gab, brachte eines Tages einen großen Topf mit und fing an, darin Wasser zu erwärmen. Ich dachte, sie benötige es für sich selbst. Sie aber nahm aus einem Korb Öl, Seife usw. und sagte: ›Swami, bitte komm her.‹ Ich bewegte mich nicht. Aber ließ sie mich etwa in Ruhe? Sie zog mich am Arm, zwang mich zum Sitzen, schmierte das Öl über meinen ganzen Körper und badete mich. Mein Haar war durch Vernachlässigung ganz verfilzt. Es breitete sich jetzt aus und hing wie eine Löwenmähne herunter. Das war mein zweites Bad. Danach kam Palaniswami zu mir und ich badete täglich.

Mit dem Rasieren verhielt es sich ähnlich. Von der Rasur, die ich am Tag meiner Ankunft hier hatte, wurde berichtet. Die zweite Rasur erfolgte nach eineinhalb Jahren. Die Haare waren verfilzt und ineinander verschlungen. Kleine Steine und Staub waren darin und der Kopf fühlte sich schwer an. Ich hatte auch lange Nägel und sah Furcht erregend aus. Schließlich zwangen mich die Leute, mich scheren zu lassen, und ich gab nach. Als mein Kopf glatt rasiert war, fragte ich mich, ob ich überhaupt noch einen Kopf hatte, so leicht fühlte er sich an. Ich schüttelte den Kopf hin und her, um mich zu überzeugen, dass er noch da war. So groß war die Last, die ich auf meinem Kopf getragen hatte.«

Ein Devotee: »Und in diesen eineinhalb Jahren hat niemand versucht, dich zu rasieren?«

Bhagavan: »Doch, als ich im Subramanya-Schrein lebte. Ein gewisser Nilakanta Iyer kam regelmäßig dorthin. Eines Tages kam er eigens zu dem Zweck. Da ich dachte, er käme wie gewöhnlich, ließ ich meine Augen geschlossen. Schweigend stand er mir gegenüber. Als ich ein ›tip, tap‹ hinter mir hörte, öffnete ich die Augen und sah einen Barbier sein Rasiermesser wetzen. Sofort ging ich wortlos davon. Der arme Mann! Er musste einsehen, dass ich mich nicht rasieren lassen wollte.

Und es geschah noch etwas anderes, als ich unter dem Madukha-Baum [im Tempelbezirk] lebte, wurde eine zwanzigjährige Tänzerin [Tempelprostituierte] namens Rathnamma auf mich aufmerksam, als sie auf dem Weg zum Tempel war. Sie war mir zugetan und begann, für ihren Beruf Abscheu zu empfinden. Sie sagte zu ihrer Mutter, dass sie nichts essen würde, solange sie Swami nichts gebracht hätte, und so brachten die beiden mir etwas zu essen. Aber ich war gerade in tiefer Meditation versunken und öffnete weder Augen noch Mund, obwohl sie laut riefen. Schließlich gelang es ihnen mich aufzuwecken, indem sie einen Passanten baten, mich an der Hand zu ziehen. Sie gaben mir zu essen und gingen wieder.

Als Rathnamma darauf bestand, dem Swami täglich zu essen zu bringen, bevor sie selber aß, sagte ihre Mutter: ›Du bist jung und der Swami ebenfalls. Er wacht nicht auf, wenn ihn nicht jemand berührt und schüttelt. Das ziemt sich nicht für uns. Was also können wir tun?‹

Da bat Rathanamma einen ihrer Cousins um Hilfe und brachte mir mit ihm zusammen täglich zu essen. Nach einiger Zeit fanden die Verwandten des Jungen, dass diese Tätigkeit würdelos sei und erlaubten ihm nicht mehr zu kommen. Doch sie gab nicht auf. Schließlich kam die alte Mutter regelmäßig zu mir. Da sie älter war, dachte sie, es sei keine Schande, wenn sie mich durch Schütteln aufweckte und mir zu essen gab.

Bald darauf starb die alte Mutter und ich ließ mich an einem entfernten Ort [i. e. Gurumurtam] nieder. Rathnamma war der Weg zu weit und sie gab es auf. Da sie sich ihren Unterhalt verdienen musste, beschränkte sie sich auf einen Mann. Was machte es schon aus, zu welcher Gesellschaft sie gehörte. Sie war rein. Sie war nicht verhaftet und hatte große Hingabe. Sie hatte ihren Beruf nie geliebt und wollte nicht, dass ihre Tochter ihn ausübte. Also verheiratete sie sie.«

Ein Brief aus Südamerika

14.4.1948

Als ich heute Nachmittag in den Ashram kam, lächelte Bhagavan mir zu und sagte nach einer Weile: »Wir haben einen Brief und ein Foto aus Südamerika bekommen. Auf dem Foto sind sechs Männer und eine Frau. Die Frau sitzt in der Mitte und hält sich ein Foto von mir über den Kopf. Anscheinend sind es Mitglieder der Vereinigung ›Arunachala Sangam‹. In dem Brief steht: ›Bhagavan, wir können nicht zu dir kommen. Deshalb schicken wir dir unseren ehrerbietigen Gruß und tun *Sadhana*. Wir erbitten deinen Segen.‹ Sie haben einen Rückumschlag beigelegt. Wo ist Südamerika und wo sind wir?«

Ich: »Ist einer von ihnen jemals hier gewesen?«

Bhagavan: »Anscheinend nicht, aber ich erinnere mich, dass ich die Frau schon einmal gesehen habe. Ich weiß nicht, wie sie von mir erfahren haben. Sie schreiben, dass sie unsere Bücher gelesen haben und damit begonnen haben, *Sadhana* zu tun. Sie respektieren mich. Warum, weiß ich nicht.«

Ich: »Verehrung ist nicht an Entfernungen gebunden.«

Bhagavan: »Ja, so ist es. Die Frau hält sich mein Foto über den Kopf. Woher weiß sie von mir?«

Ich: »Wenn die Sonne aufgeht, sieht dann nicht die ganze Welt ihr Licht?«

Bhagavan: »Vor sieben oder acht Jahren kam eine Frau aus Europa zu mir. Sie kam vom Schiff direkt hierher und hat nirgends sonst Halt gemacht. Als sie eine halbe Stunde in der Halle gesessen hatte, stand sie auf, verneigte sich und verabschiedete sich. Sie reiste direkt nach Colombo. Bevor sie den Dampfer nahm, schrieb sie mir in einem Brief: ›Bhagavan, ich habe von dir gehört und wollte dich sehen. Jetzt ist mein Wunsch erfüllt. Ich möchte sonst niemanden in diesem Land besuchen und nehme den Dampfer.‹ Das war, was sie schrieb. Sehr seltsam.«

Ashtavakra und König Janaka

24.4.1948

Bhagavan erzählte folgende Geschichte über die Entstehung der *Ashtavakra Gita*:

»Ein Gelehrter las König Janaka die folgende Passage aus den heiligen Schriften vor: ›Die Erkenntnis *Brahmans* kann man in der kurzen Zeit erlangen, die es braucht, sich mit dem zweiten Bein in den Sattel zu schwingen, nachdem man den ersten Fuß bereits im Steigbügel hat.‹ Der König fragte den Gelehrten, ob das stimme. Der Gelehrte meinte, dass daran kein Zweifel bestünde. Da wollte der König sein Pferd bringen lassen, um die Richtigkeit dieser Aussage zu prüfen und den Gelehrten dafür haftbar machen, falls es fehlschlüge. Der Gelehrte erwiderte, er könne es nicht beweisen, aber das Buch habe Recht. Da wurde der König zornig und bestand darauf, dass dieser Satz aus dem Text zu streichen sei, wenn man ihn nicht beweisen könne. Als der Gelehrte weiterhin auf der Wahrheit der Schrift bestand, ließ ihn der König ins Gefängnis werfen. Er schickte nach sämtlichen Gelehrten der Stadt und stellte ihnen dieselbe Frage. Da keiner es beweisen konnte, ließ er auch sie einsperren und befahl, dass alle Brahmanen, die ins Königreich kamen, zu ihm gebracht werden sollten. Auch sie ließ er ins Gefängnis werfen, wenn sie ihm keine andere Antwort gaben.

Die Nachricht verbreitete sich im ganzen Land und kein Brahmane traute sich mehr, seinen Fuß ins Königreich zu setzen. Da kam Ashtavakra des Weges und traf auf zwei Brahmanen, als er sich unter einem Baum ausruhen wollte. Er fragte sie, wer der König der Stadt sei. Sie antworteten: ›Was hast du vor? Willst du in die Stadt?‹ Als er erwiderte, dass er das vorhabe, warnten sie ihn: ›Herr, der König dieser Stadt hat viele Brahmanen ins Gefängnis werfen lassen. Wir raten dir von einem Besuch ab. Jeder Brahmane, der in die Stadt kommt, wird gefragt, ob er beweisen könne, dass man in der kurzen Zeit, die es braucht, sich in den Sattel zu schwingen, die Verwirklichung erlangen kann, wie es in den Schriften heißt. Wenn er antwortet, dass er dazu nicht in der Lage sei, wird er eingesperrt.‹

Ashtavakra amüsierte sich darüber und sagte: ›Ach, so ist das also! Dann tragt mich in einer Sänfte zum König. Ich werde ihm den Beweis erbringen und die Gelehrten befreien.‹

Sie freuten sich, besorgten sofort eine Sänfte und trugen ihn zum König.

Als der König den Weisen sah, empfand er sofort große Ehrfurcht. Er warf sich in voller Länge vor ihm auf den Boden und fragte mit gefalteten Händen: ›Herr, warum besuchst du diesen Ort? Kann ich etwas für dich tun?‹

Ashtavakra erwiderte: ›Sage mir zuerst, was die Gelehrten verbrochen haben, dass du sie alle hast einsperren lassen?‹

König: ›Sie konnten nicht die Wahrheit der Aussage in der Schrift beweisen, dass die Selbsterkenntnis in der kurzer Zeit erlangt werden kann, die es braucht, seinen zweiten Fuß in den Steigbügel zu setzen, nachdem man den ersten Fuß bereits im Steigbügel hat. Deshalb habe ich sie alle einsperren lassen. Ich möchte die Wahrheit dieser Behauptung herausfinden.‹

Ashtavakra: ›Wie absurd! Kann man denn sagen, dass die Aussagen der heiligen Schriften nur deshalb unwahr sind, weil man sie nicht beweisen kann? Ich sage dir, dass jedes Wort, das in den Schriften steht, der Wahrheit entspricht.‹

König: ›Gut, dann soll man mir jetzt mein Pferd bringen. Ich bitte dich, es mir zu beweisen.‹

Ashtavakra: ›Ich bin froh über deinen Wunsch, aber bedenke, dass niemand in die Wahrheit eingeweiht werden kann, der nicht reif dafür ist. Wenn du die Einweihung willst, musst du mir völlig vertrauen und zuerst alle Gelehrten freisetzen. Dann komm mit deinem Pferd in den Wald. Ich werde prüfen, ob du die nötige Reife besitzt und dir die Einweihung geben.‹

Als der König diese Worte hörte, fasste er große Zuversicht und setzte die Gefangenen auf freien Fuß. Dann ritt er mit seinem Gefolge in den Wald. Ashtavakra bat ihn, seine Leute zurückzuschicken. Der König tat, wie ihm geheißen, und da er keine weitere Zeit verlieren wollte, setzte er seinen Fuß in den Steigbügel. Als er gerade sein zweites Bein heben wollte, sagte Ashtavakra: ›Warte! Bevor du dein anderes Bein hebst, musst du meine Fragen beantworten. Steht in den Schriften nur, dass man die Verwirklichung in dieser kurzen Zeit erlangen kann oder steht da noch etwas anderes?‹

Der König antwortete, dass noch viele andere Dinge in den Schriften stünden. Als Ashtavakra ihn fragte, ob es nicht auch heiße, dass dafür ein Guru nötig sei, bestätigte der König das.

Ashtavakra: ›Warum bittest du dann um Einweihung, ohne mich zuerst als deinen Guru anzunehmen?‹

Der König war sofort damit einverstanden.

›Und was ist mit einem Geschenk für den Guru?‹, fragte Ashtavakra.

Der König antwortete, dass er ihm hiermit seinen Körper, seinen Geist und seinen Besitz zu Füßen lege.

Als Ashtavakra das hörte, versteckte er sich im Gebüsch in der Nähe. Der König war mit einem Bein im Steigbügel und verharrte unbeweglich in dieser Haltung. Die Sonne ging unter. Seine Minister begannen sich Sorgen zu machen, weil er nicht zurückkehrte, und kamen in den Wald. Sie fanden die Sänfte, aber Ashtavakra war nicht da und der König war wie eine Statue erstarrt. Sie waren fassungslos und fragten ihn, was mit ihm los sei, aber er antwortete ihnen nicht. Da glaubten sie, dass der Weise ihn mit schwarzer Magie verhext hatte und suchten nach ihm, aber sie fanden ihn nicht.

Schließlich gaben sie die Suche auf, setzten den König in die Sänfte, trugen ihn in den Palast zurück und legten ihn auf eine Liege. Er blieb in derselben Stellung und rührte sich nicht. Die Minister machten sich große Sorgen und beauftragten das Heer, den Weisen zu suchen und herzubringen. Der König aß nichts und sagte kein Wort. Selbst das Wasser, das man ihm in den Mund schüttete, schluckte er nicht hinunter. Die Königin und die Verwandten waren außer sich vor Sorge. Die Neuigkeit verbreitete sich und alle fürchteten sich.

Bei Sonnenuntergang brachte einer der Diener Ashtavakra zurück. Obwohl die Minister außer sich vor Ärger waren, trauten sie sich nicht, ihren Ärger zu zeigen, um ihr Anliegen nicht zu gefährden, und fragten ihn respektvoll, ob er schwarze Magie angewandt habe. Ashtavakra antwortete: ›Was würde ich damit gewinnen? Aber warum fragt ihr nicht euren Herrn?‹

Minister: ›Wir haben ihn gefragt, aber er kann nicht sprechen. Er hat in den vergangenen zwei Tagen weder gegessen noch getrunken. Bitte sorge dafür, dass er etwas isst.‹

Da sagte Ashtavakra zum König: ›König!‹

Der König antwortete sofort: ›Was befiehlst du, Herr? Was habe ich dir getan?‹

Ashtavakra: ›Wer sagt, dass du mir etwas getan hast? Du hast nichts getan. Es ist alles in Ordnung. Sorge dich nicht. Steh jetzt auf und iss.‹

Der König stand auf und aß, fiel dann aber erneut in seine Bewegungslosigkeit zurück. Da baten die Minister den Weisen: ›Bitte mach, dass unser König wieder wie zuvor ist.‹

Ashtavakra versprach es. Er schickte alle hinaus, verriegelte hinter ihnen die Türen und fragte den König, warum er sich nicht bewege.

König: ›Herr, mein Körper ist nicht mehr in meinem Besitz. Diese Arme und Beine, diese Zunge, diese Augen und Ohren und alle Sinne gehören mir nicht. Dieses Königtum gehört mir nicht. Ich habe meinen Körper, meinen Geist und meinen gesamten Besitz dir überlassen. Ohne deine Anweisung kann ich nichts tun. Deshalb bin ich in diesem Zustand.‹

Als Ashtavakra das hörte, freute er sich und war zufrieden. Er legte seine Hand auf den Kopf des Königs und sagte: ›Mein lieber Mann, ich musste dich prüfen, ob du reif für die Befreiung bist. Ich habe jetzt einen Schüler, der für die Einweihung die nötige Reife besitzt. Du bist nun die Gestalt von *Brahman*, eine verwirklichte Seele, einer, der erfolgreich alles getan hat, was nötig ist und alles empfangen hat, was man empfangen kann.‹

Der König verneigte sich vor ihm und fragte sich, wie er die Gestalt *Brahmans* erlangt haben sollte, obwohl er völlig unwissend war. Er bat Ashtavakra: ›Herr, bitte lehre mich, wie man die Verwirklichung erlangt und wie man befreit wird und zu einem Zustand der Losgelöstheit kommt.‹

Da belehrte Ashtavakra den König, während die Nacht verstrich, als wären es nur wenige Augenblicke. Asthavakra fragte ihn, ob er noch an der Aussage der Schriften zweifelte. Er könne sich sein Pferd bringen lassen und er würde den Beweis erbringen. Doch der König antwortete, dass das nicht mehr nötig sei.

Soweit die Geschichte.

Die *Ashtavakra Gita* handelt vom Zustand der Verwirklichung. Als Janaka seinen Körper, Geist und Besitz uneingeschränkt dem Guru hingab, wurde er von seinem eigenen Selbst aufgesogen und war in *Samadhi*. Durch diese Gita belehrte ihn Ashtavakra, dass DAS sein wahrer Zustand ist und dass er immer in diesem natürlichen Zustand bleiben soll.«

Ribhu und Nidagha

25.4.1948

Ein Herr aus Andhra Pradesh fragte Bhagavan: »Wie ist die *Ribhu Gita* entstanden?«

Bhagavan: »Die *Ribhu Gita* ist die Belehrung Ribhus an Nidagha.«

Ich: »Die Geschichte, wie Ribhu Nidagha prüft, ist sehr interessant.«

Da bat der Herr Bhagavan, die Geschichte zu erzählen.

Bhagavan: »Ribhu hatte mehrere Schüler, aber er war Nidagha besonders zugetan, da er die heiligen Schriften genau kannte und einen reinen Geist und große Hingabe an den Guru besaß. Ribhu lehrte ihn die Grundlagen der *Advaita*-Philosophie, doch der Schüler fühlte sich mehr von den religiösen Riten angezogen und konnte sich nicht auf den Weg des *Jnana* konzentrieren, den ihn sein Guru lehrte. Er ging in seinen Heimatort zurück und führte alle Riten aus, wie sie im *Karma-Kanda* vorgeschrieben sind.

Ribhus Sorge um seinen Schüler wuchs und er besuchte Nidagha immer wieder, um zu sehen, ob er sich vom *Karma-Kanda* lösen würde. Manchmal verkleidete er sich auch.

Einmal kam er in Verkleidung eines Dorfbewohners und fand Nidagha, wie er am Straßenrand stand und der Prozession des Königs zusah, die gerade aus dem Palast kam. Nidagha hatte Ribhu nicht wahrgenommen, der sich ihm von hinten genähert hatte. Ribhu wollte Nidagha testen und fragte: ›Warum haben sich hier so viele Menschen versammelt?‹

Nidagha, antwortete, ohne sich umzudrehen: ›Der König kommt.‹

Ribhu: › Wo ist er?‹

Nidagha: ›Dort, derjenige, der auf dem Elefanten reitet.‹

Ribhu: ›Du sagst, dass der König auf dem Elefanten reitet? Ja, ich sehe beide. Aber welcher von ihnen ist der König und welcher der Elefant?‹

Nidagha: ›Was soll das! Weißt du denn nicht, dass der oben der König ist und der unten der Elefant?‹

Ribhu: ›Kannst du mir das genauer erklären?‹

Nidagha: ›So ein Unfug! Es ist schwer, dir etwas zu erklären. Wie oft soll ich dir noch dasselbe sagen? Also hör zu: Der, der oben sitzt, ist der König und der darunter ist der Elefant. Hast du es jetzt verstanden?‹

Ribhu: ›Es tut mir Leid. Bitte ärgere dich nicht über einen Dummkopf wie mich. Doch noch eine Frage. Du sprichst von »oben« und »unten«. Lieber Herr, bitte sage mir, was du damit meinst.‹

Nidagha verärgert: ›Was für einen Unsinn erzählst du mir da, dass du nicht weißt, was »oben« und »unten« ist?‹

Ribhu: ›Ja, ich weiß. Ich sehe beide, aber ich verstehe nicht, was mit »oben« und »unten« gemeint ist.‹

Da konnte sich Nidagha nicht mehr beherrschen und rief: ›Wenn du nicht begreifen kannst, was jeder sieht, muss ich es dir zeigen. Neige dich vornüber.‹

Der König und der Elefant von GE

Ribhu neigte sich vornüber. Nidagha setzte sich auf ihn und sagte: ›Verstehst du es jetzt? Ich bin über dir wie der König und du bist unter mir wie der Elefant. Ist es dir jetzt klar?‹

Ribhu: ›Nein, ich habe es immer noch nicht verstanden. Du sagst, dass du über mir bist wie der König und das ich unter dir bin wie der Elefant. Also ist der König oben und der Elefant unten. Aber du sprichst von »ich« und »du«. Das verstehe ich nicht. Wen meinst du mit »ich« und »du«? Bitte erkläre mir das genau.‹

Er hatte das in einem stillen und würdevollen Ton gesagt. Als Nidagha diese eindringliche Frage hörte, ging ihm auf, dass es in Wahrheit keine voneinander getrennten Lebewesen wie »ich« und »du« gibt und dass sie sich im Bewusstsein des Selbst vereinigen. Instinktiv verstand er seinen

Fehler, sprang vom Rücken des Landmannes herunter, der kein anderer als sein Guru sein konnte, fiel ihm zu Füßen, faltete die Hände und bedankte sich für alles, was er für ihn getan hatte. Ribhu erklärte ihm nochmals die Wahrheit und wie er im Selbst verweilen sollte. Diese Belehrung ist die *Ribhu Gita*.«

Der Pfad der Liebe

26.4.1948

Heute früh kam ein tamilischer Jugendlicher zu Bhagavan und fragte: »Swami, es ist doch gut, Gott zu lieben. Warum soll man dann nicht dem Pfad der Liebe folgen?«

Bhagavan: »Wer sagt, dass du ihm nicht folgen kannst? Du kannst es tun. Aber wenn du von Liebe sprichst, bedeutet es Zweiheit. Gibt es da nicht die Person, die liebt, und eine Wesenheit namens Gott, den sie liebt? Doch das Individuum ist nicht von Gott getrennt. Deshalb bedeutet Liebe, dass man sein eigenes Selbst liebt. Für diese Selbst-Liebe gibt das *Vasudeva Manam* für jede Stufe ein Beispiel: Der Mensch liebt das Geld, aber seinen Sohn liebt er mehr als das Geld. Seinen eigenen Körper liebt er mehr als seinen Sohn und die Sinnesorgane mehr als seinen Körper. Das Auge liebt er von allen Sinnesorganen am meisten. Er liebt das Leben mehr als das Auge und das Selbst mehr als sein Leben. Das wird folgendermaßen veranschaulicht: Wenn der Sohn etwas anstellt und die Regierung ihn bestrafen will, bieten die Eltern Geld an und bestechen sie, um ihn frei zu bekommen. Also ist ihre Liebe zum Sohn größer als ihre Liebe zum Geld. Wenn aber die Regierung das Geld nicht annimmt, sondern dem Vater anbietet, dass der Sohn freikommt, wenn er an seiner Stelle die Bestrafung auf sich nimmt, wird der Vater sagen: ›Macht mit dem Jungen was ihr wollt. Ich habe nichts mit ihm zu schaffen.‹ Also liebt der Vater seinen Körper mehr als seinen Sohn. Wenn ein Mensch etwas Unrechtes tut und das Gericht ihn vor die Wahl stellt, seine Augen zu opfern oder körperliche Torturen zu erleiden, wird er letzteres wählen, um den Verlust eines Sinnesorgans zu vermeiden. Wenn jedoch sein Kopf gefordert wird, würde er lieber seine Augen oder ein anderes Sinnesorgan verlieren als sein Leben. Also liebt er sein Leben mehr als die Sinnesorgane.

Ebenso ist es mit jemandem, der sich die Seligkeit des Selbst ersehnt. Er würde dafür sein Leben verlieren, wenn es nötig sein sollte. Er liebt das Selbst mehr als sein Leben. Folglich liebt der Mensch Gott nur, um selbst glücklich zu sein. Er ist jedoch selbst die Verkörperung des Glücks und dieses Glück ist Gott. Wen anderer sollte er lieben? Die Liebe ist Gott.«

Frager: »Deshalb frage ich, ob man Gott durch den Pfad der Liebe verehren kann.«

Bhagavan: »Liebe ist die wahre Gestalt Gottes. Wenn du alles zurückweist, indem du sagt: ›Ich liebe dies nicht, ich liebe das nicht‹, ist das, was übrig bleibt, *Swarupa*, d.h. das dir angeborene Selbst. Es ist die reine Seligkeit. Nenne es reine Seligkeit, Gott, Selbst oder wie du willst. Das ist Hingabe, das ist die Verwirklichung, das ist alles.«

Jemand anderer meinte: »Das bedeutet, dass man alle schlechten Dinge, aber auch alle guten zurückweisen und Gott alleine lieben soll. Doch kann man alles von sich weisen, solange man es nicht erfahren hat?«

Bhagavan: »Das ist wahr. Um das Schlechte zurückzuweisen, musst du das Gute lieben. Zur gegebenen Zeit wird auch das Gute zum Hindernis und muss zurückgewiesen werden. Deshalb musst du zuerst das Gute lieben. Das bedeutet, dass du zuerst lieben und dann das Geliebte zurückweisen musst. Wenn du auf diese Weise alles zurückweist, bleibt alleine das Selbst übrig. Das ist wirkliche Liebe. Derjenige, der das Geheimnis dieser Liebe kennt, findet die Welt voller universeller Liebe.«

Die Leinwand

28.4.1948

Gestern Nachmittag sagte ein Devotee zu Bhagavan: »Swami, es heißt, dass einer, der das Selbst verwirklicht hat, die drei Zustände von Wachen, Träumen und Tiefschlaf nicht mehr hat. Stimmt das?«

Bhagavan: »Wie kommst du darauf? Wenn du sagst: ›Ich habe geträumt‹, ›ich habe tief geschlafen‹ oder ›ich bin wach‹, dann liegt es auf der Hand, dass du in allen drei Zuständen da warst. Also warst du immer da. Jetzt bist du im Wachzustand. Wenn du träumst, ist der Wachzustand verdeckt und im Tiefschlaf verschwindet der Traum. Aber du existierst in allen drei Zuständen und zu allen Zeiten. Die drei Zustände kommen und gehen, aber du bist immer da.

Es ist wie im Kino. Die Leinwand ist immer da. Auf ihr erscheinen unterschiedliche Bilder und verschwinden wieder. Nichts bleibt an der Leinwand haften. Sie bleibt immer die Leinwand. Ebenso bleibst du in allen drei Zuständen dein eigenes Selbst. Wenn du das weißt, werden dich die drei Zustände nicht beunruhigen. So wie die Bilder nicht an der Leinwand haften, haften die drei Zustände nicht an dir.

Auf der Leinwand erscheint ein mächtiger Ozean mit endlosen Wellen und verschwindet wieder. Dann siehst du überall Feuer. Auch es verschwindet. Die Leinwand ist in beiden Fällen da. Ist sie vom Wasser nass geworden oder vom Feuer verbrannt? Nichts hat die Leinwand beeinträchtigt. Ebenso wenig beeinträchtigen dich die Ereignisse, die im Wachzustand, Traum und im Tiefschlaf geschehen. Du bleibst dein eigenes Selbst.«

Frager: »Bedeutet das, dass die Leute nicht von den drei Zuständen beeinträchtigt werden?«

Bhagavan: »Ja, so ist es. Das alles kommt und geht. Das Selbst wird davon nicht behelligt. Es hat nur einen Zustand.«

Frager: »Bedeutet das, dass so ein Mensch [der *Jnani*] nur ein Zeuge in dieser Welt ist?«

Bhagavan: »Ja. *Vidyaranya* hat im zehnten Kapitel seines *Panchadasi* das Bühnenlicht als Beispiel dafür angeführt. Während ein Drama aufgeführt wird, beleuchtet das Licht alle Schauspieler gleichermaßen, seien es Könige, Diener oder Tänzer, und es beleuchtet auch das Publikum. Das Licht ist vor, während und nach der Vorstellung da. Ebenso ist es mit dem Licht im Innern, dem Selbst. Es erhellt das Ego, den Verstand, den ganzen Geist, ohne selbst stärker oder schwächer zu werden. Obwohl im Tiefschlaf und in anderen bewusstlosen Zuständen [wie z.B. in der Ohnmacht und im *Samadhi*] kein Empfinden des individuellen Ichs da ist, bleibt das eigenschaftslose Selbst bestehen und erstrahlt ununterbrochen aus sich selbst heraus. Das ist die Bedeutung.

Wenn man durch Selbstergründung herausfindet, wer und was man ist, gibt es keinerlei Zweifel mehr.«

Handelnder und Handeln

29.4.1948

Heute früh stellte ein Anwalt viele Fragen zu *Krishnas* Lehre in der *Bhagavad Gita* über den Handelnden, die Handlung und das Handeln und fragte schließlich: »Wenn es keine persönliche Anstrengung gibt, warum sagt man uns dann, dass wir die Verwirklichung erlangen müssen?«

Bhagavan: »Was genau hat denn *Krishna* zu *Arjuna* gesagt? Er hat zu ihm gesagt: ›Die Tat wird ausgeführt, aber ich bin der Handelnde, der das alles von oben beobachtet. Warum sorgst du dich? Es ist dein Körper, der deine Verwandten tötet, aber bist du der Körper? Nein! Warum dann diese Bindung? Gib diesen Gedanken auf.‹

Arjuna soll handeln, aber das Gefühl aufgeben, der Handelnde zu sein. Das ist persönliche Anstrengung. Das Empfinden, dass man der Körper ist, kommt aus der eigenen Unwissenheit. Man muss nur dieses Empfinden aufgeben, aber das muss man selber tun. Wer könnte es für einen tun? Wenn man durch persönliche Anstrengung diese Bindung abgelegt hat, gehen die Handlungen von selbst weiter, wie *Ishwara* (der Täter) es bestimmt. Jeder muss seine Arbeit tun und er wird sie von selbst tun. Warum sollte man sich deswegen sorgen?

Als *Arjuna* spürte, dass es nicht recht war, seine Verwandten zu töten, sagte *Krishna* ihm nur, er möge das Gefühl aufgeben, der Handelnde zu sein. Aber er kämpfte schließlich. Indem er *Krishna* zuhörte, verlor er das Gefühl, der Handelnde zu sein, und hatte keine Zweifel mehr. Er musste die Arbeit ausführen und sie wurde getan.

Es gibt eine Kraft, die die Leute handeln lässt. Aber es ist persönliche Anstrengung nötig, um von dem Gefühl, man selbst sei der Handelnde, frei zu werden. Alle spirituelle Praxis führt letztendlich hierzu.«

Ein anderer Devotee: »Aber es muss doch einen Anfang von diesem *Karma* geben.«

Bhagavan: »Wenn du fragst, wie du zu diesem *Karma* gekommen bist, lautet die Antwort: ›durch Handeln‹ (*Karma*). Warum wurdest du geboren? Aufgrund des *Karmas*. Das ist alles, was man dazu sagen kann. Wenn du weiterfragst, wie dieses *Karma* entstanden ist, sagt man dir, du sollst keine solchen Fragen stellen. Es ist das Gesetz vom Samen und Baum. Der Baum stammt aus dem Samen und der wiederum vom Baum. Doch woher kommt dieser Samen? Das ist eine Frage, die nicht beantwortet werden kann. Deshalb sage ich den Leuten immer, sie mögen zuerst herauszufinden, wie und wo sie geboren wurden.«

In der *Bhagavad Gita* XVIII, 61f heißt es: »Der Herr weilt im Herzen aller Lebewesen, oh *Arjuna,* und lässt sie durch seine *Maya* wie auf einer Drehbühne herumwirbeln. Suche mit deinem ganzen Sein allein in Ihm Zuflucht. Durch Seine Gnade wirst du den höchsten Frieden und die ewige Wohnstatt erlangen.«

Ganapati Muni und die Ramana Gita

30.4.1948

Gestern handelte das Gespräch von dem Vers in der Ramana Gita[101]: »Mitten in der Höhle des Herzens scheint allein *Brahman.* Es strahlt dort als *Atman,* das Selbst, und wird unmittelbar als ›Ich-Ich‹ erfahren. Dringe ein in dieses Herz, indem du Selbstergründung übst oder in ihm tief untertauchst oder den Atem unter Kontrolle hältst, und bleibe beständig im Selbst.«[102]

Ein Devotee fragte Bhagavan: »Hast du den Vers geschrieben, als du im Skandashram lebtest?«

Bhagavan: »Ja, ich habe ihn 1915 für Jagadiswara Sastri geschrieben. Er hatte: ›Mitten in der Höhle des Herzens‹ auf ein Blatt Papier geschrieben, weil er einen Sanskritvers dichten wollte, aber er kam damit nicht weiter. Ich bat ihn, den Vers zu vollenden, aber er meinte, er brächte es nicht fertig, so sehr er es auch versuche. Er ging fort und ließ den Zettel unter meinem Sitz zurück. Während seiner Abwesenheit vollendete ich den Vers und schrieb ›Jagadisa‹ darunter. Als er zurückkam, zeigte ich ihn ihm. Er fragte mich, warum ich seinen Namen darunter geschrieben habe. Ich antwortete: ›Weil Jagadisa den Vers begonnen hat‹. Da meinte er, dass ihm

[101] Die Ramana Gita ist das Hautwerk Ganapati Munis und enthält Ramanas Antworten auf Fragen, die er ihm stellte. Näheres zu Ganapati Muni s. Ebert: Ramana Maharshi und seine Schüler, Band 1, S. 64-77

[102] s. dazu auch Ebert: Ramana Maharshi: Sein Leben, S. 202f

dann der Zettel gehören würde. Er nahm ihn mir weg und bewahrte ihn sorgfältig auf. Er war damals noch sehr jung.

Ramana und Ganapati Muni (Nayana)

Später schrieb ich den gleichen Vers noch einmal auf. Ich saß auf einer großen Steinplatte in Ashramnähe. Alle versammelten sich um mich und wollten seine Bedeutung wissen. Ich erklärte ihn zwei oder drei Stunden lang. Nayana nahm ihn als Eröffnungsvers des zweiten Kapitels der Ramana Gita. Das ist die Geschichte. Ich habe nichts ohne Grund geschrieben.«

Jemand fragte: »Hast du diesen Vers zur selben Zeit geschrieben wie Nayana die Ramana Gita?«

Bhagavan: »Nein. Er hat seine Gita im Juli 1917 verfasst. Aber es gibt dazu etwas Interessantes zu berichten. Es war bereits 1913, als er mir seine Fragen stellte und von mir lernte. Als er das Gelernte verinnerlicht hatte, dichtete er bei jedem Vortrag, den er hielt, aus dem Stegreif einen Vers. Er sagte, es sei Vers so und so aus Kapitel so und so der Ramana Gita. Doch das war lange bevor er dieses Buch schrieb. Niemand traute sich, ihn auf seinen Bluff anzusprechen, denn er war eine beeindruckende Persönlichkeit und voller Einfallsreichtum.«

Frager: »Was hätte er getan, wenn ihn jemand nach der Ramana Gita gefragt hätte?«

Bhagavan lachte und meinte: »Wer hatte schon den Mut ihn herauszufordern? Das war seine Stärke. Selbst nachdem er die Ramana Gita geschrieben hatte, zitierte er noch Verse, die nicht darin enthalten sind. Wenn jemand es gewagt hätte, ihn darauf hinzuweisen, hätte er geantwortet, sie seien in der erweiterten Fassung enthalten. Er hatte eine Erweiterung geplant, aber es kam nicht mehr dazu.«

Devotee: »Hat er nicht einmal über die Lehre des Saiva Siddhanta[103] einen Vortrag gehalten.«

Bhagavan: »Ja, das war kurz nachdem er hierher gekommen war. Er wusste damals nichts darüber. Die Vereinigung dieser Schule hielt hier eine Konferenz ab und hatte Nayana eingeladen, den Vorsitz zu führen. Er wurde als großer Gelehrter angekündigt, der einen ausführlichen Vortrag über das Saiva Siddhanta halten würde. Doch er war erst wenige Tage zuvor über den Termin informiert worden. Am Morgen vor der Konferenz kam er zu mir und sagte: ›Diese Leute haben mich gebeten, ihrer Versammlung beizuwohnen und zu sprechen, aber ich weiß nicht, was diese Lehre beinhaltet.‹ Ich nahm das Siva Jnana Bodha[104] zur Hand, wählte zwölf Lehrsprüche aus und erklärte ihm in Kürze ihren Sinn und die Essenz dieser Lehre. Da er sehr intelligent war, erfasste er alles sofort und ging zur Konferenz. Er zitierte die Lehrsprüche und hielt einen derart souveränen Vortrag, dass jeder über die Tiefe seiner Gedanken und seine Gelehrsamkeit erstaunt war. Als er zurückkam, sagte er: ›Ich konnte heute nur aufgrund von Bhagavans Gnade sprechen, nicht aufgrund meines eigenen Wissens. Obwohl ich vom Saiva Siddhanta nie etwas gelesen habe, war es mir so klar, als ob ich es immer schon gekannt hätte.‹ Von solcher Intelligenz war Nayana.«

---

[103] eine philosophische Schule, die besonderen Wert auf die *Bhakti*-Tradition und die rituelle Verehrung *Shivas* legt.

[104] Werk der Saiva Siddanta-Schule

Devotee: »Als er das Umasahasram[105] schrieb, war er am Abend vor dem Vortragstermin noch nicht damit fertig.«

Bhagavan: »Ja. Die Einladungen für den Vortrag im Apeetha-Tempel waren schon verschickt worden und viele Leute waren bereits am Vortag angereist. Am folgenden Morgen sollte mit der Lesung begonnen werden, aber es fehlten immer noch 300 Verse. Nayana kam zu mir und sagte: ›Diese 300 Verse müssen vor Tagesanbruch fertig sein. Wie kann ich das zuwege bringen?‹ Ich sagte: ›Warum sorgst du dich? Es genügt, wenn wir uns nach dem Abendessen hinsetzen.‹ ›Dann musst du zu mir kommen‹, meinte er. Das war, als ich noch auf dem Berg lebte. Ich kam zu ihm in die Mangobaum-Höhle und setzte mich in eine Ecke. Ich hatte die ganze Zeit meine Augen offen. Nayana saß mir gegenüber und hatte vier seiner Schüler bei sich, die reihum aufschrieben, was er aus dem Stegreif dichtete. Um Mitternacht war er mit allen 300 Versen fertig.«

Devotee: »Stimmt es, dass Bhagavan bis zum Ende intensiv zuschaute und dann sagte: ›Hast du alles aufgeschrieben, was ich gesagt habe?‹«

Bhagavan nickte: »Ja, so war es. Ich fühlte, dass ich ihm alle Verse diktiert hatte.«

Devotee: »Stimmt es, dass Nayana alle anderen Verse mehrmals überarbeitet hat, aber keinen der 300 Verse?«

Bhagavan bestätigte das mit einem Kopfnicken und schwieg.

Konzentration und Wunschlosigkeit

1.5.1948

Heute stellten einige Herren aus Maharashtra Bhagavan Fragen über Konzentration und Wunschlosigkeit. Bhagavan zitierte die *Bhagavad Gita*:

»Er [der Übende] sollte durch zunehmende Praxis Stille erlangen, und wenn er den Geist durch Einsicht beständig kontrolliert und ihn somit in Gott begründet hat, sollte er an nichts anderes denken.« (VI, 25)

»Er sollte den unruhigen Geist von allen Objekten, denen er hinterherrennt, abhalten, und ihn immer wieder auf Gott richten.« (VI, 26)

[105] Ganapati Munis Major Opus der Tausend Verse für die Göttliche Mutter, das er kurz nachdem er 1907 zu Ramana gekommen war schrieb; s. a. S. Iyer: Mein Leben mit Ramana Maharshi, S. 79f

Doch die Worte *Krishnas* konnten *Arjunas* Zweifel nicht beseitigen und so fragte er: »*Krishna*, der Geist ist äußerst unstet, unruhig, hartnäckig und mächtig. Deshalb halte ich ihn für so schwer kontrollierbar wie den Wind.« (VI, 34)

Darauf antwortete *Krishna*: »Der Geist ist zweifelsohne unstet und schwer im Zaum zu halten, *Arjuna*, aber man kann ihn durch Meditation und Leidenschaftslosigkeit kontrollieren.« (VI, 35)

Bhagavan: »Das sind die Worte *Krishnas*. Deshalb ist es dringend nötig, dass ein *Sadhaka* (spirituell Suchender) spirituelle Übungen macht und wunschlos ist.«

Frager: »Im zweiten Kapitel der Gita heißt es, dass Meditation und der Weg der Ergründung am besten sind. Aber im zwölften Kapitel heißt es, dass der Pfad der Verehrung der beste ist. Wie geht das zusammen?«

Bhagavan: »Dem spirituell Suchende wird zuerst geraten, Meditation zu üben und dem Pfad der Erkenntnis zu folgen. Wenn er dazu nicht in der Lage ist, wird ihm *Yoga*, dann *Karma* und schließlich *Bhakti* empfohlen. So wird ein Weg nach dem anderen gelehrt, sodass der Mensch dem Pfad folgen kann, der ihm am besten liegt. Trotzdem ist das Ziel dasselbe, was immer der Weg sein mag. Der Gedanke des Herrn *Krishna* war, dass jeder Pfad leicht ist, wenn er der Entwicklung der jeweiligen Person entspricht.«

Die Größe des Menschen

2.5.1948

Frager: »Swami, was ist der leichteste Weg, die Befreiung (*Moksha*) zu erlangen?«

Bhagavan: »Wenn der Geist auf Abwege gerät, sollte man ihn nach innen wenden und ihn im Gedanken an das Selbst zur Ruhe bringen. Das ist der einzige Weg.«

Jemand anderer fragte: »Dafür ist die Wiederholung von *Ramas* Namen gut, nicht wahr?«

Bhagavan: »Sicherlich. Was könnte besser sein? Das *Japa* von *Ramas* Namen hat eine besondere Bedeutung.«

Dann sah er mich an und sagte: »Du kennst doch bestimmt die Geschichte von *Namdev*. Er hat zu einem Devotee gesagt: ›Wenn du die Bedeutung von *Ramas* Namen erfassen willst, musst du zuerst deinen eigenen Namen kennen. (Mit dem eigenen Namen ist die eigene wahre Natur gemeint.) Du musst zuerst verstehen, wer du bist und wie es kam, dass du geboren wurdest. Solange du über deinen eigenen Ursprung nicht Bescheid weißt, kennst du auch deinen Namen nicht.‹

Im Adhyatma *Ramayana*[106] in Malayalam sagt Anjaneya folgendes zu *Ravana*: ›*Ravana*, hiermit lehre ich dich, wie du die Befreiung erlangst. Höre mir genau zu. Es ist gewiss, dass das individuelle Ich durch intensive Hingabe an Hari (*Vishnu*), der stets im Lotus des Herzens weilt, gereinigt wird. Das Ego wird vernichtet und damit die Sünde. Dann ersteht an seiner Stelle die Erkenntnis des transzendentalen Selbst. Wenn du einen reinen Geist hast und die Seligkeit, die die sichere Erkenntnis des Selbst hervorbringt, wiederholen sich die beiden Buchstaben »Ra« und »Ma« wie ein *Mantra* von selbst in dir. Was braucht so ein Mensch noch mehr, der diese Erkenntnis hat? Deshalb verehre die Lotusfüße *Vishnus*. Das wird alle weltlichen Ängste vernichten. Gib die Ignoranz deines Geistes auf.‹ Wie also könnte der Name *Ramas* nur von alltäglicher Bedeutung sein?

Aber man muss die richtige Methode für die Wiederholung des Namens (*Japa*) kennen. Zuerst muss man den Atem kontrollieren, dann erst kann man *Japa* tun. In anderen Worten: man muss den Geist kontrollieren. *Sambandar* erklärt, wie man das *Japa* des Namens *Shiva* ausführen soll: Man soll alle neun Ausgänge[107] des Körpers fest verschließen und versiegeln, sonst wandert der Geist nach außen. Nachdem man die neun Türen versiegelt hat, soll man die fünf Buchstaben des Namens *Shivas* wiederholen. Wenn man durch die Kontrolle der Sinne den Geist kontrollieren kann, d.h. wenn der Geist untergetaucht ist, ist das, was übrig bleibt, das Selbst. Man meditiert über sein eigenes Selbst und *Japa* wird zum eigenen Selbst.«

Jemand anderer: »Nennt man das *Ajapa (*Nicht-Japa)*'*?«

Bhagavan: »Das, was sich innerlich von selbst wiederholt, ist *Ajapa*. Wie könnte das, was man mündlich wiederholt, *Ajapa* sein?«

Devotee: »Können alle Leute beständig *Japa* üben?«

---

[106] Tulsidas Version des *Ramayana* (16. Jh.)

[107] i. e. zwei Augen, zwei Ohren, zwei Nasenlöcher, Mund, After und Genital

Bhagavan: »Nein, das ist unmöglich. Deshalb haben die Alten geraten, man soll für einige Zeit *Japa* tun, dann für eine Weile singen, lesen und schreiben und so den Geist zu gutem Tun hinlenken und ihn davon abhalten, in schlechte Gewohnheiten zu verfallen. Die Gita sagt auch, man soll den Geist vom Umherschweifen abhalten, indem man spirituelle Übungen macht und Wunschlosigkeit übt. Auch *Japa* gehört dazu. Indem man *Japa* übt, soll der Geist allmählich auf eins gerichtet werden. Nur um dieses Auf-Eins-Gerichtet-Sein zu erreichen, werden all die spirituellen Übungen vorgeschrieben.«

Dienst

5.6.1948

Venkataratnam kümmert sich seit etwa einer Woche um die Bibliothek und verrichtet den Dienst bei Bhagavan. Als er in die Halle kam, begann Bhagavan zu lachen und sagte zu mir: »Weißt du, was er heute Nachmittag getan hat? Er hat Swami einen außerordentlichen Dienst erwiesen. Als ich nach dem Mittagessen zum Kuhstall hinübergehen wollte, standen Leute vor dem Büro und versperrten den Weg. Meine Gehilfen wollten mir den Weg freimachen, aber ich wollte die Leute nicht aufscheuchen und nahm den Weg über die Apotheke. Dort lag alles voller gebrauchter Blattteller.[108] Ich wollte zwischen die Blätter treten und weitergehen, aber dieser Bursche Venkataratnam rannte herbei und warf die Blätter auf die Seite. Dadurch wurde auch der saubere Platz verunreinigt. Ich bin trotzdem weitergegangen. Aber damit nicht genug. Subramaniam warf die Blätter, die bei der Treppe zum Berg lagen, in die andere Richtung. Er war noch intelligenter! Die beiden wollten Bhagavans Weg von Verunreinigung freimachen, haben aber nicht daran gedacht, dass sie damit den ganzen Bereich beschmutzen. Auf diese Weise erfüllen sie ihren Dienst! Ich musste meine Füße und meinen Spazierstock waschen, bevor ich die Halle betreten konnte. Das würde überhaupt nichts ausmachen, wenn man es nicht als eine Verunreinigung betrachten würde.«

[108] Dadurch gilt der Ort, wo sie liegen, als verunreinigt.

Ich meinte: »Leute aus dem Westen würden es nicht als eine Verunreinigung ansehen, aber wir tun es.«

Bhagavan: »Ja. Einmal war ein Europäer da. Nach dem Essen putzte er sich die Hände an seinem Taschentuch ab und steckte es wieder in seine Tasche. Damals hat jeder seinen gebrauchten Blattteller mitgenommen und draußen weggeworfen. Im Speisesaal war der ganze Bereich, auf dem die Blätter gelegen hatten, verunreinigt. Nach dem Essen ging der Europäer über den verunreinigten Bereich. Die Leute beschwerten sich, aber er wusste nicht, worum es überhaupt ging. Ich habe es ihm in Englisch erklärt.«

Ich meinte: »Wer kann Bhagavan dienen, ohne je einen Fehler zu begehen?«

Bhagavan: »Darum geht es nicht. Aber sie scheuchen die Leute auf und sagen: ›Bhagavan kommt, macht Platz, steht auf!‹ Warum soll man die Leute stören, wenn ich einen anderen Weg nehmen kann? Ist das die rechte Art, Bhagavan zu dienen? Jeder handelt so, auf die eine oder andere Weise. Sie sagen: ›Bhagavan will dies, er will das‹ und bereiten allen anderen Unannehmlichkeiten. Was will Bhagavan? Anderen Probleme machen? Das alles geschieht in meinem Namen. Sie sagen dann auch noch: ›Wir tun alles, um Bhagavan zu gefallen. Wir dienen ihm.‹ Welche Aufmerksamkeit! Was für ein Dienst!«

Mitgefühl

15.6.1948

Seit es Sommer ist, bleibt Bhagavan die ganze Zeit in der Jubliäumshalle. Wenn es um die Mittagszeit heiß wird, stellen die Gehilfen sein Sofa in den nördlichen Bereich, wo es auf jeder Seite eine Laube und Khus-Khus-Gras gibt. Als ich heute Nachmittag kam, saß er dort und war in ein Tuch gehüllt. Außer Krishnaswami war niemand da. Krishnaswami stand mit einer Sprühflasche mit Rosenwasser hinter Bhagavan, öffnete den Schraubdeckel und traf Bhagavan mit dem Rosenwasser. Bhagavan rieb sich genüsslich. Als er mich kommen sah, sagte er: »Sieh bloß, sie besprengen mich mit heiligem Wasser (*Abhishekam*). Jetzt ist das Tuch nass. Die Hecken wurden besprüht und es ist hier kühl wie auf den Nilgiri-Bergen.«

Dann kam ihm folgendes in Erinnerung: »Als ich in der Virupaksha-Höhle lebte, zogen wir im Sommer in die Mangobaum-Höhle, da es in ersterer kein Wasser gab. Immer zur Mittagszeit kamen Frauen der unteren Kaste, um hier Wasser zu holen. Sie trugen schwere Grasbündel auf dem Kopf und waren völlig erschöpft. Arme Leute! Sie hatten nur etwas Brei zum Frühstück und brachen am frühen Morgen auf, um auf dem Berg Gras zu sammeln. Wenn sie zur Höhle kamen, warfen sie ihre Bündel ab und baten mich: ›Swami, bitte gieße uns zuerst einen Eimer Wasser über den Rücken.‹ Ich stand auf der Veranda und schüttete Wasser über sie. Sie sagten: ›Das tut gut!‹ Dann leerte ich ihnen Wasser in die geöffneten Hände und sie tranken und wuschen sich die Gesichter. Wenn sie sich im Schatten der Bäume erholt hatten, gingen sie wieder. Nur wenn man die drückende Hitze kennt, weiß man auch, was für eine Wohltat kühles Wasser ist.«

Ich fragte: »Hat Bhagavan selbst Wasser über sie geleert?«

Bhagavan: »Ja. Ich wusste, wann sie kamen und wartete mit dem Wasser auf sie. Was konnten sie tun? Sie durften das Wasser vom Molai Pal Thirtam (ein heiliger Wasserspeicher) nicht anrühren, und sonst gab es nirgends Wasser. Die Hitze war unerträglich. Sie hatten nichts zu essen, bis sie das Gras verkauft hatten. Zuhause warteten die Kinder. Sie müssten schnell nach Hause, um sich um sie zu kümmern. Arme Leute! Sie kamen zur Höhle, weil sie hofften, dass Swami ihnen Wasser geben würde. Damals kochten wir selten, aber wenn wir doch kochten, gaben wir viel Wasser in den Reis und würzten ihn mit etwas Salz und getrocknetem Ingwer, sofern wir welchen hatten. Wenn die Frauen kamen, war der flüssige Reis bereits kalt. Wenn man ihnen einen Schöpflöffel davon in die Hände goss, tranken sie ihn mit viel Genuss. Sie waren glücklich über den Brei und das Wasser.«

Lakshmis Tod

Sri Ramana und Lakshmi

20.7.1948

Als ich am Morgen des 18. Juni zum Ashram kam, hieß es, dass Lakshmi ernsthaft krank sei und den Tag nicht überleben würde. Ich ging direkt zum Kuhstall hinüber. Der Kälberstall war leer und sauber und Lakshmi lag auf dem Stroh. Da es ein Freitag war, war ihre Stirn wie üblich mit Kurkuma und Zinnoberrot gezeichnet und sie trug eine Blumengirlande um den Hals und die Hörner. Venkataratnam saß neben ihr und fächelte ihr Luft zu.

Ich ging zu Bhagavan und sagte, ich würde bei Lakshmi bleiben. Er nickte und ich kehrte sofort wieder zu ihr zurück. Venkatranam gab mir den Fächer und ging. Ich wiederholte das Ramana-Mantra [Om Namo Bhagavate Sri Ramanaya] und die ›108 Namen Ramanas‹ und Lakshmi schien aufmerksam zuzuhören.

Bhagavan kam wie immer um 9.45 Uhr zum Kuhstall und setzte sich zu ihr ins Heu. Er hob mit beiden Händen ihren Kopf. Mit einer Hand strich er ihr leicht über Gesicht und Hals und legte dann seine linke Hand auf ihren Kopf, während er mit den Fingern seiner rechten Hand von ihrem Hals zum Herzen hinunterstrich. Er tat das etwa eine Viertelstunde lang und sagte dann zu ihr: »Mutter, was meinst du? Willst du, dass ich hier bleibe? Ich kann hier bleiben, aber was kann ich für dich tun? Die Leute können bei dir bleiben, wie es auch bei meiner Mutter war. Kann ich gehen?«

Lakshmi war still. Sie hatte keine Schmerzen. Bhagavan wollte nicht aufstehen. Von diesem Anblick überwältigt sagte ich unwillkürlich: »Mutter Alagammal hatte dieses große Glück und jetzt Lakshmi.« Bhagavan sah mich lächelnd an. Da kam Subramaniam und sagte: »Der Arzt wird nicht vor halb elf kommen, da für Lakshmi keine unmittelbare Lebensgefahr besteht.«

Bhagavan fragte: »Hast du die Spritze mitgebracht?«

Dann wandte er sich wieder Lakshmi zu und sagte, indem er sanft ihren Kopf und Hals streichelte: »Was meinst du? Kann ich gehen?«

Subbalakshmi: »Sie wird glücklich sein, wenn Bhagavan bei ihr bleibt.«

Bhagavan: »Ja, aber was kann ich tun?«

Dann sah er Lakshmi in die Augen und fragte: »Sag, kann ich gehen?«

Lakshmi sah ihn stolz an. Welche Antwort sie Bhagavan gab, wissen wir nicht, aber er stand auf und sagte: »Achtet darauf, dass keine Fliegen in ihren Mund kommen.« I

ch versicherte ihm, dass wir uns um sie kümmern würden und Bhagavan ging widerstrebend weg.

Mit seiner Berührung war Lakshmis Atem ruhiger geworden und sie bewegte sich kaum noch. Als der Arzt kam und ihr die Spritze gab, rührte sie sich nicht. Sie hatte keinen Todeskampf. Ihre Augen waren still und klar. Der Arzt gab etwas auf ihre Geschwüre und wies uns an, ihren Kopf zu stützen. Da kam Venkataratnam zurück. Er bat mich, ihren Kopf zu heben, damit er mehr Heu unterlegen konnte. Da berührte mich ihre Zunge. Sie war eiskalt. Lakshmi war gestorben.

Zehn Minuten später kam Bhagavan in den Stall. Er fragte: »Ist es vorbei?« Dann hockte er sich neben sie, nahm ihr Gesicht in beide Hände, hob es hoch wie bei einem kleinen Kind und sagte: »Oh Lakshmi, Lakshmi!« Dann unterdrückte er die Tränen und sagte zu uns: »Durch sie ist unsere Familie so groß geworden.«[109]

Als alle Lakshmi rühmten, fragte er: »Der Arzt hat sie doch nicht gequält, oder? Wie ist sie gestorben?«

Wir erzählten ihm alles.

Bhagavan: »So ist es gut. Habt ihr das bemerkt? Ihr rechtes Ohr ist jetzt oben. Bis gestern lag sie noch auf der anderen Seite. Man hat sie wegen des Geschwürs umgedreht. Von den Leuten, die in Benares sterben, heißt es, dass *Shiva* in ihr rechtes Ohr flüstert. Lakshmi hat auch ihr rechtes Ohr oben.« Dann zeigte er allen Anwesenden ihr Ohr.

Inzwischen hatten sich viele Menschen versammelt. Nach einer Viertelstunde stand Bhagavan auf und sagte: »Ramakrishna meint, dass wir für Lakshmi eine schöne Grabstätte (*Samadhi*) bauen sollten.«

Lakshmis Begräbnis

20.7.1948

Als ich nachmittags zum Kuhstall hinüberging, war Bhagavan bereits da. Lakshmis Gesicht zeigte keine Anzeichen des Todes. Wir gingen in die Halle zurück und Bhagavan erzählte uns bis zum Abend Geschichten von Lakshmi und gab den Leuten Anweisungen für ihr Begräbnis.

Bhagavan erinnerte sich: »Mit Mutter war es dasselbe. Bis das *Abhishekam* vorüber war, strahlte ihr Gesicht. Ihr Leib war völlig mit Girlanden und Kampfer bedeckt, die die Leute über sie geworfen hatten. Es gab fromme Gesänge und Musik. In der Nacht brachten wir ihren Leichnam den Berg hinunter und legten ihn unter den heiligen Fikus-Baum, um ihn noch vor Tagesanbruch in der Nähe des Pali-Wasserspeichers zu begraben. Doch die Ziegelsteine und der gelöschten Kalk für das Grab trafen verspätet ein. Inzwischen hatten sich viele Menschen versammelt und machten viel Wirbel.«

---

[109] Lakshmi gebar neun Kälber.

Einer der Devotees meinte, Bhagavan messe Lakshmis Begräbnis zu viel Bedeutung bei. »Die Tiere erlangen hier öfter die Befreiung als die Menschen. Bhagavan hat uns gesagt, dass sie herkommen, um ihr *Karma* auszugleichen. Es sieht so aus, als kümmere Bhagavan sich mehr um sie als um uns.«

Das Grab von Lakshmi (rechts im Vordergrund) und die anderen drei Tiergräber (Foto: G. Ebert)

Bhagavan: »Kann man das wirklich so sagen? Ist das alles so geplant? Haben wir Geld dafür? Die Leute machen die Arbeit spontan und die benötigten Dinge kommen von selbst. Vorgestern kam Sadasiva Iyer. Er kennt sich mit dem Bau von Gräbern aus. Er gibt jetzt alle Anweisungen. Morgen will er wieder gehen. Es ist persönliches Glück. Was kann man machen? Wäre es ein gewöhnliches Tier, würde der Schlächter es wegbringen. Doch für Lakshmi wird ein Grab errichtet wie für einen Mahatma. So ist es auch mit dem weißen Pfau. Wie viele Pfauen sind schon hier gewesen? Sie unterscheiden sich von diesem einen. Er ist zahm und bewegt sich frei unter den Menschen. Er wurde aus Baroda hergebracht. Wer hat ihn gewollt?«

Auf der dem Berg zugewandten Seite gibt es seit langem die Gräber von einem Reh, einer Krähe und einem Hund. Dort wurde das Grabmal für Lakshmi gebaut. Um 18 Uhr war es fertig. Viele Leute waren gekommen. Der Ashramverwalter transportierte Lakshmi auf einem Leiterwagen her. Bhagavan setzte sich auf einen Stuhl, und Lakshmi wurde ihm gegenüber hingelegt. Es folgte das *Abhishekam* mit Milch, geronnener Milch, *Ghee*, Zucker und Rosenwasser. Man zündete Räucherstäbchen an und bedeckte den Leichnam mit einem Seidentuch. Lakshmis Gesicht wurde mit Kurkuma und Zinnober gezeichnet und ihr Körper mit Blumengirlanden bedeckt. Dann folgte *Arati*.

Um 19 Uhr wurde sie in das Grab hinuntergelassen. Bhagavan war offensichtlich gerührt. Als er die heiligen Blätter berührt hatte, warf sie der Ashramverwalter auf Lakshmi hinunter. Dann streuten Devotees Kurkum, Zinnober, Kampfer, heilige Asche, Sandelholz, Blumen und Salz in das Grab, das dann mit Erde aufgefüllt wurde.[110]

Nach der Beerdigung ging Bhagavan in die Halle zurück. Es wurde *Prasadam* verteilt und das Ganze endete wie eine Hochzeitsfeier.

In den frühen Morgenstunden schrieb Bhagavan eine Grabinschrift. Sie lautet: »Am Freitag, dem 18. Juli 1948, hat die Kuh Lakshmi die Befreiung erlangt.«

Lakshmis Geschichte

24.7.1948

Gestern Nachmittag kam ein junger Mann in die Halle. Ein Devotee sagte, dass er der Enkel des Mannes sei, der dem Ashram Lakshmi geschenkt hatte.

Bhagavan fragte: »Weiß er, dass Lakshmi gestorben ist?«

Der junge Mann erwiderte: »Ich habe es soeben gehört, Swami. Als ich in den Kuhstall ging, um Lakshmi zu besuchen, hat man es mir gesagt. Ich war soeben an ihrem Grab.«

---

[110] Dies sind die besonderen Begräbnisriten für befreite Seelen.

Man bat ihn, mehr von Lakshmi zu erzählen und er berichtete: »Ich wohne im Dorf Kannamangalam. Es ist etwa 40 Meilen von hier entfernt. Mein Großvater Arunachalam Pillai wollte Bhagavan eine gute Milchkuh schenken und brachte 1926 Lakshmi mit ihrer Mutter hierher. Lakshmi war erst sechs Monate alt. Ich kam auch mit. Damals war ich noch sehr jung. Ich habe Lakshmi immer besucht, wenn ich geschäftlich hier zu tun hatte.«

Als er fort war, erzählte Bhagavan uns folgende Geschichte: »Als sie mit der Kuh und dem Kalb kamen, fragte ich: ›Wozu brauchen wir sie?‹ Arunachalam Pillai erwiderte: ›Ich will Bhagavan seit langem eine Kuh schenken. Jetzt kann ich es mir leisten. Es war nicht leicht, sie herzubringen. Bitte behalte sie.‹ Ich erwiderte: ›Du hast sie uns geschenkt, aber wer wird sich um sie kümmern? Bitte kümmere du dich für uns um sie.‹ Er antwortete: ›Selbst wenn du mir den Hals abschneidest, ich nehme sie nicht mehr mit.‹

Als Ramanatha Brahmachari das hörte, sagte er voller Eifer, dass er sich um sie kümmern würde. Ich war damit einverstanden. Da das Kalb an einem Freitag zu uns gebracht wurde, nannten wir es Lakshmi. Ramanatha kümmerte sich zwei oder drei Monate lang um die Kuh und das Kalb. Lakshmi war sehr verspielt und sprang herum, wie es ihr gefiel. Sie ruinierte alles Gemüse, das wir gepflanzt hatten. Wenn jemand sie tadelte, suchte sie bei mir Schutz. Ich sagte den Ashrambewohnern, sie könnten ja einen Zaun um die Beete errichten. Der arme Ramanatha! Er konnte die Schwierigkeiten, die die Ashrambewohner ihm machten, nicht ertragen und traf eine Vereinbarung mit einem Viehzüchter in der Stadt, der Kuh und Kalb übernahm. Ich kann mich an seinen Namen nicht erinnern.«

Ein Devotee: »Er heißt Pasupathi. Lakshmis Mutter starb bald darauf. Die Vereinbarung sah folgendes vor: Wenn Lakshmi ein männliches Kalb gebar, sollte es dem Ashram gehören, wenn es aber ein weibliches Kalb war, durfte er es behalten.«

Bhagavan: »Mag sein. Ein Jahr später besuchte er uns mit Lakshmi und ihrem Kalb. Sie merkte sich den Weg und kam fortan täglich. Sie kam morgens und ging abends wieder zurück. Sie legte sich neben mein Sofa und bestand darauf, dass ich selbst sie mit Obst fütterte. Sie wollte nur Berg-Bananen. Wir hatten damals noch keinen Gong im Speisesaal. Wir wissen nicht, wie sie es gemacht hat, aber sie erschien täglich genau zur

Essenszeit bei mir. Wir sahen immer auf die Uhr, wenn sie kam, und es war jedes Mal Essenszeit. Am Abend kehrte sie widerwillig in die Stadt zurück.«

1930 konnte Lakshmi für immer im Ashram bleiben. Damals hatte sie drei Kälber – alle männlich – und alle gehörten dem Ashram, wie es in der Vereinbarung festgelegt worden war.

Eines Abends, als sie zum dritten Mal schwanger war, wollte sie Bhagavan nicht mehr verlassen. Sie hatte Tränen in den Augen und lag ganz nahe beim Sofa. Bhagavan war sehr berührt, strich ihr sanft übers Gesicht und sagte: »Du willst hier bleiben? Was kann ich tun?«

Dann sah er die anderen an und sagte: »Seht, Lakshmi weint. Sie sagt, sie kann nicht mehr zurück. Sie ist schwanger und kann jeden Moment niederkommen. Sie muss einen weiten Weg gehen und am Morgen wiederkommen. Sie kann nicht davon ablassen herzukommen. Was soll sie machen?«

Schließlich besänftigte er sie irgendwie und schickte sie fort.

In jener Nacht gebar sie. Pasupathi hatte familiäre Schwierigkeiten und konnte Lakshmi und all ihre Launen nicht mehr ertragen. Er brachte sie und ihre drei Kälber her und schenkte sie Bhagavan. Lakshmi legte sich Bhagavan zu Füßen und stand nicht mehr auf. Er legte seine rechte Hand auf ihren Kopf und fragte sie, ob sie für immer hierbleiben wolle. Sie schloss die Augen und verharrte bewegungslos wie in Trance. Bhagavan sagte zu den anderen, dass sie ihm die Verantwortung für ihre drei Kälber überlassen habe.

Bhagavan: »Mit Mutter kamen das Kochen und die regelmäßigen Mahlzeiten, mit Lakshmi kamen das Vieh und die Milchwirtschaft. In den folgenden drei oder vier Jahren schenkte Lakshmi uns zu jedem *Jayanthi* ein Kalb. Dann hörte es damit auf. Sie hatte insgesamt neun Geburten.

Nachdem Lakshmi hier war, brachten Devotees Kühe und der Viehbestand wuchs. Anfangs hat man sie hier und da in einem Schuppen festgebunden. Da beschloss Sundaram Chetty einen Kuhstall zu bauen und legte einen günstigen Zeitpunkt für die Grundsteinlegung fest. Eine halbe Stunde vor der Zeremonie machte sich Lakshmi von ihrem Strick los und kam zu mir gerannt, als ob sie mir sagen wollte, dass für sie ein Haus gebaut würde und ich kommen sollte. Dann führte sie mich hin. Sie tat dasselbe, als der Kuhstall eingeweiht wurde. Irgendwie hat sie alles verstanden. Sie war sehr klug.«

Eine arme alte Frau

Namashivaya-*Mandapam* heute (Foto: G. Ebert)

25.7.1948

Heute Nachmittag wurde wieder über Lakshmi gesprochen. Ein Devotee sagte: »Arunachalam Pillai hat Lakshmi in Gudiyatham gekauft.«

Bhagavan: »Auch Keerapatti[111] stammte von dort.«

Devotee: »Wann ist sie hergekommen?«

Bhagavan: »Ich weiß es nicht, doch sie lebte bereits auf dem Berg, als ich im Arunachaleswara-Tempel war. Manchmal besuchte sie mich. Doch

[111] Eine arme alte Frau, die davon lebte, dass sie grüne Blätter auf dem Berg sammelte und sie auf dem Gemüsemarkt verkaufte.

erst als ich in der Virupaksha-Höhle lebte, kam sie häufig. Sie wohnte im Guha Namashivaya *Mandapam*. Das *Mandapam* war damals noch nicht instand gesetzt und hatte nur eine Holztür mit einem Holzriegel. Sie besaß nur einen irdenen Topf, in dem sie ihr Waschwasser heiß machte und in dem sie auch kochte. Noch vor Tagesanbruch ging sie auf den Berg, um Blättern zu sammeln, die man als Gemüse kochen konnte. Sie machte davon ein schmackhaftes Gericht, brachte mir davon und nötigte mich, es zu essen. Sie hat es immer so gehalten.

Manchmal half ich ihr beim Kochen, indem ich das Gemüse schnitt. Sie vertraute mir sehr. Sie ging täglich in die Stadt, erbettelte Reis, Mehl, *Dhal* und anderes und bewahrte alles in einem großen irdenen Gefäß auf. Davon machte sie immer wieder einen Brei und brachte ihn mit dem Gemüse-Curry zu mir.

Einmal ging ich während ihrer Abwesenheit in das *Mandapam* und fand dort ein Gefäß mit allen möglichen Lebensmittel. Sie vertraute mir vollkommen. Niemand durfte sonst das *Mandapam* betreten. Wenn sie einmal kein Gemüse auf dem Berg fand, saß sie betrübt da. Ich kletterte dann auf den Tamarindenbaum und pflückte die zarten Blätter für sie. Selbst mit achtzig Jahren ging sie noch auf den Berg.«

Ich fragte: »Hatte sie denn keine Angst?«

Bhagavan: »Nein. Wovor hätte sie Angst haben sollen? Doch eines Tages geschah folgendes: Ich übernachtete im Skandashramm während Palaniswami in der Virupaksha-Höhle blieb. Um Mitternacht überfiel sie ein Dieb und wollte sie berauben. Sie wachte auf und rief: ›Wer ist da?‹ Da legte der Dieb seine Hand auf ihren Mund, aber sie schrie: ›Oh Arunachala! Ein Dieb, ein Dieb!‹ Ich konnte ihre Schreie sogar im Skandashram hören und rief zurück: ›Ich bin hier. Ich komme!‹ Dann rannte ich den Berg hinunter. Als ich in der Virupaksha-Höhle ankam, fragte ich Palansiswami, was das gewesen sei. Er sagte: ›Das Schreien kam aus der Höhle, wo die alte Frau wohnt, aber ich glaube, dass sie nur etwas gebrabbelt hat.‹ Es lebten auch Leute in der Mangobaum-Höhle und in der Jataswami-Höhle, aber anscheinend hatte sonst niemand ihr Schreien gehört.

Wir gingen zu ihr und fragten sie, wo der Dieb sei, doch da war niemand. Da taten wir das Ganze mit Lachen ab und meinten, sie habe es sich wohl nur eingebildet. Sie erwiderte: ›Nein, Swami. Als er meine Sachen nehmen wollte, wehrte ich mich. Da hat er mir seine Hand auf den Mund gelegt, damit ich nicht schreien konnte. Doch ich schrie trotzdem. Vielleicht warst du es, der zurückrief, dass er kommen würde. Als er das hörte, ist er fortgerannt.‹

In dem *Mandapam* gab es kein Licht. Wir zündeten ein Stück Feuerholz an und suchten alles ab. Verschiedener Kleinkram lag um das Gefäß verstreut. Da wussten wir, dass es tatsächlich so gewesen war.«

Die jeweils angemessene Belehrung

29.7.1948

Als Bhagavan heute früh zu seinem Spaziergang aufbrach, taumelte er leicht. Seine Gehilfen getrauten sich jedoch nicht ihn anzufassen, da sie wussten, dass er das nicht mochte. Ein langjähriger Devotee versuchte ihn festzuhalten. Bhagavan sagte: »Ihr wollt verhindern, dass ich falle, aber ihr werft mich um. Genug damit. Achtet lieber darauf, dass ihr selbst nicht hinfallt.«

Obwohl er anscheinend nur etwas Alltägliches sagte, steckt doch viel Wahrheit hinter diesen Worten.

Inzwischen war Bhagavan in die Halle zurückgekehrt und hatte sich auf seinen Platz gesetzt. Ein gereizter junger Mann sagte: »Swami, ich habe eine Frage. Weißt du, was meine Frage ist oder soll ich sie stellen?«

Bhagavan: »Oho! Darum also geht es dir? Leider habe ich keine übernatürlichen Fähigkeiten. Vielleicht bist du so begabt und kannst anderer Leute Gedanken lesen? Wie sollte ich zu solchen Fähigkeiten kommen?«

Der junge Mann wollte wohl antworten: »Worin besteht dann deine Größe, wenn du das nicht kannst?«, doch die anderen verhinderten es.

Ich setzte mich näher zu Bhagavan. Er sah mich an und sagte: »Dieser junge Mann fragt mich doch tatsächlich, ob ich weiß, welche Frage er stellen will. Bis jetzt hat das noch niemand getan. Er will mich prüfen. Bereits wenn jemand hereinkommt, erkenne ich seine Absicht. Die Art, wie er sich hinsetzt, zeigt, wozu er hergekommen ist. Warum prüft er sich nicht selbst und findet heraus, wer er ist, anstatt mich prüfen zu wollen? Wäre das nicht viel sinnvoller?«

Ein Herr, der neben dem jungen Mann saß, nahm den Gesprächsfaden auf und fragte: »Swami, du sagst, dass das Selbst zu finden das Wichtigste im Leben ist. Ist es nicht gut, wenn man zu diesem Zweck den Namen des Herrn wiederholt (*Nama Japa*)? Können wir dadurch die Befreiung erlangen?«

Bhagavan: »*Nama Japa* ist gut. Es wird dich zur gegebenen Zeit ans Ziel bringen. Die Wiederholung des Namens bedeutet, alle äußeren Dinge zu beseitigen. Dann verschwindet alles Äußere und nur der Name bleibt übrig. Das, was übrig bleibt, ist das Selbst, Gott oder das Höchste Sein. *Nama Japa* bedeutet, dass wir Gott einen Namen geben und Ihn bei diesem Namen rufen. Du gibst Ihm den Namen, den du am liebsten hast.«

Devotee: »Wird *Ishwara* sich zeigen, wenn wir Ihm einen Namen geben und Ihn bitten, sich in einer bestimmten Gestalt zu zeigen?«

Bhagavan: »Ja, er wird dir antworten, mit welchem Namen du Ihn auch anrufst, und sich in der Form zeigen, in der du Ihn verehrst. Sobald Er sich zeigt, bittest du Ihn um etwas. Er gewährt es dir und verschwindet wieder – aber du bleibst wie du bist.«

Ich: »Ich vermute, dass Bhagavan dasselbe tut, wenn wir ihn um etwas Dringliches bitten.«

Bhagavan reagierte nicht darauf und vermied es, auf diese Frage zu antworten. Er sagte: »Deshalb hat Gott Angst, sich zu zeigen. Wenn Er erscheint, bitten Ihn die Gläubigen darum, ihnen Seine ganze Macht zu geben. Sie werden nicht nur sagen: ›Gib uns alles‹, sondern auch noch: ›Gib es keinem anderen.‹ Davor fürchtet Er sich. Deshalb zögert Er, sich seinen Verehrern zu zeigen.«

Ein anderer Devotee: »Ist es mit den großen Seelen (*Mahatmas*) nicht dasselbe?«

Bhagavan: »Zweifelsohne. Wenn sie mit den Menschen nachsichtig sind, fangen die Leute an, ihre Macht über sie auszuspielen. Sie sagen: ›Du sollst das tun, worum wir dich bitten. Kein anderer soll zu dir kommen‹ und anderes.«

Devotee: »Es heißt, dass die *Mahatmas* auf alle mit derselben Güte blicken. Warum empfangen sie dann die einen liebevoll und geben ihnen eine Antwort auf ihre Fragen, den anderen aber nicht, warum beschimpfen sie die einen und zeigen sich den anderen gegenüber gleichgültig?«

Bhagavan: »Alle Kinder sind dem Vater gleich wichtig. Er wünscht ihnen allen Gutes. Deshalb behandelt er die einen mit Liebe, die anderen mit Ärger, wie sie es brauchen, und bildet sie dadurch aus. Kinder, die freundlich sind, sind ehrfürchtig und bitten um nichts. Man muss sie mit Liebe und Freundlichkeit behandeln und ihnen geben, was sie möchten. Die Dreisten aber nehmen sich was sie wollen. Die Unsteten muss man tadeln und an ihren Platz verweisen. Die Dummen muss man ignorieren und sich selbst überlassen. Ebenso müssen die *Mahatmas* liebevoll oder barsch sein, wie es die Devotees verdienen.«

Tierliebe

26.8.1948

Heute Nachmittag kam ein Fremder zum Ashram und brachte eine Platte mit Obst mit. Auf dem Weg zur Halle kam ein Affe, schnappte sich einige Früchte und entwischte. Bhagavan bekam das mit und meinte lachend, dass der Affe sich seinen Anteil gesichert hätte, da er glaubte, wir würden ihm nichts davon abgeben. Alle lachten.

Unterdessen näherte sich eine Äffin mit ihrem Jungen an der Brust dem Obstkorb. Die Leute verscheuchten sie. Da sagte Bhagavan: »Es ist eine Mutter mit ihrem Jungen. Warum soll man ihr nichts geben?«

Die Affenmutter hatte Angst bekommen und sich in einem Baum versteckt. Bhagavan sagte voller Mitgefühl: »Wie ungerecht! Wir bezeichnen uns als *Sannyasins*, aber wenn ein wirklicher *Sannyasin* kommt, verscheuchen wir ihn und geben ihm nichts. Wir wollen für Jahre vorsorgen. Wir horten Lebensmittel im Vorratsraum, schließen ihn ab und nehmen den Schlüssel mit. Hat der Affe ein Haus? Kann er etwas für morgen beiseite legen? Er isst, was er bekommen kann, und schläft auf irgendeinem Baum. Er trägt sein Junges mit sich herum, bis es alt genug ist, sich um sich selbst zu kümmern. Wer ist ein wirklicher *Sannyasin*, der Affe oder wir? Der männliche Affe hat sich bedient. Er ist ein Männchen und konnte es ungestraft tun. Aber sie ist ein Weibchen. Was kann sie tun?«

Da lockte er die Äffin herbei. Sie kam und blieb neben dem Sofa stehen. Bhagavan gab ihr liebevoll alle Früchte, die sie wollte, und schickte sie dann fort.

Kurz darauf stolzierte der weiße Pfau majestätisch herein. Bhagavan sagte zu mir: »Sieh nur, die Ohren der Pfauen sind nicht sichtbar. Dort, wo normalerweise die Ohren sind, haben sie große Löcher, die von Federn verdeckt sind, die wie ein Fächer aussehen.«

Ich: »Tatsächlich? Ich habe das nicht gewusst.«

Bhagavan: »Ich habe es entdeckt, als ich auf dem Berg lebte. Wir hatten damals zwei Pfauen. Die Pfauenhenne schlief immer auf meinem Schoß. Ich habe es bemerkt, als sie schlief. Der männliche Pfau kam mir nie so nahe. Er wanderte überall umher. Doch sie verließ mich nie und saß immer neben mir oder schlief in meinem Schoß. Sie war sehr zutraulich. Der Pfau rief sie, mit ihm zu kommen, aber sie war wie ein kleines Kind. Sie ging nie mit ihm. Eines Tages nahm sie ein Bursche gewaltsam mit. Ich weiß nicht, was aus ihr geworden ist. Der männliche Pfau starb in meinem Schoß. Wir haben für ihn ein Grab gebaut.«

Was bedeutet Glück?

10.9.1948

Vor einiger Zeit hatte der Ashramarzt vorgeschlagen, dass Bhagavan Weizen statt Reis essen sollte, da Reis nahrhafter sei. Die Verantwortlichen im Ashram wollten für ihn *Puris* (Weizenkuchen, der in *Ghee* gebraten wird) zubereiten, doch Bhagavan war damit nicht einverstanden, da dafür zu viel teurer *Ghee* benötigt würde. »Lasst es bleiben. Dieser Arzt sagt, dass Weizen gut für mich ist. Ein anderer Arzt wird das Gegenteil behaupten. Er ist auch ein guter Arzt. Sollten wir nicht auch sein Einverständnis einholen? Fragt ihn zuerst.«

Es stellte sich heraus, dass mit diesem »Arzt« kein anderer als unser Subramania Mudaliar gemeint war, der für die Lagerhaltung zuständig ist. Er hatte vor einiger Zeit Weizen erhalten. Da niemand sonst reinen Weizen aß, war es schwierig, ihn zu verbrauchen. Deshalb erhielten alle Reis und

Weizen in gleichen Mengen. Bhagavan bestand jedoch darauf, dass ihm nur Weizen serviert wurde. Subramania Mudaliar war jedoch der Auffassung, dass Weizen Bhagavans Gesundheit schaden würde und bat ihn, ihn nicht zu essen, aber es nutzte nichts. Da veranlasste er, dass im Speisesaal kein Weizen mehr serviert wurde und nur noch die Tagelöhner davon erhielten. Die Ärzte fragten ihn nach dem Grund, da sie gegensätzlicher Auffassung waren. Er ging einer direkten Antwort aus dem Weg und behauptete, dass dieser Weizen madig sei und Bhagavan darauf bestehen würde, ihn zu essen, wenn er das wüsste. Deshalb hätte er keine andere Wahl, als ihn an die Tagelöhner auszugeben.

Bhagavan erfuhr davon, als er vom Kuhstall zurückkam, und sagte erbittert: »So ist das also! Was für ein großartiger Dienst! Wir bekommen das gute Essen und das Essen mit dem schlechten Weizen erhalten die armen Tagelöhner! Bhagavan soll sich darüber wohl auch noch freuen, wenn er es erfährt. Was für eine noble Tat, und alles nur wegen der Ergebenheit an Bhagavan! Was ist schändlicher, als wenn Essen, das für uns nicht taugt, an die Tagelöhner verteilt wird! Alle hier verhalten sich so. Genug mit dem Unsinn! Ich will keine *Puris*. Gebt sie den Tagelöhnern. Wenn sie sie essen, ist es dann nicht dasselbe, als wenn ich sie esse?«

Ein Devotee meinte: »Wir wollen nur, dass Bhagavan gesund ist.«

Bhagavan: »Ja, ich weiß. Aber was ist Gesundheit und was ist Glück? Besteht Glück nur im Essen? Nehmen wir den Maharaja. Für ihn wird täglich reichhaltiges und schmackhaftes Essen gekocht, aber er ist immer krank und leidet an Verdauungsstörungen. Das Essen schmeckt ihm nicht. Er kann es nicht verdauen und hat Bauchweh. Er kann nicht schlafen, obwohl er ein gutes Bett mit Seidenvorhängen und weichen Kissen hat, weil er sich stets über etwas Sorgen macht. Ein Tagelöhner ist glücklicher als dieser König. Er isst und trinkt, wie er es sich leisten kann, und schläft fest und unbekümmert. Da er im Schweiße seines Angesichts arbeitet, hat er einen ordentlichen Appetit und es schmeckt ihm, auch wenn er nur Brei zu essen hat. Er hat nichts, was er für den nächsten Tag beiseite legen kann und muss sich nicht um die Sicherheit seiner Habe kümmern. Er legt sich unter einen Baum und schläft tief und fest.«

Devotee: »Aber er denkt nicht, dass er ein glücklicher Mensch ist.«

Bhagavan: »Das ist das Problem mit der Welt. Derjenige, der unter einem Baum schläft, bedauert, dass er nicht die Annehmlichkeiten eines Palastes oder Hauses hat. Aber er ist der wahrhaft Glückliche. Ich habe einmal einen Tagelöhner beobachtet. Er hat bis zur Mittagszeit Erde geschaufelt. Er hat hart gearbeitet und heftig geschwitzt. Davon wurde er müde und hungrig. Er hat sich Hände, Füße und Gesicht gewaschen, sich auf einen Stein gesetzt und sein Gefäß mit Essen geöffnet. Es enthielt gekochten Reis mit etwas Suppe. Er hat es sehr genossen und nichts übrig gelassen. Dann schlummerte er unter einem Baum, mit einem Arm als Kissen unter dem Kopf. Ich empfand, dass er ein wahrhaft glücklicher Mensch ist. Wenn du isst um zu leben, gibt alles dir Kraft. Doch wenn du lebst um zu essen, wirst du krank.«

Devotee: »Was Bhagavan sagt ist wahr, aber ein Maharaja bedauert, dass er kein Kaiser ist und der Kaiser, dass er nicht die oberste Gottheit ist. Sie glauben nicht, dass ein Tagelöhner glücklicher ist.«

Bhagavan: »Das ist die Illusion. Wenn sie das wahre Gespür hätten, wären sie Verwirklichte. Ich kenne beides und weiß, was dieses Glück bedeutet. Um die Wahrheit zu sagen: Das Glück, das ich in der Virupaksha-Höhle verspürte, wenn ich nur aß, wenn jemand mir etwas brachte, und auf der nackten Plattform schlief, habe ich hier nicht mit all dem reichhaltigen Essen, das ich jetzt bekomme. Dieses Bett und diese Kissen, das alles bedeutet Bindung.«

Wo ist der Swami?

11.9.1948

Einige Devotees hatten die Virupaksha-Höhle besucht. Sie fragten Bhagavan, ob die jetzige Veranda die Plattform sei, von der er gestern gesprochen hatte und ob es stimme, dass Bhagavan sie gebaut habe.

Bhagavan: »Ja, das stimmt. Wir dachten, dass sie für Besucher zum Sitzen angenehm sei. Ich habe sie aus Steinen und Lehm gebaut.«

Ich fragte: »Stimmt es, dass während du die Plattform bautest, ein Fremder kam und dich fragte, wo der Swami sei, und du ihm geantwortet hast, der Swami sei ausgegangen?«

Bhagavan lachend: »Woher weißt du das?«

Ich antwortete, dass ich es von Echammal wisse.

Da erzählte Bhagavan uns die Geschichte.

»Ich hatte die Steine angeordnet und bereitete gerade den Lehm vor, als ein Fremder kam und mich fragte: ›Wo ist der Swami?‹ Da außer mir keiner da war, erwiderte ich: ›Der Swami ist soeben weggegangen.‹ Er fragte: ›Wann kommt er zurück?‹ Ich antwortete: ›Das weiß ich nicht.‹ Da er glaubte, es könnte lange dauern, ging er den Berg wieder hinunter.

Unterwegs traf er Echammal, die gerade heraufkam. Sie frage ihn, woher er käme, und er erzählte es ihr. Sie bat ihn, sie zu begleiten, und sagte, sie würde ihm den Swami zeigen. Echammal kam mit ihm herauf, stellte das Essen in der Höhle ab, verneigte sich vor mir und sagte zu dem Fremden: ›Das ist der Swami.‹ Der Mann war verblüfft, verneigte sich vor mir und sagte dann zu ihr: ›Er ist also der Swami? Als ich vor einer Weile hier war, baute er an einer Plattform. Ich wusste nicht, wer er war, und fragte ihn, wo der Swami sei, worauf er erwiderte, dass der Swami ausgegangen sei. Ich habe es ihm geglaubt und bin umgekehrt.‹ Da neckte Echammal mich, weil ich den Fremden getäuscht hatte. Ich erwiderte: ›Willst du, dass ich mir ein Schild um den Hals hänge, auf dem steht: »Ich bin der Swami?›«

Devotee: »Ich habe gehört, dass du das noch öfter getan hast, selbst als du dich hier in diesem Ashram niedergelassen hast.«

Bhagavan: »Ja, das stimmt. Damals gab es noch nicht viele Gebäude, sondern nur diese Halle, in der wir jetzt sitzen. Ursprünglich war sie eine Küche mit einem Kamin. Shanmugam Pillai und andere wollten unbedingt eine Halle, damit Bhagavan darin sitzen konnte, und beschlossen, dass die Küche warten musste. Der Kamin war schon fertig. Er wurde demontiert, und das Gebäude wurde in diese Halle umgebaut. Zwischen der Halle und dem Tempel der Mutter gab es eine überdachte Hütte, die als Küche diente, und daneben ein Lagerraum.

Wir standen immer frühmorgens auf und schnitten das Gemüse. Als ich einmal Gemüse schnitt, ließ ich die Tür des Lagerraums offen. Alle anderen machten gerade Besorgungen. Einige Leute, die den Berg umrunden wollten, kamen vorbei und suchten mich in der Halle. Da mein Sofa leer war, kamen sie zum Lagerraum. Es waren Leute, die den Ashram oft besuchten. Ich hatte meinen Kopf mit einem Leintuch bedeckt und da ich Gemüse schnitt, war mein Gesicht nicht sichtbar. Sie fragten mich: ›Herr, der Swami sitzt nicht auf seiner Couch. Wo ist er?‹ Ich erwiderte, er sei gerade weggegangen, würde aber bald wiederkommen. Sie wollten nicht warten, da es sonst zu spät für sie werden würde, den Berg zu umrunden. Jemand hatte das mitbekommen und fragte mich, warum ich sie falsch informiert habe. Aber was hätte ich tun sollen? Hätte ich ihnen sagen sollen, dass ich der Swami bin? Solche Vorfälle gab es öfter.«

Als ich diese Geschichte einem Devotee gegenüber erwähnte, der schon in den Anfangszeiten im Ashram lebte, erzählte er: »Das ist noch nicht alles. Du kennst ja Dandapaniswami. Er trug ein ockerfarbenes Gewand[112], war korpulent, hatte einen dicken Bauch und eine laute Stimme. Bhagavan sagte, es wäre gut, ihn während des *Kartikai*-Festes am Eingang zu postieren. Die Menschenmassen würden dann ihn für den Swami halten, sich vor ihm verneigen und wieder gehen, ohne ihn zu behelligen. Bhagavan war immer darauf bedacht, die Öffentlichkeit zu meiden.«

Astrologie

20.9.1948

Vor einigen Tagen kam ein Astrologe und stellte Bhagavan Fragen über Astrologie.

Frager: »Swami, in der Astrologie werden Ereignisse vorhergesagt, indem man den Einfluss der Sterne in Betracht zieht. Ist es die Wahrheit?«

Bhagavan: »Solange du das Gespür hast, ein unabhängiges, individuelles Ich zu sein, ist das alles wahr. Aber wenn der Egoismus vernichtet ist, ist das alles unwahr.«

Frager: »Heißt das, dass die Astrologie bei denen, deren Ego zerstört ist, nicht recht hat?«

Bhagavan: »Wer sagt das? Nur wenn es einen Sehenden gibt, gibt es auch das Sehen. Jene, deren Egoismus vernichtet ist, sehen nicht, selbst wenn es so aussieht, als ob sie sehen würden. Das Fenster steht offen, doch es muss einen geben, der sieht. Sieht das Fenster irgendetwas?«

Frager: »Wenn das Ego nicht da ist, wie kann dann der Körper weiter funktionieren?«

[112] das Gewand eines *Sannyasin*

Bhagavan: »Der Körper ist unser Haus. Du kümmerst dich um dieses Haus nur solange du es bewohnst. Wir müssen uns darüber im Klaren sein, dass wir es nur so lange bewohnbar machen, als wir in ihm wohnen. Wir dürfen das Wissen, dass das Haus nicht das Selbst ist, nie aufgeben. In dem Augenblick, in dem man das vergisst, taucht das Ego-Gefühl wieder auf und die Probleme beginnen. Folglich erscheint alles in der Welt wirklich. Die Vernichtung dieses Gefühls bedeutet die Vernichtung des Egos. Wenn dieses Ego vernichtet ist, ist nichts in dieser Welt wirklich. Was geschehen soll geschieht, und was nicht geschehen soll geschieht nicht.«

Frager: »Wenn das so ist, warum müssen wir dann Gutes tun?«

Bhagavan: »Wenn wir etwas Gutes tun, sind wir glücklich. Deshalb heißt es, dass man Gutes tun soll.«

Frager: »Ja, und deshalb sagen die Alten, dass Sorge etwas Beigefügtes ist.«

Bhagavan: »So ist es. Nur das Glück ist natürlich. Jedes Lebewesen möchte glücklich sein, denn es ist von Natur aus die Verkörperung des Glücks. Alle spirituellen Bemühungen (*Sadhana*) dienen dem Zweck, dieses beigefügte Leid zu überwinden.

Gelegentliches Kopfweh wird man los, indem man Arznei nimmt. Beulen und andere körperliche Krankheiten werden vom Arzt behandelt. Sorgen, die durch Schwierigkeiten entstehen, können durch gezieltes *Sadhana* überwunden werden. Der Körper selbst ist eine Krankheit. Seine Wurzel ist Unwissenheit. Wenn gegen diese Unwissenheit die Medizin namens *Jnana* verabreicht wird, sind damit auch alle dazugehörenden Krankheiten verschwunden.«

Frager: »Kann unser *Sadhana* sofort Erfolg haben?«

Bhagavan: »Manchmal wirkt es sofort und manchmal nicht. Es hängt von der Intensität des *Sadhanas* ab. Wenn man mit großer Intensität gute oder schlechte Taten vollbringt, zeigen sich die Ergebnisse sofort. Andernfalls zeigen sie sich erst allmählich. Doch die Ergebnisse stellen sich auf jeden Fall ein. Es geht nicht anders.«

Das Leben auf dem Berg

30.9.1948

Bhagavans Übersetzung des Atmabodha[113] wurde kürzlich veröffentlicht. Gestern sagte er zu einem Devotee: »Als wir in der Virupaksha-Höhle wohnten, habe ich für Palaniswami viele Verse und Belehrungen von *Shankara* in ein kleines Notizbuch geschrieben. Auch das Atmabodha war darunter.

Einmal wollten wir auf den Gipfel des Arunachala. Wir nahmen Nahrungsmittel und Kochgeschirr mit, um unterwegs zu kochen. Palaniswami passte auf die Virupaksha-Höhle auf und war deshalb nicht mitgekommen. Als wir ›Seven Ponds‹ erreichten, war es sehr heiß geworden. Nachdem wir gebadet hatten, wollten wir uns etwas zu essen kochen. Wir packten das Kochgeschirr, *Dhal*, Salz und *Ghee* aus und bereiteten eine Feuerstelle vor. Da bemerkten wir, dass wir das Wichtigste von allem vergessen hatten, nämlich die Streichholzschachtel. Zur Virupaksha-Höhle zurückzukehren war zu weit. Zudem war es zu heiß und jeder war entsetzlich hungrig. Einige versuchten, mit Feuersteinen Feuer zu machen, andere rieben Holz aneinander, wie man es macht, wenn man das Opferfeuer entfacht, aber beides gelang nicht. Da kam mir der zweite Vers des Atmabodha in den Sinn. ›Von allen Möglichkeiten, die Befreiung zu erlangen, ist die Erkenntnis die einzig direkte. Sie ist so essentiell wie das Feuer zum Kochen. Ohne sie kann man keine Befreiung erlangen.‹ Ich zitierte diesen Vers, erklärte ihnen die Bedeutung und hielt sie bei Laune.«

Jemand fragte: »Was bedeutet dieser Vers?«

Bhagavan: »Er bedeutet, dass du ohne Erkenntnis (*Jnana*) keine Befreiung (*Moksha*) erlangen kannst, genauso wenig wie du ohne Feuer kochen kannst.«

Frager: »Was geschah dann weiter?«

Bhagavan: »Einer von uns hat einen Passanten, der mit einer Ladung Gras auf dem Heimweg war, beauftragt, Palaniswami Bescheid zu geben. Palaniswami gab einem der Holzfäller eine Streichholzschachtel für uns mit. Jetzt konnten wir Feuer machen. Wir gaben Reis, *Dhal* und Gemüse in

[113] wörtl.: Erkenntnis des Selbst, ein Hauptwerk *Shankaras*, das Ramana in Tamil übersetzt hat

einen Topf, fügten etwas Salz hinzu und machten daraus einen Eintopf. Nach dem Essen ruhten wir uns aus und machten uns dann zum Berggipfel auf. Als wir oben waren, sagte ich: ›Wir hatten viele Schwierigkeiten zu bewältigen, um hier heraufzukommen. Zuerst sind wir ein Stück weit gegangen, dann mussten wir aus vielen Zutaten etwas zu essen kochen, bevor wir weitergehen konnten. Doch wir hatten kein Feuer und konnten nichts ausrichten. Genauso mögt ihr alles aus der Lehre kennen, aber ohne dass ihr es versteht, kann die Erkenntnis nicht zur Fülle reifen. Mit diesem Feuer der Erkenntnis müssen alle weltlichen Dinge vermischt und hinuntergeschluckt werden, um den höchsten Zustand zu erlangen.‹

Wir kehrten noch vor Einbruch der Nacht zur Höhle zurück. In jenen Tagen war es für uns nicht schwer oder ermüdend, auf den Gipfel des Berges zu steigen. Wir gingen, wann immer uns danach war.«

Spielen mit den Kindern

10.10.1948

Vor einigen Tagen kam Mahadeva Sastri, der Sohn von Ganapati Muni (Nayana). Bhagavan stellte ihn uns vor. Wir kamen auf seinen Vater zu sprechen und Bhagavan erzählte uns folgendes:

»1903, als ich in der Virupaksha-Höhle lebte, kam Nayana mit seiner Familie. Mahadeva war etwa vier oder fünf Jahre alt. Nayana verbeugte sich vor mir und hieß den kleinen Jungen, es ihm gleich zu tun. Er schien es nicht gehört zu haben und tat nichts dergleichen. Nayana schenkte dem keine weitere Beachtung. Plötzlich warf sich der Junge in voller Länge vor mir auf den Boden, legte die Hände auf seine Ohren und berührte meine Füße, wie es die Jungen tun, wenn sie die Brahmanenschnur erhalten. Ich wunderte mich darüber, dass er diese Art der Niederwerfung kannte und dachte, dass es wohl von der Familientradition herrühre.«

Ich sagte: »Jede Gewohnheit wurzelt in der Familientradition.«

Bhagavan: »So ist es. Mahadeva hat sich seither sehr verändert. Ich habe oft mit ihm gesprochen. Damals, als ich in der Mangobaum-Höhle lebte, lud Nayana alle seine Verwandten und Freunde in den Pachiamman-Schrein ein, wo er sein Umasahasram vorlesen wollte.[114] Auch seine Familie kam. Damals war Mahadeva acht Jahre alt. Ich fragte ihn, ob er sich an mich erinnerte. Er antwortete nicht und ging spielen.

Kurz darauf kamen Leute zu mir. Sie erzählten, dass sie schon einmal hier gewesen seien und fragten mich, ob ich mich an sie erinnern würde. Da ich das nicht tat, schwieg ich. Ich weiß nicht, wie Mahadeva diesen Vorfall mitbekam, aber als sie fort waren, kam er angerannt und fragte: ›Swami, was haben diese Leute dich gefragt?‹ Ich sagte es ihm. Da erklärte er prompt, dass er sich auch nicht an mich erinnern könne. Ich war amüsiert.

Als ich eines Tages im Wasserspeicher beim Pachiamman-Schrein von einem Ende zum anderen schwamm, setzte ich mir Mahadeva auf den Rücken. Auf halbem Weg begann er mich übermütig niederzudrücken und rief: ›Aha, Hai!‹, wie die Fahrer der Ochsenkarren ihre Tiere anfeuern. Ich war müde und es sah so aus, als ob wir beide untergehen würden. Ich war natürlich sehr um ihn besorgt. Irgendwie gelang es mir, die andere Seite zu erreichen.«

Ein Devotee fragte, ob es stimme, dass Bhagavan und Nayana im Pandava-Wasserspeicher schwammen.

Bhagavan: »Ja, das war auch damals. Wir schwammen um die Wette. Es machte großen Spaß.«

Ein anderer Devotee: »Du hast auch mit den Kindern Murmeln gespielt?«

Bhagavan: »Ja, auch das war in der Zeit, als wir in der Viupaksha-Höhle lebten. Die Löcher, die wir dafür gruben, müssen immer noch da sein. Die Kinder brachten manchmal Süßigkeiten mit, die wir uns teilten. Zu *Dipavali* (Lichterfest) brachten sie Knaller mit, die wir zusammen abfeuerten. Es war sehr unterhaltsam.«

---

[114] s. a. Brief vom 30.04.1948

Umgang mit Weisen

Sri Ramana mit Kindern

20.10.1948

Gestern Nachmittag kam eine ältere Frau mit ihren Kindern und Enkeln zu Bhagavan. Bhagavan sagte lächelnd: »Kanthi, bist du das? Ich dachte es sei jemand anderer.«

Sie begrüßte Bhagavan und stellte ihm ihre Nachkommen vor. Dann verneigte sie sich vor ihm und setzte sich zu den Frauen. Bhagavan fragte mich: »Kennst du sie?« Ich verneinte.

Da erzählte er folgendes: »Sie, Echammals Nichte Chellamma, Rameswara Iyers Tochter Rajamma und einige andere waren noch Kinder, als ich auf dem Berg lebte. Sie kletterten oft zu mir herauf.

Manchmal brachten sie ihre Puppen mit und spielten Puppenhochzeit oder sie kochten Reis und *Dhal*, und gaben mir etwas von ihren Zubereitungen ab. Sie kamen, wann immer ihnen danach zumute war. Sie waren damals noch Kinder und unabhängig. Heute hat sie eine große Familie und kann nicht mehr kommen, wann sie möchte. Da sie schon lange nicht mehr hier war, habe ich sie fast nicht mehr erkannt.

Einmal kam Chellamma mit einem Zettel zu mir. Neugierig las ich ihn. Darauf stand folgender Vers: ›Wenn man Umgang mit Weisen pflegt, wozu muss man dann noch die vielen Regeln der Selbstzucht einhalten? Sag mir, wozu dient der Fächer, wenn der kühle Südwind bläst?‹[115]

Ich übersetzte den Vers ins Tamil. Er wurde später als dritter Vers in den ›Anhang zu den Vierzig Versen‹ eingefügt.[116]

Ich fragte: »Wie ist Chellamma zu diesem Zettel gekommen?«

Bhagavan: »Echammal hat immer wieder gefastet. Chellamma hat mit ihr gefastet, aber da sie noch ein Kind war, litt sie sehr darunter.

An einem *Karthikai*-Tag brachte sie mir in Echammals Auftrag das Essen, obwohl sie selbst an diesem Tag fastete. Wie konnte ich essen, wenn sie nichts zu sich nahm? Ich sagte zu ihr, sie solle nicht fasten, da sie zu jung sei, und überredete sie, etwas zu essen.

Als sie am nächsten Tag mit dem Essen den Berg hochkam, fand sie diesen Zettel. Da ein Sanskritvers darauf stand, brachte sie ihn mir. Ich sagte zu ihr: ›Sieh mal, dort steht genau dasselbe, war ich dir gestern gesagt habe.‹ Sie fragte nach der Bedeutung. Da übersetzte ich den Vers ins Tamil und erklärte ihn ihr. Daraufhin gab sie das Fasten auf. Sie hatte zu mir großes Vertrauen. Als sie starb[117], war es für die anderen, als ob sie eine Schwester verloren hätten.«

Ein Devotee sagte: »Es heißt, dass Bhagavan tief betrübt war, als er die Nachricht von ihrem Tod erhielt.«

Er bestätigte das und schwieg.

Bhagavans Füße

4.11.1948

Ich weiß nicht, ob du jemals den roten Leberfleck auf Bhagavans rechter Fußsohle bemerkt hast. Er hat ihn seit seiner Geburt.

---

[115] ein Vers aus dem *Yoga Vashishta*

[116] s. Ramana Maharshi: Über die Wirklichkeit, S. 36

[117] Chellamma starb kurz nachdem sie ihr erstes Kind geboren hatte.

Bhagavan erzählte: »Nelliappa Iyer[118] erkannte mich an diesem Leberfleck wieder. Er hat sich sehr um uns gekümmert, als wir unseren Vater verloren hatten. Subba Iyer [Bhagavans anderer Onkel] war gestorben, und so fiel die Verantwortung für dessen Familie auch noch auf ihn. Dann hörte er, dass ich hier war. Besorgt eilte er hierher. Subba Iyer besaß viel Mut und Stolz, aber dieser Mann [Neliappa] ließ sich alles gefallen. Subba Iyer wäre niemals ohne mich nach Hause zurückgekehrt. Er hätte mich wie ein Bündel weggetragen. Da es meine Bestimmung war, hier zu bleiben, wurde mein Aufenthaltsort während seiner Lebzeit nicht bekannt. Aber Nelliappa Iyer, der spirituell gesinnt und sanft in seiner Art war, ließ mich hier und meinte: ›Warum sollen wir ihn nicht in Ruhe lassen?‹«

Ich fragte: »Anscheinend hat Rama Naicker, der Wächter des Mangohains, ihn nicht zu dir in den Garten gelassen.«

Bhagavan: »Ja, deshalb hat er eine Notiz für mich geschrieben. Doch er hatte keinen Stift dabei. Also spitzte er einen Niembaumzweig zu, pflückte eine reife Beere, schnitt sie auf, tauchte den Zweig in den roten Saft und schrieb damit seine Nachricht. Als man ihn zu mir ließ, musste er einsehen, dass ich nicht mit ihm nach Hause wollte.

Da bemerkte er im benachbarten Garten einen Gelehrten, der vor einer kleinen Versammlung einen Vortrag hielt, und fragte ihn, was er von mir dachte. Er sagte: ›Dieser Junge sitzt nur da. Er weiß nichts und hat eine unreife Vorstellung von Philosophie.‹ Mein Onkel war natürlich besorgt, da ich noch jung war, nichts gelernt hatte und vielleicht nur ein Nichtsnutz war. Also bat er den Herrn, ein Auge auf mich zu haben und mir nach Möglichkeit etwas beizubringen.

Der Gelehrte glaubte lange, dass ich nichts wisse, und versuchte mir etwas beizubringen, aber ich habe mich nicht darum gekümmert. Später, als ich den Vortrag über die *Gita Saram* im Esanya *Math* hielt, war er auch dort. Er sprach mit mir über verschiedene Themen, und als er meine Erklärungen und Ausführungen zur Gita hörte, sagte er: ›Du bist ein großer

[118] Ramana war wenige Monate nach seinem Todeserlebnis in Madurai heimlich von Zuhause weggelaufen und hatte sich im Tempel von Tiruvannamalai und später auf dem Arunachala niedergelassen. Seine Familie wusste lange nicht wo er war, bis sie fast zwei Jahre später Kunde von seinem Aufenthaltsort (Mangohain bei Gurumurtam) erhielt. Sein Onkel Nelliappa Iyer sollte ihn aufspüren und wieder nach Hause zurückbringen

Mann und ich dachte, du bist ungebildet.‹ Dann verneigte er sich vor mir und ging.

Nelliappa Iyer war lange über meinen Mangel an Bildung traurig. Er besuchte mich noch zweimal, als ich in der Virupaksha-Höhle wohnte. Als ich bei seinem ersten Besuch von seiner Ankunft erfuhr, schwieg ich, da ich vor einem Älteren nichts sagen wollte, obwohl ich mich zuvor noch mit jemandem unterhalten hatte. Aber beim zweiten Mal kam er unerwartet. Einige Leute wollten, dass ich ihnen das *Dakshinamurti Stotram* erklärte, und ich hatte mit den Ausführungen begonnen. Normalerweise saß ich mit dem Gesicht zur Tür, aber an diesem Tag saß ich andersherum und sah ihn nicht kommen. Er kam leise herein und hörte mir zu. Da wusste er, dass sein Neffe kein einfältiger Mensch war, dass er sehr wohl Bescheid wusste und er sich künftig keine Sorgen mehr machen musste. Tief befriedigt kehrte er heim. Das war sein letzter Besuch. Er kam nicht wieder. Wenige Tage später starb er.«

Der Besuch des Oberhaupts des Maths von Puri

9.1.1949

Vor einigen Tagen besuchte uns das Oberhaupt des *Maths* von Puri.[119] Sein Zusammentreffen mit Bhagavan war etwas Besonderes. Da bekannt war, wann er kommen würde, traf der *Sarvadhikari* alle nötigen Vorbereitungen. Devotees legten ein Tigerfell auf Bhagavans Sofa und stellten daneben einen Sitz für den *Acharya* bereit. Er kam zur angekündigten Stunde, ging zu seiner Unterkunft in der Veda-Schule, machte die nötigen Waschungen und kam dann in Begleitung seiner Schüler zu Bhagavan.

Bhagavan saß mit gekreuzten Beinen in seiner üblichen *Padmasana*-Haltung da und schwieg. Der *Acharya* grüßte ihn. Bhagavan nickte und bat ihn mit einer auffordernden Geste, auf dem Sitz Platz zu nehmen. Doch der *Acharya* setzte sich auf ein Rehfell, das daneben lag, und sah Bhagavan mit einem festen Blick an. Auch Bhagavan sah ihn mit einem unbeirrten

[119] einer der vier *Maths*, die *Shankara* gegründet hat oder haben soll. Es handelt sich hier um den offiziellen Besuch einer wichtigen religiösen Persönlichkeit, der als Nachfolger in der Linie *Shankaras* gilt.

und teilnahmsvollen Blick an. Keiner von beiden sagte ein Wort. Alle anderen schwiegen ebenfalls.

Etwa eine halbe Stunde lang verharrten beide absolut still und Bhagavans Gesicht erstrahlte. Da sagte plötzlich jemand: »Es wäre gut, wenn jemand ein Foto machen würde.«

Die Stille war zerstört. Der *Acharya* stand auf, verabschiedete sich und ging in seine Unterkunft zurück.

Das Oberhaupt des Maths von Sivaganga

10.1.1949

Ein Devotee fragte: »War der *Acharya* von Puri das einzige Oberhaupt der *Shankara-Maths*, der hier war?«

Bhagavan: »Als ich in der Vurupaksha-Höhle lebte, kam das Oberhaupt des *Maths* von Sivaganga.[120] Er war der Urgroßvater des jetzigen Oberhaupts.«

Devotee: »Hat er Bhagavan Fragen gestellt?«

Bhagavan: »Was gab es für ihn zu fragen? Er war ein weiser Mann und ein großer Gelehrter. Als er mich sah, sagte er zu jemandem in seiner Nähe: ›Wenn jemand glücklich ist, dann ist es Ramana.‹«

Devotee: »Lebte er damals auch in Tiruvannamalai?«

Bhagavan: »Nein. Es fand ein Treffen statt. Er kam mit seinen Schülern in die Stadt, wohnte in der Pilgerherberge und lud mich zu sich ein. Ich sagte, dass ich diese Ehre nicht verdiene, da ich nicht gelehrt genug sei, und lehnte die Einladung ab. Da machte er sich mit seinen Schülern auf den Weg zu mir. Er brachte ein großes Tablett mit, auf dem ein Schal mit Spitzen und 116 Rupien lagen.[121] Ich kam gerade vom Mulaipal-Wasserspeicher zurück und wir trafen uns auf halbem Weg zur Virupaksha-Höhle. Er stellte das Tablett vor mich hin und bat mich es anzunehmen, aber ich lehnte ab. Schließlich nahm er das Geld zurück. Er meinte, der Schal könne mir im Winter nützlich sein. Da ich nicht alles ablehnen konnte, nahm

[120] Dieser *Math* gehört zum *Math* von Sringeri, der ebenfalls von *Shankara* gegründet wurde.

[121] Es ist üblich, dass das Oberhaupt eines *Maths* Gelehrte mit Geld, Schals, Titel und ähnlichem beschenkt.

ich den Schal an. Später machte ich die Spitze ab, ließ den Rand einsäumen und benutzte ihn. Der *Archarya* war schon sehr betagt und starb wenige Tage später.«

Devotee: »Ein Oberhaupt des *Maths* von Sringeri hat dich nie besucht?«

Bhagavan: »Nein. Narasimha Bharathi versuchte mehrmals herzukommen, aber es gelang ihm nie. Er hat immer nach mir gefragt.«

Devotee: »Warum konnte er nicht kommen?«

Bhagavan: »Er war das Oberhaupt eines *Maths* und vielen Regeln unterworfen. Zudem lassen die Leute einen meist nicht gehen. So ist es auch bei mir. Sie haben ein Gitter um mich herum aufgestellt, und obwohl es nur aus Holz ist, ist es wie in einem Gefängnis. Ich darf diese Absperrung nicht verlassen. Es sind eigens Leute dafür abgestellt, um auf mich aufzupassen, und sie lösen sich dabei ab. Ich kann mich nicht frei bewegen. Sie sind dazu da, um es zu verhindert. Wenn der eine mich verlässt, kommt dafür der nächste. Worin besteht der Unterschied zwischen diesen Leuten und der Polizei, außer dass erstere keine Uniform tragen? Wir sind in ihrem Gewahrsam. Selbst wenn ich hinaus will, weil ich einmal austreten muss, müssen sie mir folgen und mich beschützen. Auch das unterliegt dem Stundenplan. Wenn jemand mir etwas vorlesen oder mit mir reden will, muss er zuerst die Erlaubnis vom Büro einholen. Wie nennt man das? Was ist der Unterschied zu einem Gefängnis? Für das Oberhaupt eines *Maths* ist es dasselbe. Dieses Amt ist auch eine Art Gefängnis. Was kann der arme Mensch tun?«

Devotee: »Vielleicht wird deshalb *Ishwara* als Gefangener seiner Devotees bezeichnet?«

Bhagavan: »Ja, so ist es. Wenn schon ein Swami diese Schwierigkeiten hat, wie viel mehr dann erst *Ishwara*? Er muss auf alle Bitten antworten, unter welchem Namen er auch angerufen wird. Er muss in der Gestalt erscheinen, in der die Verehrer ihn bitten zu erscheinen. Er muss dort sein, wo sie ihn haben wollen. Wenn man ihn bittet, auf der Stelle zu verharren, dann muss er stehen bleiben wo er ist. Wenn er so sehr von anderen abhängig ist, welche Freiheit hat er dann noch?«

Einweihung

13.1.1949

Ein Devotee: »Hat nicht ein Mitglied des *Maths* von Sringeri Bhagavan gebeten, er möge sich formell in *Sannyasa* einweihen lassen?«

Bhagavan: »Ja. In der ersten Zeit, als ich in der Virupaksha-Höhle lebte, kam mich ein Gelehrter des *Maths* von Sringeri besuchen. Er sprach lange zu mir. Bevor er in die Stadt zum Essen ging, bat er mich respektvoll: ›Swami, ich habe eine Bitte an dich. Hör mich an.‹ Als ich ihn fragte, um was es ginge, sagte er: ›Swami, da du ein Brahmane bist, solltest du dich da nicht formell in *Sannyasa* einweihen lassen? Es ist ein uralter Brauch. Du weißt das. Was kann ich dir dazu noch sagen? Ich möchte dich in der Reihe unserer Gurus eingereiht sehen. Wenn du mir deine Zustimmung gibst, werde ich alles, was für die Zeremonie nötig ist, von meinem *Math* bringen und dich einweihen. Wenn du das ockerfarbene Gewand nicht tragen willst, schlage ich vor, dass du wenigstens ein ockerfarbenes Lendentuch trägst. Denke darüber nach und gib mir nachher deine Antwort. Ich gehe jetzt den Berg hinunter, um etwas zu essen, und werde gegen 3 Uhr wieder zurück sein. Alle Mitglieder unseres *Maths* haben von deiner Größe gehört und mich gebeten, dich zu besuchen. Bitte tu uns den Gefallen.‹

Als er fort war, kam ein alter Brahmane mit einem Bündel. Er kam mir irgendwie bekannt vor. Man konnte es dem Bündel ansehen, dass es Bücher enthielt. Er legte das Bündel vor mir ab und sagte wie ein alter Vertrauter: ›Swami, ich bin gerade erst angekommen. Ich hatte noch keine Gelegenheit zu baden. Es ist keiner da, der auf mein Bündel aufpassen würde, deshalb lasse ich es bei dir.‹ Dann ging er.

Sobald er fort war, überkam mich der Wunsch, das Bündel zu öffnen und mir die Bücher anzusehen. Dabei fiel mir das *Arunachala Mahatmyam* in Sanskrit in die Hände. Ich wusste nicht, dass es dieses Buch auch in Sanskrit gibt. Ich war überrascht, öffnete das Buch und stieß auf folgenden Vers. *Ishwara* sagt: ›Wer innerhalb eines Radius von 24 Meilen beim Arunachala wohnt, erlangt die Befreiung, selbst wenn er keine Einweihung hat.‹

Als ich diesen Vers las, wusste ich, dass ich dem Gelehrten eine angemessene Antwort geben konnte, indem ich ihn darauf verwies, und schrieb ihn mir eilig ab, da der Brahmane jeden Augenblick zurückkommen konnte. Dann legte ich das Buch zurück und verschnürte das Bündel wieder.

Als der Gelehrte wiederkam, zeigte ich ihm den Vers. Da er gebildet war, bedrängte er mich nicht weiter, sondern grüßte mich ehrerbietig und ging. Er erzählte alles Narasimha Bharathi [dem Oberhaupt des *Maths*]. Narasimha Bharathi schämte sich für das, was sein Schüler getan hatte und befahl, alle künftigen Bemühungen in dieser Richtung einzustellen.

Ich übersetzte den Vers ins Tamil. Er ist jetzt der Eröffnungsvers der ›Fünf Verse Aruanchala zu Ehren‹ (Arunachala Sthuthi Panchakam).

Viele Leute versuchten mich zu bekehren. Solange es nur Gerede war, sagte ich: ›Ja, ja‹, aber ich habe nie irgendeiner Einweihung zugestimmt. Ich habe immer eine List gefunden, dem zu entkommen. So ist es auch mit den Versen, die ich geschrieben habe. Ich habe keinen einzigen aus eigenem Antrieb verfasst. Jemand hat mich darum gebeten und ich schrieb aus einem inneren Drang heraus. Das ist alles.«

Devotee: »Hinter diesem Vers steckt so eine lange Geschichte.«

Bhagavan: »Ja. Hinter jedem Vers steckt eine Geschichte. Wenn man sie alle niederschreiben würde, würde es ein großes Buch geben.«

Ich meinte: »Wenn Bhagavan einverstanden ist, kann man das alles aufschreiben.«

Bhagavan sagte: »Hast du nichts anderes zu tun?« und änderte das Thema.

Devotee: »Ist der Brahmane, der das Bündel gebracht hat, zurückgekommen?«

Bhagavan: »Ich erinnere mich nicht daran. Jedenfalls war das Bündel später nicht mehr da. Ich habe bekommen, was ich wollte. Genügt das nicht?«

Devotee: »Das würde bedeuten, dass der Herr Arunachala selbst in dieser Gestalt gekommen ist.«

Bhagavan nickte nur und schwieg.

Übersinnliche Wahrnehmungen vom Arunachala

15.1. 1949

Heute war ich bereits nachmittags um zwei in der Halle. Es waren nur die Gehilfen und einige langjährige Devotees da. Bhagavan sprach mit ihnen über verschiedene Dinge. Da sagte einer der Devotees zu Bhagavan: »Du hast uns einmal erzählt, dass du auf dem Arunachala große Tempel, Gärten und ähnliches gesehen hast. War das in der Zeit, als du auf dem Berg lebtest?«

Bhagavan: »Ja, als ich in der Virupaksha-Höhle lebte. Als ich einmal die Augen schloss, kam es mir so vor, als ob ich in nordöstliche Richtung auf dem Berg spazieren ginge. Da waren ein schöner Blumengarten, ein großer Tempel mit einer schönen Umfassungsmauer und eine große Statue von *Nandi*. Alles war in ein seltsames Licht getaucht. Es war sehr schön. Dann läutete die Glocke zur *Puja* und ich öffnete die Augen.«

Devotee: »Bhagavan hat uns erzählt, dass es dort auch eine große Höhle gab.«

Bhagavan: »Ja, auch diese Vision hatte ich, als ich auf dem Berg lebte. Ich wanderte ziellos auf dem Berg umher. Da fand ich eine große Höhle.

Als ich hineinging, sah ich Wasserfälle und Wasserspeicher in wundervollen Gärten. Es gab dort schön angelegte Wege. Alles war in angenehmes Licht getaucht und sehr schön. Ich ging immer weiter und sah einen Verwirklichten (*Siddha Purusha*), der wie *Dakshinamurti* am Ufer eines Wasserspeichers unter einem Baum saß und von Heiligen umringt war. Sie fragten ihn etwas und er antwortete ihnen. Der Ort kam mir sehr vertraut vor. Da öffnete ich die Augen.

Als ich wenig später im *Arunachala Puranam* las, stieß ich auf zwei Verse, die von dieser Höhle und dem Verwirklichte handeln. Ich war erstaunt, dass ich das, was ich gesehen hatte, in diesem Buch fand. Dort heißt es: ›Obwohl du [i. e. Arunachala] ursprünglich in Gestalt von Feuer erschienen bist, hast du die Gestalt eines Berges angenommen, um die Menschen zu segnen. Du lebst hier in Gestalt eines Verwirklichten. In dir ist eine Höhle mit allem Luxus der Welt.‹

Vor kurzem wurde der Adi-Annamalai-Tempel[122] renoviert. Dabei wurde im Allerheiligsten ein langer Tunnel entdeckt. Er scheint zum Mittelpunkt des Berges zu führen. Man konnte jedoch nicht weit vordringen. Mir kam es in den Sinn, dass das, was ich gesehen hatte und was in dem Puranam steht der Wahrheit entspricht und dass der Tunnel zu dem Ort führt, den ich gesehen habe. Es heißt, dass jede Nacht *Siddha Purushas* durch den Tunnel zum Tempel kommen, um *Ishwara* zu verehren.

Kürzlich hatte ich eine solche Vision. Ich ging wie üblich auf dem Berg spazieren. Da erschien mir eine große Stadt mit großen Gebäuden, guten Verkehrsstraßen und alles war gut beleuchtet. Auf einem Platz fand ein Treffen statt. Auch Chadwick war bei mir.[123] Er sagte: ›Bhagavan, es sieht alles so wirklich aus, doch wer wird uns glauben, wenn wir sagen, dass alles nur ein Traum ist?‹ Alles war so deutlich, als ob es wirklich geschehen würde, bis ich die Augen öffnete.«

Devotee: »War das alles nur ein Traum?«

Bhagavan: »Ich weiß es nicht. Was ist schon wirklich?«

---

[122] Der Annamalai-Tempel liegt auf der Pradakshina-Straße auf der Nordseite des Arunachala und ist der älteste Tempel am Arunachala. Er ist sogar noch älter als der Arunachaleswara-Tempel.

[123] s.a. Sadhu Arunachala: Ramana Maharshi, S. 71

Ein großer Körper und ein großes Selbst am selben Ort

Sri Ramana und der Tempelelefant

6.1.1949

Die Leute hatten den Elefanten von der Tausendsäulenhalle des Arunachaleswara-Tempels zum Ashram gebracht. Ein Amerikaner machte ein Foto, als Bhagavan neben dem Elefanten stand und ihn fütterte. Gestern zeigte jemand Bhagavan das Foto. Alle Anwesenden betrachteten es neugierig. Etwas stand auf der Rückseite des Bildes und die Leute tuschelten darüber. Da ich sie nicht verstehen konnte, fragte ich Bhagavan leise danach.

Bhagavan: »Es ist nichts Besonderes. Auf der Rückseite des Fotos steht: ›Ein großes Selbst, das den Körper nicht kennt und ein großer Körper, der das Selbst nicht kennt am selben Ort.‹«

Devotee: »Was bedeutet das?«

Bhagavan: »Obwohl der Elefant so einen großen Körper hat, kennt er das Selbst nicht. Wie viel man ihm auch zu fressen gibt, er ist unzufrieden und trompetet unablässig. Deshalb steht da, dass er ein großer Körper ist, der das Selbst nicht kennt. Ich stand mit einem gebrechlichen Körper neben ihm. Vermutlich meinten sie deshalb, dass ich das große Selbst sei, das den Körper nicht kennt.«

Devotee: »Das stimmt. Bhagavan ist immer über seinen Körper unbekümmert.«

Bhagavan: »Ja. Chintha Dikshitulu hat geschrieben, dass ich wie eine Statue im Madraser Museum bin und Souris sagt, ich sei wie eine Puppe aus Zelluloid. Die Leute sagen das eine und andere.«

In den frühen Jahren saß Bhagavan im Tempelbereich des Aruanchaleswara-Tempels unter einem Madhuca-Baum, im Blumengarten, im Lagerraum der Tempelwagen oder anderswo, ohne sich um seinen Leib zu sorgen. Die Leute, die an ihm vorbeikamen, sagten: »Der Junge sitzt wie ein Schwachsinniger da. Er muss verrückt sein.« Und sie beachteten ihn nicht. Bhagavan hat uns wiederholt erzählt, dass ihn das amüsierte und dass er sich wünschte, diese Verrücktheit würde alle Menschen befallen.

Als Kunjuswami Bhagavan als Gehilfe diente, beobachtete er, dass Bhagavan zitterte und schwankte. Als einmal nur enge Schüler anwesend waren, fragte er Bhagavan: »Bhagavan, du bist erst in den mittleren Jahren. Es ist seltsam, dass du immer zitterst und einen Gehstock brauchst. Was ist der Grund dafür?«

Bhagavan: »Was ist daran so seltsam? Wenn ein großer Elefant in einer kleinen Hütte angebunden ist, wird dann mit dieser Hütte nicht alles Mögliche passieren? Hier ist es dasselbe.«

Gelegentlich sagte er humorvoll: »Ihr habt nur zwei Beine, ich dagegen habe drei.«

Kundalini-Shakti

18.1.1949

Gestern kam ein junger Mann mit seiner Frau aus Andhra Pradesh. Er hatte die ganze Himalaja-Region bereist. Er fragte Bhagavan: »Swami, ist die Erfahrung der *Kundalini-Shakti* nur für jene möglich, die dem Pfad des Yoga folgen, oder auch für jene, die dem Pfad der Hingabe folgen?«

Bhagavan: »Jeder hat *Kundalini-Shakti*. Diese *Shakti* heißt auch Akhandakara Vritti (vollständiges Bewusstsein) oder *Aham Sphurana* (das Erstrahlen des ›Ich-Ich‹). Alle Menschen haben sie, welchem Pfad sie auch folgen. Man gibt ihr nur verschiedene Namen.«

Frager: »Es heißt, dass diese *Shakti* sich in 5, 10, 100 oder 1000 Stufen manifestiert. Was davon ist wahr?«

Bhagavan: »Sie hat nur eine Stufe. Wenn man sagt, sie manifestiere sich in mehreren Stufen, ist das nur Gerede. Es gibt nur eine *Shakti*.«

Frager: »Einige sagen, um das Selbst zu verwirklichen, muss man sich auf das Herz*chakra* konzentrieren. Andere sagen dagegen, man muss sich auf das Kronen*chakra* konzentrieren und wieder andere auf das Wurzel*chakra*. Welches *Chakra* ist das wichtigste?«

Bhagavan: »Alle sind wichtig. Das Selbst ist überall im Körper. Manche sagen, man soll es im Wurzel*chakra* erkennen, andere im Herz*chakra* und wieder andere im Kronen*chakra*. Es ist immer dasselbe. Aber für alle gilt, dass der Ort der Geburt und des Vergehens im Herzen ist.«

Frager: »Kann ein *Jnani* nur denen helfen, die seinen Weg gehen, oder auch jenen, die andere Wege gehen?«

Bhagavan: »Er kann jedem helfen, egal welchen Weg er geht. Nimm einmal an, da ist ein Berg und es gibt viele Pfade, um auf seinen Gipfel zu gelangen. Wenn der *Jnani* den Menschen sagt, sie sollen seinen Weg gehen, werden einige ihn mögen und andere nicht. Wenn man jenen, die ihn nicht mögen, sagt, sie können nur diesen einen Weg nehmen, können sie nicht auf den Gipfel kommen. Also hilft der *Jnani* den Menschen auf jedem Pfad, egal welcher es ist. Menschen, die auf halbem Weg sind, können die Vor- und Nachteile der anderen Wege nicht abschätzen, aber jemand, der den Gipfel erklommen hat und von dort aus die anderen beobachtet, wie sie hochkommen, kann alle Wege einschätzen. Er ist in der Lage den Menschen zu sagen, mehr auf diese oder jene Seite zu gehen und Tücken zu vermeiden. Das Ziel ist für alle dasselbe.«

Der junge Mann war mit den Antworten Bhagavans nicht zufrieden und fing wieder damit an, über *Kundalini-Shakti* Fragen zu stellen. Bhagavan kümmerte sich nicht mehr darum, aber als er nicht zu fragen aufhörte, sagte er: »Was weiß ich darüber? Frage jene, die sich auskennen.«

Da wechselte der junge Mann das Thema und sprach von den Wundern, die sein verstorbener Guru wirken würde. Bhagavan schwieg.

Junger Mann: »Stimmt es, dass *Krishna* noch in seinem spirituellen Leib weilt?«

Bhagavan geduldig: »Ist mit dem spirituelle Leib der materielle Leib gemeint? Der spirituelle Leib ist der strahlende Geist. Dieses Licht leuchtet immer. So heißt es in der Gita X, 20: ›Arjuna, ich bin das Selbst, das im Herzen aller Lebewesen wohnt. Ich bin der Anfang, die Mitte und auch das Ende aller Lebewesen.‹ Bedeutet das etwa, dass Er als materieller Leib im Herzen aller Lebewesen ist? Es bedeutet vielmehr, dass Er in der Gestalt von *Aham Sphurana* (das Strahlen des ›Ich-Ich‹) in allen Lebewesen wohnt. Dieses Strahlen des Selbst wird auch ›spiritueller Leib‹ genannt.«

Das Selbst

19.1.1949

Devotee: »Muss ich, bevor ich mit der Selbstergründung ›Wer bin ich?‹ beginne, alle Handlungen aufgeben?«

Bhagavan lächelnd: »Was stellst du dir darunter vor? Sitzen, aufstehen, gehen, essen sind alles Handlungen (*Karma*). Welche davon willst du aufgeben? Deshalb sagen die Alten: ›Gib zuerst das Gefühl auf, der Handelnde zu sein.‹«

Devotee: »*Shankara* legt auf die Entsagung von Handlungen großen Wert.«

Bhagavan: »Ja, aber auch er hat gehandelt. Er ging von Ort zu Ort, von Dorf zu Dorf und hat die Lehre des *Advaita* eingeführt. Damals gab es noch keinen Zug. Er ging zu Fuß. Ist das nicht *Karma*? Wenn ein Mensch ein *Jnani* wird, beeinträchtigt ihn nichts mehr, was er auch tut. Er tut alles zum Wohl der Welt. Der *Jnani* gibt lediglich das egoistische Gefühl auf, dass er alles tut. In der *Bhagavad Gita* (III, 24f) sagt *Krishna*: ›Wenn ich nicht handle, geht die Welt zugrunde. … Wie der Unwissende mit Anhaftung handelt, so sollte der Weise für die Aufrechterhaltung der Weltordnung ohne Anhaftung handeln.‹ Die Entsagung von Handlungen bedeutet, dass man Unterscheidung üben, wunschlos sein und sich wie ein Zeuge verhalten sollte, ohne an den Handlungen zu haften. Rein äußere Entsagung nützt nichts.«

Die Seligkeit des Selbst

22.1.1949

Gestern kamen zwei Pilger. Einer von ihnen fragte: »Swami, wenn wir mit geschlossenen Augen meditieren ist alles gut, aber sobald wir die Augen offen haben, machen uns die Sinne Schwierigkeiten. Was sollen wir tun?«

Bhagavan: »Was macht es schon aus, wenn die Augen offen sind? Es genügt, wenn ihr den Geist schlafen lasst, so wie ihr in einem Haus bei offenem Fenster schlaft.«

Devotee: »Das bedeutet, dass wir den Geist von weltlichen Dingen fernhalten sollen. Doch wir können ihn nicht kontrollieren, so sehr wir es auch versuchen.«

Bhagavan: »Wenn ein Kind seinem eigenen Schatten nachjagt und weint, weil es ihn nicht fangen kann, kommt die Mutter und hindert es daran. Ebenso sollte man den Geist daran hindern fortzurennen.«

Devotee: »Wie kann man ihn daran hindern?«

Bhagavan: »Man sollte den Geist festhalten und daran hindern abzuirren, indem man die Lehre des *Vedanta* hört und darüber meditiert.«

Devotee: »Das bedeutet, dass man alle weltlichen Vergnügungen aufgeben und die Seligkeit des Selbst ergreifen muss, nicht wahr?«

Bhagavan: »Die höchste Seligkeit existiert immer. Man muss nur die weltlichen Dinge aufgeben. Wenn man das tut, bleibt Seligkeit übrig. Das, was IST, ist das Selbst. Wie könnte man es ergreifen? Es ist unsere eigene Natur.«

Devotee: »Ist sie dasselbe wie das Selbst (*Swarupa*)?«

Bhagavan: »Ja.«

Devotee: »Wenn das Glück (*Ananda*) das Selbst ist, wer erfährt es dann?«

Bhagavan: »Das ist der Punkt. Solange es einen gibt, der das Glück erfährt, muss man sagen, dass das Glück das Selbst ist. Wenn es diesen Jemand nicht mehr gibt, wo ist dann noch die Frage nach einer Art Glück?

Nur das, was IST, bleibt übrig, und das ist Glück, das ist das Selbst. Solange das Gefühl besteht, dass das Selbst von einem verschieden ist, gibt es auch einen, der nachforscht und es erfährt, aber wenn man das Selbst einmal verwirklicht hat, gibt es keinen mehr, der es erfahren könnte. Wer könnte noch fragen? Was könnte man darüber noch sagen? Im normalen Sprachgebrauch müssen wir jedoch sagen, dass das Glück das Selbst und unsere wahre Natur (*Swarupa*) ist.«

Devotee: »Dieser Geist lässt sich nicht kontrollieren, so sehr wir es auch versuchen. Er verhüllt das Selbst und wir können es nicht wahrnehmen. Was sollen wir tun?«

Mit einem Lächeln legte Bhagavan seinen kleinen Finger auf sein Auge und sagte: »Sieh her, dieser kleine Finger verdeckt das Auge und verhindert, dass wir die Welt sehen. Ebenso verdeckt dieser kleine Geist das ganze Universum und verhindert, dass wir *Brahman* sehen. Wie machtvoll dieser Geist doch ist!«

Die Geschichte vom Kamandalam

14.2.1949

Die Einweihungsfeier für den Tempel der Mutter ist in Vorbereitung. Devotees hatten zu diesem Anlass ein Gefäß mit Gangeswasser und ein *Kamandalam*[124] geschickt. Da erinnerte sich Bhagavan:

»Ich wohnte in der Virupaksha-Höhle, als Mutter kam, um mit mir zu leben. Dort gab es kein Wasser. Wir gingen zum Skandashram hinauf, um uns unter dem Wasserfall zu waschen, doch sie war dazu zu alt und konnte nicht mit uns kommen. Wir besaßen zwei große *Kamandalams*. Ich brachte Wasser in beiden *Kamandalams* mit. Sie kauerte sich dann mit einem kleinen Tuch bekleidet nieder und ich goss es über ihren Kopf, gerade so, wie man es beim *Abhishekam* über das Götterbildnis gießt. Auf diese Weise nahm sie ihr Bad. Jemand wusch dann noch an der Quelle ihre Kleidung. Das war alles. Wenn wir in diesen zwei *Kamandalams* Wasser mitbrachten, genügte ihr das.«

Devotee: »Was ist aus den beiden *Kamandalams* geworden?«

---

[124] Gefäß, das Asketen benutzen

Sri Ramana mit einem *Kamandalam* in der Hand

Bhagavan: »Eines muss noch da sein, das andere hat Vallimalai Muruganar mitgenommen, als wir im Skanashram lebten. Er wollte es haben. Er wusste, dass es vergebens war, Perumalswami oder die anderen darum zu bitten, deshalb ging er zu Mutter. Sie war ein Dummkopf. Wenn jemand ihr damit schmeichelte, dass sie etwas Einmaliges sei, gab sie alles her. Er war schlau genug, das zu bemerken, und schmeichelte ihr: ›Mutter, dein Sohn ist etwas ganz Besonderes. Er ist eine große Persönlichkeit, dem niemand gleichkommt. Du bist eine unvergleichliche Frau.‹

Nachdem er ihr auf diese Weise Honig um den Mund geschmiert hatte, sagte er: ›Wenn du mir ein *Kamandalam* gibst, bringe ich dir darin Gangeswasser mit und mache *Abhishekam*.‹ Sie war begeistert und gab es ihm.

Während ihrer Lebenszeit konnte er sein Versprechen nicht mehr einlösen, aber vor etwa 12 Jahren brachte er tatsächlich Gangeswasser in diesem *Kamandalam* mit und machte *Abhishekam* über ihrem Bildnis. Er hielt sein Wort. Das war das erste *Abhishekam* für sie mit Gangeswasser.«

Das Tigerfell

Sri Ramana auf einem Tigerfell

15.2.1949

Ein Devotee, der gestern die Geschichte vom *Kamandalam* gehört hatte, fragte: »Stimmt es, dass jemand Bhagavan bat, ihm das Tigerfell zu geben, auf dem er saß, und jemand anderer verhinderte, dass er es mitnahm?

Bhagavan: »Ja. 1924 kam mich ein *Sadhu* besuchen. Ich saß auf einem Tigerfell und er wollte es haben. Er wartete, bis er alleine mit mir war. Dann bat er mich: ›Swami, ich möchte dieses Tigerfell. Bitte gib es mir.‹

Ich erwiderte, er könne es mitnehmen, aber er müsse damit rechnen, dass jemand hereinkommen und es verhindern könnte. Er meinte, es sei ja gerade niemand um den Weg und er würde fort sein, bevor jemand es bemerken würde. Ich erwiderte: ›Gut, wie du willst. Ich stehe auf. Nimm es. Aber wenn dich jemand sieht und verhindert, dass du es mitnimmst, bin ich nicht dafür verantwortlich.‹

Ich stand auf. Er rollte das Tigerfell zusammen und wollte gerade gehen, als Dandapani Swami hereinkam. Er sagte: ›Was soll das! Bhagavan sitzt auf diesem Tigerfell. Du kannst es nicht einfach mitnehmen.‹ Der *Sadhu* entgegnete: ›Bhagavan hat es mir erlaubt.‹ Dandapani Swami protestierte:

›Wie kannst du Bhagavan um dieses Fell bitten, wenn er darauf sitzt? Wie kannst du es mitnehmen? Ich lasse das nicht zu.‹

Da wandten sich beide an mich. Ich sagte zu Dandapani Swami, dass der *Sadhu* unbedingt das Tigerfell haben wollte und ich es ihm überlassen hätte, aber dass ich ihn gewarnt hätte, dass jemand ihn daran hindern könnte, es mitzunehmen. Ich überließ die Entscheidung ihnen.

Dandapani Swami setzte sich schließlich durch. Was konnte ich machen? Jemand brachte mir das Tigerfell, und bat mich, darauf zu sitzen. Ich habe eingewilligt. Dann kam jemand und sagte: ›Steh auf, ich will es haben.‹ Da bin ich aufgestanden. Was verliere ich schon? Dandapani Swami verhinderte, dass der *Sadhu* es mitnahm. Er hatte die Oberhand. Sie konnten die Angelegenheit untereinander klären. Warum sollte ich mich darum kümmern? Ich habe keine Rechte und auch keine Probleme.«

Was will Bhagavan?

16.2.1949

Die einen, die zu Bhagavan kommen, interessieren sich für die Selbstergründung und machen *Sadhana*, andere möchten etwas im Ashram verändern. Sie sagen: »Wir werden dies reparieren und jenes verbessern.« Wenn sie Bhagavan um seine Meinung fragen, antwortet er: »Ja, das ist eine gute Idee, aber klärt das mit dem Büro.« Wenn sich alle einig sind, nickt er zustimmend, aber wenn das nicht der Fall ist, pflegt er zu sagen: »Ich weiß es nicht. Macht es wie ihr wollt.«

Sobald sie weg sind, sagt er zu den Devotees: »Sie denken nicht mehr daran, warum sie in den Ashram gekommen sind und wollen jetzt den Ashram reformieren. Es würde genügen, wenn sie sich selbst reformieren würden. Stattdessen sagen sie: ›Wir wollen dies und jenes tun.‹ Wenn alle damit einverstanden sind, gibt es keine Schwierigkeiten, aber was soll ich machen, wenn die Leute im Büro nicht zustimmen? Sie fragen, was die Meinung des Swamis ist. Will ich denn all diese Dinge?«

Kürzlich bot ein Devotee an, für das *Chakra Meru* eine versilberte Kupferhülle zu beschaffen. Aber die Verantwortlichen im Ashram wollten eine Hülle in reinem Silber. Da sie sich nicht einigen konnten, brachten sie die

Angelegenheit vor Bhagavan. Einer der Verantwortlichen im Ashram sagte ehrerbietig: »Sie wollen die Hülle für das Sri *Chakra* aus versilbertem Kupfer machen, aber wir denken, es wäre besser, wenn es aus reinem Silber wäre. Wozu rät Bhagavan?«

Bhagavan: »Was habe ich damit zu schaffen? Ihr könnt es machen wie ihr wollt. Einigt euch und tut, was ihr für richtig haltet.«

Frager: »Wir wollen wissen, was Bhagavan will.«

Bhagavan: »Ich habe es euch schon gesagt. Das, worauf ihr euch einigt, ist mein Wille. Was kann ich machen, wenn ihr verschiedener Meinung seid? Ihr wollt wissen, was Bhagavan will. Er will still sein, ohne irgendetwas zu tun. Wenn die Leute verschiedener Meinung sind und ihr Schweigen aufgeben, das die Verkörperung von Liebe ist, kommen sie zu mir und sagen: ›Wir möchten dies tun‹ und die anderen: ›Wir wollen jenes tun‹. Dann fragen sie mich, was ich für das Bessere halten. Was soll ich dazu sagen? Wenn ihr euch einig werdet, was getan werden soll, und mich dann nach meiner Meinung fragt, werde ich zustimmen. Aber wenn ihr zwei verschiedene Ansichten vertretet, warum kommt ihr dann zu mir und fragt, was ich für das Bessere halte? Was ich möchte, ist zu wissen, wer ich wirklich bin und darin zu verweilen in der Gewissheit, dass das, was geschehen soll, geschehen wird und was nicht geschehen soll, auch nicht geschehen wird. Ist es etwa so nicht richtig? Versteht ihr nun, was Bhagavan wirklich will?«

Das Mietshaus

18.2.1949

Ein junger Mann aus Bangalore fragte: »Swami was ist besser, mit geschlossenen oder offenen Augen zu meditieren?«

Bhagavan: »Mach es wie es für dich leichter ist.«

Frager: »Wenn ich die Augen offen habe, drängen sich mir die äußeren Dinge auf.«

Bhagavan: »Tun sie das nicht auch, wenn du die Augen geschlossen hast? Wir sitzen hier und der Geist sieht doch so viele Dinge. Er wandert an so vielen Orten umher.«

Frager: »Ja, Swami, das stimmt. Kannst du uns einen Weg zeigen, das zu verhindern?«

Bhagavan: »Alles kommt aus uns selbst. Wenn wir unser eigenes Selbst kennen und so bleiben, wie wir sind, gibt es nichts anderes. Nur wenn unser Geist unstet ist, kommt das alles über uns.«

Der junge Mann konnte Bhagavans Worte nicht verstehen und saß bedrückt und in Gedanken versunken da. Bhagavan hatte Mitleid mit ihm und sagte zu einem Devotee in der Nähe: »Sieh, wenn wir nicht existieren, was gibt es dann außen zu sehen? Der Film, der im Kino gezeigt wird, ist in der Filmrolle enthalten. Er ist als Filmrolle aufgewickelt. Man kann ihn nur anschauen, wenn man eine Halle hat, eine Leinwand aufstellt, darauf Licht projiziert und die Spule abdreht. Wenn all diese Dinge beseitigt sind und die Spule wieder aufgewickelt ist, läuft auf der Leinwand kein Film mehr ab. Die Bilder und die Szenen sind nur auf der Spule.

So ist es auch mit der Welt. Dieser Körper ist wie ein Mietshaus. Die menschliche Seele (*Jiva*) bewohnt es und vollführt ein Schauspiel. Der Lebensatem ist wie ein Torwächter. Wenn der *Jiva* schläft, verweilt er an seinem Ursprungsort und wenn der Körper erwacht, kommt er zurück. Derweilen wacht der Wächter, der Lebensatem, darüber, dass kein anderer eindringt.

Wenn Hunde oder Diebe in ein Haus einbrechen wollen, schauen sie sich zuerst um, doch wenn sie einen Wächter an der Pforte stehen sehen, machen sie sich aus dem Staub. Ansonsten brechen sie ein und stellen alles Mögliche an. Das Haus des Körpers ist auch so. Selbst wenn der *Jiva* nicht da ist, sehen die anderen zuerst nach, ob der Körper noch atmet. Wenn er atmet, wissen sie, dass der Eigentümer da ist und gehen fort. Andernfalls dringen sie ein und tun mit ihm, was immer sie wollen. Wenn der *Jiva* das Haus nicht mag, verlässt er es und nimmt den Wachmann mit. So wandert er von Haus zu Haus, sagt, dieses Haus ist nicht gut, jenes Haus ist nicht gut, bis er dessen überdrüssig ist und die Häuser und das Leben, das mit ihnen verbunden ist, aufgibt. Dann versteht er, dass sein eigenes Selbst das Beste von allem ist und sucht eindringlich danach, versteht die Wahrheit und bleibt in seinem eigenen Selbst. Wenn das geschieht, wer ist dann der

Seher? ›Gibt es für den großen Yogi, dessen Geist vernichtet ist und der in seinem eigenen Selbst weilt, noch irgendetwas zu tun?‹[125]«

Vom Essen

20.2.1949

Vor einigen Tagen blätterte Bhagavan das neueste Heft der Zeitschrift ›Grihalakshmi‹ durch und lachte in sich hinein. Dann gab er es mir und sagte: »Lies das. Hier wird Knoblauch empfohlen.«

Der Artikel beschreibt, wie man Knoblauch kochen soll und schließt mit dem Fazit, dass es nichts Besseres für den Körper gibt. Ich musste lachen.

Als ich am Nachmittag wieder zu Bhagavan ging, fragte er: »Hast du den Artikel gelesen? Gibt es nicht auch einen Vers darüber?«

Ich antwortete: »Es gibt eine telugische Redensart, dass Knoblauch mehr helfen kann als eine Mutter.«

Bhagavan: »Hier gibt es auch so eine Redensart. Es heißt, dass Knoblauch sehr gesund sei, und das ist wahr. Er hilft bei Rheumatismus und macht fit. Aber er hat auch *tamasische* Eigenschaften, die den Geist beeinträchtigen. Deshalb sollten *Sadhakas* ihn nicht essen.«

Devotee: »Sind nicht Meerrettich und *Drumsticks* ebenfalls verboten?«

Bhagavan: »Ja. Wassermelonen, Meerrettich, *Drumsticks*, Zwiebel und ähnliches Gemüse ist verboten. Der Geist ist klar und rein, wenn man reine (*sattvische*) Nahrung zu sich nimmt. Wenn man zu viel *Sambar*, Suppe oder gekochtes Gemüse isst, muss man aufstoßen und hat mit der Verdauung Schwierigkeiten. Wenn man jedoch *sattvische* Nahrung mit nur einem Nebengericht isst, verdaut man es leicht und fühlt sich wohl. Doch keiner nimmt sich das zu Herzen. Jeder glaubt, dass er Bhagavan Leckerbissen und Süßigkeiten bringen muss, aber keiner, dass Reis und Pfefferwasser für ihn besser wären. Sie bringen das alles für Swami. Aber wozu braucht Swami das alles?

Als Dandapani Swami hier war, kochten wir noch anders. Wir stellten einen großen Topf aufs Feuer. Das Gemüse, das man uns bis zur Mittagszeit brachte, schnitten wir klein, kochten es in dem Topf und machten

---

[125] Upadesa Saram, V. 15

Sambar daraus. Es gab nicht einmal einen Kochlöffel zum Umrühren. Wir nahmen dazu einen Stecken von unserem Feuerholz, schnitten ihn zu und rührten damit das Gemüse um. Es war unsere einzige Beilage. Zum Reis schmeckte es sehr gut, und es machte auch verhältnismäßig wenig Arbeit.

Als im Ashram immer öfter gekocht wurde, brauchten wir Leute dafür. Sie fragten mich anfangs immer, was sie kochen sollten. Ich fragte: ›Habt ihr Reis, Wasser, Salz, Pickles, Buttermilch?‹ Sie bejahten. ›Was braucht ihr dann noch?‹ Schließlich gaben sie es auf mich zu fragen. Jetzt geben sie mir nur noch Bescheid, was sie kochen wollen. Ich sage dann immer: ›Ja, ja‹ und gebe ihnen den einen oder anderen Ratschlag. Doch ich habe meine Gewohnheit nicht aufgegeben, alle Nebengerichte zu vermischen, bevor ich sie esse. Wenn Leute beisammen sind, muss man Rücksicht nehmen. Warum sollten sie wegen mir leiden?«

Einsamkeit

2.3.1949

Die Amerikanerin Eleanor Pauline Noye ist vor langer Zeit hier gewesen. Kürzlich kam eine ihrer Freundinnen, eine ältere Dame, um für einige Zeit im Ashram zu bleiben. Da am 17. März der Tempel der Mutter eingeweiht werden soll, ist der Ashram voller Leute und sie kann keine Ruhe finden.

Heute Nachmittag kam sie in die Halle. Bhagavan sah mich an und sagte: »Die alte Dame hat mir heute früh in einem Brief geschrieben, dass sie zum Himalaja in die Einsamkeit will. Es sind zu viele Leute da. Anscheinend kommt sie mit dem Lärm nicht zurecht. Letzte Nacht hat sich auch jemand bei mir über den Lärm beschwert. Ich habe ihm gesagt, dass er im Wald auch nicht in Einsamkeit leben kann. Hier sind Menschen, dort sind Tiere. Warum sollte man zum Himalaja gehen, um einsam zu leben?«

Ich fragte: »Bezieht sich die Redensart ›Leben in Einsamkeit mit unterworfenem Geist‹ nur auf den Geist?«

Bhagavan: »Ja. In der Gita heißt es: ›Der Yogi, der Geist und Körper unter Kontrolle hat, der frei von Verlangen und ohne Besitz ist und in Einsamkeit mit sich selbst lebt, sollte sich beständig mit Meditation befassen.‹ (*Bhagavad Gita* VI, 10) Das bedeutet, dass der Yogi beständig am geheimen Ort des *Atman* bleiben muss. Er muss verstehen, dass es nichts anderes als sein Selbst gibt und muss seinen Geist ohne jegliche Ablenkung im Selbst halten.

In der Gita XIII, 10 heißt es: ›Ausnahmslose Hingabe an Mich ohne Wankelmut, ein zurückgezogenes Leben an heiligen Orten, Nichtgefallen an menschlicher Gesellschaft.‹ Das bedeutet, dass man in einem Zustand, in dem nichts als das eigene Selbst existiert, bleiben soll, ohne Anhaftung an die äußere Welt und mit ausnahmsloser Hingabe an das Selbst, an einem gedankenfreien Ort und ohne Anhaftung an weltliche Dinge.

Einsamkeit bezieht sich auf den Geist, nicht auf den Körper. Hier gibt es Menschen, dort gibt es Tiere. Sind sie nicht laut und stören den Frieden?

Einmal lebte ein Europäer namens Haig in Palakothu[126]. Vor zehn Jahren ging er aus demselben Grund in den Himalaja. Kürzlich haben wir von ihm einen Brief erhalten, in dem er schreibt, dass er zurückkommen und bis zu seinem Tod hier bleiben will. Vielen Menschen ergeht es so. Sie gehen weg, weil sie hier keinen Frieden finden, wandern von Ort zu Ort und kommen dann wieder zurück.«

Dosas

6.3.1949

Eines Nachmittags brachten die Gehilfen eine große Menge Süßigkeiten, die Devotees gespendet hatten, und baten Bhagavan um Erlaubnis, sie in der Halle verteilen zu dürfen. Da kam eine alte Frau herein und brachte *Dosas*, die sie in Bananenblätter eingewickelt hatte. Sie ging direkt zu Bhagavan und sagte: »Swami, nimm diese *Dosas*. Leider kann ich dir nichts Besseres bringen.« Sie wollte sie ihm geben, aber die Leute hinderten sie daran und sagten: »Leg sie irgendwo hin.« Da wurde sie zornig: »Seid still! Wer seid ihr, dass ihr mir befehlen wollt? Ich habe damals die Plattform für Swami bauen lassen. Ihr sagt, ich soll nicht zu ihm kommen. Genug!«

Alle waren über ihr autoritatives Auftreten verblüfft. Bhagavan streckte seine Hand aus und nahm ihre Gabe mit großer Freundlichkeit entgegen.

[126] die *Sadhu*-Kolonie neben dem Ashram

»Großmutter, sie sind wie kleine Kinder, die nicht wissen, was sich gehört. Du darfst es ihnen nicht verübeln. Mit was für einem Mehl hast du die *Dosas* gemacht? Kümmert sich keiner deiner Neffen um dich? Wie kannst du dich über Wasser halten? Bist du zu Fuß gekommen oder in einem Wagen?«

Während er sich nach ihr erkundigte, begann er die *Dosas* zu essen. Sie waren nicht richtig durchgebraten, aber er aß sie mit großem Genuss. Die alte Frau war überglücklich. Dann bat er um die Süßigkeiten, nahm ein wenig von jeder Sorte, wies die Gehilfen an, den Rest zu verteilen und gab seinen Anteil der alten Frau. Sie nahm die Süßigkeiten als *Prasadam* entgegen und sagte: »Swami, was macht es schon aus, ob andere sich um mich kümmern oder nicht? Durch deine Gnade verkaufe ich *Dosas* und habe damit mein Auskommen. Ich bin zufrieden, wenn ich das für den Rest meines Lebens tun kann.«

Als sie fort war, fragten die Gehilfen: »Warum hast du die halb garen *Dosas* nicht uns gegeben und die Süßigkeiten gegessen?«

Bhagavan: »Ihr glaubt wohl, die Süßigkeiten würden viel besser schmecken als die *Dosas*? Wenn ihr wollt, könnt ihr alle Süßigkeiten haben. Mir genügen die *Dosas*.«

Da wussten die Gehilfen nichts mehr zu entgegnen.

Bhagavan sah mich an und sagte: »Arme alte Frau. Was kann sie machen? Sie hat mir gebracht was sie hatte. Als ich auf dem Berg lebte, kam sie mit ihrem Mann zu mir und brachte mir gelegentlich etwas zu essen. Nach dem Tod ihres Mannes lebte sie bei ihrem Bruder. Dann starb auch er. Da ihre Neffen sich nicht um sie kümmern, lebt sie vom Verkauf der *Dosas*. Sie ließ damals die Plattform beim Grab der Mutter bauen. Sie sagte: ›Oh je, Swami sitzt auf dem Boden und ist der Sonne ausgesetzt!‹ Bis dahin bin ich unter einem Baum gesessen. Ich habe die Plattform mit Palmblättern ausgelegt und mich fortan dorthin gesetzt. Jetzt ist sie alt und kommt nicht mehr oft. Sie ist mühsam den ganzen Weg am Stock hergekommen.«

Er aß alle *Dosas* auf und ließ nicht einen Krümel übrig.

An einem *Dipavali*-Fest, als Bhagavan im Skandashram lebte, brachten ihm Devotees Süßigkeiten. Die Ashrambewohner wollten sie verteilen, als eine alte Frau mit einem Hirsebrei kam und ihn vor Bhagavan hinstellte.

Sie war bereits in jungen Jahren Witwe geworden und lebte mit der Unterstützung ihres Bruders in einem *Math*. Sie speiste Arme und *Sadhus* mit Brei und hatte Bhagavan gelegentlich gekochte Hirse gebracht, als er in der Virupaksha-Höhle lebte. So wie alle anderen etwas zum Fest gebracht hatten, hatte sie Hirse gebracht.

Bhagavan nahm die Hirse entgegen, tat sie in ein Gefäß und gab Wasser, getrockneten Ingwer, Salz und Zitronensaft hinzu. Er sagte zu den Leuten, die bedienten, dass sie die Süßigkeiten essen sollten, während er genussvoll die Hirse aß. Die Devotees meinten: »Warum isst du gewöhnliches Essen, wenn es so gute Sachen gibt?«

Bhagavan: »Wir haben es bekommen wie alles andere auch. Was soll ich machen? Wollt ihr, dass ich es wegwerfe?«

Devotees: »Warum sollte man es wegwerfen? Jeder von uns kann ein wenig davon essen. Warum sollte Bhagavan es alleine essen?«

Bhagavan: »Schon recht, aber wenn es so gute Dinge gibt, wer will dann dies hier essen? Die Leute wären empört, wenn sie an einem Festtag so etwas essen sollten.«

Devotee: »Wir könnten es auch am Nachmittag essen. Warum sollen wir es nicht so lange aufbewahren?«

Bhagavan: »Wird es dann nicht schlecht? Die Süßigkeiten verderben nicht und die Leute essen sie, ohne dass man sie dazu überreden muss, während dies hier nicht weggeht. Deshalb habe ich mich dazu entschlossen, es selbst zu essen. Da sie es mit so großer Hingabe gebracht hat, wie können wir es da wegwerfen?«

Bhagavan aß alles selbst auf. Wer weiß, wie oft so etwas schon vorgekommen ist.

Eine glückliche Hand

8.3.1949

Bhagavan erinnerte sich an seine Jugend: »Ich gewann bei allen Spielen, beim Ringen und Schwimmen und hatte auch bei den Hausarbeiten eine glückliche Hand. Deshalb nannte man mich ›Thangakai‹ (Goldene Hand). Bevor meine Tante mit der Zubereitung von *Appalams* oder ähnlichem begann, rief sie mich herbei und bat mich, Hand anzulegen. Sie hatte in mich großes Zutrauen, weil ich ihr immer zu Willen war und nie lügte. Ich musste nur einmal in meinem Leben lügen, nämlich als ich hierher kam.«

Devotee: »Welche Lüge war das?«

Bhagavan: »Als mein Bruder mich fragte, wohin ich gehen wollte, sagte ich, dass ich eine Schulstunde hätte. Nach dem Essen erzählte ich meiner Tante dasselbe und sie glaubte mir.«[127]

Devotee: »Das bedeutet, dass man manchmal lügen muss, um etwas Großes zu tun?«

Bhagavan: »Ja. Wenn es zum Wohl der Welt ist und wenn die Situation es erfordert, muss man es tun. Es lässt sich nicht verhindern. Doch es geht nicht darum, dass man lügt. Eine Kraft zwingt einen dazu. Solange man einen Zweck verfolgt, muss man handeln. Wenn es diesen Zweck nicht mehr gibt, ist auch kein Handeln nötig. Dann können wir das Handeln vermeiden, wie es in der Geschichte vom Weisen und Jäger im *Yoga Vashishta* erzählt wird.

Devotee: »Was ist das für eine Geschichte?«

Bhagavan: »In einem Wald saß ein Weiser, der in bewegungslosem Schweigen verharrte. Doch er hatte seine Augen offen. Ein Jäger verfolgte ein Reh, das er angeschossen hatte. Das Reh war vor den Weisen gelaufen und hatte sich im Gebüsch in der Nähe versteckt. Der Jäger konnte es nicht entdecken und fragte den Weisen: ›Swami, mein Reh ist hier vorbeigekommen. Bitte sage mir, wo es hingelaufen ist.‹ Der Weise sagte, er wisse es nicht. Da erwiderte der Jäger: ›Es ist dir vor die Nase gelaufen. Du musst es gesehen haben. Wie kannst du da sagen, dass du es nicht weißt?‹ Da antwortete der Weise: ›Mein lieber Freund, in diesem Wald sind wir alle gleich. Wir haben kein individuelles Ich, und ohne es kann man nichts in der Welt tun. Das individuelle Ich ist der Geist. Er tut alle Dinge. Er sorgt auch dafür, dass die Sinne ihre Arbeit tun. Wir haben keinen solchen Geist. Er ist vor langem verschwunden. Wir haben nicht die drei Zustände von Wachen, Träumen und Tiefschlaf. Wir sind immer im ›Vierten Zustand‹ (*Turiya*), und deshalb sehen wir nichts. Was können wir dann über dein Reh sagen?‹

Da dachte der Jäger, dass der Weise verrückt sein müsse und ging seiner Wege.«

---

[127] die Ausrede Ramanas, als er von Zuhause weglief; s. Ebert: Ramana Maharhsi: Sein Leben, S. 24ff.

Wiedergeburt des Avatars

9.3.1949

Als wir am 18. Dezember Bhagavans Geburtstag feierten, schrieb Krishna Bhiskshu ihm zu Ehren ein Gedicht. Es begann mit: »Oh Ramana, möge dein Ruhm ewig währen!« und endete mit: »Mögest du ständig wiedergeboren werden!«

Als ich es vorlas, sagte Bhagavan lachend zu Krishna Bhikshu: »Sehr schön. Ich soll also ständig wiedergeboren werden?«

Bhiskshu: »Ja, um unseretwillen.«

Devaraja Mudaliar: »Wie kannst du Bhagavan darum bitten?«

Ich: »Was ist daran falsch? In der Gita heißt es, dass *Krishna* zum Schutz der guten Menschen wiedergeboren wird.«

Bhagavan: »Ja, das stimmt. ›Um die Tugendhaften zu schützen, die Schlechten zu vernichten und das Recht wieder aufzurichten werde ich in jedem Zeitalter wiedergeboren.‹(Gita IV, 8) Demnach muss ich beständig wiedergeboren werden.«

Ich: »Wie könnte das verhindert werden?“

Bhagavan nickte nur und schwieg.

Dr. Syed war seit langem hier und tat *Sadhana.* Er hatte Bhagavan viele Fragen gestellt und die entsprechenden Antworten erhalten, doch er konnte keine spirituelle Erfahrung machen. Eines Tages kam er zu Bhagavan und sagte bekümmert: »Bhagavan, obwohl du mir alle Wege des *Sadhana* aufgezeigt hast, gewinne ich doch nicht die Kraft für die spirituelle Erfahrung. Du musst mir diese Kraft geben. Wie kann ich sie sonst erlangen?«

Bhagavan: »Du kannst sie dir nur durch *Sadhana* erwerben. Wer könnte dir dabei helfen?«

Dr. Syed: »Ich brauche auch in meinen künftigen Geburten Bhagavan als meinen Guru. Er allein kann mir die Erlösung geben. Ich möchte keinen anderen Guru. Ich wäre schon damit zufrieden, wenn du mir versprichst, dass du mir hilfst, die Befreiung zu erlangen.«

Bhagavan war sehr berührt und schaute ihn freundlich an, lächelte, legte sich in seiner charakteristischen Pose die Hand an die Wange, lehnte sich auf sein Kissen zurück und schwieg.

Dr. Syed: »Was sagst du, Bhagavan?«

Bhagavan nickte nur und schwieg. Der Devotee verstand es als seinen Segen und war zufrieden.

Die Einweihung des Tempels der Mutter

25.3.1949

Am Montag, dem 14. März, versammelten sich Tausende von Menschen im Ashram, da an diesem Vollmondabend der Auftakt für das *Kumbhabhishekam*, die Einweihungsfeierlichkeiten des Tempels der Mutter, stattfand.[128] Das Pandal war festlich geschmückt und überall ertönte Musik. Das Oberhaupt des Puri-*Math* war gekommen und erhielt einen besonderen Sitzplatz bei Bhagavan. Hunderte von Brahmanen machten Musik und sangen vedische Hymnen. T.N. Venkataraman (der Sohn des Ashramverwalters) und seine Frau brachten Früchte und Blumen und legten sie Bhagavan zu Füßen. Anschließend begannen die Zeremonien.

[128] Der Bau dieses Tempels, der von einem Tempelbaumeister ausgeführt wurde, hatte zehn Jahre beansprucht. Er erhielt den Namen ›Mathrubhuteswara‹ (Tempel Gottes in Gestalt der Mutter). Die Einweihungsfeierlichkeiten dauerten vier Tage.

Danach stand Bhagavan auf und öffnete die Tür des Tempels. Er ging direkt zum *Samadhi*, wo das *Lingam* und das *Chakra Meru* aufgestellt werden sollten, berührte sie, schaute sie sich genau an, ging im Tempel umher und betrachtete alles. Am vierten Tag wurde der Turm des Tempels eingeweiht.

Während der Festtage halfen Polizisten und Freiwillige, die Armenspeisung zu organisieren. Bhagavan ging mit seinen Helfern umher und überwachte alles.

Die Geschichte von den zehn Brahmanen

28.3.1949

Ich kam heute etwas später als üblich zum Ashram. Bhagavan beantwortete eine Frage über *Ananda* (Seligkeit), die ein Neuankömmling gestellt hatte. »Finde zuerst heraus, wer du bist. Wenn du das weißt, ist alles *Ananda*. In Wirklichkeit ist *Ananda* dein Selbst.«

Ein Ashrambewohner nahm den Gesprächsfaden auf. »Als ich dich einmal um deinen Segen gebeten habe, damit ich immer in *Ananda* sein kann, hast du mir geantwortet: ›*Ananda* ist deine Natur. Es ist dein Selbst. Es ist *Moksha*.‹«

Bhagavan erwiderte lächelnd: »Ja, ja.« Dann sagte er zu Dr. Srinivasa Rao: »Was meinst du, Doktor? Nur wenn jemand krank ist, muss man den Arzt holen und sich eine Arznei verabreichen lassen. Gestern warst du noch gesund, heute hast du Kopfschmerzen und brauchst eine Arznei. Wozu? Nur damit der Kopfschmerz vergeht und du wieder wie immer bist. Mit *Ananda* ist es dasselbe. Warum würdest du dich sonst danach sehnen?«

Der Arzt antwortete: »Bhagavan sagt, dass diese Dinge durch den Geist entstehen und dass sie verschwinden, wenn man versucht, sie loszuwerden. Im *Yoga Vashishta* heißt es, dass alles durch die Wünsche entsteht und es eine Schöpfung des Geistes ist. Aber wie ist das möglich, Bhagavan?«

Bhagavan: »Wird das nicht in der Geschichte von den zehn Brahmanen erläutert?«

Der viergesichtige *Brahma* von GE

Ein Devotee bat: »Kannst du uns diese Geschichte erzählen?«

Bhagavan: » *Brahma*, der Schöpfer der Welt, legte sich nach seinem Tagewerk schlafen. Nachdem er am nächsten Morgen seine Waschungen beendet hatte und sein Tagewerk der Schöpfung beginnen wollte, entdeckte er mehrere andere Welten am Himmel. Er hatte sein Schöpfungswerk ordentlich ausgeführt und es gab keine Berechtigung für die Existenz dieser Welten. Überrascht dachte er: ›Diese Welten sollten noch schlummern, bis ich sie erschaffe. Wie sind sie entstanden?‹ Er rief eine ihrer Sonnen herbei und fragte sie: ›Wie sind diese Welten entstanden?‹ Die Sonne antwortete: ›Herr, du bist der Weltenschöpfer. Was gibt es, das du nicht weißt? Doch wenn du die Geschichte von mir hören willst, werde ich sie dir erzählen.‹ Und die Sonne erzählte folgendes:

›Ein Brahmane lebte mit seiner Frau in der Nähe des Kailash. Da sie kinderlos waren, beteten sie zu *Parameswara* und bekamen in der Folge zehn Kinder. Sie wuchsen auf und studierten die heiligen Schriften. Als die Eltern starben, waren die Jungen untröstlich. Sie hatten keine nahen Verwandten und konnten nicht in ihrem Elternhaus wohnen bleiben. Da stiegen sie auf den Kailash und beschlossen, dort *Tapas* zu tun. Sie überlegten sich, was zu tun sei, um ihre Sorgen loszuwerden. Zuerst dachten sie, Wohlstand könne ihnen Glück bringen, aber sie verwarfen den Gedanken wieder, da es immer jemanden geben würde, der reicher als sie sein würde. Mit einem Königreich würde es dasselbe sein. Sie sahen ein, dass sie in keinem dieser Dinge Erfüllung finden konnten. Da sagte der Älteste von ihnen: ›*Brahma* ist der Schöpfer von allem. Also ist er der Höchste.‹ Seine Brüder stimmten ihm zu und fragten: ›Wie kann man wie *Brahma* werden?‹ Nachdem sie eine Weile darüber nachgedacht hatten, sagte der Älteste: ›Es ist gar nicht so schwierig. Der Geist ist die Ursache von allem. Wir wollen uns an einen einsamen Ort setzen und uns darauf konzentrieren, wie *Brahma* zu werden, indem wir alle anderen Gedanken aufgeben, selbst den an den Körper. Stellt euch beständig vor, dass ihr auf einem Lotus sitzt, dass ihr von Glanz erfüllt seid und dass ihr diese Welt erschafft und wieder vernichtet. Ich werde es ebenso machen.‹ Alle waren über die Idee glücklich. Der Gedanke: ›Ich bin der viergesichtige *Brahma*‹ prägte sich ihnen ein und sie vergaßen ihre Körper völlig. Schließlich fielen ihre Körper von ihnen ab wie trockene Blätter von einem Baum. Durch die Intensität ihres Wunsches waren zehn Welten entstanden, da sie alle zehn zu *Brahma* geworden waren. Ich bin die Sonne einer dieser zehn Welten.‹

Als die Sonne das erzählt hatte, ging sie an ihren Platz zurück.«

Frager: »Wenn man sich beständig *Ananda* wünscht, kommt *Ananda* auch und bleibt beständig. Das ist die Bedeutung, nicht wahr?«

Bhagavan: »Ja, wenn dieser Wunsch stark ist. Aber man sollte keinen anderen Wunsch hegen.«

Der Banyan-Baum

10.4.1949

Ich fragte Bhagavan nach der Geschichte mit den Bienen und dem Banyan-Baum.

Bhagavan: »Eines Morgens, als ich den Berg umrundet hatte, nahm ich die Abkürzung zwischen dem Panchamukha- und dem Pachayamma-Tempel. Damals war alles bewaldet. Als ich mir den Weg durchs Dickicht suchte, wurde ein großes Banyan-Blatt angeweht. Das Blatt war so groß wie ein Blattteller, den man aus mehrere Banyan-Blätter zusammennäht hat. Ich musste an den Vers im *Arunachala Puranam* denken, wo der Banyan-Baum beschrieben wird, unter dem Arunagiri Yogi[129] lebte. Ich dachte, dass das Blatt von diesem Banyan-Baum stammen müsse und wollte den Baum sehen. Ich ging in die Richtung, aus der das Blatt angeweht worden war, stieg weiter den Berg hinauf und erblickte einen Baum auf einer Anhöhe.

Als ich weitergehen wollte, stieß mein Bein gegen einen Busch. Ich hatte die Bienen im Busch aufgescheucht und sie stachen mich. Ich dachte, dass ich ein Vergehen begangen hatte und dass das die Strafe war. Deshalb hielt ich still. Die Bienen stachen mich heftig, aber nur an jene Stelle, die den Busch berührt hatte. Als sie von mir abließen, ging ich weiter.

Ich hatte den Banyan-Baum völlig vergessen und wollte ›Seven Springs‹ erreichen, aber ich musste drei Ströme überqueren, die sehr tief waren. Mein Bein war geschwollen und tat weh. Irgendwie schaffte ich es und erreichte ›Seven Springs‹. Dann ging ich den Berg hinunter und erreichte am Abend die Höhle von Jataswami. Ich hatte den ganzen Tag nichts gegessen. Sie gaben mir Milch und etwas Obst. Dann ging ich zur Virupaksha-Höhle weiter.

Mein Bein schwoll immer stärker an. Jataswami und die anderen hatten es nicht bemerkt, aber Palaniswami sah es und fragte: ›Was ist das?‹ Da erzählte ich ihm alles. Am nächsten Morgen rieb er die Stelle behutsam mit Öl ein. Ich war völlig verstochen und einer der Stacheln war so dick wie ein Drahtstift. Mühsam zog Palaniswami alle Stacheln heraus und behandelte mein Bein. Nach einigen Tagen ließ die Schwellung nach.«

---

[129] eine Gestalt *Shivas*

Ich fragte: »Hat Bhagavan später nochmals versucht, den Platz mit dem Banyan-Baum ausfindig zu machen?«

Bhagavan: »Nein, es ist mir nie wieder in den Sinn gekommen.«

Ich: »Aber später haben Venkatramayya, Muruganar, Kunjuswami und andere sich auf die Suche gemacht und sind enttäuscht zurückgekommen.«

Bhagavan: »Ja. Das war ein Spektakel.«

Ich: »Ich habe davon gehört, aber ich kenne nicht die Einzelheiten.«

Bhagavan: »Dann fragst du besser einen von ihnen. Sie werden es dir erzählen.«

Die Niederlage

12.4.1949

Heute früh kam Kunju Swami unerwartet zu mir. Da ergriff ich die Gelegenheit und fragte ihn nach den Einzelheiten ihrer Suche nach dem Banyan-Baum.

Kunju Swami: »Oh, diese Geschichte! Warum fragst du danach? Gott allein weiß, welche Schwierigkeiten wir hatten.«

Ich: »Deshalb möchte ich sie gerne hören.«

Kunju Swami: »Also gut. Du schreibst alles auf, was ich erzähle. Es wird für andere eine gute Lektion sein, damit künftig keiner mehr so etwas versucht.

Es war vor etwa fünf oder sechs Jahren. Viele Devotees waren zur *Jayanthi*-Feier gekommen. Als der Trubel der Feierlichkeiten vorbei war, wollten wir auf den Gipfel des Arunachala. Wir waren etwa 25 Leute. Am Abend davor informierten wir Bhagavan über unser Vorhaben. Während er uns die Route erklärte, erwähnte er auch den Banyan-Baum, unter dem Arunagiri Yogi lebte, und erzählte uns die ganze Geschichte. Daraufhin wollten Munagala Venkataramayya und ich unbedingt den Ort sehen, aber wir sagten Bhagavan nichts davon. Wir sprachen mit Muruganar, Kalyanasundaramayya, einem Europäer namens Thomas, seinem jugendlichen Freund und zwei anderen Leuten darüber, sagten aber dem Rest der Gruppe nichts.

Am nächsten Morgen brachen wir früh auf. Als wir die Stelle erreichten, wo die Stufen zur Stadt hinunterführen, sagten wir zu den anderen, dass sie schon vorausgehen sollten, da noch zwei Leute zu uns stoßen wollten. Dann schlichen wir uns davon. Wir nahmen die Abkürzung beim Pachayamma-Tempel. Der Freund von Thomas wollte ein Foto von dem Banyan-Baum machen und es Bhagavan zeigen. Wir stiegen immer weiter und suchten den Baum, aber wir konnten ihn nicht finden. Wir erreichten nicht einmal den Gipfel, weil er aus unserem Blickfeld verschwunden war.

Schließlich wussten wir nicht mehr, ob wir hinauf- oder hinuntersteigen sollten und gingen immer im Ringen herum. Wir wurden müde und konnten nicht mehr weiter. Unter uns lag ein tiefes Tal. Es gab keine Möglichkeit sich hinzusetzen oder anzulehnen. Die Sonne brannte, denn es war inzwischen 12 Uhr. Venkataramayya hatte plötzlich Herzklopfen und legte sich ins Gras. Muruganar war verschwunden. Wir suchten nach ihm und fanden ihn hinter uns den Berg hochkriechen. Er hatte keine Kraft mehr zu gehen. Wir waren halb tot und hatten nicht einmal mehr die nötige Kraft, um miteinander zu sprechen. Ich war besorgt, weil wir das getan hatten, ohne Bhagavan Bescheid zu sagen. Wie konnte ich Bhagavan noch vor die Augen treten, wenn einem von uns etwas zustoßen sollte? In diesem Fall würde ich nach Nordindien auf Pilgerreise gehen und mein Leben beenden, indem ich nichts mehr essen und trinken würde, ohne Bhagavan nochmals zu sehen. Ich hatte bis dahin nie zu Bhagavan gebetet, aber diesmal tat ich es aus der Tiefe meines Herzens, um die Leute aus der Gefahr zu retten.

Gleich darauf hörten wir, wie jemand Holz hackte, und entdeckten in großer Entfernung einen Holzfäller. Da unsere Rufe ihn nicht erreichen konnten, winkte einer von uns mit seinem Oberkleid. Da zwei von uns Hose und Jacke trugen, glaubte er, wir seien Waldhüter, und wollte wegrennen. Da winkte ich ihm mit meinem ockerfarbenen Gewand zu, das ihm zeigte, dass wir Ashrambewohner waren und er sich nicht vor uns zu fürchten brauchte. Schließlich kam er zu uns.

Wir hatten alle Hoffnung aufgegeben, den Banyan-Baum ausfindig zu machen, und baten ihn, uns entweder auf den Berggipfel zu führen oder zu ›Seven Springs‹. Er sagte, es gäbe von hier aus keinen Weg auf den Berggipfel. Er könne uns nur zu ›Seven Springs‹ bringen und wir müssten durch drei tiefe Ströme waten. Er nahm einen nach dem anderen bei der Hand und half uns, die Ströme zu überqueren. Als wir drüben waren, setzten wir uns. Wir waren völlig erschöpft und konnten uns nicht mehr bewegen. Es begann leicht zu regnen, was sehr erfrischend war. Da sahen wir die Leute, die den Berg bestiegen hatten. Sie suchten nach uns. Schließlich entdeckten sie uns in unserem traurigen Zustand, und der Holzfäller brachte uns zu ihnen.

Wir boten einen schönen Anblick mit unseren zerrissenen Kleidern und Prellungen. Sie gaben uns Obst und wir ruhten uns etwas aus. Dann gingen wir zur Virupaksha-Höhle hinunter. Da wir in diesem Zustand Bhagavan nicht vor die Augen treten wollten, gingen wir erst bei Sonnenuntergang zum Ashram. Ich ging nach Palakothu, um zuerst zu baden. Der Jugendliche und Venkataramayya gingen jedoch sofort zu Bhagavan und verneigten sich in einigem Abstand vor ihm. Bhagavan sagte zu jenen in seiner Nähe: ›Seht bloß wie sie aussehen. Es muss ihnen etwas zugestoßen sein.‹

Da kam ich herein. Bhagavan fragte besorgt: ›Was ist geschehen? Diese beiden sind in einem fürchterlichen Zustand, blutverschmiert und mit zerrissenen Kleidern.‹ Da erzählte ich ihm alles. Bhagavan schalt mich: ›Wie kannst du so etwas tun? Wenn du mich gefragt hättest, hätte ich dir davon abgeraten. Ist es nicht falsch, seine Nase in die geheimen Orte zu stecken, wo die *Mahatmas* wohnen? Mich haben die Bienen heftig gestochen, obwohl ich dort unwillentlich eingedrungen bin. Danach ist es mir nie wieder in den Sinn gekommen, nochmals dorthin zu gehen. Es war mein Fehler, dass ich euch davon erzählt habe.‹«

Besessenheit

13.4.1949

Heute früh fragte Sri Rama Yogi: »Bhagavan, manche Leute behaupten von sich, dass sie *Jnanis* und Befreite sind, aber sie sitzen nicht still, sondern wandern ständig umher. Wie können sie da Befreite sein?«

Bhagavan: »Sind nicht *Narada* und andere ebenfalls Befreite? Was ist daran falsch, wenn ein Befreiter sich in der Welt bewegt? Alles geschieht dem *Prarabdha* entsprechend.

Frager: »Darum geht es nicht. Leute wie *Narada* sind durch die Welt gewandert und haben zum Wohl der Welt heilige Lieder gesungen, nachdem sie befreit waren. Aber diese Leute sind nicht so. Sie mischen sich überall ein. Sie sind voller Wünsche und Abneigung, behaupten aber von sich, *Jnanis* und Befreite zu sein. Wie ist das möglich?«

Bhagavan: »Ich verstehe. Das nennt man Besessenheit. Dieser Zustand wird im *Vasudeva Mananam* auf humorvolle Weise beschrieben.«

Narada geht in der Welt umher und spielt auf der Vina
von GE

Bhagavan ließ Venkatratnam das Buch bringen, wählte das entsprechende Kapitel aus und bat ihn es vorzulesen: »Hier ist es. Aber du darfst nicht dabei lachen.«

Venkatratnam unterdrückte sein Lachen und las vor, was diese Leute von sich sagen. Ich gebe hier nur einen kleinen Auszug wieder:

»Wer kann unsere Größe erkennen, außer so große Leute wie wir selbst es sind? Wir kennen die Vergangenheit, die Gegenwart und die Zukunft. Wir beschützen die Welt. Wir haben viel Geld verdient und es für gute Zwecke verwendet. Wir kennen die Wünsche eines jeden Menschen. Wir wissen, wann jemand in Schwierigkeiten kommt und wann jemand großen Reichtum erwirbt. Wir können in die Zukunft sehen. Ich bin ein *Siddha*! ich bin *Ishwara*! Wer ist größer als ich? Alle müssen mir dienen.«

In diesem Stil geht es weiter. Das Kapitel endet mit dem Fazit: »Gefühle wie Wünsche und Aversionen führen dazu, dass sich der Fortschritt des spirituell Suchenden verzögert. Deshalb müssen jene, die *Moksha* erlangen wollen, Selbstergründung üben und diese Gefühle aufgeben.«

Als Venkatratnam das Kapitel vorgelesen hatte, sah Bhagavan den Devotee an und sagte lachend: »Jetzt hast du es gehört.«

Lob und Tadel

14.4.1949

Im Sommer 1945 kam ein junger Europäer in die Halle. Bhagavan nahm gerade im Speisesaal eine leichte Erfrischung zu sich. Der junge Mann überreichte den Helfern einen Korb mit Obst und ging dann eilig in den Speisesaal hinüber. Dabei fiel ihm seine Geldbörse aus der Tasche, ohne dass er es bemerkte. Ein *Vishnu*-Anhänger hob ihn auf. Ein alter Mann sagte zu ihm, dass er dem Europäer gehöre, aber er erwiderte: »Ich bringe ihm den Geldbeutel.« Dann ging er in den Speisesaal und verschwand unbemerkt.

Als der Europäer in die Halle zurückkam, sagte er, dass er seinen Geldbeutel verloren habe. Da erzählte ihm der alte Mann von dem Trick des *Vishnu*-Anhängers. Die Leute suchten ihn überall, aber vergebens. Es waren 10 Rupien in der Börse.

Als ich kam, sagte Bhagavan mit einem Lächeln: »Dieser Herr hat dem *Vishnu*-Anhänger 10 Rupien geschenkt.«

Da meinte jemand: »Der Finder ist bestimmt glücklich, weil er glaubt, dass Bhagavan ihm das Geld gegeben hat.«

Bhagavan: »Und derjenige, der den Geldbeutel verloren hat, wird glauben, dass Bhagavan ihn gestohlen hat.«

Es trafen neue Devotees ein. Nachdem sie gebadet hatten, kamen sie mit einer großen Platte Obst und Süßigkeiten zu Bhagavan, verneigten sich vor ihm und setzten sich. Nach einer Weile standen sie wieder auf, weil sie zum Arunachala-Tempel wollten. Einer von ihnen erzählte mit gefalteten Händen: »Ich habe vor meiner Arbeit zu Bhagavan gebetet. Die Arbeit war erfolgreich, weil Bhagavan mir seine Gnade geschenkt hat.« Er lobte Bhagavan und ging dann mit den anderen zum Tempel.

Sobald er fort war, sagte Bhagavan zu uns: »Er war aufgrund seines vergangenen *Karmas* erfolgreich. Er behauptet, er sei durch Bhagavans Gnade geschehen. Ein anderer ist wegen seines *Karmas* nicht erfolgreich. Er wird Bhagavan schlecht machen, weil er ihm nicht geholfen hat. Ich werde getadelt und gelobt und muss beides akzeptieren.«

Gestern ereignete sich ein weiterer interessanter Vorfall. Unter der Post war ein englischer Brief, in dem alles Mögliche über Bhagavan behauptet wurde. Die Verantwortlichen im Ashram zeigten ihn Bhagavan, als er sich am Nachmittag ausruhte. Als Muruganar, Viswanatha Brahmachari und andere am Nachmittag kamen, erzählte Bhagavan ihnen von dem Brief und sagte zu Venkatratnam: »Geh ins Büro und hole ihn. Dann kann ihn jemand vorlesen.«

Venkatratnam zögerte und meinte, das sei unnötig.

Bhagavan: »Du lobst mich immer in den höchsten Tönen und sagst: ›Swami, Swami‹. Du wirst mehr über meine Rolle als Swami erfahren, wenn du diesen Brief liest.«

Doch Venkatratnam bewegte sich nicht von der Stelle.

Bhagavan: »Warum zögerst du? Ihr lest alle Briefe laut vor, in denen Bhagavan gelobt wird, damit jeder es hören kann. Warum diesen hier nicht?«

Dann wandte er sich uns zu. »Seht bloß, wie er sich benimmt. Wenn jemand schreibt, dass Bhagavan großartig ist, liest er es vor, aber diesen Brief will er nicht vorlesen. Warum?«

Muruganar meinte: »Lass es doch gut sein! Warum soll man ihn vorlesen?«

Bhagavan erwiderte nachsichtig lächelnd: »So ist das also! Ihr habt euch alle gegen mich verschworen.«

Das ist eine gute Illustration für die beiden Verse in der *Bhagavad Gita*:

»Jener ist frei von Anhaftung, der derselbe ist für Freund und Feind, wenn er gepriesen und geschmäht wird, wenn es heiß und kalt, angenehm und schmerzvoll ist. Jener ist Mir lieb, der Lob und Tadel gleichermaßen entgegennimmt, der gesammelt ist und zufrieden mit dem, was ungebeten kommt, der nicht an seinem Heim haftet, dessen Geist beständig ist und der Mir hingegeben ist.« (Gita XII, 18f)

Das Pathala-Lingam

Pathala-*Lingam*

10.5.1949

Kurz nach seiner Ankunft in Tiruvannamalai lebte Ramana in einem fensterlosen Gewölbe mit einem *Lingam* unterhalb der Tausendsäulenhalle des Arunachaleswara-Tempels.[130] Er war so sehr in sich selbst versunken, dass er nicht bemerkte, wie ihn die Insekten blutig stachen.

[130] Das *Patala-Lingam* ist ein fensterloser Schrein, in den sich Ramana zurückzog, da Jungen ihn ständig mit Steinen und Scherben bewarfen. Patala = Schlangenhöhle, Unterwelt; s. a. Ebert: Ramana Maharshi: Sein Leben, S. 36-39

Das Pathala-*Lingam* war seit langem in einem zerfallenen Zustand. Frau Talayarkhan hat es restaurieren lassen, und es wurde ein schöner Schrein daraus. Die Arbeiten waren bereits vor der Einweihung des Tempels der Mutter abgeschlossen. Die feierliche Eröffnung wurde aber erst am 4. Mai begangen.

Ein Devotee fragte Bhagavan: »Unter den Tausendsäulenhallen der Tempel gibt es normalerweise keinen Keller. Warum gibt es diesen hier?«

Bhagavan: »Es ist das Grab einer bedeutenden Persönlichkeit, über das man ein *Lingam* aufgestellt hat. Das *Lingam* stand lange bevor die Tausendsäulenhalle erbaut wurde. Man hat es nicht zerstört, sondern die Halle darüber errichtet. Später hat man Stufen zu dem Gewölbe hinab gebaut. Als ich dort lebte, war alles voller Staub. Außer dem Elefanten in der Tausendsäulenhalle und ich dort unten in dem Keller lebte hier keiner.«

Die personifizierte Arznei ist gekommen

12.5.1949

Vor etwa einer Woche hat Madhavi Amma in einem Brief geschrieben: »Ich habe gehört, dass Bhagavan immer schwächer wird. Ich bitte dich deshalb, dass du Tomaten- und Orangensaft trinkst.«

Bhagavan meinte: »Was für ein Vorschlag! Sie ist reich und kann es sich leisten. Aber wie könnte ich? Und überhaupt – wie kräftig und gesund ist sie, obwohl sie sich alles leisten kann? Ihr tut immer etwas weh. Warum trinkt sie ihn nicht selbst?«

Am selben Abend kam der Ayurveda-Arzt Dr. Ramachandra Rao aus Bangalore. Bhagavan sagte: »Ramachandra Rao kommt. Er hat bestimmt irgendeine Arznei mitgebracht. Wenn ich ihn sehe, kommt es mir so vor, als ob ich eine Arznei vor mir habe und keinen Menschen.«

Inzwischen war Ramachandra Rao hereingekommen, stellte eine große Flasche vor Bhagavan hin und verneigte sich. Kaum hatte er sich wieder erhoben, sagte Bhagavan lachend: »Habe ich euch nicht gesagt, dass die personifizierte Arznei gekommen ist?«

Ramachandra Rao sagte ehrerbietig: »Es ist keine Arznei, Bhagavan. Es ist ein aufbauendes Tonikum. Bhagavan ist ausgezehrt. Es wird dir Kraft geben.«

Bhagavan: »Das ist ja schön und gut, aber wenn man davon kräftig wird, warum nimmst du es dann nicht selbst? Sieh doch nur, wie schwach du bist! Nimm es zuerst selbst und werde kräftig und stark, dann können wir über mich nachdenken.«

Dann wandte er sich uns zu und scherzte: »Seht ihn bloß an. Er kann nichts für seine eigene Gesundheit tun, aber er will meine verbessern.«

Der Arzt wusste nicht, was er erwidern sollte, und ging ins Büro.

Am folgenden Tag ließ Bhagavan an jeden von uns eine kleine Dosis des Tonikums verteilen und nahm selbst auch eine. Er sagte: »Dieser Ramachandra Rao ist schwächer als wir alle. Gebt ihm eine doppelte Portion. Dann kann er sehen, ob er dadurch kräftiger wird.«

Einige Tage später kam der Unternehmer Satagopa Naidu aus Bangalore und brachte einige Flaschen Limonade mit. Er ließ sie Bhagavan bringen und ausrichten, er möge im Sommer täglich davon nehmen, da es den Körper stärke.

Satagopa bleibt immer monatelang im Ashram, spendet tausende von Rupien, geht aber nie zu Bhagavan. Wenn du nach dem Grund fragst, weiß ich keine Antwort. Vermutlich ist das auch eine Art von Hingabe.

Als Bhagavan die Limonadeflaschen sah, lachte er. »Ramachandra Rao und er müssen sich abgesprochen haben. Wozu das alles? Er ist reich und kann es sich leisten. Bitte sag ihm, er möge die Flaschen in seinem Zimmer aufbewahren und jeden Tag davon trinken.«

Ein Herr meinte: »Anscheinend hat er sie für Bhagavan gebracht.«

Da ließ sich Bhagavan ein großes Gefäß mit Wasser bringen und füllte es mit der Limonade auf. Dann ordnete er an, an alle ein Glas davon zu verteilen und an Satagopa zwei, damit er wieder zu Kräften käme.

Wenn es etwas zu essen gibt, das nicht so begehrt ist, wie etwa Brei oder kalter Reis, nimmt Bhagavan davon den größten Teil. Wenn es Delikatessen wie Süßigkeiten sind, die jeder mag, nimmt er nur eine kleine Portion.

Studium der Veden

16.5.1949

Wenn Dr. Srinivasa Rao da ist, singt er beim *Parayana* mit den Jungen der Sanskrit-Schule mit. Vor einigen Tagen tat er das wieder. Er trug seinen *Dhoti* nach Art der *Brahmacharis*. Bhagavan hatte das bereits in der Vergangenheit beobachtet, aber nichts gesagt. Heute Abend lachte er in sich hinein. Sobald das *Parayana* vorüber war, fragte er ihn: »Trägst du deinen *Dhoti* sonst auch so oder auf die orthodoxe Art?«[131]

Arzt: »Normalerweise trage ich ihn auf die orthodoxe Art. Ab morgen werde ich ihn wieder richtig tragen.«

Bhagavan: »Darum geht es nicht. Die Gelehrten, die zum *Parayana* kommen, tragen ihren *Dhoti* auf orthodoxe Art. Du bist verheiratet. Ich möchte nur wissen, ob du ihn sonst auch so trägst.«

Arzt: »Nein, Bhagavan. «

Seit diesem Tag trug er seinen *Dhoti* nur noch, wie es für verheiratete Männer üblich ist. Bhagavan bemerkte das und lachte in sich hinein.

1938 schrieb ein Devotee namens Sankaran Bhagavans Biographie in Malayalam und brachte sie zu ihm, damit er sie durchsah, bevor sie veröffentlicht wurde. Bhagavan machte einige Korrekturen. Es stand in dem Buch, dass Bhagavan gesagt habe, alle Kasten dürften die *Veden* studieren. Bhagavan meinte, es müsse heißen, dass alle Kasten die *Veden* praktizieren könnten, nicht studieren.

Weltliche Verpflichtungen

17.5.1949

Rajamma, eine junge Frau, die immer wieder den Ashram besucht hatte, mietete sich kürzlich ein Haus in Ramana Nagar und lebte dort alleine. Sie hatte mit ihrem Mann Differenzen und da sie kinderlos war, ging sie von ihm fort, um künftig bei Bhagavan zu sein. Sie war die einzige Tochter ih-

[131] Die Art, wie verheiratete Männer ihren *Dhoti* tragen, nämlich ein Ende des Tuchs zwischen die Beine geschlungen und am Rücken befestigt.

rer Eltern. Vielleicht waren sie zu alt oder es gab einen anderen Grund, dass sie nicht bei ihr wohnen konnten. Sie waren der Ansicht, dass es unpassend sei, wenn ihre Tochter hier alleine lebte, und schrieben ihr, sie möge entweder bei ihrem Mann oder bei ihnen wohnen.

Sie erzählte es Bhagavan und sagte, sie wolle nicht zurück. Bhagavan schwieg zunächst, als habe er sie nicht richtig gehört. Schließlich sagte er: »Sieh her, du hast Eltern, die dich bei sich haben wollen, aber du willst unbedingt hier bleiben. Du kannst tun was du willst. Bleibe, wenn du willst, oder gehe. Warum erzählst du mir das alles? Deine Eltern waren oft hier. Wenn sie kommen und mich fragen: ›Swami, was soll das?‹, was soll ich ihnen dann antworten?«

Aufgebracht über seine Worte ging sie hinaus. Bhagavan sagte zu Ramachandra Iyer: »Wenn die Eltern wollen, dass sie entweder bei ihrem Mann oder bei ihnen bleibt, warum erzählt sie mir dann das alles? Was kann ich tun? Werden sie nicht glauben, dass Swami sie bei sich zurückhält, anstatt ihr einen guten Rat zu geben? Ihre Eltern sind alt. Sie ist das einzige Kind. Wer hat sie geheißen, ihre Pflichten zu vernachlässigen und hier alleine zu wohnen? Wer hat sie geheißen herzukommen?«

Du weißt ja, dass ich in der ersten Zeit, als ich hier wohnte, immer zu euch kam, wenn es nötig war, und dann wieder zurückkehrte. 1945 schriebst du mir, dass meine Schwägerin krank sei und dass sie mich sehen wollte, aber du hast mich nicht gebeten zu kommen. Ich las Bhagavan den Brief vor und sagte, ich würde dir zurückschreiben und deine Antwort abwarten, doch er war damit nicht zufrieden. Da beschloss ich, noch am selben Abend aufzubrechen. Bhagavan antwortete: »Ja, das ist gut.«

Vor einiger Zeit hatte ein junger Mann mit seinen Eltern eine Auseinandersetzung, weil er nicht heiraten wollte, und kam hierher. Er setzte sich beim Essen immer auf die Seite der Nicht-Brahmanen. Der *Sarvadhikari* war damit nicht einverstanden und bat ihn, sich auf die Seite zu setzen, die für die Brahmanen reserviert ist. Aber er kümmerte sich nicht darum, sondern meinte, dass es ja bei Bhagavan keine Kastenunterschiede gäbe. Der *Sarvadhikari* erwiderte: »Für Bhagavan gibt es keine Unterschiede, denn er hat sich von allem losgesagt, aber kannst du ihm das Wasser reichen? Was würden deine Eltern dazu sagen?«

Der junge Mann hörte nicht auf, seine Einwände vorzubringen. Sie stritten sich heftig. Bhagavan beobachtete das alles schweigend. Da konnte sich der junge Mann nicht mehr beherrschen und sagte zu Bhagavan: »Sollten in Bhagavans Gegenwart nicht alle Kastenunterschiede abgelegt werden?«

Bhagavan: »Ist das alles, was du noch ablegen musst? Heißt das, du hast schon alles andere abgelegt? Wenn dem so ist, kann auch das abgelegt werden. Aber wo ist die Frage, etwas abzulegen? Es verschwindet von selbst. Was meinst du? Hast du schon alle anderen Schwierigkeiten abgelegt?«

Da setzte sich der junge Mann auf die Seite der Brahmanen, ohne noch etwas zu sagen.

Später heiratete er. Er hat jetzt Kinder und einen Beruf und kommt immer wieder zu Bhagavans *Darshan*.

Gleichheit

22.5.1949

Da die Neue Halle vor dem Tempel der Mutter nahezu fertig ist, bat der *Savadhikari* Bhagavan, er möge fortan dort bleiben. Am Nachmittag des 20. Mai, als Bhagavan in der Neuen Halle seinen Platz einnahm, war es dort ungewöhnlich geschäftig. Von der Veranda aus sah ich Bhagavan auf dem Sofa sitzen. Sein Gesicht strahlte nicht wie sonst und ich fragte mich, was der Grund dafür sein könnte. Der *Savadhikari*, dessen Freunde und einige bedeutende Ashram-Angestellte waren bei ihm.

Ich wagte mich nicht hinein und blieb auf der Veranda stehen. Zehn Minuten später gingen alle wieder, außer dem Gehilfen Sivanandam und ein paar Leuten, die in einigem Abstand zu Bhagavan saßen. Da ging ich hinein und verneigte mich vor Bhagavan. Er sagte: »Siehst du das? Sie haben mich in diesen vier Wänden eingesperrt. Sie haben mich zu einem Gefangenen gemacht, indem sie verhindern, dass die Leute hereinkommen.« Er starrte zur Decke hinauf, die ohne jegliche Öffnung war. »Wie können die Streifenhörnchen hereinkommen?«

Ich war über diese Art, die Dinge zu betrachten, völlig verdutzt.

Sivananandam sagte: »Der *Sarvadhikari* und die anderen dachten, dass Bhagavan vor Regen und Sonne geschützt wäre, wenn er sich hier aufhält.«

Bhagavan antwortete mit bebender Stimme: »Wenn wir uns um unsere eigene Annehmlichkeit kümmern, geschieht das dann nicht auf Kosten anderer? Streifenhörnchen, Affen, Pfauen, Kühe und andere Tiere können hier nicht herein. Bedeutet das nicht, dass wir sie all ihrer Rechte beraubt haben? Die Leute denken, es wäre für den Swami ein großes Glück, hier zu wohnen. Was also können wir tun?«

Nach einer Weile kamen reiche Leute herein und setzten sich Bhagavan gegenüber hin. Danach kamen arme Leute, aber sie getrauten sich nicht herein. Bhagavan beobachtete das durchs Fenster und sagte zu seinem Gehilfen: »Sieh dir diese Leute an. Du hast gesagt, dass es hier jede Annehmlichkeit für die Menschen gibt. Aber gilt das für alle? Reiche Leute sind es gewohnt, große Gebäude mit Beleuchtung, Ventilatoren, Schiebetüren und mit anderem imponierenden Mobiliar zu sehen und kommen deshalb ohne Zögern herein. Aber arme Leute wie ich werden zögern hereinzukommen, da sie meinen, dass dies ein Ort sei, wo nur reiche Leute leben. Sie fürchten sich davor, was die Leute sagen werden, wenn sie hereinkommen, und gehen deshalb schweigend weg wie diese Leute, die ihr durchs Fenster spähen seht. Gibt es hier einen Platz für sie? Diese armen Leute! Was für ein Jammer!«

Als am Abend die Zeit für die Fütterung der Tiere kam, sagte er zu seinem Helfer: »Sie denken vielleicht, dass der Swami sie verlassen hat und weggegangen ist. Wie traurig ist das! Bitte geh und gib ihnen wenigstens etwas zu fressen und komm dann zurück.«

Sobald sie zurück waren, fragte er besorgt: »Hast du sie alle gefüttert? Sie werden vielleicht glauben, dass der Swami sie verlassen hat und weggezogen ist, irgendwohin, wo er allein glücklich leben kann. Vielleicht denken sie, ich habe sie vergessen. Sie haben keine Möglichkeit, hier hereinzukommen. Was kann man machen?«

Wenn Tiere zu ihm kommen, pflegt er zu sagen: »Wir wissen nicht, wer sie in Wirklichkeit sind.« Sie waren ihm nie gleichgültig. Wenn einer der Helfer ihnen nicht die nötige Aufmerksamkeit schenkte, ließ er das nicht durchgehen, sondern sagte: »Das ist schlecht. Ihr seht nur die äußere Hülle des Körpers, aber nicht die wirkliche Person im Innern. Ihr glaubt, dass ihr groß seid und sie sind klein, und deshalb wollt ihr sie verscheuchen. Sie sind aber genauso hergekommen wie wir. Warum also sollten sie nicht die gleichen Rechte wie wir haben?«

Cashewnüsse für die Streifenhörnchen

23.5.1949

An einem Nachmittag 1946 wurden Appetithappen unter den Devotees verteilt. Da kamen die Affen zum Fenster bei Bhagavans Sofa. Bhagavan bat seine Gehilfen, etwas davon den Affen zu bringen, da es ihnen sehr schmecken würde. Doch sie kamen leer aus der Küche zurück. Das Küchenpersonal hatte gesagt, sie hätten zu wenig davon, um auch noch die Affen damit zu füttern.

Ein Devotee: »Es ist alles rationiert.

Bhagavan: »Wenn wir unseren Anteil bekommen, warum dann die Affen nicht? Das Problem wäre gelöst, wenn die Affen auch eine Lebensmittelkarte bekämen. Sie mögen diese Dinge sehr. Wenn sie nichts davon bekommen, warum sollten wir es haben? Seht bloß, wie diese Kinder uns beim Essen zuschauen.«

Da bekamen die Affen ihren Anteil. Seitdem nimmt Bhagavan nur dann etwas entgegen, wenn die Affen ihren Anteil bekommen haben.

Bei Festen wie *Jayanthi* und *Maha Puja* achtet Bhagavan darauf, dass für die Affen Essen beiseite getan wird. Er macht Klöße daraus, legt sie in einen Korb und bringt sie nach Palakothu. Dort setzt er sich hin und verteilt sie unter den Affen, was ihm große Freude bereitet.

Weißt du, was an einem Vormittag 1946 geschah? Streifenhörnchen kamen zu Bhagavans Sofa, um ihre Cashewnüsse zu bekommen. Doch die Nüsse in der Dose waren alle. Man gab ihnen Erdnüsse, aber sie fraßen sie nicht und zeigten auf alle mögliche Weise, dass sie unzufrieden waren. Bhagavan sagte: »Ihr Lieben, wir haben keine mehr. Was soll ich machen?« Aber sie gaben keine Ruhe und krabbelten über seine Hände und Beine. Da bat er Krishnaswami nachzusehen, ob es im Lagerraum noch Cashewnüsse gäbe. Krishnaswami kam mit ein paar Nüssen zurück.

Bhagavan: »Ist das alles?«

Krishnaswami erklärte, dass es zum Abendessen *Payasam* gäbe und die Küche nur so viel erübrigen könne.

Verärgert sagte Bhagavan: »Ich sehe schon. Das *Payasam* wird nicht so gut schmecken, wenn man etwas weniger Cashewnüsse hineingibt. Was für ein Jammer! Diese Streifenhörnchen mögen keine anderen Nüsse und plagen mich. Die Verantwortlichen für den Lagerraum geben keine her, weil man sie fürs *Payasam* braucht. Doch wen würde es kümmern, wenn im *Payasam* keine Cashewnüsse wären? Sieh bloß, wie sich diese Kinder quälen, weil sie Cashewnüsse wollen.«

Da wanderten die Cashewnüsse, die fürs *Payasam* gedacht waren, in die Mägen der Streifenhörnchen und in die leere Nussdose.

Am selben Abend brachte Dr. Anantanarayana Rao Cashewnüsse für die Streifenhörnchen mit. Bhagavan sagte zu Krishnaswami: »Sie bekommen was sie wollen. Du brauchst nicht mehr darum zu betteln. Diese Cashewnüsse gehören ihnen. Bewahre sie sorgfältig auf und gib Acht, dass sie nicht in den Lagerraum kommen.«

Eines Morgens im Januar 1947 kam Lakshmi in die Halle gerannt. Sie war voller Dreck, aus ihrer Nase floss Blut und der Strick um ihren Hals war abgerissen. Sie ging direkt zu Bhagavans Sofa. Die Gehilfen waren empört, dass sie voller Dreck hereingekommen war. Bhagavan sagte jedoch voller Zuneigung: »Lasst sie kommen. Was macht es aus, wie sie aussieht?«

Dann sagte er zu ihr: »Komm her meine Liebe, komm.«

Er strich ihr leicht über den Körper, tätschelte sie am Nacken und schaute ihr ins Gesicht. »Was ist das? Da ist Blut!«

Einer der Gehilfen: »Sie haben ihr ein Seil durch die Nase gebohrt.

Bhagavan: »Ach, das ist der Grund. Ist es für sie nicht sehr schmerzhaft? Deshalb ist sie hergerannt, um sich bei mir zu beschweren, ohne sich vorher zu waschen. Was kann man machen? Gib ihr ein paar *Iddlies* oder etwas anderes.«

Die Gehilfen gaben ihr ein paar Bananen. Ich ging in die Küche und brachte ihr *Iddlies*. Da war sie zufrieden und ging an ihren Platz zurück.

Als wir alle wieder in der Halle saßen, sah Bhagavan seine Gehilfen an und meinte: »Kommt ihr nicht alle zu mir und erzählt mir von euren Sorgen? Sie hat dasselbe getan. Warum regt ihr euch dann darüber auf, dass sie voller Dreck ist? Wenn wir Sorgen haben, denken wir dann daran, ob unsere Kleider sauber sind und unser Haar ordentlich gebürstet ist?«

Da die Eröffnungsfeierlichkeiten des Pathala-*Lingam* am 4. Mai stattfinden sollte und der Platz für die Gäste nicht ausreichte, hatte man ein Pandal errichtet. Es wurde fürs *Veda-Parayana* benutzt. Die Frauen fanden dort ihren Platz. Es ist ringsum von Crotons und Khus-Khus umgeben, das regelmäßig gewässert wird. Daher ist es dort relativ kühl.

Wenige Tage nachdem das Pandal errichtet worden war, kam ich nachmittags etwas früher als sonst. Außer Bhagavan war niemand da. Ich verneigte mich vor ihm und setzte mich in das Pandal. Da kam eine große grüne Schlange zwischen den Crotons bei Bhagavans Sofa hervor und kroch auf das Dach des Pandals. Dort machte sie es sich bequem. Ich hatte keine Angst. Bhagavan sagte lächelnd: »Sie ist hergekommen, weil es hier kühl ist.«

Ich: »Wie lange tut sie das schon?«

Bhagavan: »Sie kommt immer, wenn ich nach dem Mittagessen hierher zurückkehre. Sie kriecht im Pandal und in den Crotons herum. Sie kommt seit drei Tagen und verschwindet um halb drei wieder.«

Ich: »Es muss eine große Seele sein. Sie kommt in dieser Form, um Bhagavan zu dienen, wenn er alleine ist.«

Da kam Krishnaswami herein.

Krishnaswami: »Was soll ich bloß machen? Diese Schlange kommt jeden Tag und Bhagavan sagt, wir sollen sie nicht vertreiben.«

Bhagavan: »Was macht es schon aus? Was tut sie uns?«

Krishnaswami: »Bis jetzt hat sie uns noch nichts getan, aber es kommen Leute hierher. Ist es nicht riskant?«

Bhagavan: »Aber um halb drei geht sie wieder.«

Krishnaswami: »Jetzt macht es nichts, aber während des Festes kommen beständig Leute herein.«

Bhagavan: »Das also befürchtest du?«

Ich sagte: »Sie kommt her, um Bhagavan zu dienen. Wenn sie in dieser Gestalt kommt, wird es vermutlich Schwierigkeiten mit den Leuten geben.«

Bhagavan meinte: »Mag sein.« Dann sah er die Schlange eine Weile an. Daraufhin glitt sie schnell vom Pandal herunter und verschwand im Blumengarten. Die Uhr schlug die halbe Stunde und die Devotees kamen. Wir haben die Schlange nie wieder gesehen.

Der Helfer der Hilflosen

24.5.1949

Bis 1943 war in der Alten Halle auf der Südseite, Bhagavans Sofa gegenüber, eine Tür. Devotees kamen hier herein, hatten *Darshan* und gingen zur nördlichen Tür wieder hinaus. Mit der Zeit wurden es mehr Besucher. Arme Frauen kamen mit ihren Kindern und die Kinder machten auf den Boden. Die Mütter hatten keinen Lappen dabei, um es wegzuwischen, und selbst wenn man ihnen einen Lappen gab, machten sich einige der modernen Frauen nicht die Mühe, es aufzuwischen. Deshalb mussten Bhagavans Gehilfen alles sauber machen. Sie waren dessen überdrüssig und dachten darüber nach, wie man solche unzivilisierten Leute davon abhalten könnte, in die Halle zu kommen. Sie trafen Vorkehrungen, die Frauen künftig auf der Veranda unterzubringen. Als ich davon erfuhr, bereitete mir das großen Kummer. Ich sagte zu ihnen: »Nur weil sich einige Leute unzivilisiert benehmen, wollt ihr alle Frauen bestrafen und sie davon abhalten, in der Halle zu sitzen. Wir vertrauen Bhagavan und sind von weither zu ihm gekommen. Bitte bestraft uns nicht alle. Ich werde die Halle sauber halten.«

Fortan kümmerte ich mich um diese Arbeit, aber sie waren immer noch nicht zufrieden. Eines Tages gingen sie zu Bhagavan und sagten, dass die Frauen künftig draußen sitzen sollten. Bhagavan fragte, warum die Männer in der Halle sitzen sollten, wenn die Frauen dort nicht sitzen konnten. Sie begründeten es mit den Schwierigkeiten, die sie mit den Frauen hatten. Bhagavan meinte: »Ich muss nicht hier in der Halle sitzen. Ich kann auch unter dem Mandelbaum draußen sitzen. Dann können die Kinder machen was sie wollen und keiner muss sich deswegen sorgen.«

Da gaben sie ihren Versuch auf, die Frauen zu isolieren. Die südliche Tür wurde in ein Fenster umgebaut und ein Fenster in eine Tür. Die Frauen bekamen nun Bhagavan gegenüber ihren Platz.

Etwas Ähnliches geschah 1946, als ich während eines Festes für die Frauen zuständig war. Bhagavan hatte seinen Platz in die Jubiläumshalle verlegt. Um das Sofa wurde ein Seil gespannt, das die Leute, die um die Mittagszeit aus den Dörfern kamen, abhalten sollte. Die Leute waren sehr müde, wenn sie zu Bhagavan kamen. Einige streckten sich auf dem Boden aus, andere sprachen laut über ihre Angelegenheiten und andere legten sich hin und schnarchten. Das war immer zwischen 12 und 2 Uhr. Die Mütter schliefen, während sie ihre Kinder stillten, und die anderen Kinder spielten überall. Als die Helfer diese Leute wegschicken wollten, sagten Bhagavan: »Arme Leute! Sie müssen weit gelaufen sein. Sie ruhen sich jetzt etwas aus. Wie könnt ihr sie wegschicken? Lasst sie da bleiben.«

Ich kam immer kurz nach 2 Uhr, wenn diese Leute wieder gingen. Krishnaswami und andere mussten dann alles saubermachen. Sie wollten das nicht länger hinnehmen, und Krishnaswami bat Bhagavan, die Mittagszeit in der Halle zu verbringen, doch er war damit nicht einverstanden.

Krishnaswami: »Wer soll hier sauber machen?«

Bhagavan: »Man sollte den Frauen sagen, dass sie alles wegputzen und künftig besser aufpassen sollen.«

Krishnaswami: »Wer soll ihnen das sagen? Wir sollten weibliche Freiwillige haben, die sich um die Frauen kümmern.«

Bhagavan sah mich lächelnd an und sagte: »Da ist unsere Freiwillige. Warum sagst du, dass wir keine haben?«

Ich: »Werden sie auf mich hören?«

Bhagavan: »Warum nicht? Die Besucher werden bestimmt deinen Anweisungen folgen.«

Ich: »Gut, dann werde ich es tun.«

Bhagavan: »Die armen Leute! Sie kommen her, weil sie Swami sehen wollen. Sie sollten es hier bequem haben.«

Ich kümmerte mich fortan um diese Arbeit. Es funktionierte hervorragend und die Ashramverwaltung unterstützte mich. Bhagavan wollte den armen

Leuten während des zehntägigen Festes seinen *Darshan* geben und sorgte sich um sie. Da dachte ich, dass auch ich ihnen diesen Dienst schuldig sei.

Wie du weißt, geht Bhagavan an *Jayanti*, *Maha Puja* und bei anderen festlichen Anlässen nicht zum Essen, solange nicht die Armenspeisung zur Hälfte vorüber ist. In der Vergangenheit hat er erst mit der letzten Gruppe gegessen. Bevor der Gong zum Essen läutete, wurden Reis und andere Gerichte in Bälle geformt und unter den Armen verteilt. Diese Sitte bestand lange. Seit kurzem erhalten die Armen erst während der Mahlzeiten im Speisesaal oder kurz danach ihr Essen.

Eines Tages sah Bhagavan einen armen Mann, der unter dem Baum stand, wo sich die Armen versammeln, und vergeblich versuchte, seinen Anteil zu bekommen. Als am nächsten Tag der Gong zur Mahlzeit schlug, stand Bhagavan auf, ging dorthin und sagte: »Wenn ihr ihnen nicht zuerst zu essen gebt, werde ich nicht in den Speisesaal kommen. Ich werde zusammen mit ihnen unter diesem Baum stehen, meine Hände wie sie nach Essen ausstrecken, essen, was man mir gibt, und dann sofort in die Halle zurückkehren.«

Seitdem werden die Armen zuerst gespeist, bevor der Gong zum Essen in den Speisesaal ruft.

Im Februar 1947 kam ein Armer in die Halle und stand vor Bhagvans Sofa. Da Bhagavan schrieb, bemerkte er ihn nicht. Die Gehilfen baten ihn, hinaus zu gehen, aber er ging nicht. Sie sagten: »Dann setze dich wenigstens hin.« Aber er bewegte sich nicht von der Stelle. Da sah Bhagavan auf und sah ihn fragend an. Der Arme sagte: »Swami, ich möchte nichts von dir. Mein Magen brennt vor Hunger. Bitte sorge dafür, dass man mir eine Handvoll Reis gibt.« Einer der Gehilfen sagte: »Musst du Bhagavan um so eine Kleinigkeit angehen?« und nahm ihn mit in die Küche.

Als sie weg waren, sah Bhagavan alle in der Halle an und sagte: »Habt ihr das gesehen? Weil er sehr arm ist, hat er nur diesen einen Wunsch, sich satt zu essen, weil sein Magen vor Hunger brennt. Dann wird er zufrieden sein und gehen. Er wird sich unter einen Baum legen und glücklich schlafen. Wir sind nie so zufrieden wie er. Wir haben jede Menge Wünsche. Wenn ein Wunsch erfüllt ist, kommt der nächste. Wie können all unsere Wünsche befriedigt werden?«

In der Neuen Halle

Sri Ramana in der Neuen Halle

3.6.1949

Die Arbeiten an der Neuen Halle waren beendet. Einige Devotees waren der Ansicht, dass die Jubiläumshalle bequemer für Bhagavan sei, doch der *Sarvadhikari* wollte, dass Bhagavan in der Neuen Halle bleiben sollte. Er kam mit seinen Gehilfen und sagte, dass am 1. Juni sein Sofa in der Neuen Halle vorbereitet werden würde und dass er dann dauerhaft seinen Platz dort einnehmen sollte. Bhagavan antwortete: »Was habe ich schon zu sagen? Ich werde mich hinsetzten wo ihr wollt.«

Am 1. Juni wurde die Neue Halle festlich geschmückt. Das steinerne Sofa erhielt eine Matratze mit einem Seidenbezug, ein großes Kissen und eine Satindecke. Dann wurde im Tempel der Mutter die *Puja* gefeiert. Als Bhagavan vom Kuhstall zurückkam, wurde er unter Gesängen in die Neue Halle geführt und gebeten, auf dem Sofa Platz zu nehmen. Dann wurde das ›Na Karmana‹, und andere *Mantren* gesungen und Kampferlichter geschwenkt. Die Devotees verneigten sich vor Bhagavan und er setzte sich auf das Sofa.

Das Glück eines unabhängigen Lebens

3.6.1949

Am Nachmittag ging ich in die Neue Halle und wartete, bis Bhagavan zurückkam. Die Seidenmatratze auf seinem Sofa war rutschig, weil sie neu war. Drei Kissen lagen darauf, die viel Platz wegnahmen. Als ich mich noch fragte, wie Bhagavan dort bequem sitzen konnte, kam er herein, setzte sich auf die Matratze und presste seine Hand dagegen. Dann sagte er zu seinen Gehilfen: »Seht bloß, wie diese Matratze hin- und herrutscht. Die Leute denken, dass es für Bhagavan bequem ist, wenn er eine teure Matratze hat. Aber man kann nicht bequem darauf sitzen. Es wäre viel bequemer, wenn ich direkt auf dem steinernen Sofa sitzen würde. Ich bin mit dieser Matratze und diesen Kissen nicht so glücklich wie ich es war, als ich auf der Plattform in der Virupaksha-Höhle, die ich selbst erbaut habe, saß und schlief. Die Leute denken, dass der Swami ein entbehrungsreiches Leben führt, wenn er in einer strohgedeckten Hütte lebt und auf einer steinernen Bank schläft, und machen viel Wirbel darum. Es wäre vielleicht besser, ich würde es so wie der *Sadhu* in der Geschichte machen, einige Steine sammeln und sie auf die Matratze legen. In der Virupaksha-Höhle war es eine steinerne Plattform, in der Jubiläumshalle und hier ist es ein steinernes Sofa. Das einzige Hindernis zwischen mir und dem Sofa ist diese Matratze. Diese drei Kissen sind fast so hart wie Steine. Es ist beinahe wie in der Geschichte von diesem *Sadhu*, nur dass ich keine Steine herbringen muss, sondern bereits ein Bett aus Steinen habe.«

Devotee: »Kannst du uns die Geschichte vom *Sadhu* erzählen?«

Bhagavan: »Ein *Mahatma* lebte als *Sadhu* unter einem Baum im Wald. Er hatte immer drei Steine bei sich. Zum Schlafen legte er einen Stein unter den Kopf, den zweiten unter die Taille und den dritten unter die Füße und bedeckte sich mit einem Laken. Wenn es regnete wurde er von unten nicht nass, da er auf den Steinen lag, und auch von oben nicht, da das Wasser vom Laken abfloss. So schlief er fest und ungestört. Wenn er sich hinsetzen wollte, legte er die drei Steine zusammen und setzte sich bequem darauf. Schlangen und andere Reptilien krochen unter den Steinen hindurch und störten ihn nicht, und er störte sie nicht. Jemand brachte ihm das Essen, und so musste er sich um nichts sorgen.

Da kam ein König zum Jagen in den Wald. Als er den *Sadhu* sah, dachte er: ›Wie sehr muss er doch leiden, wenn er auf diesen Steinen sitzt und schläft. Ich muss ihn wenigstens für ein paar Tage beherbergen und ihn verwöhnen.‹ Mit diesem Gedanken ging er nach Hause und schickte zwei Soldaten sowie eine Sänfte mit Trägern zu dem *Sadhu*. Sie sollten ihn in den Palast einladen, doch falls er nicht mit ihnen kommen würde, wollte er sie bestrafen.

Die Soldaten baten den *Sadhu* mitzukommen, und als er ablehnte, erzählten sie ihm, dass sie bestraft werden würden, wenn sie ohne ihn zurückkämen. Da er nicht wollte, dass sie in Schwierigkeiten gerieten, stimmte er zu. Er packte die drei Steine und sein Lendentuch in das Laken und machte daraus ein Bündel. Die Soldaten dachten: ›Dieser Swami nimmt Steine mit in den Königspalast. Ist er verrückt?‹

Der *Sadhu* stieg mit seinem Bündel in die Sänfte und wurde zum König gebracht. Als der König das Bündel sah, dachte er, es enthielte seine persönliche Habe, und hieß ihn respektvoll in seinem Palast willkommen. Er gab ihm eine reiche Mahlzeit und ließ ihm eine Liege mit einer seidenen Matratze herrichten. Da öffnete der *Sadhu* sein Bündel, nahm die drei Steine heraus, legte sie aufs Bett, bedeckte sich mit seinem Laken und schlief wie immer.

Am nächsten Morgen kam der König und fragte: ›Swami, ist es hier für dich bequem?‹ Der Swami erwiderte: ›Ja, doch was soll ich hier? Ich bin immer glücklich.‹ König: ›Das meine ich nicht. Du hast im Wald ein hartes Leben geführt und auf Steinen geschlafen. Dieses Bett und dieses Haus müssen dich glücklich machen. Deshalb frage ich.‹ Swami: ›Ich habe hier dasselbe Bett wie dort und andersherum. Also bin ich überall glücklich. Ich habe keinen Wunsch, weder was meinen Schlaf angeht noch mein Glück.‹

Der König war verblüfft. Als er die Steine auf dem Bett bemerkte, verneigte er er sich vor dem *Sadhu* und sagte: ›Heiliger Mann, ohne dass ich wusste, wie groß du bist, habe ich dich herbringen lassen, um dich glücklich zu machen. Ich wusste nicht, dass du immer glücklich bist, und habe mich töricht benommen. Bitte verzeih mir und segne mich.‹ Und er erlaubte dem *Sadhu* zu gehen.

Das ist die Geschichte vom *Sadhu*.«

Devotee: »Demnach ist für die *Mahatmas* dieses freie Leben das wahrhaft glückliche?«

Bhagavan: »Ja. Ein Leben in diesen großen Gebäuden ist wie ein Leben im Gefängnis, nur dass ich ein Erster-Klasse-Gefangener bin. Wenn ich auf dieser Matratze sitze, ist es, als säße ich auf einem Feigenkaktus. Wo ist hier Friede und Bequemlichkeit?«

Am nächsten Tag wurde die Matratze entfernt und die alte Matratze auf das Sofa gelegt. Einige Leute dachten, dass es besser für Bhagavan wäre, wenn er, wie der *Sadhu* in der Geschichte, ein freies Leben führen könnte. Aber er muss hier bleiben, wie ein Papagei im Käfig der Devotees, denn die Devotees lassen ihn nie frei.

Der Ventilator

4.6.1949

Gestern Abend hatten Devotees alle Ventilatoren in der Neuen Halle anstellen lassen, es sich bequem gemacht und auf Bhagavans Rückkehr gewartet. Als Bhagavan hereinkam, fragte er seine Gehilfen, wer die Ventilatoren angestellt habe. Sie zeigten auf die Leute. Bhagavan erwiderte: »Ich verstehe. Wenn es ihnen zu heiß ist, hätte es genügt, nur den Ventilator über ihnen anzustellen. Warum habt ihr alle angemacht?«

Gehilfen: »Sie sagten, es wäre angenehm, wenn alle angestellt würden.«

Bhagavan: »Ist das so. Wie viel Strom verbrauchen diese Ventilatoren! Das gibt eine teure Rechnung. Genug damit! Schaltet sie aus.«

Krishnaswami: »Sie bitten, ob man sie wenigstens während des *Veda-Parayana* anlassen kann.«

Bhagavan: »Sie sind reich und können es sich leisten, unter Ventilatoren zu sitzen. Doch wozu brauchen wir sie? Wir haben den Fächer und unsere Hände. Schaltet sie alle aus.«

Da schalteten die Gehilfen alle Ventilatoren aus, außer den einen über diesen Leuten.

Vor einigen Jahren brachte jemand einen elektrischen Ventilator und bat Bhagavan, ihn zu benutzen. Er meinte: »Wozu dieser Ventilator! Hier ist unser gewöhnlicher Fächer. Wir haben Hände. Ich kann mir selber Luft zufächeln, wenn es nötig ist. Wozu brauche ich das alles?«

Devotee: »Ist das nicht mühsam? Mit dem elektrischen Ventilator braucht man sich nicht mehr anzustrengen.«

Bhagavan: »Wo liegt das Problem? Wenn wir den normalen Fächer benutzen, erhalten wir so viel Wind wie wir wollen. Der Ventilator macht zu viel Wind und surrt. Zudem verbraucht er Strom. Dafür müssen wir bezahlen. Warum sollten wir der Ashram-Verwaltung diese Kosten aufbürden?«

Devotee: »Wir haben dafür die Erlaubnis der Verwaltung eingeholt.

Bhagavan: »Wenn das so ist, dann sollen sie den Ventilator selbst benutzen. Sie arbeiten und benötigen ihn. Aber warum sollte ich ihn brauchen?«

Der Devotee sagte nichts mehr, ließ den Ventilator da und ging.

Da es ein Tischventilator war, stellte man ihn an Bhagavans Sofa und jemand machte ihn immer an, wenn es schwül war. Bhagavan sagte: »Genau deshalb will ich ihn nicht hier haben. Wenn du den Ventilator möchtest, dann stell ihn auch zu dir hin.« Wenn ihn keiner ausschaltete, tat er es selber. Er will auch nicht, dass ihm jemand mit einem gewöhnlichen Fächer Luft zufächelt.

Wunschlosigkeit

5.6.1949

Einen Monat vor der Festlichkeit zum Goldenen Jubiläum sandte die Maharani von Baroda ein Paket mit einem Samtschal, der mit Seiden- und Goldfäden durchwirkt war. Rajagopala Iyer brachte den Schal aus dem Büro und zeigte ihn Bhagavan. Er wollte ihn auf dem Sofa ausbreiten, aber Bhagavan ließ es nicht zu. Dann wollte er ihn unter seine Füße legen, aber Bhagavan zog seine Füße zurück und überkreuzte die Beine. Da legte der Devotee den Schal über das Kissen, auf das Bhagavan sich lehnte. Bhagavan setzte sich sofort aufrecht hin und lehnte sich nicht mehr an. Er setzte sich in *Padmasana*-Stellung in die Mitte des Sofas und sagte kein einziges Wort. Schließlich faltete der Devotee den Schal zusammen und brachte ihn ins Büro zurück. Da setzte sich Bhagavan wieder normal hin und sagte: »So ein Schal ist für Leute, die Hemd, Hose und einen Turban tragen. Aber wozu brauche ich so etwas? Zudem fühlt es sich an, als ob ich auf einem

Feigenkaktus sitzen würde. Ich habe einen nackten Körper und ein geschorenes Haupt. Wozu brauche ich diese Dinge? Dieses Handtuch ist mein Seidenschal und mein Obergewand mit Spitzen. Ich bin ein armer Mann. Für mich ist selbst das, was ich habe, schon zu viel. Dieses Sofa, diese Matratze, diese Kissen – wozu das alles! Wie glücklich wäre ich, könnte ich dieses Handtuch auf dem Boden ausbreiten und darauf sitzen, aber ihr lasst es ja nicht zu.«

Mudaliar erwiderte: »Du willst nicht einmal ein größeres Handtuch als dieses.«

Bhagavan: »Wozu brauche ich ein größeres? Es ist 50 cm breit und 70 cm lang. Es genügt, um sich damit nach dem Baden abzutrocknen, es über den Kopf zu legen, wenn man in der Sonne geht, oder um den Nacken, wenn es kalt ist, und es auf dem Boden auszubreiten, um darauf zu sitzen. Was könnten wir mit einem größeren noch zusätzlich anfangen?«

Reiche Leute bringen Bhagavan silberne Becher und Teller und bitten ihn, diese Dinge zu benutzen. Bhagavan rührt sie nicht an, sondern lässt sie ins Büro bringen oder gibt sie den Leuten zurück. Obwohl die Frau von Dr. Ganapati Iyer das wusste, ließ sie Bhagavan Holzsandalen mit Silberbeschlägen bringen. Bhagavan berührte sie und meinte: »Sie sind reich und können solche Sandalen tragen, aber nicht wir. Schicke sie an die Leute zurück und sage ihnen, dass der Swami sie berührt hat. Gott hat uns Füße gegeben. Wozu brauchen wir dann diese Verzierungen?«

Bhagavan trägt nicht einmal gewöhnliche Sandalen. Selbst im Hochsommer geht er barfuß. Vor einiger Zeit wurde der Weg vom Büro zum Kuhstall gepflastert und Bhagavan ging in der glühenden Sonne darüber. Devotees konnten diesen Anblick nicht ertragen und schütteten Wasser auf den Weg, aber Bhagavan gebot ihnen Einhalt: »Warum verschwendet ihr wegen mir so viel Wasser? Wenn ihr stattdessen den Reisenden Trinkwasser anbietet, ist das viel sinnvoller.« Da hörten sie damit auf.

Pradakshina

Schrein auf dem *Pradakshina*-Weg (Foto: G. Ebert)

26.6.1949

Seit einiger Zeit ist Bhagavan in schlechter körperlicher Verfassung. Ich war sehr besorgt und beschloss, künftig nicht nur dienstags den Berg zu umrunden, sondern auch freitags und zu *Arunachaleswara* für Bhagavans Gesundheit zu beten. Mit diesem Entschluss ging ich am Donnerstagabend zu Bhagavan, um ihm zu sagen, dass ich am nächsten Morgen *Pradakshina* tun würde. Bhagavan fragte: »Ist morgen nicht Dienstag?« Ich erwiderte: »Nein, morgen ist Freitag.« Als ob er meine Absicht verstanden hätte, sagte er: »Ja, ja.«

Ein Devotee fragte Bhagavan: »Viele Leute umrunden regelmäßig den Berg. Was ist die Bedeutung dieses *Pradakshina*?

Bhagavan: »Die Bedeutung des *Giri Pradakshina* wird ausführlich im *Arunachala Puranam* beschrieben. Dort heißt es: ›Es ist gut, den Berg zu umrunden. Das Wort *Pradakshina* hat eine besondere Bedeutung. ›Pra‹ steht für die Beseitigung aller Sünden, ›da‹ für die Erfüllung von Wünschen, ›kshi‹ für die Freiheit von künftigen Geburten und ›na‹ für die Befreiung durch *Jnana*. Ein Schritt *Pradakshina* gibt Glück in dieser Welt, zwei Schritte geben Seligkeit im Himmel und mit drei Schritten erlangt man die Seligkeit der Welt *Brahamas*. Man sollte entweder schweigend oder meditierend den Berg umrunden, *Japa* tun oder fromme Lieder singen und beständig an Gott denken. Man sollte langsam gehen wie eine Frau, die im neunten Monat schwanger ist.‹

Man kann kaum die Freude beschreiben, die man von diesem *Pradakshina* erhält. Der Körper wird müde und die Sinnesorgane verlieren an Einfluss. Man vergisst sich und kommt in einen meditativen Zustand. Beim Gehen wird der Körper von selbst harmonisiert, wie wenn man in einem *Asana* sitzt. Man wird gesünder. Zudem gibt es viele medizinische Kräuter auf dem Berg. Die von Kräutern gesättigte Luft ist gut für die Lungen. Da es keinen Verkehr gibt, kann man sorglos gehen, wie man will.[132]

Unser *Pradakshina* war immer sehr schön. Wir brachen auf, wenn uns danach war, besonders an Festtagen. Wenn es spät war oder wenn wir müde waren, machten wir eine Pause und kochten. Wir planten nichts.

Bevor es Züge gab, gingen die Leute zu Fuß auf Pilgerreise und dachten nicht daran, einen bestimmten Ort zu einer bestimmten Zeit erreichen zu müssen oder eine bestimmte Zeit an einem Ort zu verbringen. Sie hatten ihre Habe dabei und waren während des Gehens in Mediation versunken. Wenn sie müde waren, machten sie Rast. Am Rand der Dörfer gab es Pilgerherbergen, Tempel, Höhlen und Bäume, wo sie Unterschlupf finden konnten.

Mit *Giri Pradakshina* ist es dasselbe. Der Körper fühlt sich leicht an und geht von selbst. Man hat nicht das Gefühl zu gehen. Die Tiefe der Meditation, die du im Sitzen nicht erreichst, stellt sich von selbst ein, wenn du *Pradakshina* tust. Wie schlecht man auch zu Fuß ist, wenn man nur einmal den Berg umrundet hat, möchte man es immer wieder tun. Je öfter man es tut, desto mehr wächst die Begeisterung. Wenn man einmal dieses Glück des *Pradakshina* erlebt hat, möchte man es nicht mehr missen. Seht euch Nagamma an. Sie umrundet jeden Dienstag den Berg. Jetzt geht sie auch freitags. Sie geht im Dunkeln, ohne dass sie sich fürchtet.«

[132] Das trifft heute leider nicht mehr zu.

Die Bedeutung der heiligen Schriften

2.7.1949

Als Bhagavan in die Neue Halle gezogen war, beschloss der *Sarvadhikari*, dass die Bibliothek in der Alten Halle bleiben sollte, und ließ einige große Bücherschränke anfertigen. Subba Rao sollte sich künftig um die Bibliothek kümmern, und Venkataratnam sollte nur noch für Bhagavan Dienst tun. Venkataratnam übergab Subba Rao die Bibliotheksarbeit und saß bei Bhagavan in der Neuen Halle.

Vor zwei Tagen sah Bhagavan die großen Bücherschränke und die Bücher, die in der Alten Halle verstreut lagen. Als er sich auf seinen Platz setzte, sagte er zu Venkataratnam: »Hast du alle Bibliotheksarbeit abgegeben?« Venkataratnam bestätigte das.

Um Venkataratnam zu trösten, meinte Bhagavan: »Die Alten sagen, dass zu viel an Bücherwissen die Ursache dafür ist, dass der Geist beständig abschweift. Es führt dich nicht ans Ziel. Wenn man die *Sastras* studiert und ein Gelehrter wird, kann man Berühmtheit erlangen, aber es wird den Geistesfrieden zerstören, der für den Wahrheitssucher nötig ist. Jemand, der nach Befreiung strebt, sollte die Essenz der *Sastras* verstehen, aber er sollte es aufgeben, ständig darüber zu lesen, da dieses fortdauernde Lesen der Meditation schadet. Man muss das Korn von der Spreu trennen. Es gibt riesige Schränke voller Bücher. Wie viele davon kann man lesen? Es gibt so viele Bücher und Religionen, dass ein Leben nicht ausreicht, selbst die Bücher zu lesen, die sich auf eine Religion beziehen. Wo bleibt dann noch Zeit für die Praxis? Je mehr du liest, desto mehr willst du weiterlesen. Du diskutierst beständig mit anderen Menschen darüber und verbringst damit deine Zeit, aber das führt nicht zur Befreiung. Welche Bücher habe ich schon gelesen, und welche Vorträge über *Vedanta* habe ich gehört? In den ersten beiden Jahren hier hatte ich meine Augen geschlossen und war friedvoll und still.«

Jemand bat: »Swami, bitte gib mir den Frieden des Geistes.«

Bhagavan lächelnd: »Finde zuerst heraus, was mit dem Geist gemeint ist. Wenn du das ergründest, wird der Geist von selbst verschwinden. Das, was übrig bleibt, ist Friede. Du weißt dann, dass das, was beständig da ist, Friede genannt wird.

Die *Veden* beginnen und enden mit ›*Shanti*‹ (Friede). Sie werden täglich rezitiert. Aber keiner kümmert sich darum, die Bedeutung dieses Wortes zu ergründen. Wenn die Leute es verstehen würden, würden sie begreifen, dass das, was mit *Shanti* beginnt und endet, auch in der Mitte *Shanti* hat. Das Ganze ist von *Shanti* erfüllt. Deshalb muss man einen friedvollen und stillen Geist haben, wenn man mit der Rezitation beginnt.

Venkataratnam: »Ein Herr hat mir geschrieben, der Bhagavans *Darshan* hatte. Seit seiner Rückkehr sieht er ein Licht und hört einen Ton, wenn er meditiert. Er weiß nicht, was das bedeutet und hat mich gebeten, Bhagavan zu fragen.«

Bhagavan: »Was für ein Licht man auch sehen und was für einen Ton man auch hören mag, es muss jemanden geben, der sieht und hört. Er sollte herausfinden, wer dieser Jemand ist, und sich nicht um diese äußerlichen Dinge kümmern. Wenn er das tut, wird der Gedanke daran völlig verschwinden. Er braucht sich nicht mehr darum zu sorgen, ob solche Dinge auftauchen oder nicht. Sie können ohne das Selbst nicht existieren. Keiner bezweifelt seine eigene Existenz. Wenn man so etwas Unumstößliches wie das Selbst aus dem Blick verliert, beginnt man alle möglichen Zweifel zu unterhalten und hat Schwierigkeiten, sie wieder loszuwerden. Soll er die Person anzweifeln, die diese Zweifel hat.«

Venkataratnam: »Wenn durch die Erforschung ›Wer bin ich?‹ alle Erscheinungen verschwinden, braucht der *Sadhaka* dann noch die heiligen Schriften?«

Bhagavan: »Wenn man die heiligen Schriften liest, kann man mit den Gelehrten debattieren, aber fürs *Sadhana* sind sie von keinem Nutzen. Wenn ein Gedanke auftaucht, frage, wer diesen Gedanken hat. Die Antwort darauf ist *Mauna* (Schweigen). Wenn es nichts anderes gibt als das eigene Selbst, ist alles, was du siehst und hörst, *Brahman*. Es ist *Atman*, das Selbst.«

Glück und Schönheit

20.9.1949

Eine Devotee kam mit ihren Kindern. Sie blieb einen Monat lang und ging vor einigen Tagen wieder. Eines Abends nach dem *Veda-Parayana* sagte sie zu Bhagvan: »Vor einiger Zeit hat mir Bhagavan im Traum *Darshan* und Unterweisung (*Upadesa*) gegeben. Daraufhin habe ich das Selbst verwirklicht, aber dieser Zustand ist nicht dauerhaft. Was soll ich tun?«

Bhagavan amüsiert: »Wohin ist die Verwirklichung gegangen, wenn sie nicht bleibend ist? Was ist es, das nicht dauerhaft ist?«

Frau: »Die Verwirklichung ist nicht dauerhaft.«

Bhagavan: »Wohin ist sie gegangen?«

Frau: »Die Erfahrung, die ich gemacht habe, bleibt nicht, da ich nicht gesund bin und weil die Familie mir Sorgen bereitet.«

Bhagavan: »Ich verstehe. Was kommt, das kommt, und was geht, das geht. Doch wir bleiben wie wir sind.«

Frau: »Du musst mir die Kraft geben, zu bleiben wie ich bin.«

Bhagavan: »Du hast doch das Selbst verwirklicht, nicht wahr? Wenn dem so ist, verschwindet alles andere von selbst.«

Frau: »Aber es ist nicht verschwunden.«

Bhagavan lächelnd: »Ich verstehe. Es wird verschwinden. Die *Vasanas* haben lange ihre Nester im Innern gebaut. Wenn wir sie entdecken, verschwinden sie allmählich.«

Frau: »Bhagavan muss mir die Kraft dazu geben.«

Bhagavan: »Wir werden sehen.«

Am nächsten Tag kam sie zur selben Zeit zu Bhagavan und sagte: »Bhagavan, kann eine verheiratete Frau bei ihrem Guru bleiben so lange sie will?«

Bhagavan: »Der Guru ist dort, wo man ist.«

Frau, immer noch nicht überzeugt: »Sollte man die ganze Welt als *Brahman* betrachten oder sein eigenes Selbst als das Wichtigste ansehen?«

Bhagavan: »Wir existieren und die Welt ist *Brahman*. Was könnte man dann als *Brahman* betrachten?«

Sie war über diese Antwort erstaunt. Bhagavan sah sie mitleidsvoll an und erklärte: »Dass wir existieren, bezweifelt niemand. Die Welt existiert ebenfalls als *Brahman*. Wir sollten *Brahman* als allumfassend sehen. Die Alten sagen: ›Die Welt ist so, wie wir sie sehen. Wenn wir sie als Materie sehen, ist sie Materie. Wenn wir sie als *Brahman* sehen, ist sie *Brahman*.‹ Deshalb müssen wir unsere Sichtweise ändern. Kannst du die Bilder eines Films ohne die Leinwand sehen? Wenn wir bleiben wie wir sind, stellt sich alles von selbst auf diese Sichtweise ein.«

Die Frau war mit der Antwort glücklich und völlig zufrieden. Sie setzte sich auf die Stufen der Veranda Bhagavans Sofa gegenüber. Bhagavan saß in seiner charakteristischen Haltung auf dem Sofa, unbeweglich und mit einem Lächeln auf seinem Gesicht. Da sagte sie unwillkürlich: »Oh, wie schön Bhagavan ist!«

Ein Devotee, der das gehört hatte, sagte: »Sie sagt, dass Bhagavan schön ist.«

Er nickte leicht und erwiderte: »Man sagt: ›Shivam Sundaram‹[133]. Seht, wie bedeutungsvoll diese Redeweise ist.«

Großmutter Mudaliar

24.9.1949

Die alte Großmutter Mudaliar ist vergangene Nacht gestorben. Wie Echammal brachte sie Bhagavan täglich das Essen. Sie hatte einen Sohn und eine Schwiegertochter. Die drei hatten früher einem alten *Sannyasin* gedient. 1910 kamen sie hierher. Echammal brachte schon damals Bhagavan täglich das Essen. Großmutter begann nun auch mit dieser Praxis und brachte gelegentlich auch Devotees das Essen. Ihr Sohn und ihre Schwiegertochter halfen ihr dabei. Schließlich legte ihr Sohn das *Sannyasin*-Gelübde ab und wurde ein wandernder Musikant. Die Schwiegertochter konzentrierte sich völlig auf ihren Dienst für Bhagavan, ohne darüber betrübt zu sein, dass ihr Mann sie verlassen hatte. Sie starb 1938/39.

Großmutter hatte kein Geld und niemand, der ihr bei den Hausarbeiten half. Der Ashram-Verwalter, Kunju Swami, Ranganatha Gounder und andere machten ihr folgendes Angebot: »Du bist alt und kannst Bhagavan

---

[133] Das Schöne ist die Gestalt des *Atman*.

nicht länger das Essen bringen. Du kannst im Ashram essen und bei Bhagavan sitzen oder wir lassen dir das Essen nach Hause bringen.«

Sie erwiderte: »Wie schwierig es auch sein mag, ich gebe diese heilige Tätigkeit nicht auf. Wenn ich kein Geld habe, gehe ich in die Häuser und bettle um Nahrung, bringe es Bhagavan und esse erst dann selbst. Ich kann nicht anders.«

Da erhielt sie von Kunju Swami, Gounder und anderen finanzielle Unterstützung, damit sie ihren Dienst fortsetzen konnte. Rangaswami Gounder baute zwei Häuser in der Nähe des Ashrams, wo Kunju Swami bis zum Ende seines Lebens wohnen konnte. Er sorgte auch dafür, dass die alte Frau dort unterkam. In ihren letzten Tagen kam ihr Sohn und half ihr, ihr Gelübde einzuhalten.

Großmutter nahm sich viel Freiheit mit Bhagavan heraus. Während der ersten Zeit, als ich im Ashram wohnte, bediente sie Bhagavan persönlich und legte je eine Handvoll Curry und Reis auf sein Blatt.

Einmal sagte Bhagavan: »Wie kann ich das alles essen?«

Sie antwortete frei heraus: »Wie viel ist es denn, Swami? Es ist nur ganz wenig.«

Bhagavan: »Ich muss auch noch andere Dinge essen. Wie sollen sie alle in meinem Magen Platz finden?«

Großmutter erwiderte: »Das ist nur eine Frage des Geistes, Swami«, servierte ihm so viel wie immer und ging.

Bhagavan lachte und sagte zu den Leuten: »Habt ihr das gesehen? Sie zahlt es mir mit eigener Münze (meinem eigenen *Upadesa*) heim.«

In den vergangenen zwei oder drei Jahren hatte jemand anderer das Essen gebracht. Sie hatte es aufgegeben, Bhagavan persönlich zu bedienen, da sie schlecht sah. Jemand hatte ihr erzählt, dass Bhagavan sehr abgemagert sei. Da sie dachte, es käme davon, weil sie ihm nicht mehr persönlich das Essen brachte, ging sie zu Bhagavan und sagte kummervoll: »Wie mager du geworden bist!«

Bhagavan: »Wer hat dir das erzählt, Großmutter? Mir geht es gut. Du hast etwas Falsches gehört.«

Die alte Frau setzte sich in die erste Reihe des Platzes, der für die Frauen reserviert war. Nach einer Weile stand Bhagavan auf und ging hinaus. Immer wenn er aufsteht, erheben sich auch alle Anwesenden. Großmutter stand an die Tür gelehnt. Als Bhagavan an ihr vorbeikam, sagte er lachend: »Großmutter, bin ich schmal geworden? Sieh bloß, wie gut es mir geht! Es ist schade, dass du es nicht sehen kannst.«

Später sah sie gar nichts mehr. Doch vor vier Monaten wollte sie zu Bhagavan. Ein Devotee führte sie zu ihm.

Jemand sagte: »Großmutter, du kannst Bhagavan doch gar nicht mehr sehen. Warum bist du gekommen?«

Sie erwiderte: »Wenn ich auch Bhagavan nicht sehen kann, so kann er doch mich sehen, und damit bin ich mehr als zufrieden.«

Kindheitserinnerungen

12. und 14.11.1949

Als ich nach den zwei Wochen, die ich bei dir verbracht hatte, zum Ashram zurückkam, hatte sich Bhagavans körperlicher Zustand sehr verschlimmert.[134] Deshalb wurde außer zum *Veda-Parayana* niemand zu ihm gelassen. Die Gespräche in der Halle waren selten geworden. Ich bin meine Notizen durchgegangen und habe einiges gefunden, was ich geschrieben habe, bevor ich mit diesen Briefen begann.

1944 hatte der Ashram Bhagavans Geburtshaus in Tiruchuli erworben. Der *Sarvadhikari* lud uns im Januar 1945 nach Tiruchuli ein, und ich schloss mich der Reisegruppe an.

Am Tag nach unserer Rückkehr fragte mich Bhagavan: »Hast du auch im Tempelteich gebadet?«

Ich: »Nein. Das Wasser war nicht so sauber und wir badeten in einem anderen Wasserspeicher in der Nähe.«

Bhagavan: »Ja, um diese Jahreszeit ist das Wasser nicht so sauber. In meinen Kindertagen kamen wir dort alle zusammen. Wir machten auf den Stufen Zeichen, um täglich zu beobachten, um wie viel das Wasser anstieg. Es amüsierte uns. Das Wasser begann zehn Tage zuvor [vor dem Vollmond] zu steigen und überspülte täglich eine Stufe mehr. Bei Vollmond

[134] Ramana war inzwischen an Krebs erkrankt.

war der Speicher dann voll. Uns machte das großen Spaß. Dann sank das Wasser wieder eine Stufe pro Tag. Wir spielten auch im Kalyana Mandapam neben dem Tempel. Wir hatten dort sogar eine Zeit lang Unterricht.«

Dann erinnerte er sich an Sundara Bhattar, einen kleinen Jungen aus der Nachbarschaft: »Eines Tages sollte er ein Zuckerrohr mit einem Messer in Stücke schneiden. Da er es nicht fertigbrachte, bat er seine Brüder um Hilfe. Aber sie gingen weg, ohne sich um ihn zu kümmern. Er fing zu weinen an und tat mir Leid. Ich nahm das Zuckerrohr und versuchte, es zu zerkleinern. Dabei schnitt ich mir in den Finger und es begann zu bluten. Doch da er mir Leid tat, weil er weinte und ein kleiner Junge war, schaffte ich es trotzdem irgendwie, das Rohr in Stücke zu schneiden. Ich verband meinen Finger mit einem nassen Stück Stoff. Es hörte jedoch nicht zu bluten auf. Dann wurde ich zum Essen gerufen. Ich konnte mit meiner Hand nicht die Beilagen unter den Reis mischen. Vater tat es für mich und verband mir danach den Finger. Er fragte mich, was geschehen war, und ich erzählte es ihm. Die Wunde brauchte einen Monat, um zu heilen.«

Betrügerisches Auftreten

8.12.1949

Devotee: »Manche Leute versuchen durch ihr betrügerisches Auftreten die Welt zu täuschen.«

Bhagavan: »Ja, nicht einige, sondern viele. Sie bringen sich damit selbst in Schwierigkeiten und werden am Ende selbst betrogen. Sie denken: ›Wir sind clever und haben die anderen getäuscht.‹ Wenn sie jedoch entdeckt werden, müssen sie die Konsequenzen tragen. Ihr Betrug bringt sie schließlich zu Fall.«

Rama Yogi fragte: »Hat sich Bhagavan nicht einmal das Zeichen der *Vishnu*-Anhänger [die Form eines U] auf die Stirn gemacht?«

Bhagavan: »Ja, Das war in der ersten Zeit, als ich auf dem Berg lebte. Damals besuchten mich einige *Vishnu*-Anhänger und wollten unbedingt, dass ich mir ihr Zeichen auf die Stirn machte. Ich tat es, da ich dadurch nichts zu verlieren hatte.

Aber das war noch nicht alles. Weißt du, was ich einmal tat? Im Arunachala-Tempel war ein *Mandapam* errichtet worden. An einem Festtag wollte eine Sängergruppe dort Puppen ausstellen. Die *Vishnu*-Anhänger wollten unbedingt, dass ich es mir mit ihnen zusammen ansah. Da ich fürchtete, erkannt und verehrt zu werden, zog ich einen *Dhoti* von Palaniswami an und legte ein Tuch um. Dann machte ich mir das *Vishnu*-Zeichen auf die Stirn und ging mit ihnen hin. Ich wollte den Verwaltern des Tempels aus dem Weg gehen, da sie mich gut kannten. Doch sie entdeckten mich bereits am Eingang und liefen mir nach. Was sollte ich tun? Ich fühlte, dass ich mich selbst täuschte. Irgendwie gelang es mir, ihnen zu entkommen. Es kam mir so vor, als ob jeder im Tempel nur mich ansehen würde. Ich habe weder das *Mandapam* noch etwas anderes wahrgenommen. Ich wollte unbemerkt verschwinden, doch der Hauptverwalter fing mich am Tor ab. ›Swami, Swami! Du bist in diesem Gewand gekommen? Ah, wie schön, Swami. Bitte warte!‹ Er sagte zu seinen Gehilfen: ›Bringt eine Blumengirlande, Sandelholz und *Prasadam*. Unser Brahmanaswami[135] ist im Gewand des Herrn *Krishna* gekommen. Es ist für uns eine große Ehre.‹ Sie erwiesen mir alle Ehren des Tempels. Irgendwie gelang es mir schließlich, mich ihrer Aufmerksamkeit zu entziehen und zu verschwinden.

Auch später versuchte ich noch öfter, sie zu täuschen und in den Tempel zu gelangen, aber sie erkannte mich jedes Mal und ehrten mich. Da gab ich es auf und ging nicht mehr in den Tempel.

Es ist mit allem dasselbe. Du kannst überall sorglos sein, wenn du nicht verkleidet bist, aber wenn du ein Gewand anziehst, um andere zu täuschen, fürchtest du in jeder Minute, dass dich jemand erkennen könnte. Dein Geist wird zu deinem eigenen Feind und plagt dich.«

---

[135] Ramana wurde in der ersten Zeit in Tiruvannamalai ›Brahmanaswami‹ (Swami aus dem Brahmanengeschlecht) genannt.

Habt ihr alles erledigt?

12.12.1949

1943/44 kam eine junge Frau namens Alamelu in Begleitung ihrer Mutter. Sie hatte erst kürzlich ihren Mann verloren und hatte keine Kinder. Mutter und Tochter waren schon früher hier gewesen und waren jedes Mal für etwa zwei Wochen geblieben. Jeden Nachmittag hatten sie Süßigkeiten für Bhagavan und die Devotees gebracht. Bhagavan hatte sie wiederholt gebeten, es bleiben zu lassen, aber sie hörten nicht auf ihn. Diesmal mieteten sie ein Haus in der Stadt, blieben für etwa einen Monat und brachten wie üblich die Süßigkeiten. Bhagavan sagte diesmal nichts, vielleicht weil sie in Trauer waren. Sie glaubten daher, dass Bhagavan die Süßigkeiten möge, und bereiteten noch mehr davon zu.

Am letzten Tag vor ihrer Abreise sagten sie zu Bhagavan: »Wir gehen morgen.«

Bhagavan lachte in sich hinein und erwiderte: »Tatsächlich? Habt ihr alles erledigt, wozu ihr hergekommen seid?«

Sie verstanden nicht was er damit meinte und antworteten: »Wir haben Arbeit zuhause. Unsere Leute haben uns geschrieben, dass wir zurückkommen sollen.«

Bhagavan: »Demnach habt ihr alles erledigt, wozu ihr hergekommen seid oder gibt es noch etwas zu tun?«

Sie wussten nicht was sie sagen sollten und standen verwirrt da.

Bhagavan: »Darum geht es nicht. Ihr sagt, dass ihr geht. Habt ihr alle Arten von Süßigkeiten zubereitet oder steht noch etwas aus? Deshalb frage ich.«

Alle lachten. Mutter und Tochter wussten nichts zu antworten.

Bhagavan lachend: »Es ist in Ordnung. Ihr könnt gehen.«

Als sie weg waren, sah er Ramachandra Iyer an und sagte: »Wenn ich den Leuten sage, sie sollen sich darum kümmern, wozu sie hergekommen sind, hören sie nicht auf mich. Ich habe ihnen wiederholt gesagt: ›Wozu tut ihr das alles?‹ Jeden Tag denken sie nur daran, diese oder jene Süßigkeit zuzubereiten und überlegen, was Bhagavan mögen könnte. Sind sie dazu hergekommen? Ist es das, was Bhagavan gefällt? Viele Leute tun dasselbe. Sie vergessen den Grund, wozu sie hergekommen sind. Was kann man machen?«

Buchbindearbeiten

30.12.1949

Einige Leute brachten Bhagavan alte Bücher in schlechtem Zustand und baten ihn zu prüfen, ob sie vollständig waren. Bhagavan ordnete die losen Seiten, klebte die Risse, ergänzte die fehlenden Texte und gab dem Buch ein neues Äußeres. Manche Leute schickten ihm die losen Blätter eines Buches. Bhagavan schnitt sie ordentlich zurecht, klebt sie zusammen und band sie in einen Umschlag ein, worauf er in seiner gleichmäßigen Schrift den Buchtitel schrieb.

1942 schickte Gurram Subbaramanaiah ein altes Exemplar eines Buches mit der Bitte, dass Bhagavan es lesen möge und dass es dann in die Ashram-Bibliothek kommen sollte. Der Einband war lose, verschmutzt und stark eingerissen. Bhagavan band es schön ein, klebte ein Stück weißes Papier auf den Umschlag, schrieb den Titel darauf, und es sah wie ein neues Buch aus.

Ein Devotee fragte, ob es stimme, dass Bhagavan Papier, das Ganapati Muni in den Mülleimer geworfen hatte, zu einem Buch gebunden habe.

Bhagavan: »Ja, das stimmt. Nayana lebte für einige Zeit in Palakothu. Bevor er ging, warf er alle vertanen Blätter in den Mülleimer. Er beschrieb grundsätzlich nur die Hälfte eines Blattes und ließ den Rest leer. Viele solche Blätter lagen im Mülleimer. Madhava und ich entdeckten sie auf unserem Spaziergang. Da wir nicht wollten, dass sie weggeworfen wurden, nahmen wir die guten Blätter aus dem Müll, schnitten sie zurecht, nähten sie zu einem Buch zusammen und bewahrten es auf. Es war fast so gut wie ein neues Buch.

Nach einiger Zeit kam Nayana zurück und bat um ein Notizbuch, weil er etwas schreiben wollte. Ich sagte zu Madhava, er solle ihm dieses Buch geben. Ich verriet ihm nichts und lachte in mich hinein. Doch Madhava sagte: »Nayana, das ist das Papier, das du weggeworfen hast. Bhagavan hat mich gebeten, die guten Blätter aus dem Müll zu nehmen, und hat davon dieses Notizbuch gemacht.«

Nayana war überrascht.

Bhagavan meinte: »Ich mache die Notizbücher immer nur aus solchem Papier.«

Wohin kann ich gehen?

3.1.1950

1943/44 hatte ein Devotee ein Haus in Ramana Nagar gebaut und sagte zu Bhagavan: »Es wäre schön, wenn Bhagavan zur Einweihung käme.«

Bhagavan: »Was für eine Bitte! Wo ist Bhagavan, dass er kommen könnte? Warum denkst du nicht, dass jeder, der zur Einweihung kommt, Bhagavan ist? Wenn alle Leute kommen, ist es dann nicht so gut, als wenn Bhagavan kommt? Bitte geh jetzt.«

Nachdem Bhagavan ihn mit diesen Worten fortgeschickt hatte, sagte er zu jenen in seiner Nähe: »Habt ihr das gesehen? Er bittet, dass Bhagavan kommen soll. Jeder sagt dasselbe. Wohin kann ich gehen?«

Devotee: »Wollten nicht einmal Devotees mit Bhagavan nach Tirupati?«

Bhagavan: »Ja, das war als ich in der Virupaksha-Höhle lebte. In jenem Jahr gab es ungewöhnlich viele Moskitos. Jayaraman kaufte mir einen guten Schal und wollte unbedingt, dass ich mich damit bedeckte, aber ich rührte ihn nicht an. Er wartete ab, aber der Schal blieb zusammengefaltet. Die Leute, die bei mir waren, besprachen sich und trafen Vorbereitungen, nach Tirupati zu gehen. Sie erklärten mir, welche Route wir nehmen sollten. Ich nickte zu allem, was sie sagten. Da legten sie einen günstigen Tag für die Reise fest, packten alles zusammen und kamen zu mir: ›Swami, können wir aufbrechen?‹ Ich erwiderte: ›Ja, geht und kommt dann wieder.‹ ›Aber was ist mit Bhagavan?‹ Ich sagte: ›Wohin kann Bhagavan gehen? Wo kann er bleiben?‹ Sie meinten: ›Wir können diese Moskitos nicht mehr ertragen.‹ ›Dann geht und kommt später wieder zurück. Oder wollt ihr wegen mir fort? Habe ich etwa gesagt, ich könnte die Moskitos nicht ertragen?‹ Da wussten sie nichts mehr zu erwidern, gaben die Reise auf und bedrängten mich erneut, den Schal zu tragen.

Jayaramas Sohn Pichandi war damals noch sehr jung. Er hatte eine alte Wolldecke umgelegt. Da sie mich nicht in Frieden ließen, schlug ich vor, dass ich diese alte Wolldecke tragen würde, wenn sie dem Jungen dafür den neuen Schal gäben. Unwillig machten sie den Tausch und ich hüllte mich in die Decke. Die Moskitos kamen nicht mehr in meine Nähe und die Decke war schön warm.«

Jemand anderer: »Wollte dich nicht einmal jemand zu Vorträgen durchs ganze Land mitnehmen?«

Bhagavan: »Ja, das war Swami Rajeswarananda. Er lebte vor einigen Jahren hier. Er plante eine Reise durch ganz Indien und erläuterte mir, an welchen bedeutenden Orten wir Vorträge halten sollten, dass wir in einem Sonderzug reisen würden und wie lange wir an den verschiedenen Stätten bleiben sollten. Ich hörte ihm schweigend zu. Er nahm mein Schweigen für mein Einverständnis, organisierte eine Reise erster Klasse, packte alles zusammen und sagte: ›Swami, können wir gehen?‹ Ich erwiderte: ›Ja, warum nicht. Geh und komm dann zurück.‹ ›Und Bhagavan?‹ ›Warum ich?‹ Er meinte: ›Du musst den Leuten in ganz Indien die Essenz des *Advaita* predigen.‹ ›Tatsächlich? Was kann ich tun? Wo kann ich bleiben, wohin kann ich gehen? Es gibt keinen Ort, wohin ich gehen könnte.‹ Er war über meine Reaktion bestürzt.«

Erinnerungsfetzen

1.2.1950

An einem Nachmittag 1947 legte ein Devotee Räucherwerk in den Ofen. Der Duft war zu intensiv, sodass Bhagavan fast erstickte.

Ein Devotee fragte: »Sollen wir das Fenster öffnen?«

Bhagavan: »Lasst es bleiben. Wir verbrennen Räucherwerk im Tempel und fächern es der Gottheit zu, sodass das Götterbildnis völlig davon eingehüllt ist. Euer Gedanke, hier Räucherwerk zu verbrennen, ist doch derselbe. Der Swami soll sich an den Düften erfreuen. Warum wollt ihr sie dann vertreiben?«

Da fachte ein Devotee mit der Hand die Asche im Ofen an. Plötzlich stand der ganze Ofen in Flammen. Wir befürchteten, dass die Hitze Bhagavan treffen könnte, aber Bhagavan sagte: »Ja, so ist es richtig. Der Weihrauch ist verbrannt und die Lichter wurden geschwenkt, die *Puja* ist jetzt beendet.«

Das Ende

Der kleine Tumor, der im November 1948 auf Bhagavans linkem Oberarm entdeckt wurde, wuchs und war am 1.2.1949 so groß wie eine Murmel. Der Ahram-Arzt Dr. Sankara Rao und Dr. Srinivasa Rao, ein Chirurg im Ruhestand, wollten ihn wegoperieren. Bhagavan war damit jedoch nicht einverstanden. Als er schnell größer wurde, waren die Ärzte beunruhigt und brachten Bhagavan dazu, sich operieren zu lassen. Die erste Operation wurde am Morgen des 9.2.1949 durchgeführt.

Die Devotees wollten, dass Besucher den Verband nicht sehen konnten. Aber Bhagavan hatte nur ein kleines weißes Stück Stoff. Er band es sich um den Nacken, um den Verband zu verbergen, doch man konnte ihn durch die Lücken sehen. Einige Leute hatten den Mut und fragten nach. Bhagavan antwortete ihnen mit einem Lachen, dass er ein Armband trage oder dass an dieser Stelle ein *Lingam* entstanden sei. Wenig später wurde der Verband entfernt. Wir glaubten, dass die Wunde verheilen würde.

Während der Einweihungsfeierlichkeiten des Tempels der Mutter vergaßen alle die Angelegenheit. Doch nach dem Fest wurde bekannt, dass der Tumor nachgewachsen war. Einige schlugen eine Behandlung mit grünen Blättern und Feigenbaummilch vor, andere legten medizinische Pflaster darauf. Dr. Raghavachari kam aus Madras und sagte, dass keines dieser Mittel helfen würde und man erneut operieren müsse. Sie legten den Operationstermin auf den 3.4.1949 fest.

Ich sagte besorgt zu Bhagavan: »Wozu sollen diese Operationen gut sein? Warum sagst du nicht, welche Medizin hilft, und heilst dich selbst, so wie du es einst getan hast, als du die Gelbsucht hattest?«

Bhagavan erwiderte: »Sie sind angesehene Ärzte.«

Als ich einwandte, dass sie bereits eine Operation durchgeführt hatten, die nichts gebracht hatte, meinte er: »Lass sie dieses Mal gewähren. Wenn das Geschwür wieder auftaucht, werden wir sehen.«

Als die Ärzte am Morgen des 3. April kamen, sagte er: »Seht, die Ärzte sind gekommen. Das, was geschehen soll, kann nicht verhindert werden, auch wenn wir ›nein‹ sagen.« Dann stand er auf und ging zum Krankenhaus hinüber.

Bis Mitte Mai verlief alles zufriedenstellend. Aber als die Naht entfernt wurde, drang Blut aus der Wunde. Der Tumor war nicht verheilt und wurde als bösartig diagnostiziert.

Die Ärzte waren der Ansicht, dass es gut sei, den Tumor der Sonne auszusetzen, und setzten Bhagavan hinter den Kuhstall, machten den Verband weg, wuschen die Wunde aus und ließen eine Zeit lang die Sonne darauf scheinen. Wenn Devotees von ihrem Kummer sprachen, sagte Bhagavan zu ihnen: »Seht doch, wie schön es ist! Es ist wie ein wertvoller Rubin. Ich trage einen Schmuck auf meinem Arm. Seht bloß, wie rot es ist. Es blitzt, wenn die Strahlen der Sonne darauf fallen.« Wenn Devotees ihn baten, sich selbst zu heilen, sagte er: »Was habe ich damit zu tun?« oder »Was kann ich machen?«

Am 5.7.1949 tat ein ayurvedischer Arzt den Saft von grünen Blättern auf die Wunde. Bevor er mit seiner Behandlung begann, sah er, wie schlimm die Wunde war, und sagte bekümmert: »Oh Bhagavan, das ist eine ernste Sache. Es ist Krebs. Man hätte es nicht operieren dürfen. Warum hast du der Operation zugestimmt? Wenn ich von Anfang an davon gewusst hätte, hätte ich dich mit grünen Blättern behandelt und es wäre geheilt. Jetzt ist es dafür zu spät.«

Als Bhagavan am 1.7.1949 das Krankenhaus verließ, begann er am ganzen Körper zu zittern und zu wanken. Er hatte Fieber. Er erreichte gerade noch die Halle und legte sich aufs Sofa. Wir waren alle alarmiert und sahen ihn verängstigt an. Santamma konnte sich nicht mehr beherrschen und rief: »Oh, dieser Körper!« Kaum hatte sie das gesagt, erwiderte Bhagavan: »Der Körper? Was ist mit ihm? Er zittert. Was macht das aus?« Dann versuchte er das Zittern zu unterdrücken, sah seine Gehilfen an und sagte lachend: »Das ist Nataraja's Tanz.[136] Warum fürchtet ihr euch? Dieser Körper gibt euch täglich bewegungsloses *Darshan*, heute gibt er euch tanzendes *Darshan*.«

---

[136] *Shiva* in seinem ekstatischen Tanz

Am 7.8.1949 erfolgte die dritte Operation unter Dr. Guruswami Mudaliar. Von da an gab es kaum noch eine Möglichkeit, mit Bhagavan zu sprechen. Nachdem die letzte Operation am 19.12.1949 erfolgt war, kam Bhagavan nicht mehr in die Halle zurück und blieb fortan in dem kleinen Raum der Neuen Halle gegenüber. Man versuchte es mit einer homöopathischen Behandlung. Dann begann der berühmte ayurvedische Arzt Moos eine ayurvedische Behandlung, doch auch er gab schließlich auf.

Am 19.3.1950 war das telugische Neujahrsfest. Seit ich im Ashram wohnte, hatte ich Bhagavan zum neuen Jahr ein Handtuch und ein Lendentuch geschenkt und für diesen Tag die Armenspeisung im Ashram ausgerichtet. Da ich meine Praxis in diesem Jahr nicht aufgeben wollte, kam ich am Vorabend mit dem Handtuch und dem Lendentuch in den kleinen Raum zu Bhagavan. Ich legte die Sachen auf den Tisch und sagte, dass morgen Ugadi (das Neujahrsfest) sei. Bhagavan erwiderte: »Oh, kommt Ugadi? Kommt Vikrithi[137]?«

Seine Stimme klang erstaunt. Ich weiß nicht, wie ich es erklären soll, aber es kam mir wie ein Vorbote von etwas Schrecklichem vor und zerriss mir fast das Herz. Die beiden Helfer waren auch ganz erschrocken. Ich wusste nicht, was ich sagen sollte, und murmelte vor mich hin: »Ich dachte, es wäre nicht gut, meine übliche Praxis aufzugeben.«

Bhagavan erwiderte: »Oh, was ist das?« und sah seinen Helfer Anjaneyalu an, der an seiner Seite stand. »Bewahre diese Dinge sorgfältig auf. Nagamma hat sie gebracht. Morgen ist Ugadi.« Er sagte das sehr freundlich.

Ich ging zu Bhagavan hin und fragte: »Wie geht es deinem Arm?«

Bhagavan: »Was kann ich darüber sagen?«

Ich: »Du musst dich irgendwie selbst heilen.«

Bhagavan: »Ich kann dazu nichts sagen.«

Vielleicht spürte er, dass ich die Hoffnung nicht aufgeben würde, solange er mir nicht die Wahrheit sagte. Er sah mich mitleidsvoll an und sagte: »Wie könnte es jetzt noch heilen?«

Da verlor ich alle Hoffnung. Ich zitterte vor Angst und meine Augen füllten sich mit Tränen. Ich wollte ihn nach unserem Schicksal fragen, als jemand vom Büro wegen irgendeiner wichtigen Arbeit hereinstürmte. Ich

[137] Name des neuen Jahres, wörtl.: eine kleine Änderung

kam nicht mehr dazu, meine Frage zu stellen, und ging langsam zu meiner Hütte zurück.

Ich nahm mir vor, Bhagavan am nächsten Morgen nach seiner letzten Botschaft zu fragen, fand dazu aber keine Gelegenheit mehr. Bhagavans Stimme: »Kommt Ugadi?« schien zu sagen: »Alles ist vorüber.« Mit Ugadi endete mein großes Privileg, seine Stimme zu hören.

Am 14.4.1950 ging ich um abends um halb sieben zum Ashram und stellte mich in die Reihe fürs *Darshan*. Als ich auf dem Erdhügel seiner Tür gegenüber stand und mich auf seine Gestalt konzentrierte, betete ich: »Oh Herr, willst du mir noch einmal deinen mitleidsvollen Blick schenken?« Bhagavans Augen öffneten sich langsam und aus seinen Augen erreichte mich ein milder und mitleidsvoller Blick. Das war das letzte Mal, dass er mich ansah.

An diesem Abend um 8.47 Uhr verließ Sri Ramana, die Verkörperung des Lichts und der Erleuchtung, seine sterbliche Hülle. Ich war wie eine Statue erstarrt, als die sterbliche Hülle meines Gurus, der meine Mutter, mein Vater, Guru und Gott gewesen war und mich all die Jahre beschützt hatte, aufhörte zu existieren. Ich war von unendlichem Schmerz erfüllt.

Ich habe am 21.11.1945 mit diesen Briefen begonnen und durch die Gnade Bhagavans ununterbrochen daran geschrieben. Mit dem Ende des *Avatars* Bhagavan beende ich sie.

OM TAT SAT

Nachwort

Suri Nagamma blieb zunächst im Ashram wohnen, bis gesundheitliche Gründe sie zwangen, in die Nähe ihres Bruders zu ziehen. Die späteren Teile der Briefe wurden nach und nach veröffentlicht. Sie las den Devotees gerne aus ihnen vor. Wie Kunju Swami, Muruganar, Devaraja Mudaliar, Arthur Osborne und andere half sie, die Lehre Sri Ramanas nicht verstummen zu lassen. Ihr verdanken wir eines der wichtigsten Zeugnisse über den großen Meister vom Berg Arunachala.

Glossar

Abhishekam
Das zeremonielle Baden der Götterstatuen und Idole
Acharya
religiöser Lehrer
Advaita
Nicht-Zweiheit, d.h. das Absolute ist nicht zwei; die Grundlehre des *Vedanta*
Advaitin
Anhänger des *Advaita*
Akshara(m)
hat zwei Bedeutungen: etwas, das unvergänglich ist, aber auch Buchstabe
Aham
ich
Aham Sphurana
das Pulsieren des »Ich-Ich« im Herzen, die Erfahrung des spirituellen Herzens
Ajapa
A-*japa* (kein Japa): *Japa* ohne willentliche Anstrengung
Ajnani
Ggs. von *Jnani*
Ananda
Seligkeit s. a. *Priyam*
Annas
16 Annas waren 1 Rupie; die Münze ist heute nicht mehr im Umlauf.
Antahkarana
Aufnahmefähigkeit des Geistes, Denkkraft, Geist, Intellekt, Ego, Unterbewusstsein
Antarmukham
nach innen gerichtet
Aparokshanubuti
ein Werk *Shankaras*, das die *Advaita*-Philosophie erklärt
Appalam
ein sehr dünner, knuspriger Kuchen aus dunklem Linsenmehl
Appar
einer der berühmten Tamil-Heiligen und Poet
Arati
Schwenken von Lichtern für eine Gottheit
Arjuna
mythologische Gestalt, die in der *Bhagavad Gita* eine bedeutende Rolle spielt

Arunachala Mahatmyam
ein Teil des *Skanda-Purana* in Sanskrit über die Mythologie des Arunachala
Arunachala Puranam
die Mythologie des Berges Arunachala in Tamil, s.a. *Arunachala Mahatmyam*
Arunachaleswara
der Gott des Berges Arunachala
Ashram
urspr. die aus religiösen Übungen stammende Mühe; Wohngemeinschaft um einen Guru; Lebensweise
Ashtavakra Gita
das Lehrgespräch zwischen dem Weisen Ashtavakra und König Janaka
Asti
Das Allgegenwärtige, das, was ist, das Sein, s. a. *Sat*
Atma Vichara
Suche nach dem Ursprung des Egos, Selbstergründung
Atma Vidya
Erkenntnis des Selbst
Atman
das Selbst eines Wesens, innerstes Prinzip der menschlichen Person, Seele; urspr.: Lebenshauch (Atem)
Avatar
Verkörperung Gottes
Avidya
Unwissenheit
Avvaiyar
bekannte Tamilpoetin
Banyan-Baum
Feigenbaumart
Bhagavad Gita
oder kurz: Gita; Gesang des Erhabenen; spirituelles Lehrgedicht aus 700 Versen; Dialog zwischen *Krishna* und *Arjuna*
Bhagavan
der Erhabene, der Heilige; ist sowohl als Anrede einer Gottheit als auch als Anrede des Gurus gebräuchlich. In ihr drückt sich die besondere Verehrung des Schülers seinem Meister gegenüber aus. Sri Ramana hat diese Anrede ihm gegenüber weder selbst vorgeschlagen, noch ihr je widersprochen.
Bhagavatam
Srimad Bhagavatam; ein episch-philosophischer Klassiker
Bhajan
Lied der religiösen Hingabe
Bhakta
einer, der *Bhakti* übt; einer, der Gott (oder Gott in Gestalt des Gurus) liebt und ihm völlig hingegeben ist

Bhakti
Teilhabe, Hingabe; bezeichnet besonders die religiöse Liebe und Hingabe an Gott
Bhati
strahlend, erleuchtet, Bewusstsein, s. a. *Chit*
Bhiksha
das durch Betteln erlangte Almosen
Brahma
personaler Hochgott, der meist als Weltenschöpfer gedacht und mit *Vishnu*, dem Erhalter, und *Shiva*, dem Zerstörer, als Dreiheit zusammengesehen wird. Der Kult dieses Gottes ist im Gegensatz zum *Shiva*- und *Vishnu*-Kult ausgestorben.
Brahmachari
unverheirateter Schüler; nach vedischer Auffassung die erste der vier Lebensstufen
Brahman
die Wurzel ›brh‹ bedeutet Stärke, Intensität, Urgrund des allgemeinen Seins, das Wesentliche in allen Dingen, das Absolute ohne greifbare Gestalt. Brahman und *Atman* sind letztlich eins, so die Lehre der *Upanishaden,* des *Vedanta* und auch Ramana Maharshis. Das Absolute ist *Sat-Chit-Ananda* (Sein-Bewusstsein-Seligkeit).
Buddhi
Intellekt, Verstand, Denkfähigkeit
Chakra
Energiezentrum im Yoga
Chakra Meru
pyramidenförmiges Kraftdiagramm, das die göttliche Ordnung des Kosmos symbolisiert.
Chinmudra
Geste der Erkenntnis: Daumen und Zeigefinger sind zum Ring geschlossen.
Chit
reines Bewusstsein, s. a. *Bhati*
Dakshinamurti
der Gott, der nach Süden schaut; *Shiva* als jugendlicher Gott, der allein durch Schweigen lehrt
Dakshinamurti Stotram
ein Preislied auf *Dakshinamurti* von *Shankara.* Ramana hat es ins Tamil übersetzt.
Darshan
Schau; der formelle Besuch des Schülers bei seinem Guru; der Anblick, besonders der gnadenreiche Blick, den der Meister seinem Schüler schenkt
Deepam
s. a. *Karthigai-Deepam*; Entzündung der heiligen Flamme auf dem Arunachala
Dhyana(m)
Meditation, Kontemplation

Diksha
Einweihung in einen spirituellen Weg durch einen Guru
Dipavali
Lichter-Fest. Das Fest fällt auf die letzten zwei Tage der Phase des abnehmenden Mondes im Monat Kartik (Oktober/November).
Dhoti
langer Stoffstreifen, der von Männern wie ein Rock getragen wird
Dosas
Pfannkuchen aus Reis- und Linsenmehl
Drumsticks
Moringa, sehr nahrhafte Gemüseart, wird wie grüne Bohnen zubereitet
Dvaita
Zweiheit; Ggs. von *Advaita*
Ganapati
Ganesha
Ganesha
Elefantengott, Sohn von *Shiva* und *Parvati*
Ghee
flüssige Butter
Giri-Pradakshina
Umrundung des Arunachala, s. a. *Pradakshina*
Gita Saram
Bhagavad Gita in Tamil in Auswahl
Gunas
Die drei Eigenschaften, auf denen alles Manifeste basiert; auch die drei Eigenschaften des Geistes: *Satva* = der reine, ungetrübte Geist, das, was ist, die Wirklichkeit; *Rajas* = Leidenschaft und Ruhelosigkeit; *Tamas* = Trägheit, Unwissenheit, Dunkelheit
Iddlie
runde, gedünstete Kuchen aus Reis- und Kichererbsenmehl
Ishwara
Gott als der höchste Herr und Weltenschöpfer; gebräuchliche Anrede für *Shiva*; auch persönlicher Gott
Japa
Flüstern, gemurmeltes Gebet; v. a. das unablässige Wiederholen eines Gottesnamens oder *Mantras*, um den Geist zu beruhigen und zu fixieren
Jayanthi
Geburtstag; hier: Sri Ramanas Geburtstag
Jiva
Individuum, Ego
Jivanmukta
einer, der zu Lebzeiten die Befreiung (*Moksha*) erlangt hat, im Ggs. zum Videhamukta, dem Befreiten, der bereits den Körper verlassen hat

Jnana
Erkenntnis, Wissen
Jnana Drishti
Erkennen der Weisheit; kein objektives, sondern seinsmäßiges Erkennen
Jnana Sambandar
wörtl.: Kontakt mit *Jnana;* gemeint ist *Sambandar*
Jnana-Yoga
der Weg der Verwirklichung durch Erkenntnis, die unmittelbarste Umsetzung der Lehre des *Advaita*
Jnani
einer, der das Ziel des *Jnana-Yoga*, nämlich die Verwirklichung durch Erkenntnis erlangt hat
Kamandala(m)
Wassergefäß aus Ton oder Holz, das von Asketen benutzt wird
Karma
Handeln, Folge des Handelns, Gesetz ausgleichender Gerechtigkeit. Die Folgen der guten oder schlechten Taten müssen in diesem oder einem anderen Leben getragen werden.
Karma-Kanda
ritueller Teil der *Veden*
Karma Yoga
Yoga des selbstlosen Tuns
Kartikai
tamilischer Monat im November/Dezember.
Kartikai-Deepam
das 10tägige Lichtfest auf dem Arunachala im Monat *Kartikai*, bei dem sich *Shiva* als Feuer-*Lingam* manifestiert.
Kevala
einzig, das Absolute
Koupina
eine Art Lendentuch; ein Tuchstreifen, der knapp den Unterleib bedeckt
Krishna
Wiedergeburt von *Vishnu*; Lehrender in der *Bhagavad Gita*
Kumbhabhishekam
Heiligung, Einweihung eines Tempels
Kumkum
getrockneter Kurkuma
Kundalini(-Shakti)
Kraft, die sich wie eine Schlange von der unteren Wirbelsäule bis zum höchsten Punkt im Kopf, dem Kronenchakra, windet
Lakshmi
Gefährtin *Vishnus*

Linga(m)
Symbol des Absoluten, Zeichen *Shivas:* ein oben abgerundeter zylindrischer Stein
Maha Puja
die ›große *Puja*‹ zu besonders festlichen Anlässen
Mahabharata
großes episches Werk in Sanskrit
Maharshi
maha = groß, rishi = Seher, Sänger, Heiliger;
Großer Weiser, insbesondere jene Heiligen der Frühzeit, welche die vedische Offenbarung schauten. Dieser Titel wurde Sri Ramana von Ganapati Muni verliehen.
Mahatma
wörtl.: große Seele
Maheshwara
Höchster Herr, *Ishwara*
Manana
Nachdenken über die Wahrheit der Lehre des Guru
Mandapam
offene Säulenhalle
Mandukya Upanishad
die kürzeste der 108 Upanishaden. Sie wird dem Weisen Mandukya zugeschrieben.
Manikkavachakar
einer der Tamil-Heiligen und Poet
Mantra
eine kurze Formel aus den heiligen Schriften, ein Wort oder nur eine Silbe. Das Mantra wird ständig wiederholt (s. a. *Japa*).
Math
Einrichtung zur Erinnerung an einen Heiligen mit einem spirituellen Leiter, der in dessen Nachfolge steht. In den großen *Maths* leben *Sadhus* in Gruppen zusammen, ähnlich wie in einem Kloster.
Mauna
Schweigen
Mauni
ciner, der ein Schweigegelübde abgelegt hat
Maya
die Verfassung der Welt, die weder wirklich noch unwirklich ist; kosmische Illusion
Meenakshi
wörtl.:. »die Fischäugige« ist eine Inkarnation von *Shivas* Begleiterin *Parvati;* die Göttin des Meenakshi-Tempels in Madurai
Moksha
Befreiung, Erlösung aus dem Kreislauf von Geburt, Tod und Wiederverkörperung

Mukti
identisch mit *Moksha*
Muni (s. a. Mauni)
Weiser, Asket, einer der das Schweigen bewahrt
Nama Japa
Japa eines Namens (Gottes)
Namaskar(am)
die verehrende Verbeugung vor dem Guru oder Gott
Namdev
religiöser indischer Dichter aus dem 13./14. Jh.
Nandi
Stier, Reittier *Shivas*
Narada
Indischer Weiser, der in vielen Texten der *Puranas* eine bedeutende Rolle spielt
Neti, neti
Methode der Negation: »Ich bin nicht dies, ich bin nicht das.«
Nididhyasana
ununterbrochene Kontemplation über die Lehre des Gurus
Nirguna
ohne Eigenschaften
Nirvikalpa
wörtl.: ohne Unterscheidung; nir = ohne; vikalpa = Unterscheidung von Seher, Sehen und Objekt des Sehens oder von Mensch, Welt und Gott. Nirvikalpa Samadhi ist ein vorübergehendes Eingehen ins Selbst (im Unterschied zu *Sahaja Samadhi*, das dauerhaft ist).
Omkar
das Zeichen OM, bestehend aus den Buchstaben A, U und M
Padmasana
Lotussitz
Panchadasi
Werk des *Vidyaranya*
Paramatman
der höchste *Atman* (das höchste Selbst), das mit *Brahman* identisch ist
Parameswara
Höchster Herr, Gott, *Shiva*
Parayana
Singen der *Veden* oder anderer religiöser Texte; ein regelmäßiger Brauch im Ramanashram
Parecha Prarabdha
Handeln für andere, selbstloses Tun
Parvati
Gattin *Shivas*

Periyapuranam
Sammlung von Heiligenlegenden aus dem 12. Jh. n. Chr.
Pradakshina
pra = vorwärts, dakshina = südlich, in südlicher Richtung; die Umrundung eines heiligen Objektes (eines Tempels, heiligen Berges oder Gurus) im Uhrzeigersinn ist eine gebräuchliche Form der hinduistischen Verehrung.
Pranayama
Yoga-Techik der Atemregulierung; Einatmen, Anhalten des Atems und Ausatmen stehen in einem gewissen Verhältnis zueinander.
Prarabhda(karma)
die aus dem früheren *Karma* sich ergebende Lebenssituation und –aufgabe
Prasad(am)
Gnade; rituelle Gabe, geweihte Speise oder Blumen, die einem Heiligen, Guru oder Gott dargebracht und dem Gläubigen zurückgereicht wird; jede Gabe eines Heiligen
Priyam
Liebe, Wonne, Freude, dass man etwas Geliebtes sieht, s. a. *Ananda*
Puja
ritueller Gottesdienst
Puranas
Hl. Texte mit Legendensammlungen der drei Hauptgötter *Vishnu*, *Shiva* und *Brahma*
Puris
Weizenfladen
Purusha
Mensch, Geist, Seele, Selbst, das im Herzen aller Menschen wohnt
Rajas
Ruhelosigkeit, Leidenschaft, eine der drei Eigenschaften des Geistes (s. a. *Tamas* und *Satva*)
Rama
7. Inkarnation von *Vishnu*, berühmter Held der Hindu-Mythologie
Ramayana
Die Geschichte *Ramas*, altes indisches Epos
Ravana
Dämonenkönig der indischen Mythologie
Reddi
Kastenangehöriger; Reddi ist eine Unterkaste im Süden Indiens
Ribhu Gita
wichtiger Text des *Advaita*
Rishi
Seher, Erleuchteter, Deuter der vedischen Hymnen; s. a. *Maharshi*
Sadashiva
Shiva

Sadhaka
spirituell Suchender, Übender
Sadhana
Anstrengung, die methodische geistliche Übung
Sadhu
Gottgeweihter, Wandermönch, Asket, ein spirituell Suchender, der um seines geistigen Zieles willen auf Beruf und Familie verzichtet; oft identisch mit *Sannyasin* verwendet
Saguna
mit Eigenschaften
Sahaja/ Sahaja Samadhi
natürlich; *Sahaja Samadhi* ist der Zustand dauerhafter Selbstverwirklichung, in der das Gemüt (der Geist) sich völlig aufgelöst hat. Für den Verwirklichten ist *Sahaja* der natürliche Zustand.
Samadhanam
die vollkommene Versunkenheit aller Gedanken in das Objekt der Meditation
Samadhi
Versenkung im Selbst, höchster Zustand der Meditation, Zustand der inneren Versenkung, während der die Unterscheidung zwischen Subjekt und Objekt verloren ist; auch Bezeichnung für den leiblichen Tod und das Grab des Toten
Sambandar (Jnana Sambandar)
einer der 63 *Shiva*-Heiligen aus dem 7. Jh., der ein großer Tamil-Poet war. Seine Werke sind im Tevaram enthalten, einer Sammlung frommer Gesänge aus dem 6.-9. Jh.
Sambar
scharf gewürzte Soße (Gemüsebeilage), die mit Reis zu allen südindischen Mahlzeiten gehört
Samsara
Kreislauf von Geburt und Tod; auch die Familie
Sannyasa
Entsagung, Verzicht, vierte Lebensstufe eines Brahmanen
Sannyasin
Wandermönch, jemand, der die Gelübde des *Sannyasa* abgelegt hat, sich ganz dem Streben nach Erleuchtung widmet und dafür Familie und Beruf aufgibt; trägt als äußeres Zeichen das ockerfarbene Gewand.
Saranagati
Hingabe an Gott, an das Selbst
Sarvadhikari
Leiter einer Einrichtung; hier der Ashram-Verwalter Chinnaswami, der jüngere Bruder Sri Ramanas
Sastri
Gelehrter der heiligen Schriften und Überlieferungen

Sat
das reine Sein, die Wahrheit, die Wirklichkeit, s.a. *Asti*
Sat-Chit-Ananda
eine Umschreibung von *Brahman/Atman* als reines Sein (*Sat*), erkennendes Bewusstsein (*Chit*) und erfüllende Glückseligkeit (*Ananda*); auch *Asti-Bhati-Priyam*
Sat-Guru
vollkommen erleuchteter Meister
Satsang
Gemeinschaft mit dem Sein; Gemeinschaft mit einem Erleuchteten oder innerer Kontakt mit dem Selbst
Satva(m)
rein, ungetrübt, klar
sattvisch
reine Nahrung, i. e. vegetarisch und ohne stimulierende Lebensmittel
Savikalpa Samadhi
ein Zustand der Konzentration, in dem der Unterschied zwischen dem Erkennenden, Erkannten und Erkennen noch nicht beständig verloren gegangen ist; ein vorübergehendes *Samadhi*, in dem der alte Zustand sich nach einiger Zeit wieder einstellt
Shakti
die Kraft *Shivas*, vor allem die göttliche Kraft, durch welche die Schöpfung in Erscheinung tritt
Shankara
der Erneuerer des *Advaita-Vedanta* im 8. Jh. n. Chr.
Shanti
Friede, Ruhe
Shiva
wörtl.: der Wohlwollende, der Wohltätige, der Gnädige. *Shiva* ist der doppelgesichtige Gott, der sowohl den Aspekt der Auflösung und Zerstörung verkörpert, als auch als Segensreicher alles entstehen lässt. Er symbolisiert das absolute Sein und ist der Zerstörer der Unwissenheit und des Egos.
Siddha (Purusha)
ein vollkommener Mensch; ein Mensch mit übernatürlichen Fähigkeiten (*Siddhis*)
Siddhi
übernatürliche Kräfte
Skanda
Name des Kriegsgottes und Sohnes *Shivas* und *Parvatis*
Skanda Puranam
eine der bedeutendsten *Puranas*. Sie handelt von *Skanda* und enthält viele *Shiva*-Legenden.
Sphurana
Pulsieren, Manifestation

Sravana
Hören der Wahrheit, die der Guru lehrt
Sri
Heiliger, Gesegneter; heute auch allgemein gebraucht wie die Anrede »Herr«
Subramanya
jüngerer Göttersohn von *Shiva* und Parvati
Sundarar (Sundaramurthi)
einer der berühmten Tamil-Heiligen und Poet
Swami
Herr; Bezeichnung eines spirituellen Lehrers; gelegentlich auch nur Respektsbezeichnung
Swarupa
die Gestalt des Selbst; das Selbst, *Atman*
Tamas/tamasisch
Trägheit; eine der drei Eigenschaften des Geistes (*Guna*s)
Tapas
asketische Übungen
Teertham (Thirtham)
heiliges Wasser; heiliger Badeplatz; oft ein quadratisch angelegter Teich mit Stufen, die ins Wasser hinabführen
Tejobindu Upanishad
eine der 108 *Upanishaden*
Tiruvasagam
Hauptwerk des tamilischen Dichters Mannikavasagar aus dem 9. Jh.
Turiya
der ›Vierte Zustand‹, der jenseits der drei Zustände von Wachen, Träumen und Tiefschlaf ist
Uma
Muttergottheit, Gefährtin von *Arunachaleswara*
Upadesa
Lehre, Belehrung, Anweisung
Upanayana(m)
Zeremonie des Umlegens der heiligen Brahmanenschnur für Jungen ab 5 Jahren. Damit beginnt für sie die Schülerschaft unter einem Guru und die erste Lebensstufe.
Upanishaden
Geheimlehren, Basistexte des *Vedanta*. Die ältesten Upanishaden entstanden etwa 800-700 v. Chr.
Vaikunta
der Himmel *Vishnus*
Vairagya
Nicht-Anhaftung, Verzicht auf Wünsche

Vasanas
aus früheren Gedanken, Wünschen und Handlungen entstandene latente Tendenzen im Gemüt
Vasudeva Mananam
ein advaitisches Buch in Tamil aus dem 19. Jh.
Veda
Wissen, Offenbarung
Veden
die frühesten Schriften des Hinduismus
Vedanta
Ende und zugleich Erfüllung der *Veden*; Lehre der *Upanishaden*
Vibhuti
heilige Asche
Vichara
Suche, Erforschung; hier i. S. von *Atma Vichara*, Selbstergründung
Vichara Sagaram
›Meer der Erforschung‹, ein umfangreiches Werk des *Vedanta*
Vidya
wissen, erkennen
Vidyaranya
Lehrer des *Advaita* aus dem 13./14. Jh. Er schrieb u. a. das *Panchadasi*, einen bedeutenden advaitischen Text.
Vijnana
reine Intelligenz, Erkenntnis
Vishnu
Höchster Gott in der *Vishnu*-Tradition des Hinduismus; einer der drei Hauptgötter
Yoga Vashishta
bedeutender Text des *Vedanta*

Literaturverzeichnis

Bhagavad Gita: Der Gesang des Erhabenen. – Frankfurt am Main, 2007

Balsekar, Ramesh: Duett der Einheit: Der Ashtavakra-Gita-Dialog, Bielefeld, 1991

Die Botschaft des Ramana Maharshi : Antworten von Shri Ramana Maharshi an seine Schüler. – Freiburg i. Br., 2001

Ebert, Gabriele: Ramana Maharshi : Sein Leben. – Stuttgart, 2003
(2. Auf. Norderstedt, 2011)

Ebert, Gabriele: Ramana Maharshi und seine Schüler: Band 1. – Norderstedt, 2006

Godman, David: Leben nach den Worten Sri Ramana Maharshis : Die spirituelle Biographie des Sri Annamalai Swami. – Interlaken, 1996

Mudaliar, Devaraja: Tagebuch der Gespräche mit Ramana Maharshi. - Norderstedt, 2011

Osborne, Arthur: Ramana Maharshi und der Weg der Selbsterkenntnis. – München-Planegg, 1959

Ramana Maharshi: The Collected Works. – 9th rev. ed. – Ramanashram, 2004

Ramana Maharshi: Geistige Unterweisung (übers. und kommentiert von Mata Satyamayi) – 2. Aufl. – Hammelburg, 1997

Ramana Maharshi: Gespräche des Weisen vom Berge Arunachala. – 2. Aufl. – Interlaken, 1984

Ramana Maharshi: Die Quintessenz der spirituellen Unterweisung (Upadesa Saram). – Norderstedt, 2007

Ramana Maharshi: Sei, was du bist!. – München, 1990

Ramana Maharshi: Seine Lehren (zusammengestellt von Arthur Osborne). – München, 1983

Ramana Maharshi: Über die Wirklichkeit: 40 Verse mit Ergänzungsversen (Ulladu Narpadu mit Anubandham). - Norderstedt, 2009

Ramana Maharshi: »Wer bin ich?«: Der Übungsweg der Selbstergründung. – Norderstedt, 2008

Ramana Maharshi: Worte spiritueller Weisheit. – München, 1988

The Ribhu Gita.- (Übers.: Ramamoorthy/Nome) – Santa Cruz, 1995

Sadhu Arunachala (A.W. Chadwick): Erinnerungen eines Sadhus. – Berlin, 2004

Suri Nagamma: Mein Leben im Ramanashram. – Norderstedt, 2008

T.K. Sundaresa Iyer: Mein Leben mit Ramana Maharshi. - Norderstedt, 2007

Vasishta Ganaptai Muni: Sri Ramana Gita. – 10th rev. ed. – Tiruvannamalai, 2008

Ramana-Info-Seite im Internet:
http://ramana.info.googlepages.com

Devaraja Mudaliar
Tagebuch der Gespräche mit Ramana Maharshi
16.3.1945 - 4.1.1947